中国近代人物日记丛书

张廷银　刘应梅　整理

王伯祥日记

第十五册

中华书局

第十五册目录

1959 年

1 月　………………………………………………… 6181

2 月　………………………………………………… 6198

3 月　………………………………………………… 6214

4 月　………………………………………………… 6225

5 月　………………………………………………… 6236

6 月　………………………………………………… 6255

7 月　………………………………………………… 6274

8 月　………………………………………………… 6294

9 月　………………………………………………… 6314

10 月　……………………………………………… 6337

11 月　……………………………………………… 6360

12 月　……………………………………………… 6380

1960 年

1 月　………………………………………………… 6401

2 月　………………………………………………… 6421

3 月　………………………………………………… 6439

4 月　………………………………………………… 6464

5 月　………………………………………………… 6494

6 月 …………………………………………………… 6513

7 月 …………………………………………………… 6533

8 月 …………………………………………………… 6554

9 月 …………………………………………………… 6584

10 月 ………………………………………………… 6603

11 月 ………………………………………………… 6625

12 月 ………………………………………………… 6650

1959 年

元旦（戊戌岁十一月廿二日　癸未）**星期四**

晴,寒。

晨六时起。七时许,偕湜儿往东四大同酒家早茶并进粥点。八时许,润儿挈元孙踵至,迨九时滋儿竟未来,乃离大同,逛隆福寺。十时回家,知滋、佩已往首都看电影矣。未几,芷芬来省,遂同饭。饭后,澄儿挈埙、垲两孙来。清儿亦挈昌、新两孙来。

二时后,颉刚见过,与其少子德堪俱。三时后,芷芬、清、澄、润、湜往看潘儿。滋则赴出版社值班。余独与群儿混至四时半,清等归,言芷芬已他适。文权同至。有顷,颉刚来领德堪,清等亦去。时基孙来,随清去饭矣。

夜与澄、佩、湜、埙、垲同饭。滋则下班后始归饭。饭后看电视,八时后,澄等归去。湜出看话剧。余十时就寝。天忽雪。有顷,湜归。幸未大霉也。

1 月 2 日（十一月廿三日　甲申）**星期五**

雪,薄有堆积,地不霉湿始严寒。

晨六时半起。八时,滋儿起,未几,湜儿亦起。今日诸儿孙皆上班入学,独滋、湜得休假。本拟同赴颐和园一游,阻雪不得远行,咸叹息。最后决定冒雪登景山。遂偕出,乘十路到朝内大街,转一路无轨电车到景山。飞雪中径登万春亭,周览全城,皆敷缟披素,别饶风韵。虽风雪亦不乏游人。足见景物移人矣。倚栏久之,十时三刻西下,从富览亭后拾级拨雪而降。及平地,遂迤逦出西门,循陟山门大街入于北海之陟山门,过桥直造漪澜堂就食。居然茶酒菜核具备,从容憩息,至午后一时起行。出北海前门,折东诣故宫神武门,登楼一观定陵发掘展览,既而下,复入览故宫西路,详览养心殿、慈宁花园,出武英殿,东穿熙和门,绕金水河外,复东出协和门,诣文华殿,拟一观书法展览。乃以修治暂停开放。只得废然出东华门,乘二路公共汽车回南小街,仍徐步踏雪,归家已近五时矣。有顷,潜儿来省,遂共夜饭。饭后八时半潜去。余与湜不久亦就寝矣。

有顷,潜儿来省,遂共夜饭。饭后八时半潜去,余与湜不久亦就寝矣。

润儿十时乃归。在外时,谭季龙来访未值,殊歉。知伊住地图出版社,三五日后即返沪。旧历岁首或将来云(留条知之)。

1月3日(十一月廿四日　乙酉)星期六

晴,祁寒,窗结冰花甚丽。

晨六时半起。九时,平伯见过,谈移时去。湜儿早出付电话费,近十时乃归。居然在东长安街北旧头条胡同新华食品店购得果饵熟肴数事。同时,听广播知昨日苏联放出火箭,直射月球,预计明日即可抵达月区。闻之兴奋极矣,遂暖酒酌之。为人类幸福庆焉。

下午与湜腾置架书,理出空隙数处,备续有所度。四时,湜去接夜班。

今日本须赴所中参加集体学习,临时得张慧珠电话,谓各小组中人颇有他出开会者,可就家自习云云。余乃免于风寒中一行,亦佳事也。

夜饭时待滋归,云已饭。遂酌暖酒饮之,俾稍祛寒。饭后看电视,八时半即罢。九时就寝。

今宵初见奇寒,不审湜儿深夜工作后得不招凉否? 念甚。

1 月 4 日(十一月廿五日　丙戌)星期

晴,沍寒。

晨六时半起。今日虽星期,而诸儿皆照常上班。元孙亦赴校温课。只两媳及宜孙在家耳。余枯坐久之,续注王维《洛阳女儿行》。午饭后,正在写录,而云彬至,就商《史记》封禅书,至齐太公世家各篇之断句释义诸问题。直至五时垂黑乃去。余只索就灯下注完王诗《女儿行》。

夜饭后,看电视转播,京剧,十时乃寝。湜儿今日未归,不知何故? 至为萦念也。

1 月 5 日(十一月廿六日　丁亥)星期一

晴,寒。

晨六时起。八时后,注王维诗,至午完《辋川闲居赠裴秀才迪》一首。

湜儿十时许归,谓昨日曾去北大访旧,午后即早返厂。今晨去外文出版社迁回户口,归后又至本段派出所报进。在外既诸感不便,只索报回,亦一道也。午后令其假寐一小时余,四时又披衣出门,径赴工厂接班矣。

下午潏儿曾来省，少坐便去。夜饭后，诸儿皆未见归来。八时许，余即就寝。

听北京电台转播人民剧场演出田汉改编之《西厢记》。张君秋饰莺莺，叶盛兰饰张生，杜近芳饰红娘，李金泉饰崔夫人。十时半乃毕。日间所中送来明晚戏票，正是此出，先听一轮廓，待明日谛赏之，亦甚得也。

1月6日（十一月廿七日　戊子　小寒）星期二

晴，寒，较前昨稍差。

晨五时三刻湜儿即叩门归卧。余亦起料理元孙上学。八时后，注摩诘诗《冬晚对雪忆胡居士家》，抵午完。唤起湜儿用饭。饭后，与湜闲谈。四时湜赴厂上班。

刚主见过，谈至五时许去，余即饭。饭后六时矣。独出往护国寺街人民剧场，乘三轮行，到时恰巧将开幕。晤所中同事多人。盖所中买票也。余坐第二十排一号，尚好。惟稍远耳。剧为田汉改编者，昨夜已在广播中听过，故尚感耳熟也。十时四十分散，不得三轮，与所中同事偕走至百花深处，乘电车到东单下车，走至新开路附近得一三轮，遂乘以归。抵家已将十二时。润尚未睡也。稍坐即就寝。

1月7日（十一月廿八日　己丑）星期三

晴，寒如昨。

晨五时三刻，湜即归，依然叩门而入。两妪皆未起也。八时，余出，步往文研所参加周口店下放情况座谈会。介泉亦到（平伯未往）。由葛涛主席，先后发言者皆周口店归来者：蔡仪、王燎荧、杨季康、罗大冈、罗彦生、叶水夫。十二时十分矣，犹有多人未讲，以迫于就饭，宣布散会。匆匆走归。湜已起，匆匆同饭。饭毕，又行，匆匆复到所中，已一时十五分。接开集体学习。今日一二两组合并，到何其芳、俞平伯、白鸿、吴晓玲、陈友琴、邓绍基、乔象钟、周妙中、胡念贻、徐子馀、刘世德、王则文及余，凡十三人。谈至五时散会。余与友琴偕行至东总布胡同宝珠子胡同口而别。独行归家。湜已上班去。有顷，上灯矣。与元孙夜饭。饭后清儿来省，谈至九时去。余亦就寝。

1 月 8 日（十一月廿九日　庚寅）星期四

晴，寒。

晨六时半起。八时半，湜儿取宿舍中行李归。乘今日放假为之。明晨即将转日班矣。上午，余注王诗《送邱为落第归江东》。下午三时半，偕湜儿及元孙出散步，由无量大人胡同出东单，转栖凤楼、方巾巷等处而归。到家已五时。

午饭时澄儿来同饭。夜饭后，芷芬、振甫先后来，共谈至近九时，伊等辞去。余亦与湜儿就寝。

是日上午复漱儿信。

1 月 9 日（十二月大建乙丑　辛卯朔）星期五

晴，风寒。

晨六时起。七时前，湜儿赴工。七时一刻，余出门步往文研所候车去东郊三里屯全国农业展览会参观。待至八时廿分，始得乘科学院大车北发，至朝阳门大街又停下，待又一批同人续登（持介绍信之叶�!迄未到）。九时半乃到，幸开幕未久，出入尚自由，无介绍信亦得入，遂免于久暴大风中。会场新建，有尚未布置齐全者，但大体已完成。图表模型至夥。余对水利各项颇感兴趣,至十时半,偕介泉、大冈、友琴出馆,就附近食堂午饭。设备当然简陋,但以时早,尚可从容得食。比余等食毕,来者蜂聚,排队至三四行,足见供应之难矣。饭后,复入馆,看至一时许,似见风略小,即与介泉、大冈、友琴出馆,走至六路公共汽车站乘之以西,入豁口到九条口下。大冈、介泉径归海淀矣。

在九条口待十路车,风大人多,余竟未得上,遂走八条访圣陶。长谈至四时半,乃辞归。复走至九条东口,居然乘十路南行,到禄米仓站下,步返于家。

六时半夜饭,待湜儿不至,直至九时乃还。询之则以参加开会,已在外饭过矣。九时半就寝。

1 月 10 日（十二月初二日　壬辰）星期六

晴,寒。

晨六时起。湜儿七时前出。

午前略事整拂。云彬来访,续商《史记》标点问题,近午乃去。午饭后,余赶赴所中学习。一时即到,有多人另有会,只到俞平伯、邓绍基、胡念贻、吴晓玲、刘世德、王则文、徐子馀及余八人。先就苏联放送宇宙火箭谈起,并结合昨天参观农业展览会的观感漫谈学习资料。四时即散。余仍往返步行,风中走路颇见费力也。

夜七时,湜始下班归。遂同饭。饭后,看电视,因发送机发生故障,宣告停播。九时就寝。

1 月 11 日（十二月初三日　癸巳）星期

晴,寒,稍回暖。

晨六时起。七时,湜出。八时半,毛燮荣来访,谈至十一时辞去。知伊仍在河南义马矿厂办机建工作,今来京向部中洽事,两年前,其妻已逝世云。

午后,本拟出外散步,而芷芬至,因与闲谈。伊今日五十生辰,汉儿远在东北,家中乏人料理,潇儿等协议各具两菜,携至余家,共资饮啖,聊当称庆。以是,薄暮之前,清、澄、潇、权及昌硕、建新、小逸、升基、元镇、元鉴先后至。润、滋、琴、佩亦先事在家准备。入晚,邀雪村夫妇来会。适吕元章下放安国归京来访,因邀同饮。湜儿亦下班归家。余等挤一桌,孙辈另一桌,欢叙至八时许始罢。食间,晓先夫妇来,亦以杯酒酌之。近日菜肴难致,今以各家分担,事先预备,居然盛设矣。至此,方得深体群众路线之可贵也(此非戏语,推理宜然耳)。

下午四时许,友琴见过,承以所辑《白居易诗评述汇编》相贻。谈移时去。

夜饭后,看电视至九时后,始各散。十时就寝。以不免多饮,颇感沉沉矣。

1 月 12 日(十二月初四日 甲午)星期一

晴,气寒类昨,时有风。

晨六时起。湜儿即去。八时后,注诗,苦索难惬,仅得二条。

十时,潇儿来。十二时半,澄儿来。遂共饭。

午后倦甚,只索打盹。三时三刻,出门散闷,乘三轮到市场,在吉祥购得明日新华京剧团夜戏券一纸(楼下一排六号),在书摊购得铅印《西湖游览志馀》一册,又在文物出版社门市部购得玻璃板印宋徽宗书瘦金体《千字文》一册。遂挟以南行,在王府井南口,乘十路车回禄米仓,徐步归家已五时半。

是夕滋、佩俱归饭。湜亦于七时许赶回共饭。夜九时濯身洗足,易衷衣就寝。

1月13日(十二月初五日　乙未)星期二

晴,寒。

晨六时起。湜即去上班。八时后,续注王维《送刘司直赴安西》诗,抵午始毕。

午后,看郭蛰云《龙顾山房诗赘集》,平伯所赠也。颇可考见清末遗老生活,今人视之,真别一天地矣。庸讵知去者实未远乎?

夜饭后,独往吉祥看戏,步至干面胡同西石槽口乃得一三轮,乘以行,到市场北门,已六时五十分矣。入场未久即开演。剧目为全部《猎虎记》。徐东来饰顾大嫂、李小春饰解珍,顾荣长饰解宝,李万春饰孙立,李庆春饰乐和,田喜秀饰鲍四,商四亮饰沈五,皆称职。馀亦相当不弱也。十时半散,乘三轮归。到家,湜已睡,润、琴却尚未熄灯也。

十一时十分就寝。

1月14日(十二月初六日　丙申)星期三

晴,下午风霾,日色黯淡,陡增寒感。

晨六时起。湜儿亦即赴厂。上午阅读文件,备下午参加学习。午饭后,步往文研所,一时半开会。到平伯、绍基、友琴、世德、则文、白鸿、象钟、念贻及余九人。最后其芳至,已将散矣。此次学习,必须各自提出问题,余勉提两问耳。四时半散。时风已大起,卷土扬尘,门口有三轮,不肯应,只得走归。

夜六时半晚饭。有顷,湜儿亦归。据云今起在阜外新厂协助搬置机器工作,五时下班,转得赶回同饭也。夜饭后,看电视至九时,乃就寝。

1 月 15 日（十二月初七日　丁酉）星期四

晴,有风,晚间加紧,寒威亦陡增。

晨六时起。湜儿七时前出,仍赴城外搬装机器。八时后,注王维诗,抵午完《送赵都督赴代州得青字》一首。

午后二时五十分,农祥来访,因同出,乘十路往王府井南口下,步入百货大楼,并在市场一转。无物可买,仅在茶叶店购得瓜片四两耳。行至金鱼胡同,与农祥别。乘三轮以归。

到家不久,潏儿来,以手制棉鞋为献。当即服用。比暮,滋、清、湜皆至,因共饭。饭后闲谈,九时许,各散归,余等亦就寝。

1 月 16 日（十二月初八日　戊戌　腊八）星期五

风急日淡,玻窗满凝冰花。出户面如割剺矣。

晨六时起。七时前,湜出城赴新厂。八时,注王摩诘诗,过午乃完两篇,一《送梓州李使君》,一《送邢桂州》。午间啜大房所煮腊八粥,仍饭。饭后,看《文物》杂志所载周贻白《元代壁画》中的元剧演出形式及单士元《故宫乾隆花园》两文,并作书三通,一复张静庐,一复黄婿业熊,一复淑儿。已五时矣。尚有汉儿一书未及复也。

晚六时半,湜儿归,遂共夜饭。饭后与元、宜两孙看电视,至九时就寝。

1月17日（十二月初九日　己亥）星期六

晴，风大戢寒气，较和。

晨六时起。湜儿六时半出，径赴阜外新厂工作。

八时注王诗，至午毕《终南山》一篇。

午饭后走赴文研所，径诣其芳，门锁不得入，遇棣华、平凡，略坐后派人寻绍基至，据云今日学习不举行讨论，已属慧珠电告。伊偶遗忘，遂致徒行，至歉云云。余乃行。在院门口遇晓铃，亦与余同，彼此一笑而别。

余行至东总布胡同，偶逢一三轮兜揽，遂雇以至东安市场。先在书摊一览，无新到欲购之书，乃诣吉祥，拟买今晚杜近芳戏票，讵佳座已满，不果买，仍乘三轮返家，未及二时也。许妈正在拖擦地坪，无由驻足，因复出，乘十路北行，至九条下，走八条访圣陶。又值全家外出，转身便行，在魏家胡同口乘环行电车往北海，由后门入，循东岸过陟山桥，出前门，乘一路无轨电车回南小街走归。顺过演乐胡同工人俱乐部一看，购得明晚新华京剧团票一纸（为二排十六号），乃扬长而行，到家已四时廿分矣。

澄儿来省，滋、湜亦皆归。佩华亦归，乃共进夜饭。饭后，芷芬见过，谈有顷，与澄同往清儿家访问。余看电视，乒乓比赛，九时后乃与湜儿就寝。

1月18日（十二月初十日　庚子）星期

晴，昼无风，较和，早晚寒。

晨六时起。八时偕润、滋、湜三儿及元孙同出，游颐和园。盖难各人都逢假日也。先乘十路到东单，转三路往西直门，再转三十

二路,直达颐和园,已将十时。入园前湜先在北大下车,还人唱片,
因此,余等在排云门伫候久之。十时半,遇于长廊西端,(长廊正在
彻底重修,东端已描绘一新,中部正封闭施工中,仅排云殿西首一
带尚未封闭耳。据闻五一节前全部赶好云。)遂同过清晏舫,在舫
南冰上摄影两帧(润、滋轮摄)。十一时诣石丈亭食堂午餐。开门
即入,陆续来者顷刻挤满。各唉份饭而已。饭已,过听鹂馆茶点部
小憩,至一时乃从画中游等处上山,东至智慧海,南下佛香阁,稍息
复行,出转轮藏而东,抵景福阁,再东入谐趣园一巡而出,已将四
时。即乘三二路车回动物园,转一路无轨电车到朝阳门小街,再转
十路到禄米仓下,然后步归,已五时许。

少坐即夜饭。饭后与润儿、琴媳往演乐胡同工人俱乐部看新
华京剧团演出。(余昨购之票令润儿坐,滋儿另为余购得一排九号
十号,即交余与琴坐。)走至禄米仓口,十路适至,遂乘以达演乐胡
同,乃步往俱乐部。坐定不久,即开演。先为李小春、张鸣宇之《三
岔口》,继为徐东来、关韵华、徐东祥之《红娘》。十时十分即散。
三人步行归。湜已睡,余小坐即寝。

1 月 19 日(十二月十一日　辛丑)星期一

晴,寒类昨。

晨六时起。湜亦随起,即出赴新厂。余八时后续注王维诗,至
午后四时一刻毕《观猎》及《汉江临泛》两首。

午前潆儿来省,即去。

湜儿六时三刻归,余夜饭将毕矣,为我购物有所耽阁耳。

九时即寝。

1 月 20 日（十二月十二日　壬寅）星期二

晴,寒。

晨六时起。湜儿六时半出。

八时后注王诗,至午后二时,完《使至塞上》一首。下午二时,接慧珠电话,谓所中有多人须赶他项任务,集体学习暂停,个别可在家自学云。然则,明日下午可以免此一行矣。

三时出,乘十路到新开路下,走往中国书店古典门市部一转。欲购者尚未到,因顺由东长安街折入王府井,在新华书店遇滋儿。亦正为社中配书也。便与同过文物出版社门市部及东安市场各书摊一巡。余竟无所可购,在金鱼胡同乘三轮归。滋则仍回社办公矣。

夜饭后,七时许即开电视,因转播全部新编京剧《赤壁之战》也。直看至十一时四十分始完。盖就原有群英会至借东风等剧加以改编,前增曹操貌江南及孙刘结盟等,终以火烧赤壁。场面极为热闹,角色亦极一时之选,诚洋洋大观矣。(马连良饰诸葛亮,谭富英饰刘备,李少春饰鲁肃,叶盛兰饰周瑜,裘盛戎饰黄盖,袁世海饰曹操,娄振奎饰孙权,孙盛武饰蒋干,李世霖饰张昭,馀亦皆知名之辈,希有盛举也。)是夕,在虎坊桥工人俱乐部演出,佩华先已为余定票,余以电视可看,且惮路远夜深,遂定湜儿往看。湜于下班时往佩所取票,再往剧场。戏散归来,已十二时二十分,盖途中仅有一路公共汽车尚通行,只得在东安市场走还耳。就寝入睡已翌晨一时矣。

1 月 21 日（十二月十三日　癸卯　大寒）星期三

晴,寒。

晨六时起,唤湜儿亟起上班。

昨夜独坐甚久,深夜受凉,今日精神颇劣,腹泻数四,只得束书不观。午后打盹而已。夜六时三刻,湜儿归,遂与湜儿、元孙同饭。饭后看电视,九时后就寝。

1 月 22 日（十二月十四日　甲辰）星期四

晴,较前昨略暖。

晨六时起。湜儿六时四十分去厂。八时后,续注王诗,抵午完《敕赐百官樱桃》一首。午后以元孙第一学期考试完毕,携以出游,傍晚朝阳门。乘一路无轨电车,直达西郊动物园,时为三时十分。入园后,以次参观河马、犀牛、猩猩、大羚羊、斑马、长颈鹿及鸣禽室。茶憩于豳风堂前。四时四十分起行,以狮虎山正在修理,即出园,仍乘一路车回南小街北口,徐步以归,近六时矣。坐甫定,晓先见过,遂同饮。有顷,湜儿归,共饭。饭后与晓先谈至八时,辞去。余与元孙看电视广播影片苏联制《阿根廷旅行记》,近十时闭歇,即寝。

1 月 23 日（十二月十五日　乙巳）星期五

晴,煦如昨。

晨六时起。湜儿六时廿分即出赴厂。八时续注王诗,至午后二时完《和贾舍人早朝大明宫之作》一首。

午饭后,佩华为余取到《百衲本廿四史》第三批。因整理登籍上架。粗粗就绪,已四时矣。

夜六时半,湜儿归,遂同饭。饭后看电视,近十时就寝。

1 月 24 日（十二月十六日　丙午）星期六

晴而多云，午前后风起天末，檐生霠栗，气遂陡寒。

晨六时起。湜儿未早餐即出城赴厂。七时，续注王诗，至午毕《鹿柴》、《辛夷坞》、《鸟鸣涧》、《相思》四首。

午后本有潘梓年报告须往听（在东长安街纺织工业部），以风起土扬，惮于感冒未果行。湜儿以下班就浴未归饭，返家已晚上九时矣。滋、佩亦以同看电影，在五芳斋晚饭而后返。故余独饮，至七时半，即与元孙看电视，而云彬、芷芬至，澄儿亦来省。有顷，云彬归去。澄、芷俱往清家。十时就寝。

1 月 25 日（十二月十七日　丁未）星期

晴，无风，寒威大衰。

晨六时半起。上午湜儿为余出购物。午饭后，清儿来，遂偕润、滋、湜请余同出游陶然亭。仍循前例，先乘十路到南樱桃园，转五路行，由冰上度步到慈悲院。以南风微拂，冰面浮融矣，比登彼岸，履底尽湿。坐定啜茗，真不能不自悔孟浪，有失履冰之戒耳。坐至四时起行。北出南横街，由米市胡同达菜市口，过南海馆门口，见叶玉虎题“康有为先生故居”额，不禁怦然兴吊古之思矣。到美味斋菜饭馆，登楼已客满，稍候即得坐，父子五人共一桌，融融焉。醋食一饱，而所费尚不奢，诚近日难得之盛事也。半年以来，各菜馆皆艰于供应，独两次过美味斋却偿所欲，不可不谓之奇遇矣。

六时许即罢，乘四路无轨电车到王府井，五人徜徉于文物出版社门市部、百货大楼及东安市场等处，顺购得新书四五种挟以东归。时皓月一轮,正悬树杪,踏影徐步,先送清归遂安伯胡同家中,然后走归,时正八时。

坐定盥漱讫,复开电视机观之,至九时半毕,乃与湜就寝。

1 月 26 日①（戊戌岁十二月大建乙丑　辛卯朔十八日　戊申）星期一

晴,较和。

晨六时起。湜儿星月下赴厂。八时续注王摩诘诗,迄午完《少年行》一首。午后人民文学出版社黄素秋见访,商修订《史记选》,作今年国庆献礼。于原选篇目有增减,序言亦须重作。余实惮于更张,再三纠缠,允考虑后再谈而去。

云彬午前见过,亦商《史记》标点问题。

五时半晚饭。饭后即出,独乘三轮往东安市场北门,径诣吉祥戏院,看新华京剧团演出。坐第一排第一号。盖昨日湜儿为余购票者。七时开,十时十五分散。剧为全部《桃花村》（即花甸八错）,无戏单,仅知徐东来、关韵华、徐东祥、李庆春、秋卉芳等为主要演员耳。归时仍乘三轮。月色微晕矣。到家润、湜尚未睡也。坐有顷,即就卧。

1 月 27 日（十二月十九日　己酉）星期二

晴和如昨。

晨五时三刻起。湜儿六时半行。八时续注王诗,至午毕《九月九日忆山东兄弟》一首。

接乃乾电话,知自沪回京后感冒发热,今日方起床。余约明后

---

①底本为:"一九五九年一月廿六日至三月十七日日记"。原注:"巽斋容叟自署。"

日往访之。

下午四时，濬儿来，五时即与同饭。饭后，润儿归，偕余往崇外太阳庙体育馆看法国马戏。步至禄米仓遇湜儿，遂属返家伴濬。余等匆匆乘十路到东单，挤极，又转八路，则更挤，待两度车过，始得上，比到场，已七时馀。入场登北台十七排十八、二十两号座。甫坐定即开演。未见节目单。惟闻邻座人云该团所畜之兽未带来，仅表现杂技耳。九时半即散。中间又休息二十分，所见杂技初无特异处，小丑表现尤可厌，独三人表现空中飞人则真实工夫也。不但技巧惊人，而体态曼妙，壁画中之飞天，竟现眼前矣，大为钦赏。散场时人如潮涌，润儿扶我行至电车站，用力挤挨，乃得上第三部车，只到东单，幸十路末班尚未过，又排队良久，乃附之返禄米仓走归于家。湜方就卧。余少坐便寝。

1 月 28 日（十二月二十日　庚戌）星期三

晴，有云，气温如昨。

晨六时起。湜即出，仍戴星出阜成门上班。八时，续注王诗，抵午完《渭城曲》一首。又看郭沫若《谈蔡文姬〈胡笳十八拍〉》（载廿五日《文学遗产》），大为此诗扬眉，肯定非赝作，且顺为曹操吐气，竟以民族英雄谥之。

午后往访乃乾，以乏三轮，先乘十路北行，在朝阳门大街换一路无轨电车西去，至北海门前下，南入北长街，走诣乃乾所。久别长谈，不觉移晷，竟晚饭其家。适刚主亦至，饭后复谈至八时，始辞出。与刚主偕行至北海前，同乘一路无轨电车东归，仍在南小街下。刚主归三条。余则复转十路南行，到禄米仓下，纵步而归。湜儿方归。润亦归未久，滋则未归也，有顷，滋始归。

绍华送贺次君《括地志辑释》稿属阅。友琴见访未晤。留《新编唐诗三百首》(中华书局新出)属提意见。

八时半后,开看电视,京剧《西厢记》(即五日在人民剧场所看到者)。十时半乃毕,即洗足、濯身,易衷衣就寝。

1 月 29 日 (十二月廿一日   辛亥) 星期四

晴,有风作吼,加寒。

晨六时起,溲即行。七时,看《括地志辑释》序,十时毕。又略翻《辑释》数条于岱南阁孙辑本,颇有纠正,惟以今地释之则尚未能连及最近政区之演变耳。

午后倦极,竟伏案打盹,欠伸时已将五时,深感惫累。

夜饭时,溲归同饭。滋亦饭已归来。饭后,看电视,播送楚剧《葛麻》,九时半毕,即寝。

1 月 30 日 (十二月廿二日   壬子) 星期五

晴,寒。

晨六时起。溲空腹出已三日矣,披星戴月,惯惯寒风中,亦锻炼之一通乎?

看《括地志辑释》稿,反翻阅《新编唐诗三百首》,不觉移日。《括地》稍尚可用,惟今地注释,截至五七年止则大大不够耳。《新编唐诗三百首》问题太多,欠妥处夥,以此代孙洙选本,吾不知其可矣。

傍晚友琴今见过,即以前日留本还之,并以所见告之。谈至近黑乃辞去。

午前平伯见过,长谈至十一时去。

夜饭时湜儿赶及同饭,饭后昌预,昌硕两外孙来省,因开电视共赏之。看苏联故事影片《黑孩子》,九时半毕。预、硕去,余亦就寝。

1 月 31 日（十二月廿三日　癸丑）星期六

晴,较昨略和。

晨六时起。湜亦即出。家中购物无着,午饭佐餐绝无办(因齿牙关系,多不能龁),只得外出闯吃。十时半出,乘十路到东单,转电车出前门,到蒋家胡同下,径往老正兴。楼上下皆已满,拼得一坐,亦仅具四五品,且多不配我胃口者。勉图一饱即行。先在劝业场一转,冀有儿饵可得,为诸孙卒岁之欢。乃空诸所有,望柜兴嗟而已。走到火车站,再乘电车回王府井,步至百货大楼,排队如龙,而空柜前人犹加多,大概寄希望或且取出若干以应付者。余只得望望然而去。折入东安市场,情况殆与大楼同,最后空手而回,徒费车资耳。不图五谷丰登,六畜肥腯声中在辇毂之下呈此景象,真不啻急景彫年矣。啼笑皆非,徒唤奈何!夫何言哉!回家闷坐,殊无好怀。

夜饭后,芷芬、潘儿、文权、小同、清儿先后来省。芷芬出汉儿近影为献,在北大荒发胖多矣。此则差可少慰者耳。

十时许,芷等皆去。润、湜亦北京剧场听音乐回,乃各就寝。滋、佩则先已返矣。

2 月 1 日（十二月廿四日　甲寅）星期

上午阴,近午转晴,气寒仍前。

晨六时半起。诸儿乘假日在家作大扫除。余八时三刻出,乘十路北至东四九条东口下,走八条访圣陶。有顷,元善至,共谈至十一时,元善行,余则留饭于圣家。与其父子午饮。

饭后三人同出,步往隆福寺人民市场闲逛。购得丁敬身刻《开卷有益》章一方,并在花圃购得水仙头六枚,复偕行至四牌楼而别。余乃乘三轮返家。时已三时半。诸儿扫除方毕,正整理中。整整费去劳动力五个,仅乃粗完,处事真匪易哉!

夜与诸儿共饭,澄儿亦与焉。饭后,澄与滋往省清儿家。湜儿因感冒未同往。坐至九时半,同就寝。

2 月 2 日(十二月廿五日　乙卯)星期一

晴,寒。

晨六时起,湜儿仍赴厂,先诣医务所一诊,如须休息当归卧,乃及午未见归,必已出城就工矣。九时半,小同来,为余速写画象,十一时去。居然神似,可造也。甚欣慰之。

午后续注唐诗,至四时毕崔颢《黄鹤楼》一诗。眼倦神疲,不自知何以衰减如此之陡速也。

夜饭时,滋儿已饭后归来。湜儿亦旋至,遂共饭。

晚十时就寝。

2 月 3 日(十二月廿六日　丙辰)星期二

晴,寒,较昨和。

晨六时起。湜即出。报载春节各剧场剧目前日始披露,今日分命滋、佩、湜试购之,俟伊等下班后,分往人民剧场、吉祥、工人俱乐部,时已全部客满,意者口腹之欲难餍,皆转而求耳目之娱乎?一笑。十时,云彬来访,商谈《史记》世家中若干标点问题,及午辞去。

夜饭时,湜归同饭。饭后,润儿归。有友人让与年初五夜场吉祥票一纸。

九时就寝。

2月4日(十二月廿七日　丁巳　立春)星期三

阴,近午献晴。气不寒,诚报春矣。

晨六时起。湜儿即去。佩媳昨在同事家制得水磨粉一小袋,今晨煮小汤圆两小碗,一供珏人遗像前,一供余晨餐,亦献岁发春之意矣。

阅读文件,备下午往所参加学习。午饭后,独自步往文研所,晤大冈,以日人见询《千字文》事,口答之。又与冠英谈修订《史记选》事。渠亦以为有牵连处须统筹之云云。一时展开学习,五时乃散。仍于夕阳之下缓步而归。

夜,湜儿归共饭。饭后看电视,十时就寝。

2月5日(十二月廿八日　戊午)星期四

晴,寒不甚烈。

晨六时起。湜即去。十时许,硕孙来谒,为余画像加工。余又端坐一小时。修毕,硕即去。元孙今日其母携往人教社,晚间下班后就浴始返云。

午饭后,独往观市,先乘十路到王府井南口下,在新华书店及百货大楼等处略瞻形势,人挤货鲜,缺望者多。余当然不犯着落入圈套,即去。而至书摊购得新书数种,便乘三轮径归。

夜,滋、湜都归饭,因共饮。饭后,顺林来告后日返南,询有所事见托否？边谈边看电视，九时后去。余等亦就寝。

2 月 6 日（十二月廿九日　己未）星期五

阴转晴，寒仍不烈。

晨六时起。湜儿即赴阜外厂工次。澄儿来饭，携来包饺，供余餐，甚甘之。饭后，澄上班去。余以气闷不舒，亦出外闲步。先乘十路到西单下，走商场一逛。布置又有发置，沿大街店面几都并入此场矣。人甚挤。余于书摊购到《世界地图集》一册（乙种）。即离场乘电车回东单，在崇内大街中国书店古典门市部购得《国榷》、《启祯两朝遗诗》、《王荆公诗笺注》、《唐人选唐诗十种》及《诗比兴笺》等。以无三轮可雇，己又不胜其重，约随后派人往取，而身自乘十路归于家。薄暮，湜儿归，因命往取之。

午前云彬见过。以其夫人手制粽子四枚见遗，厚意可感也。

夜饭后，翻检所购各书，九时半后就寝。

2 月 7 日（十二月三十日　庚申　大除夕）星期六

阴，寒。

晨六时起。湜儿今起休假，但九时厂中召去开会。余下午本须赴所参加学习，八时半得象钟电话，谓学习暂停，可无往云。十一时，湜儿归，遂共饭。饭后，湜往省瀹。余翻阅《国榷》，不觉垂暮。傍晚，诸儿毕归。清亦来省。以各须归家度岁，清未久坐即去。

夜七时，合家团坐，共进年夜饭。余中坐顺左而次为湜、为滋、为佩，顺右而次为元、为宜、为琴、为润，对面为许妈，凡九人。李妈已于昨晨返顺义，故未与。

夜饭毕,启电视机观之,为少数民族大合唱,为相声、大鼓。侯宝林、郭启儒竟两度出现,甚松快。最后以话剧《春节前夕》为殿。正十二时而毕。已迎得己亥新岁矣,乃各就寝。

2月8日（己亥岁元旦　辛酉）星期

晴,和。

晨六时半起。八时后,陆续有人见访。晓先最前至,冠英、友琴、佳生、振甫、趾华午前来,坐谈有顷,俱去。独晓先留饭。濬儿、权婿、预、硕两孙,清儿、昌、新两孙,澄儿、埙、基、堦、埙、垲、培、增七孙,芷婿、大璐、锴、镇、鉴三孙都来拜年。午间聚餐,以购物不易,仍由各家携肴果自随,集腋居然成裘,亦洋洋大观,不减丰腆矣。欢饮至午后二时方毕。

下午尔松见过,以吉祥当晚梅剧团票见贻,极感之。坐移时去。晓先亦去。静庐午后见访,少坐即去。

夜饭前,濬等皆归去。润儿工会赠票,亦有吉祥者,因于夜饭后同往观之。路无三轮,徒步诣吉祥。余坐楼上特二排十八号。润坐楼下十七排。七时开,为罗荣庭、刘淑华、薛广福、翟承俊之《演火棍》,次为王少亭、刘连荣、薛永德、衡和华之《开山府》。休息后为梅兰芳主演之《贵妃醉酒》,姜妙香、李庆山、张饶芬、冯金芙配演。十时半散,仍走归。到家少坐即寝。

2月9日（正月初二日　壬戌）星期一

晴,和。

晨六时半起。七时半,建昌、濬儿、文权、预孙来。余乃与润、滋、湜三儿偕出,同乘十路到东单,转三路到西直门,在四十七路站候车,三十五分乃得乘。澄儿亦来会。遂同载西行,九时半抵射击场站下,东南行,诣福田公墓展拜珏人之墓,兼及墨林之墓。照相数帧。近十时,锴、镇两孙骑车至,又有顷,芷芬、大璐、鉴孙亦到。稍息后,一行十四人循新修公路东北行,绕山麓而北,到魏家村,在桥下避风处野餐。再北行,至团城演武厅前,实胜寺碑亭中复餐。又北行,越岭而抵静宜园大门,即在其地小卖部啜茗进点,藉息疲劳。时已下午一时四十分矣。坐良久,潏、滋、湜、权、澄、预、昌、锴、镇、璐十一人入园,鼓勇登鬼见愁。余与润、芷则延坐至三时后,乃入园,走小路,憩于见心斋池南圆廊上。四时行,历眼镜湖,大赏泉洞中大冰柱,然后出北门,到碧云寺,在大殿东茶点部小憩,藉待潏等之来会。乃待至五时,寺门将闭,茶部歇业,尚未见来,只得出寺,而璐、昌、锴、镇、鉴五人到,谓潏等自山顶而下,不敢速行,恐非半小时后不能到,乃同行下山,在停车场候之,已将暮。锴、镇骑车先行,余与润、璐、鉴、昌先乘卅三路车东往颐和园,又待许久,只得乘卅二路车回动物园,再转一路无轨电车东归。璐、鉴于沙滩下,径归其家。余偕润挈昌孙于南小街口下,再转十路南行,至禄米仓口下,走归于家,已将八时。乃亟煨酒自劳,坐甫定,滋、湜亦归,谓文权下山磋脚,遂尔延迟刻二各返矣。遂共夜饭。

饭后,坐至十时后,濯足、拭身、易衷衣就寝。经此考验,脚力尚复可恃,怡然入睡。

贯之、芝九曾来访,未晤,歉甚。芝九且以笔墨各二见赠云。

2 月 10 日（正月初三日　癸亥）星期二

晴,寒。日中和。

晨六时半起。上午未出,亦无人来。午后偕湜儿出,先乘十路北行，在文化部门前候一路无轨电车，西至北海大门，排队甚长，过五六次车乃得上。从北海南行至北长街访乃乾。长谈，饱看其新收各书，其夫人并以玫瑰酿见享，且饮且谈，不觉向夕，乃偕湜儿辞归。假得五色评本《书目答问》及初刻精印《六朝文絜》各一函，挟以就道。苦不得车，竟与湜信步而行，从西华绕阙右门、阙左门、东华门，直由金鱼胡同、无量大人胡同等处归于家，已月上矣。

到家知调孚曾来访，未值甚歉。夜饭后，述琇偕其小姑来访，看电视至九时去。余亦倦极思寝矣。夜深炉火升，壶水沸腾，遂起视，知为翌晨二时矣，溲便后复睡。

2 月 11 日（正月初四日　甲子）星期三

阴转晴，较寒。

晨六时五十分始起。

调孚来访，谈移时，约同访圣陶，先电话询之。三午答语谓全家赴静宜园，须向晚始归云，遂罢。调孚亦归去。濬、澄两儿来省，旋往丁家，近午，澄来饭，濬则归去。约午后一时半在故宫御花园聚晤，同游故宫。

午饭毕，偕澄、滋、湜三儿出，会清、埩、埙，同走朝阳门，排队上一路无轨电车，适小同来，遂偕登。至景山前下，步入神武门。濬儿、文权已先在，乃历绛雪轩、养性斋，外循西路六宫，诣养心殿、慈宁宫、慈宁花园等处一巡。复入隆宗门，出景运门，诣皇极殿、乐寿堂、乾隆花园等处一游。时已五时，振铃静园矣，乃相将由贞顺门出，仍出神武门觅车东归。人甚挤，澄、湜、小同、埩、埙得上一路无轨电车，余与濬、清、滋三儿及文权则别雇出租汽车行。到家后晓先夫妇来，遂共夜饭。饭后谈往，不觉已达九时，乃各辞去。余亦与湜儿就寝。

元孙九日住其五姨母家,今日领回。

2 月 12 日(正月初五日 乙丑)星期四

阴,寒。向晚有雪。

晨六时半起。湜即出上班。今日诸儿俱照常上班,惟清儿补假,上午十一时许曾携昌、新两孙来省。元孙随其去潘家午饭。

写信谢君宙,以大除夕曾邮来香烟糖果等物。际兹百物紧张之会,二千里外不忘故人,使老朽有餐英之乐,而稚孙亦得含饴之欢。其为欣愉,乌可以言语状之。今日稍能宁坐,遂走笔谢之也。李妈除夕归去,说昨晚必来,今尚未见言旋。看顾孩子乏人,余遂终日与宜孙作伴矣。

三时半,潘携元孙来,余遂属以管两孙,而身自外行。信步过演乐胡同西口之中国书店,无所得,乃复往隆福寺,过人民市场,穿由寺北门,出钱粮胡同,时已见雪,遂步往东四八条访圣陶。以今晨满子电话招往夜饭也。五时许,抵叶家,晤圣陶、至善、满子。六时即饮。是晚,本有吉祥戏票,遂赠圣陶之孙三午往看,而余得从容谈筵。八时即其家看电视,至近九时始辞归。至善送余至儿条东口,视余登车乃别。到家后,圣陶又来电话,询安抵否?老友关切,弥可感也。

今日为元孙九岁初度之辰,草草吃面。如珏人在者,必不若是也。为之黯然。十时就寝。李妈入夜始到。潘则归去矣。

2 月 13 日(正月初六日 丙寅)星期五

阴,寒,时见飘雪。午前后显昼,终阴,仍见雪。

晨六时一刻起。湜儿即上班去。上午注唐诗,尽祖咏《望蓟门》、《终南望馀雪》各一首。平伯邮筒递来近作三首,一《己亥元旦书怀》,盖已还历矣。馀为《戏题外孙女韦梅初演〈还魂记〉〈游园〉》二绝句,闲雅之至,余又得什袭藏之,藉为箧中增色。

午后过录周季贶、伦哲如评《书目答问》数则,先择其有关纲领者录之,余俟稍暇更及其它。四时许,芷芬来省,告以明日即须重赴南口工地劳动,今假出购物,特来辞行云。因与长谈,共进晚餐。滋、湜亦皆归饭。饭后八时许,芷辞去。余等开电视机观之。九时半就寝。

许妈假归,言明日午后始来,炊事由李妈任之。

2 月 14 日（正月初七日　丁卯）星期六

初阴转晴,下午昙,气较暖和。

晨六时起,湜儿即上班去。上午翻书检索,又过录《书目答问》评语数则。午饭时,李妈裹饺子作餐。十二时半即出,徐步往建国门文研所。平伯、介泉已先在。一时开会,冠英、水夫、默存、友琴、大冈等都到。盖全体听棣华作学习报告也。近五时乃毕。仍走归。

夜饭时,滋、湜皆归。芷芬来告南口之行未果,领导上改派往密山长期劳动云。适潘、清、澄三儿来省,诸儿聚谈。

云彬来访,余与接谈,知其夫人近又发病,甚剧,章次公治愈之。有顷便去。

十时,潘等皆去,余亦就寝。许妈午后始归。

2 月 15 日（正月初八日　戊辰）星期

阴晴间作,气温如昨。

晨六时起。湜儿以移假在前(除夕),今日仍照常上工。十时,余偕滋儿挈元孙出,乘十路到王府井下,转四路无轨电车往菜市口,在当地百货商店及寄售商店等处闲逛。十一时,登美味斋菜饭店之楼,虽刚开市,而食客已将满。余等三人占一席,未及半。来并桌者已见两批,足见赶食者之多也。该店配货较畅,居然吃到红烧头尾(鲜鱼难见),及大块排骨。以是近日竟成群趋之的。余等食已出门,为十二时一刻。即徜徉而东,至虎坊桥折北,往琉璃厂。花花绣绣不减往年,但可欲者殊鲜。各小食摊利市尤左右排队待食,竟不辨谁属也。在书摊驻足较久,合意者极少,遂走至和平门外,乘十四路北行,在六部口转十路东归。

到家未及下午二时也。盥漱休息,竟致打盹。夜六时后,湜亦归。遂与滋、湜共饭。饭后看电视,以话剧不受看,乃闭机。八时半便就寝。

2 月 16 日(正月初九日　己巳)星期一

晴,和。

晨六时起。湜儿即去上工。佩媳今日起在天安门工地劳动,亦六时半即出。

元孙今日假满入学。八时后,余续注唐诗,至午毕李颀《古从军行》一首。

淑儿今天生日,早餐余吃面,默识此事而已。午饭时,忽忆,昨在厂甸摊上所见光绪己卯刻本改七香画《红楼梦图咏》,颇思致之,乃独自乘十路到六部口,转十四路到和平门外,走往厂甸。改图仍在,遂出八元购之,并及锦章书局白纸石印本《画史汇传》八册(三元),挟以南行,到虎坊桥乘十四路回六部口,复转十路东归。专为此事仆仆两小时，结习未忘，亦一痴也。

四时半，芷芬来省，因留夜饭。饭后潇儿、文权皆至，谈至九时，潇等皆去。芷亦微醉矣。余等亦就寝。

风作有声，虎虎撼窗棂。

2月17日（正月初十日　庚午）星期二

晴，有风。春寒未减也。

晨六时起。湜六时卅五分出。佩七时出。润、琴、滋、元七时半后陆续出。虽常例，近又有变更，故志之。八时后，注李颀《古意》，垂午乃毕。

午后倦甚，打盹。四时，潇儿取收音机过我，因太重，寄此。夜饭后，文权来取去。

五时，接君宙复书，详告合家团聚度岁，沪上副食亦缺，但较北京则宽多矣。主管部门殆亦有不同耳。

夜看电视，故事影片《李时珍》，九时半毕。

洗足、拭身、易衷衣，就寝已十时。

湜、佩俱于六时归，同饭。滋亦于七时许即归。润八时归。琴则十时许乃归。

2月18日（正月十一日　辛未）星期三

晴，仍寒。

晨六时起。湜六时卅五分出。佩七时出。元孙七时廿分出。滋、琴、润俱七时三刻出。九时许，余正为《红楼梦图咏》作题记，而顺林甥来，言昨甫自上海返京，以带有食物，今特请假送来。计带到潄儿书一件，定胜糕十枚，燻黄鱼及糖醋带鱼共一器。伊亦馈余猪油年糕两斤。骤见多物,俱合胃口,大喜,极感之。谈至十时三刻辞去。

午吃烙饼。食已即出,一时前赶到文研所参加本小组学习。漫谈自学兼而有之。至五时散,仍步归。

夜饭后,看电视,九时歇,少坐就寝。

2 月 19 日（正月十二日　壬申　雨水）星期四

晴,寒。

晨六时起。九时许,农祥见过。因同出,乘十路至石碑胡同下,转身东行,入中山公园(以翻地故,园前之站暂辍)一探。唐花坞杜鹃、山茶盛开,间有兰花、迎春。十时半,参观新自苏州市来京表现之动物旅行团。惟粤产之石龙为初见,馀俱见过之物。巡览一周,即出园西门,过北长街访乃乾。略谈即行。径赴北海,就食于漪澜堂,居然吃到番茄鱼片、干烧冬笋。一时许,步至双虹榭茶憩。有顷,乃乾来会,茗谈至三时,农祥先行。余与乃乾复坐,过半小时起行。度山转坡,过陟山桥,历濠濮间,诣画舫斋参观迎新书画展会。巡览一周,仍出北门,复循原路回北海南门,适有一三轮,遂与乃乾别,乘以东归。

五时半到家,芷芬在。有顷,晓先亦来,遂共小饮。滋儿归饭。佩媳亦归。同饭后谈至八时半,芷、晓同去。余再开看电视,九时四十分完,十时就寝。

湜儿是晚在天桥剧院看《茶花女》未归饭。比其返家,余已就卧矣。

2 月 20 日（正月十三日　癸酉）星期五

晴,寒。

晨六时起。八时作书，分复君宙、漱儿及汉儿（汉信今晨甫到），凡三通，及午乃毕。澄儿来饭，因于饭后属其携出投邮。

午后，疲倦打盹而已。因思今日为上灯之辰，何不出外一行，寻购花灯，为稚孙元宵嬉赏之资。遂披衣出，走至禄米仓口，遇芷芬适来我家，乃邀之同行。乘十路到王府井南口下，遍历大街及东安市场，连个灯影儿也没有，只得嗒然去之。过百货大楼买得凤尾鱼一听，又过文物出版社门市部购得《扬州八家画集》一册。八家者仁和金冬心（农）、歙县罗两峰（聘）、休宁汪巢林（士慎）、宁化黄瘿瓢（慎）、甘泉高凤冈（翔）、兴化郑板桥（燮）、李复堂（鳝）、南通州李晴江（方膺）。乾隆时以画名燥一时，号扬州八怪。其实，当时之扬州犹晚近之上海艺人，托迹谋食，非必尽为扬州人也。（金、浙人，汪、罗皆皖人，黄闽人，惟高郑二李为扬府人耳。）信步南行，仍在王府井南口乘十路东回禄米仓，走以归。

芷芬留家共饭，饭后，潩儿来省，共谈至九时许，皆去。十时就寝。

2 月 21 日（正月十四日　甲戌）星期六

晴，寒。

晨六时起。午前闲翻架书。

饭后，步往所中开会。一时始听王燎荧作时事国际形势报告，四时许毕，再开小组会讨论下届学习问题。五时散，仍走归。到家，雪村与芷芬俱在，盖今日儿辈为余七十生辰设筵萃华楼祝嘏（以芷芬将有远行，特提前举行），先来余家叙谈也。雪村且以所藏川刻苏书陶诗及新印释迦牟尼佛像一函见贶。及暮，芷芬先往照料。余则雇车偕雪村过接其夫人等径诣之。

到萃华楼,圣陶、至善、满子、永和、晓先、雪英、士中及濬、权、澄等亦皆先在矣。七时后开饮,凡三席,余与润、滋、湜三儿主一席,同坐者圣陶、雪村、晓先、至善、士中、文权、芷芬、元锴。又一席琴、佩主之,同坐者雪村夫人、雪英、满子、濬、清、澄三儿、昌预、昌硕、升埼、元镇。馀一席则元鉴、升基、升坝、升垲、建昌、建新、永和、小逸、绪芳、绪茂、志华、许妈、李妈等十四人挤坐焉。菜系预定,尚丰腆,在近日竟称盛设矣。欢宴至十时许乃散,余与湜儿分雇两车送雪村、晓先两家归。圣陶舍己车弗御,特乘电车来去,坚不肯乘余雇车,其风格依然如昔,可钦也。

到家小憩,十一时就寝。

2 月 22 日(正月十五日 乙亥 元宵)星期

晴朗,虽有微风,较昨前为和。

晨六时半起。以昨宵不免饶杯,颇感头重矣。坐久始渐复。今日例假,又值元宵,本拟偕诸儿出游,以润儿临时加班,湜儿又为清儿所邀去,遂罢。

午后,在电视中看八一队与罗马尼亚军队比足球。濬儿、芷芬后先来。湜儿亦归。薄暮清儿、文权皆来,遂共夜饭。昨日携归鸭壳子乃大起作用,否则又将穷于应付矣。晚饭后,澄儿来,晓先、雪英亦来,共谈至近十时,皆去。余等亦各就寝。润儿连夜班,十时始归云。月色甚好。

2 月 23 日(正月十六日 丙子)星期一

阴转晴,九时始露日,既又时昙时阴,气较昨更暖。

晨六时半起。八时后,续注李颀诗,至午后四时,仅得《听董大

弹胡笳声兼寄语弄房给事》一首之半。目眊神疲,不得不止矣。殊
可自叹。

　　友琴四时半见过,出所作《批评〈新编唐诗三百首〉》一文属
看,谈移时去。芷芬旋至,因共夜饭。饭后,潏儿来,谈至九时半,
皆去。滋先归,湜次之,琴又次之,佩又次之。润最后。

　　十时就寝。十二时起视炉火,月色当空,一庭澄辉。

2 月 24 日 (正月十七日　丁丑) 星期二

　　阴,午后见雪,旋止,终阴。气温却未见下降。

　　晨六时起。八时后,为友琴看近作,提出意见五点,备明日开
会时面还之。

　　午后续注李颀《听董大弹胡笳声》诗之后半,四时许方完毕。

　　芷芬约来晚饭,未见到,想往访圣陶矣。佩、湜归来晚饭,滋亦
归。明日亦须同往天安门劳动也。润、琴俱八时后归。看电视至
九时半,就寝。时又降雪。

2 月 25 日 (正月十八日　戊寅) 星期三

　　晨六时起,见庭院积雪尺许,天际复纷纷续降,气稍寒冷。

　　六时半湜儿出。七时滋、佩出。七时三刻润、琴出。元孙则七
时二十分已出矣。大雪中各各走上岗位,余则坐看飞雪发怔而已。
八时后,续注李颀诗,抵午毕《过卢五旧居》一首。佩华九时归,谓
风雪中不能露作,停罢也。越时,滋儿有电话来,亦谓罢作返社工
作矣。

　　接所中电话,以今日雪大,行走不便,可在家学习,不必到所
云。只缘许友琴送稿,心头仍不免悬悬难安耳。午间,雪尤大,如

絮团矣。二时后始渐停。四时,芷芬来,言三月二日成行矣。五时,许友琴见过,取稿去,谈至六时顷。

六时半,湜儿归,滋儿亦归。遂与滋、湜、佩、芷同饭。

夜饭后,润儿归,同看电视。芷即去。九时毕。余乃就寝。琴珠方归。

2 月 26 日 (正月十九日 己卯) 星期四

晴,融雪淋漓,泥泞载途,堆积者厚。虽春日烘之,恐非累日不能尽化也。

晨六时半起。十时,农祥见过,以地滑且泞,未与偕出。坐谈至十一时一刻,辞去。

午后打盹,三时始醒。且把玩改七香《红楼梦图咏》以遣之。既又玩索乃乾所藏《五色评本书目答问》,近日意绪疏懒,随手翻阅尚有趣味,若正襟危坐,提神搦笔,有所写则殆矣。耄及之兆,无可讳言耳。儿辈不察,余亦雅不欲令知之,以增重其耽心也。

四时后,芷芬来。六时,滋已饭毕归。六时半,湜儿归,遂共饭。佩亦归。知其弟崇尧将来京,已报进户口于我家云。夜饭后,芷去。余偕元孙等看电视。九时毕,即就卧。

接漱儿廿四日复书,知组青将来京游览,伊亦有来省视之意云。

2 月 27 日 (正月二十日 庚辰) 星期五

晴,雪续融,地益泞,气且加寒云。

晨六时起。滋儿今日往西山魏家村劳动,故与湜儿同时出门。写复漱儿,欢迎组青来游,并属望伊亦能抽暇一来省亲也。澄儿又将有贵阳之行,伊与澄十馀年未见,当争取一面乎。

下午翻看旧藏《故宫周刊》,大饶欣赏之乐,且亦于中挹得近代史料不少也。庭中堆雪无处可运顿,终日水流入夜凝冰,大为厌苦,如不能连晴,则此种情况尚须延长。

五时许,芷芬来。有顷,潛儿来。晓先来。六时,湜儿归。六时半,佩、滋相继归。遂共饭。权亦至,琴亦归。饭后闲谈,至八时半,潛、权、芷、晓俱各归去。余亦就寝。寝后润儿始归。大家工作辛苦,亦不任久坐矣。

2月28日（正月廿一日　辛巳）星期六

阴,近午晴。午后积雪续融,泥泞则少减矣。气又加寒。

晨六时半起。上午看学习文件。十一时许,接道衡电话,谓今日下午仍改自学,可勿行。

午饭后,续玩《故宫周〈刊〉》一〇一至二〇〇期,五时始罢。论印迹,后胜于前。论内容,亦渐感多彩,故虽重展,迈初见矣。薄暮,芷芬来,澄儿来。滋、佩、湜皆归。遂同饭。饭后,权、潛来。清儿亦来,携建新俱。九时半,芷等俱去。建新留与元孙同卧。十时许,余亦就寝。

芷芬行李已结好,准后日上午十时动身云。

3月1日（正月廿二日　壬午）星期

晴,寒。夜风急,但月色仍佳。

六时三刻起。食顺林所赠玫瑰猪油年糕。久隔乡味,偶得一恣啖,极快。

晨佩华仍去天安门劳动,馀都休假。润携宜孙出购物,滋出理发沐浴。浞在家开唱片。十时半,芷芬、元锴来。十二时半午饭。

饭后,润挈元、宜两孙及建昌、建新两外孙,往西郊游动物园,嘱李妈同去。芷芬则有事先归去。滋、浞、锴三遂登屋清除积雪。先将房顶冰雪细细铲下,聚集庭中,然后逐步移运于门外,沿己屋之墙根。三时许,琴珠亦加入此役。四时始毕。且将庭院冲洗一清矣。仅积三四日,南屋与门楼俱见渗水,设今日不发狠一干,淋漓缠绵,不知将拖延几时,而房屋损害更不可想象耳。现既一扫而空,心上顿掇去一大块顽石,不亦快哉!元锴工毕,即去拢家后即归校。芷芬偕元镇、元鉴则傍晚复至,瀋、权、澄、基亦来。润等亦自西郊归。佩亦自天安门工地归。基送昌、新归遂安伯,即留彼夜饭。余等团坐共饮,聊为芷芬祖道。晚饭后,复谈至九时半,各散归。余等亦各就寝。

3 月 2 日(正月廿三日　癸未)星期一

晴,寒。晨六时起。今日芷芬远行,再见当知何日,汉儿一年未归,群雏失顾,心焉系之,独坐怅惘,竟无摊书之勇。

午饭后,以八日未曾出门,特鼓勇独出,聊寻支遣。走至禄米仓南小街,泥泞仍未免,乃乘三轮到东安市场,见书摊陈有中华书局新排印之谷音及河汾诸老诗集,遂购之,顺过百货大楼一逛。未登楼即出,扬长而南,在王府井南口乘十路以归。到家已四时,依然惘惘,亦不自知其何以如是也。

六时,浞儿归,遂共元孙饭。滋儿七时后归。佩八时归饭。琴六时后归饭。润儿则九时后乃归。

余九时三刻就寝,睡至翌晨四时,闻炉上水沸声,乃亟起视之,非也,声乃在外间。空中月色微芒,下若爊肉,然疑终莫释,只得复睡。

3月3日(正月廿四日　甲申)**星期二**

晴,仍寒。

晨六时一刻起。整治拂拭,八时后,始得坐定。但心仍怅怅,不能凝思。乃启橱复取《故宫周刊》,并后旬刊,连续翻览,值可赏者留连一回。至下午三时乃停罢。颇得忘餐之乐。(今日购菜无着,幸有白粲可餍。)

夜与佩、湜同饭。滋、琴归尚早,润则十时乃返。看电视,播送影片《白毛女》,十时就寝。

傍晚,乃乾见过,谈有顷即行。

3月4日(正月廿五日　乙酉)**星期三**

晴,仍寒。

晨六时起。午前曾摊书注王昌龄诗,以今日下午须讨论学习问题,遂草一二条,即移阅文件至十一时,得道衡电话,仍自学,不讨论,可弗往云。

午饭啖炒冷饭,以今日仍无荤菜购到也。物供如此之窘,殊非老年衰体所能任,若长此以往,真将索我于枯鱼之肆耳。抱膝长叹,亦奚以为?午后打盹,三时后为架书撰题跋两则。

湜儿晚归,夜饭时久待之。滋、佩下班后在东郊幸福村看房子,人民文学社配给佩华者,将以先处其弟崇尧来京住用云。八时后乃归。九时半就寝。时已下雨。许妈下午假归,九时后乃返。

午前接淑儿来信,知已调回原岗位工作矣。

3 月 5 日 (正月廿六日　丙戌) 星期四

阴,细雨类喷沫,气略转暖。

晨六时廿五分起,精神疲惫更甚于前昨。八时后,强自振作,续注王江宁《塞下曲》两首,迄午而毕。不复能再鼓此劲矣。午饭后,打盹片晌。四时许,农祥见过,谈移时辞去。约下星四同游颐和园。

湜儿六时半归,遂同夜饭。饭后看电视,播送闽剧《炼印》,九时即完。少坐后就寝。枕上看《杜阳杂编》,十时三刻始入睡。呼湜儿亦就卧。

3 月 6 日 (正月廿七日　丁亥　惊蛰) 星期五

晴,回暖。

晨六时起。午前潜儿来省,旋去。心绪仍欠佳,感头眩,偶亦心跳,总之百无一是矣。竟日闲坐打盹,挨延而已。

夜六时,滋归。有顷,清来省。湜亦归。遂共饭。琴媳明日赴南口工地劳动,为期一周云。晚饭后,与清、滋、湜谈至九时半,清去,余亦就卧。十时后,润乃归。

3 月 7 日 (正月廿八日　戊子) 星期六

晴,和。

晨六时起。午前看学习文件。

琴媳去南口之车票为明晨七时者,(以今日第二班须深夜。)故仍上班,推迟一日行。午饭后,步往文研所,时方一时,平伯已在。友琴亦旋至。馀人皆未到。盖本周起,下午又改为一时半上班矣。有顷,冠英、晓铃、道衡、世德、念贻、绍基、白鸿、象钟、叔平、则文、子馀毕至,独其芳未到。依时学习,至五时一刻乃散。出所门时,居然遇一三轮,遂乘之而归。

薄暮,滋、湜先归。既而澄儿来,佩媳亦归。润儿踵返。遂共饭。

饭后,潛、权、清、硕都来省,闲谈至九时半,潛、权、硕归去,澄亦从清,宿其家。余等亦各就寝。

云彬晚饭后来访,谈至八时馀去。

3月8日(正月廿九日 己丑)星期

晴,和。

晨六时半起。七时,偕湜儿出,乘十路北至朝内大街,走往东四大同酒家啜茗。人已挤满,勉插两位耳。八时许,滋亦来,共进粥点。都无佳品,(馅子用咸肉,宜其欠味矣。)胡乱撑肠而已。八时半出大同,走往隆福寺商场一逛。在摊上见一小立轴墨笔写松下人物,尚不俗,标价只一元,遂戏购之。离场后,湜往人民剧场听音乐(润、清早送琴媳往前门车站后亦往与会)。余与滋儿乃徐步由东四南大街、内务部街、南小街、禄米仓而归。

谛视所购画为双松明月,松下一叟危坐抚琴,款题"庚午元日南岳试笔"。印章二,上为岳形图,下为"燕山散人",俱朱文。轴签题:"五峰写松"。察其纸色,似为民国庚午物。"南岳"殆其名,"五峰"则其号耳。究为何人,俟考。或旗下人乎?

十时半,友琴有电话见约,谓将来访。有顷,果至。谈增选唐诗及注释问题。抵午乃去。

　午饭后,偕润、滋、湜三儿出游,先乘十路至朝内大街,再转一路无轨电车往北海。元孙发微热,未从。余父子四人入园后,见游人甚众,到处皆患人满,最后择得琳光殿前空场上一座,遂坐下啜茗。初见春融,又值休沐,宜其如此矣。划艇如线,狃波酣嬉,草色亦已回绿,柳条初呈微鹅黄,诚所谓春到人间乎?不禁出神久之。四时起行,已起风,乃亟出园,电车、公共汽车俱挤不上,踱至故宫神武门,拦得出租汽车一辆,乃雇乘东归。到家已五时半。佩华将百衲本缩印《廿四史》十四巨册归,盖全书已出齐,经手预约手续办清矣。深嘉之。

　夜饭后,看电视,梅兰芳《穆柯寨》,十一时始毕。然后就寝。

3 月 9 日 (二月　小建丙寅　庚寅朔) 星期一

　初阴,禺中大雪,搓团飞絮,当午雪止日出,旋又阴,晡时,雪复大作,团絮益甚,向晚又渐止。气温亦初暖乍寒,正是最难将息时候矣。

　晨六时起。颇暖,拟熄炉矣。乃未及禺中,即见雪,仍笼火焉。上午,坐雪注王昌龄诗《箜篌引》,仅得解题一通耳。午后打盹,只能将新收诸书分别登薄。百衲《廿四史》已到齐,亦一快也。夜饭后,坐至九时半就寝。

3 月 10 日 (二月初二日　辛卯) 星期二

　晴,仍冷。

　晨六时起。八时,续注王诗。十一时许,组青叩门来,盖八日自沪动身,已在泰山遇雪,今晨抵此云。余旦夕望信,不意其径至,殊感突然。因电话告润、滋两儿,于是午间皆返,润顺道走告潘亦来会。午饭后,组青以积倦就卧,潚挈元孙及建新出游,润、滋俱上班去。余稍坐,亦打盹,觉来已五时矣。

电话告农祥,后日不能同游。接滋电话,谓今晚须开会,不能早归。明晨须往玉渊潭义务劳动也。夜与潚、组、湜、佩、润共饭。饭后,文权来看电视,至九时半去。余等亦各就寝。

组青安住南屋西间。

3月11日(二月初三日　壬辰)星期三

晴,略暖于昨。

晨六时半起。八时一刻出,徐步往文研所,参加所务扩大会议,到各部门负责人、副研究员以上研究人员及各组秘书。除默存未到外,其他经常不到之孙子书亦出席矣。当由其芳传达周扬指示,结合本所工作发挥,今后须古今中外并重,鼓励百家争鸣,再三致意于以往批判老作家太涉粗暴简单,必须纠正云云。是学术空气又将转浓。片面强调当前为主之说,将扭转耳。十时半,临时参加者退出,纯开所务会议矣。余与平伯遂乘九路车西迈,在王府井下,偕往北京餐厅午饭。须臾,介泉、彦生亦至。在别一席。饭后复偕平伯蹀至百货大楼南面,王府井茶馆瀹茗小憩。一时许,乃行。穿东安市场而北,余别平伯,乘三轮归家。

到家未及二时。知组青于上午九时后,由潚儿陪同出游景山、北海矣。盥漱小憩,合眼打盹。醒来弄宜孙学语,殊适意。枯寂中赖有此耳。向晚,打五关数局。

接漱儿九日来函,知能来京,明当致一电报促其成行也。傍晚,组、潚归。滋、佩、湜亦先后归,遂共饭。饭后,清儿来。余拟电报,属湜儿连夜拍发,俾漱来会。九时三刻就寝。

3 月 12 日（二月初四日　癸巳）星期四

晴,和。

晨六时起。九时,组青始起,潜儿九时一刻始来。上午出游事已不可能远行,只索劝组青休息,至十时乃三人同出,先乘十路往王府井南口,转四路无轨电车,径到菜市口,时已十一时许,先在百货商店一逛,遂入美味斋楼下,尚有空座,即便坐下,吃菜饭等,尚满意。十二时行,乘一路车东抵珠市口南行,步往天桥市场一加参观,再过天桥百货商场一看。然后折入天坛西门,迤逦直抵皇穹宇西侧茶棚小憩,坐有顷,组、潜登圜丘及皇穹宇游览,余坐以待之。三时许乃来,遂同行入成贞门,过更衣处,径登祈年殿。旋东转长廊,一览七星石,乃扬长出北门,乘电车到崇文门下,步入门闉,过东单公园,小坐憩息至四时五十分,乘十路回禄米仓,步归于家。

案上有全国政协信件,已拆视,盖午前送到,润儿归,见急件,故启阅,乃二届全协常委五十二次扩大会,协商决定推余为三届政协全国委员也。余颇感突如,即电圣陶一为询问。圣属前往晚饮面谈。遂乘三轮赴之。此事伊亦不知何方提名,伊拟赴江苏视察,因劝余亦往苏省一行。八时许,辞归,乘十路行。

到家,潜、澄、晓先、雪英等俱在,谈至九时半,潜等皆去。余亦就寝。

3 月 13 日（二月初五日　甲午）星期五

晴,和。

晨六时起。填复政协秘书处。拟往江苏一行,即由润儿送去。滋儿积劳,昨颇不适,今晏起,十时后乃强起上班去。

平伯十时半来,谈移时去。有顷,天津中国科学院河北省分院语文研究所郑雁声来访,关于李白问题,亦移时乃去,已十二时半矣。

午后二时潘儿来,乃偕同组青挈元孙同往西郊动物园,一游长颈鹿馆之西新辟爬虫馆,储有毒、无毒蛇至夥,蜿蜒纠结,观之起粟,殊无美感也。六时半归家,往返俱乘一路无轨电车。

颉刚来访,知伊往湖南视察。

夜饭后,与湜儿往银城理发,九时半始归。潘儿乃归去。将就寝,接漱儿电报,知明晨十六次车来京矣。为之欣然。

3月14日(二月初六日　乙未)星期六

晴,和。

晨六时起。八时出,乘十路到佟麟阁北口下,缓步北行,径到赵登禹路政协礼堂,入座未久,即九时矣。邵力子主持开会,听熊复报苏共廿一次代表大会情形,于赫鲁晓夫报告及会场情况,国际影响均普遍涉及,直至下午一时乃毕。走出会场,去丰盛胡同口等七路车往前门,连等三次,始挤上,到前门已一时半,须赶所中学习讨论,竟未及饭,即转九路车抵建国门,匆匆到会议室,本组人尚未齐集。有顷,乃开始。象钟未到也。休息时,将政协事及出外视察事告知其芳、冠英。四时半,与平伯先退,仍往北京餐厅谋食。六时食毕。同行由南河沿东华门大街、北池子,直到盔头,作中国京剧院看曲社彩排。八时始开演,演前在场晤季龙、元善、绥贞、敦敏。第一出《小筵》,第二、三出《出猎》、《回猎》。九时即行,未看完。走至景山大街东口,遇一三轮,即乘以归。文权、潘、清、澄、预俱在,知锴、镇都来过,留芷来信一束备览也。谈至十时半,各散就寝。

3 月 15 日（二月初七日　丙申）星期

晴，和。

晨六时半起。七时半，澄、润、滋、湜往前门车站，漱儿居然不误点，八时廿五分即接到。雇车归来，正九时。略憩后，邀潽同出，余及组青、潽、澄、滋、湜、元孙、阿曦一行八人，先乘十路到王府井，转三路到西直门，再转四十七路径诣福田，共展珏人之墓，并展墨林之墓。已十二时半，后在礼堂小驻啜茗，然后行。再乘四十七路而西，达四平台已下午二时，就山麓食堂午餐。至灵光寺茶憩，并摄影。已将三时半，组、滋、湜三人再登山，余等至五时下山，五时半，伊等三人亦至。同会四平台，仍乘四十七路东行，到动物园转三路无轨电车，径抵八面槽萃华楼。盖润儿留守在家，预定于七时在彼共饮也。润、清、锴、镇、鉴、昌、新、硕及宜孙都在，九时半始散。无车可雇，仅余及漱得三轮，馀皆步归。十时，始各返。就寝已十一时。

3 月 16 日（二月初八日　丁酉）星期一

晴，和。

晨六时起。九时出，乘十路北行，在朝阳门大街换一路无轨电车，到白塔寺下，走往政协礼堂，就第五会议室开会。讨论如何进行视察及出发日期等。在场晤力子、平伯及俞寰澄、张绷伯、庄明远、季方等。圣陶未到，决定十八日成行。具体办法俟本组秘书陈弥坚办妥后再电告。十一时即散。余与平伯仍乘一路无轨电车东归。

知潘儿伴组青及新新、阿曦往中山公园矣。漱儿则因积倦发烧未行。下午一时,组青等归,遂同饭。饭后未出,与漱、潘闲谈。组青则高卧也。抵暮,润、滋、湜俱归。雪英、文权、小同亦续至,乃共夜饭。饭后,雪村、小逸、新新、清儿陆续来。闲谈至八时半,雪村挈小逸去。晓先踵至,又谈至九时许,晓、雪、权、潘、清、新皆去。余等亦各就寝。

琴珠南口工地劳动结束,今晚八时返家。佩华天安门工地劳动,亦已于昨日结束,今日得休假在家。

3月17日(二月初九日　戊戌)星期二

晴,和,早晚仍薄寒。

晨六时起。漱儿已痊。九时,潘来伴组青去故宫。

圣陶电话,谓伊接人代电话,车票不敷分配,请伊延迟一日行。午间,政协送到车票,余与平伯仍明日行。因与平伯电洽。傍晚圣又有电话至,谓已得票,仍于明日同行,属下午在家相候,伊当过接平伯及余同赴车站云。

澄儿来午饭,饭后偕澄、漱及元孙、阿曦同乘十路到西单,转二路无轨电车,到真武庙下,走往澄家省视。四时三刻行,仍与澄等循原路回家。时组青及潘儿都已归来,遂偕同赴章家,应邀夜饭。湜儿亦来会。九时,与湜儿、元孙及组青走归。漱儿及阿曦则留宿清家。十时就寝。

3月18日(二月初十日　己亥)星期三

出发南下,到江苏省各地视察。别有记。

4 月 13 日①(己亥岁三月　大建戊辰　庚申朔　初六日　乙丑)**星期一**

晴,和,昨晚仍冷。

晨六时起。整治坐卧,并收拾积件,竟费多时,可哂也。

八时,雪村见过,谈移时去。十时许,云彬见过,同出,先乘十路车到天安门,换一路车到虎坊桥,走往前门饭店,同向政协指定处所报到。并摄影备用。例有此一番手续云。离前门饭店后,顺道北行,诣东琉璃厂炭光胡同廿八号,访寰澄。道遇明远,亦报到后逛厂甸者。立谈数语而别。到寰澄家,晤谈至十二时许,乃行。与云彬又偕往煤市街丰泽园午饭。饭后乘一路车返东安市场,各乘三轮遄归。到家已二时许矣。

接漱儿十一日信,询余行程,即复告安抵京中。亲出付邮,以慰其悬念。潜儿来省,夜饭后与琴媳同出,为余置办送组青仪物,盖组青已购得明晚七时半车票,前往汉口,顺游庐山等处返沪也。

滋、佩看电影未归晚饭。近十时乃归。潜儿归去。余亦就寝。

4 月 14 日(三月初七日　丙寅)**星期二**

晴,和。

晨六时起。七时半,晓先见过,谈至八时上班去。收拾凌乱书件,至九时半乃得安坐也。潜儿午前来饭,饭后润、滋皆归,与组青话别,约晚间送往车站云。余本拟同送组青,三时许,得乃乾电话,谓东华在彼约余往谈。伊不日即须返沪云云。因与组青握别,乘

---

①底本为:"一九五九年四月十三日至六月三十日日记"。原注:"止止居容叟自署。"

三轮径赴乃乾家。晤谈甚惬,数十年老友得偶尔聚首,快慰可知。遂留饮乃乾所。长谈至九时半始告辞。东华正雇车待行,余则乘五路车到中山公园,转十路车回家。

到家静发来开门,知伊公事尚未办竣,须有勾留云。濬、滋、湜俱在,谓今日去汉车迟开,伊等送走组青舅,亦才回抵家中耳。润则以开会故,未及看组青登车即行云。十时许,濬及静发皆去。余与湜就寝。

寝后许久,润儿始归也。夜雨抵明止。

4 月 15 日(三月初八日　丁卯)星期三

阴晴兼作。气不甚舒。

晨六时起。录旅中诗两首,分寄圣陶、明远。

听庄公话通州往事,娓娓忘倦,赋呈博粲。

轩眉抵掌说南通,历历珠玑咳吐中,第二故乡羌足拟,羡君题籍跨江东。

与圣翁同游淮泗转通返吴宾馆值雨不寐,写视即致。

长驱淮沭抵南通,每挹轻尘趁晓风,今日归乡仍客梦,联床听雨与君同。

写毕自出投邮。归来知圣陶刚有电话来,因摇话询之,谓方在作文记淮扬水利事有所见诹云,遂告语之。平伯处亦电话询其归京安否?得复甚慰。并知所中为《文学遗产》及《文学评论》编辑事曾连续开会三天,昨始结束云。近午,天忽黄涨,雷声大作,但略施雨点后,即收声。午后且露阳光矣。电话与高逸群约开会汽车事,未得通,只得再等等。

下午写信复君宙,盖三月十九日,伊曾来一信,余出外未之见,今始发见,遂书答之。

傍晚,潽儿来,为余购到送静发之物。夜饭后去。

余看电视未久即感倦,九时即睡。十二时即醒,浑身发酸,且鼻喉火热,至不适,遂呻吟达旦,中间曾起如厕。

4 月 16 日（三月初九日　戊辰）星期四

风吼似虎,霾日成翳。

晨六时扶病强起。八时出,走向禄米仓西口,准备搭车往文研所洽车辆,途遇农祥,约先在家相候,余即乘十路到方巾巷南口,走至文研所,遇高逸群,即将车辆事洽妥。据云可与其芳同车,届时来接也。余即转身,循原路返家,晤农祥,以风大不敢复出,留伊在家午饭。饭后农祥去。余引被高卧,得少安稳。三时半,为电话铃声所惊醒,亟起接话,已无声,竟不知何来也。

夜饭后,静发来辞行,明日即离京矣。临睡时,所中有电话来,谓明日用车当再洽云。接政协通知,明日上午十时开第一次大会。

4 月 17 日（三月初十日　己巳）星期五

晴,仍冷,风已止。

晨六时起。八时左右,张慧珠两次电话,俱为派车接余事,但至九时三刻尚不见到来,再电催询,始于九时五十五分老赵车到,急速驰往政协礼堂,已十时一刻,匆匆入场,周总理报告主席团名单已通过,正告休息,乃退入休息处,少坐,遇颉刚及至善。十时半,复开会,通过会议议程提案,审查委员会名单,最后由李维汉作常务委员会工作报告。散会正十一时半。余仍由老赵送归。午饭后,云彬见过,约今夕晚会同往工人俱乐部看京剧。谈有顷,即去。

三时许,明远见过,承将所藏张宝所绘著《泛槎图》及南通《梅欧阁诗录》见假,谈至四时许乃行。五时晚饭,六时步诣云彬所,七时乘车过接杨委员,同赴虎坊桥工人俱乐部,参加江苏京剧团演出晚会,八时开,十时半散。剧目为《火判》、《倩女离魂》、《虹桥赠珠》。表现唱做,色色精工,可钦也。散后仍乘原车送至小雅宝西口,步以归。归则湜儿犹未睡,知因操作误擦下颏,致皮破血流云,刻虽疗治,究不免痛苦耳。十一时半就寝。

4月18日(三月十一日　庚午)星期六

晴,较和。

晨六时起。七时,湜儿仍去厂上班。接电话及书面,余又调入廿八小组。即电所中,属老赵于九时半来接,遂赴北河沿工商联会所到本小组开会,选出裴丽生、廖沫沙、黄子卿为正副组长,出席者虽自我介绍,以人多,至五十馀,竟莫能尽忆,只有邵循正、沈从文原为熟识外,余仅知陈半丁耳。十一时即散,仍由老赵送归。

下午一时五十分,老赵车来,即乘以行,先往阜内小水车胡同接棣华,然后同赴中南海(其芳未与),停车于紫光阁西侧。时车辆已云集,随人群南行,步入怀仁堂,余坐席为东厅一排廿三号,邻座皆未识。三时,全国人民代表大会第二届第一次大会隆重开幕。当由毛主席主持宣布,继由周总理作政府工作报告,历时三小时,中间休息廿分钟。休息时晤圣陶、至善、伯昕、彬然、白韬、雨亭、景崧、鹤琴诸人。遥见绀伯、寰澄而已。其他诸稔友均未之见。足征人物之浩穰矣。政府工作报告周详严肃,内外兼及,时时为掌声所遮断。六时散会,仍走至紫光阁,与棣华会,乘车离中海,先送棣归,然后送余归。

到家已将七时,遂与佩、湜同饭。饭后未及九时,即就寝。盖兴奋鼓舞,倦不能支矣。湜儿今日换药,谓创口已无大碍,好在明日休息,或可即愈耳。

4 月 19 日(三月十二日　辛未)星期

晴,还润。恐将致雨矣。气复燠闷。

晨起四肢无力,欠伸频频,今日小组讨论,遂尔未往。下午、晚间俱有电话来催,告以明日当往参加也。

午后两往访云彬,谈三时半。燮荣见访,谈至近五时辞去。明日即须返洛阳义马工次云。夜饭后,往访圣陶、至善父子,谈至九时归。

晓先夫妇适在家见访,因又谈至十时许乃去。

余积倦甚,遂就卧。

4 月 20 日(三月十三日　壬申)星期一

风霾,午前后露日,下午三时后风转剧,撼户摇树,吼吼可怕。气复燥热难当,夜深后,风渐止。

晨六时起。八时挟文件夹步出,先后挤十路车及一路无轨电车到沙滩,走至工商联大厦,出席政协廿八组小组会。晤邵循正、沈从文、陈半丁。九时开会,先后听邹秉文、吴景超、梁漱溟、浦熙修、凌其翰、董守义、宋应等发言。十二时散,附大车同到新侨饭店,与邵循正、傅鹰等同饭(在楼上用粤菜)。饭后上五楼访方光焘及曾甦元(方住五七一号,曾住五六九号),谈至一时四十分下,复在二楼访丰子恺(住二九一号),谈至二时十分,仍乘大车赴工商联大厦。三时开会,先后听梅汝璈、傅鹰、赵世兰、杨建新、白薇

发言。白薇话沓长,言毕已六时廿分。主席宣布结束。余本准备
说话,及时而止。遂罢。

当下午开会时,董守义面交民进请柬一份(王绍鏊、周建人、许
广平、车向忱、杨东莼署名),谓会后当偕乘前往政协文化俱乐部参
与云。会毕,遂与吴文藻偕乘董车,驰往南河沿。时已风起,尘雾
四塞,脱无车几莫能往矣。到时,晤王却尘、许广平、杨东莼、傅彬
然、顾颉刚、冯宾符、沈体兰、严独鹤、周瘦鹃、严景耀、雷洁琼、张明
养、吴研因、冯少山、葛志成、李平心、徐伯昕、谢冰心等诸位(当有
不少记不真切者)惟乔峰未之见。想另有他局耳。民进之有斯举,
盖中央特请各地会员之任政协委员而在京开会者。故余亦与焉。
但余对民进从未参加过组织生活,内心滋惭。今又被邀,益感踌
躇。此后知不免矣。余与却尘、少山、体兰坐一桌,每桌互酬一遍,
亦颇热闹。七时许便散,因有人须赴晚会看杂技也。余乃与颉刚
乘彬然车行,先送颉刚,继送余,然后彬然归去。

到家夜饭方过,与湜、琴、佩略谈,八时三刻即就寝。及润儿
归,余已睡矣。

4 月 21 日(三月十四日　癸酉　谷雨)星期二

晴,较暖。

晨六时起。上午休息。下午一时五十分,老赵车来,即乘以
出,先过水车胡同接棣华,二时半便进入中南海,车停在紫光阁南
首中海西滨,较前为近。入怀仁堂后遇从文、力子、平伯、甦元、鹤
琴诸人。三时开会,宋庆龄主席,由李富春作关于一九五九年国民
经济计划草案的报告,李先念作关于一九五八年国家决算和一九
五九年国家预算草案的报告,彭真作人代常委会的工作报告。当

场一致通过。其间休息廿分钟,在休息时遇见彬然、文蔚、寰澄、仲华、圣陶、至善诸人。五时半散会,仍由老赵车送归家。

潜儿来省,因共夜饭。饭后谈至九时乃去。余遂与湜儿就寝。

4 月 22 日(三月十五日 甲戌)星期三

晴,冷。

晨六时起。八时一刻老赵来接,即乘车往工商联出席本组小组会。发言者多,仅记师大董渭川之话为最长,十二时散,车归午饭。

午后一时四十分,老赵车又来,乃乘以过接棣华,同赴怀仁堂参加大会。听班禅额尔德尼、阿沛阿旺晋美、李济深、沈钧儒、黄炎培、阿旺嘉措发言。七时乃散,仍送棣华归后始返。到家已将八时,夜饭已过,遂重具餐,且小饮焉。

潜儿、文权来省,谈至九时去。余亦就寝。

4 月 23 日(三月十六日 乙亥)星期四

晴,转暖。又不能御棉矣。颇有风沙。

晨六时起。上午分开大会,未往,即草书面发言千馀言备交。

潜、湜两儿挈宜孙及建新往北海公园,近午归饭。

饭后一时五十分,老赵车至,仍乘以过接棣华,同赴怀仁堂听陈叔通、程潜、傅作义、喜饶嘉措等多人发言,而以喜饶嘉措之话为最出色。休息时遇光焘、平心、觉明、颉刚、调甫、圣陶等。六时半散,乘原车归。到家已七时多,潜、湜、佩及崇尧俱在,遂共进夜饭。适于昨日买到一鸭,乃得大啖云。

饭后与湜儿过访云彬,谈至九时许还,则潜及崇尧俱去。余亦就寝。

4 月 24 日（三月十七日　丙子）星期五

晴，暖如昨。

晨六时起。八时，走往云彬所，同乘以出，先送余到御河桥南青年团中央大礼堂，出席政协大会（第二会场）。九时开会，听盛丕华、杨亦周、刘通、黄育贤、郑洞国、陈铁、侯镜如、黄雍、覃异之、廖运铎（以上六人联合发言）、王国秀、王德兴、潘式言（以上二人联合发言）、卢心远、王纪元、程西恒、孟继懋、蓝锡纯、方先之、陈景云（以上四人联合发言）等以次发言，至十二时许散。附至善车归（尚有施今墨、李培基、刘恢先、张钰哲等四人书面发言也。），即饭。

休息时即以所草书面发言交与签到处转。

饭后一时五十五分，老赵来接，仍过棣华，同入怀仁堂。三时开会，听张鼎丞、高克林、邓子恢、王鹤寿、陈嘉庚、刘宁一、沈雁冰、程子华、李顺达、申纪兰（以上二人联合发言）、李烛尘以次发言，至七时十分结束。尚有张霖之发言，改为书面，与何香凝、吕正操同发阅看。散会后仍视昨例送归。到家已七时五十分，濬儿在。湜儿亦已归。乃共饭。饭后至九时，濬去。余亦就寝。倦甚矣。

深夜一时，政协送文件来。

4 月 25 日（三月十八日　丁丑）星期六

阴转多云，气又转冷。

晨六时起。八时半老赵车来，遂乘以赴工商联大楼，参加本小组会议，讨论本届名誉主席、主席、副主席、秘书长及常务委员提名方案。十时半,即散。乘车归家,颇得休息矣。连日坚坐会场,殊困惫,但下午仍须赴会也。

下午二时一刻老赵复来,乃乘以赴团中央礼堂。三时开政协大会,听卢汉、陶述曾、徐萌山等(九人联合)、张楚琨、王兆俊、翁文灏、尤家骏、黄振勋、李保森、叶橘泉、王达甫、杨伟、黄药眠发言。在休息时晤至善,七时五分散。时已晚晴,惟风起,天末又将有变矣。

到家甚倦,匆匆夜饭后洗足濯身,易衰衣,服施今墨处方全管炎咳嗽痰喘丸卅粒就寝。

是夕果未作嗽也,甚奇之。

4 月 26 日(三月十九日　戊寅)星期

晴,有风,仍感料峭。

晨六时起。竟日未出,崇尧午前来,盘桓至晚九时去。潜儿、文权、镇、鉴、两孙俱晚饭时来。潜、权已饭,镇、鉴则及伴余同餐也。至九时皆去。余亦就寝。

发言稿已送来,印得不坏,惜有两误字排错矣。

4 月 27 日(三月二十日　己卯)星期一

晴,较暖。

晨六时起。八时一刻老赵车来,遂乘以往团中央礼堂。九时开大会,听楚图南、高凤桐等(五人联合)、张孝骞、黄乃、雷天壮、陈嵘、宁武、赵宗燠、余名钰、丁是娥、李连捷、胡启立等发言(其馀书面发言者四十二起,余亦包括在内)。黄乃系盲人,丁是娥系沪剧艺人,皆体会深切,足以动人也。十二时十分散,即归午饭。(以无菜蔬,故用面条代之)。

饭后，一时四十分老赵复来，乃过接棣华，同赴怀仁堂。三时起，人大代表选举国家领导人，政协委员列席焉。六时休息，休息后听李大章、刘子厚、陈郁、邓宝珊发言，七时半始散。九时，仍续开，余归后甚倦，竟未再往，与濬、湜共饭，饭后稍坐，即就寝。

此次选举结果：刘少奇为中华人民共和国主席，宋庆龄、董必武为副主席，朱德为人代常务委员会委员长，周恩来为国务院总理，谢觉哉为最高人民法院院长，张鼎丞为最高人民检察院检察长。全场热烈欢欣，共庆得人焉。

4月28日（三月廿一日　庚辰）星期二

晴，暖。

晨六时起。八时半老赵来接，同过其芳所，接以同往政协礼堂。十时开会，选举名誉主席、主席、副主席及常务委员。十一时半毕，当时揭晓。毛主席为本会名誉主席，周总理为本会主席，其他各职须明日开票始能晓。散会后，与其芳、唐弢同车回。

午后二时四十分老赵复来，仍过接其芳，再接棣华，同赴怀仁堂。三时半，全体人代摄影。四时，全体政协委员摄影。事毕，列席人代会，通过国务院副总理及各部部长，各委员会主任。庄重宣布闭幕，奏国歌。

余与其芳说明今夕参加晚会，不乘院车。即偕云彬乘车诣新侨饭店晚饭。饭后，复偕云彬车往人民剧场观豫剧演出，剧团为河南安阳市豫剧团。剧目为《对花枪》，演隋末罗艺、罗松父子相会事。主角为崔蓝田饰姜桂枝、唱做俱佳，真优秀传统剧目也。在场遇季方、吴觉农、冯芝生等。十一时十分始散，仍乘云彬原车返家。湜尚未睡，十二时就寝。

4 月 29 日（三月廿二日　辛巳）星期三

晴，暖。

晨六时起。八时半，其芳乘车过接，同赴政协礼堂参加大会。宣布选举结果。班禅有发言，对印度的蜚语有所驳斥，全场热烈拥护。十时半胜利闭幕。乘原车归家饭。

午后二时半老赵来接，独赴政协礼堂第二会议室，应周总理茶话会之邀，与鹤琴、辟疆、光焘、子恺同坐。三时开会，总理宣布所邀者俱为六十以上之人，计三百八十三人，占全体委员三分之一强，殊足珍视。词旨温厚，照顾与勉励兼至，令人鼓舞不置（另详报载附粘）。五时散，仍乘原车归。

滋儿已自工地归来。夜与润、滋、佩、湜、元、宜同饭。亦难得之欢聚矣。看电视，九时即寝。

4 月 30 日（三月廿三日　壬午）星期四

晴，暖，颇有夏意。

晨六时起。八时出，乘十路车到王府井南口下，走至南河沿政协文化俱乐部，应民进中央之邀，谈谈参加人代、政协后之观感。晤王却尘、周瘦鹃、李平心、严独鹤、严景耀、吴文藻、吴研因、雷洁琼等，惟顾颉刚、冯宾符等未之见。谈至九时，分两组漫谈，十二时十分后散。余往东单三条鑫记谋午餐。人挤不能插足，遂走至东安市场小小酒家，挨次得一座，饱餐而后行。在分场购得新版旧书多种，然后乘三轮遄返。

滋儿在家休息，因于三时左右同出散步，在禄米仓西口乘十路到南樱桃园，转五路到陶然亭，径诣慈悲院西轩茶憩。见游行演习多起。五时起行,乘五路到南长街,走至石碑胡同,转十路回禄米仓,复走回家。与滋、湜、佩共饭。饭后,湜往省瀋儿,滋则有友来访,至九时后湜归,滋友亦去。十时就寝。

5月1日(三月廿四日　癸未)星期五

晴,煦。上下午俱偶有微雨洒尘。

晨五时即起。七时廿分,滋、湜两儿送余往文研所,以今日五一节游行,街道满布各单位队伍,两儿即折回。余乃到所,晤老赵。八时许,其芳来,遂同乘以趋天安门,过科学出版社接周太玄,以病未克行。余二人乃径赴阙左劳动人民文化宫停车,走往天安门外东二台。遇云彬、调孚、从文、明远、甦元、至善诸人。十时,开始参加观礼。今年游行队伍丰富多彩,尤以施放各色气球为特出。观感所及惟有欣喜,冀叹祖国前进无疆,至兴奋难已也。十二时半礼成,仍乘原车送归。

午饭后,与润、滋、湜三儿,琴媳、元、宜二孙及崇尧同往天坛公园,先乘十路行至东单,走出崇文门,再乘电车诣公园北门,因节日游人极夥,余等勉得茶棚一席地,坐憩久之。五时始行,历圜丘、皇穹宇、祈年殿、长廊、七星石等处而出,仍乘电车回崇文门入城。雇得两三轮,余及琴媳挈两孙先乘以归。馀人仍至东单乘十路归。到家时,瀋儿、预孙适至,合家团坐共饭,藉庆佳节。

夜饭后,晓先、雪英、士秋来访,同看电视,至九时,与瀋、预、皆去。余亦感惫就寝。

5月2日(三月廿五日　甲申)星期六

阴,时有细雨,气仍暖。

晨六时起。八时云彬见过，以余等正拟出游，即去。余偕润、滋、湜、佩、尧同至禄米仓口，预备上车赴颐和园，以人过挤，而天又雨，余及润、湜便折回，甫到家，而顺林甥偕其新婚之甥妇来谒。未几，锴、镇、鉴三外孙亦至，遂留共饭。饭后三时半，顺林夫妇辞去。外孙建昌来。傍晚，滋、佩、尧亦归。据云仅游动物园，未能挤往颐和园也。

夜饭后，看电视，九时后，锴等四外孙皆归去。余亦就寝。虽未外出，已倦甚矣。

5 月 3 日（三月廿六日　乙酉）星期

晴，和。

晨六时起。今日星期休假已提用于昨日，故本日诸儿都照常上班。李妈卅日返顺义，约昨晚赶回，但至深夜竟未至，今日两孙看护只得由余任之。上午写信两封，分寄清儿安国及漱儿上海。午后二时，李妈始来。余看电视转播五四运动四十年纪念大会实况，听毕郭沫若、康生两人讲话后，即罢之。

三时独出，乘十路到东单，走往崇文门新侨饭店，看政协照片印样，摄影尚晰，而价大昂，计全片长一百英寸，每寸须三角，则全帧须二十元矣，乃一望而去。乘三路无轨电车赴东安市场，先入百货大楼一转，继在科学出版社、文物出版社、地图出版社三门市部阅看，无所可购，遂走返东长安街，附十路车回禄米仓，时已四时半。

五时晚饭。饭甫毕，老赵即至，因乘车过接其芳、棣华，同赴天桥剧场，参加政协、人代招待晚会。为文化部北京市舞蹈学校演出之芭蕾舞剧《海侠》。七时三刻开，凡三幕四场，中间休息两次。

场中遇季方、却尘、寰澄、觉农诸人。所见舞蹈丰富多彩,不亚曩所见之《天鹅湖》也。十时半散,仍乘老赵车,先送棣华,继送余,然后送其芳归。

到家润儿正在写大字报,湜儿正在草《最近代地理沿革表》,俱未睡。及余归,始渐次结束,各就寝。时已起风,终夜有声。

5月4日（三月廿七日　丙戌）星期一

晴,风稍戢,室内仍温,室外则较冷。下午阴。

晨五时半即起。九时出,乘三轮往访乃乾,谈至十一时,偕乾夫妇及助编徐敏霞女士,同诣西长安街全聚德分号吃烤鸭。久待乃得坐,供肴甚少,仅有鸭及小黄鱼耳。一时许,食毕,敏霞及乃乾夫人先归去。余与乃乾联步至西单,各乘三轮东行,乾赴中华书局开会,余则遄返。

颇思为民进应征写短文,竟不就。六时,与湜儿共进夜饭。饭后同往东四头条访介泉,谈移时,又过冠英一谈,九时许行。过访友琴,未值,即乘十路而回。

十时许润方归。许妈今日假归,竟未回宿。

5月5日（三月廿八日　丁亥）星期二

晴,暖。

晨六时起。八时往米市大街北方饭店访子敦,行至无量大人胡同东口,见许妈施施而来,因嘱数语,复前至饭店一询,则子敦已出,留条而归。即坐下草短文。抒写参加大会的观感,应民进之请也。抵暮方毕。凡千七百言。适颉刚见过,乃辍笔与谈。知亦将于七月初去青岛休养也。

夜饭后,缮正前文,九时半完。即写信与民进中宣部曹君,属转东莼阅发。令湜儿于明晨上班前投邮。十时一刻就寝。

5 月 6 日(三月廿九日　戊子　立夏)星期三

晴,暖。

晨六时起。上午写信两通,一复内弟组青,谢探明先茔近况。一复谢婿静发,顺告近状。下午一时出,先投邮,即乘十路车到东单,走往大华路北京医院门诊部,检查身体。受科学院之通知故也。一时半开始,遍历内科、外科、X 科、眼科、耳鼻喉科、牙科等部,都经仔细检查,直至五时半始毕。明晨七时半,尚须再往抽血(不能进食)也。在外科检查肛门、直肠,颇感不舒,据云直肠前部有触知硬块,俟检查结果后,或须再看也。其他尚正常,血压仍为九十(低度)至一百九十二(高度)云。在院遇默存、季康、冠英、棣华、念生、介泉、健吾、贾芝诸同事及明远。惟各自投检,竟少谈话机会也。五时四十分离院,穿由东单公园,到崇文门大街北口,乘三轮返家。

潏儿已在。有顷,湜儿亦归,乃共夜饭。

今日立夏,无所得佳肴,仅食樱桃及酒酿应景而已。夜饭后,农祥见过,同看电视,九时许,潏儿、农祥先后归去。余亦倦困欲眠,遂勉作精神,濯身洗足,换衷衣就寝。

5 月 7 日(三月三十日　己丑)星期四

晴,暖。

晨五时三刻起,打拾大便(备携至北京医院检验),空腹而出,先乘十路到东单,在东单公园小坐至七时一刻,乃走往北京医院。

已为十四号。交出所携大便后即抽血十CC,抽完即告了事,静待结果报告矣。在院遇冠英、明远、贾芝等,即偕明远走至台基厂乘三路无轨电车到王府井北口,诣华宫食堂同进早点。别后,余又乘三轮到文研所,晤慧珠,托办换证(换医疗证)、配粮(出证将粗粮改大米)、报名(七月份往青岛休养)等三事。并取得本月份工资而归。仍乘三轮行。今日颇巧,连遇三轮,在近日为盛事矣。可发一哂。

十时五十分,子敦见过,遂电话约乃乾往北海。而余与子敦偕赴之。乘十路转一路无轨电车行。在北海遇调甫,略谈片刻,即偕子敦到漪澜堂食堂。坐定未久,乃乾亦至,遂共小饮。饭后一时,三人同出北海前门,过憩于乃乾家。长谈至四时,始与子敦离陈家。仍同回北海,乘一路无轨电车东行,子敦在东四下,明日即南归矣。余则至南小街北口下,步归于家。时已有风霾,天容黯淡,殊怖人也。

澄儿已自密云工地调回,昨日抵家,今日来省,挈培、增两孙俱。遂共晚餐。湜儿亦归。夜饭后,潗儿亦来同看电视,九时,与澄儿等皆去。少坐后,余亦就寝。

5月8日(四月 小建己巳 庚寅朔)星期五

晴,暖。

晨五时四十分起。八时为中华书局看罗喜闻稿件《通鉴地理今释图表》,十时毕。写信送还姚绍华。此稿送来已多时,因外出视察及参加政协开会,耽阁迄今。今日乘闲审阅。午后即由润儿带出,心头殊为一松矣。

十一时,独出觅饭,乘十路到王府井南口下,走往三条鑫记南饭馆,推门而入,甫开市,因得荤素菜肴各一,啖饭而后行。过东安市场阅书摊,无所欲得,遂出北门,乘三轮遄归。到家正十二时一刻。

午后打盹移时,近四时乃醒。未几,贯之来访,长谈搜辑资料问题,移时始行。夜饭后,乘三轮往八条访圣陶,有顷,云彬亦踵至,盖到余家访问,知余在彼,而寻来也。因共谈至十时许,乃同行。乘十路车南驰各归。抵家即寝。

5 月 9 日(四月初二日　辛卯)星期六

晴,多云。气温如昨。

晨六时一刻起。九时许,外文出版社陈次园来访,谈《史记》译本插图问题。十一时始去。午饭后一时半出,独往文研所参加本组学习,讨论尼赫鲁谈话,五时散。仍走归。途遇健吾,同行至东总布胡同、宝珠子胡同口而别。

夜饭后,文权、潖儿来省,同看电视,九时半去。余亦就寝。

润、湜两儿及元孙在赵登禹路政协礼堂看电影,十一时许乃归。

5 月 10 日(四月初三日　壬辰)星期

阴,时有细雨,气大凉于前昨。

晨六时半起。接明远书,知渠已报名入社会学院,明日即准备入院,开学前约今日午后余过访一节,请作罢云。

九时许,云彬过访,谈移时去。午饭后偕润、滋、湜三儿及佩之弟崇尧往游中山公园。乘十路车到天安门下,茶于青云片石之西柏林中。四时起行,历唐花坞、筒子河边出东门,经阙右、阙左门、东华门走至东安市场,在浦五房买到炸鱼屑一包,遂诣五芳斋谋食，至则恰为五时，乃登楼得一室，五人据坐饮啖，未举杯已有好多批人来候座。余等六时后食毕，出门北行，适琴珠携元孙来，琴去理发。余等挈元孙过百货大楼等地，徐步由金鱼胡同、无量大人胡同、什方院等处归于家。九时许，崇尧去。余亦就寝。

5 月 11 日（四月初四日　癸巳）星期一

晴，有微风，风中仍凉。

晨六时起。八时后，写信三通，一复君宙，一复纯宝，一寄漱儿。因下午参加人代常会扩大会议，事先与其芳电洽，继与慧珠电洽，知午后一时半，棣华乘车过接余，同赴怀仁堂。

午饭后坐待至二时，始见车至，与棣华同载直驰府右街怀仁堂西门，步入时已将坐满，仅得末排（卅四排）西梢一座。棣华让余坐，伊乃别寻一位也。在场晤彬然、云彬，并见研因。余以人挤，竟未遇熟人。

三时开会，朱委员长主席，致词后，请德国人民议院主席团主席狄克曼发表演说，四时许毕。朱委员长宣布休会，人代常委则留待谈话，其余各人则散会。余与棣华即离座出，觅得原车乘以先送棣华归大水车胡同寓所，然后余独乘以归，到家正四时四十分。

傍晚潗儿来省，为余购得下酒物两事及果品一斤。湜儿亦返，遂共夜饭。饭后谈至九时许，潗去。润、滋、琴、佩亦都归来。十时就寝。风时作时止，颇令人洒析也。

5 月 12 日（四月初五日　甲午）星期二

晴，暖。

晨六时起。八时后，写信两封，分寄清儿安国，及汉儿宝清。

十时出投邮。即乘十路车往东单,转九路车到前门,正在拆除城墙,颇不好走。步出城界,先过劝业场一转,然后由门框胡同出大栅栏,在前门大街新华书店购得北京图书馆编学习毛主席著作书目一册。欣然过老正兴,登楼谋食。时为十时半,已有多人占座,想见不家食人之不鲜也。余叫菜饮生啤,十一时半即了。步返前门西城闉,乘四路无轨电车往王府井东安市场,购得新版旧书数种,复过百货大楼购得毛笔六枝,乘三轮归,未及下午一时也。

坐定不久,滋儿归,言将赴北京图书馆还书,且往新华书店配书云。余遂鼓兴复出,与滋偕行至朝阳门,乘一路无轨电车,到府右街下,诣北京图书馆还书讫,便从阳泽门入北海公园,赁一小艇,由滋荡桨,绕道宁斋、漪澜堂之北,穿陟山桥而南,再折西,穿积翠堆云桥而西,在双虹榭前登岸,上山,在静憩轩参观十三陵园林化展览会,遂登揽翠轩茶憩焉。四时起行,下山出园,乘三路无轨电车到王府井,遍历新华书店综合门市部、图片门市部、期刊门市部、科技门市部而南,滋儿为社中配到书无多,即走至东长安街,乘十路车归禄米仓步返家门。

颉刚见过,谓葛志成托转意,希望余常到民进联系云。谈至六时去。

夜饭后,湜儿听唱片,余少坐即寝。

5 月 13 日(四月初六日 乙未)星期三

晴,和。

晨五时三刻起。翻检学习材料,预备下午参加所内学习。试昨日所买新笔,颇得手,至以为快。随手著录新收各书,在箧中偶抽得郭氏双百鹿斋刻本《格言联璧》,翻读数段,觉字字金玉,句句药石。年少时每以迂阔忽之过矣。今后当时时阅读,随时提撕自己,俾存养克念,自家受用也。

午间以面条代饭。饭后,润、滋皆归视。上班时余与偕出,独自步往建国门文研所二楼会议室参加学习。晤其芳、冠英、平伯、晓铃、叔平、道衡、绍基、世德、象钟、白鸿、则文等。五时散,仍步归。

澄儿傍晚来省,湜儿亦归,遂共夜饭。润、滋俱于晚饭后归。偕湜同出,诣缝衣铺量制单裤,盖三人合做可略省布疋云。九时半,澄儿归去。余亦就寝。

5 月 14 日（四月初七日　丙申）星期四

晴,暖。

晨六时起。澄儿七时前来省,为负米数升,盖知余近日买不到好米,特以所储未用之米来献也。分其诸儿之日粮,见享老人,为不安久之。

八时后,过录周、伦、叶、孙、余诸家《书目答问》校语,蝇头密书,久不为此,颇亦有趣,直至午后二时始歇。小卧至四时起。情绪转不甚佳,乃发箧读画,以药之。六时,湜儿归,遂共饭。

夜饭后,命湜儿出购书,坐抹竹牌,以待之。良久归,只买得周汝昌《范成大诗选》而已。九时廿五分,看电视转播平息西藏叛乱电影,近十时毕。

洗足濯身,易衷衣就寝。

5 月 15 日（四月初八日　丁酉）星期五

晴,不甚烈,而气暖类深夏。

晨六时起。接坟客严宝根来信,知组青已为余接通线索,将先复书慰谢之。

　　九时半,农祥来访,因偕出,乘十路到王府井,走往市场,顺过百货大楼。十一时即往三条鑫记午饭。饭已,复走王府井南口,乘十路西南去到南樱桃园,转五路往陶然亭,在慈悲院西廊茗息,至二时半起行,先过云绘楼一瞻陶然亭建设展览,然后循西岸玫瑰林一带北行,玫瑰已开谢,惜芳不及时矣。慨焉系之。出北门,乘五路到前门,再转四路无轨电车到台基厂,农祥仍去王府井,余则下车走往北京医院候诊。盖牙科汤大夫预约于今日下午三时半前往复诊也。至则略候至四时,乃得诊。据细验后,揿模型,谓牙床实太浅,只能试制新者,未必能保证定胜旧者云。越半时毕。约下星五下午四时半再往。即出,在院中遇葛志成、胡厚宣,俱匆匆立语而别。走至东单,乘十路回禄米仓步以归。

　　因昨日浞儿为余购得今晚吉祥京剧票(楼上特一排六二号),遂匆匆晚饭,饭毕方六时半,潴、滋、浞皆来,余即独出,赴吉祥,无车,步往。七时半开演,为中国京剧院三团所演《蝴蝶杯》,李慧芳饰胡凤莲,李宗义饰田云山,徐和才饰田玉川,王泉奎饰卢林,叶盛章饰董温,俱佳。近十一时始散。乘三轮返,已十一时廿分。浞尚未睡。少顷,父子同就卧。是夕,睡颇不稳,想厚被未易去致此果耳。

5 月 16 日(四月初九日　戊戌)星期六

　　初昙,旋晴,气仍暖。

　　晨六时起。八时后,写信复严宝根,慰谢之,并附五元去,暂充通讯邮资云。午饭后小寐,四时始起。续过四家《书目答问校注》,垂暮而罢。即与浞、佩同饭。饭已,澄儿至,重具餐焉。有顷,潏儿亦至,相与共谈至九时半,俱去。余亦就寝。

润儿有虎坊桥工人俱乐部京剧晚会票,夜饭后,赴之。仅看剧校学生《虹桥赠珠》而还。张君秋之《望江亭》却未看也。

5 月 17 日（四月初十日　己亥）星期

初昙,旋晴,一如昨日,气亦暖于昨。

晨六时起。八时与湜儿偕出,乘十路车到天安门,步入中山公园,晤乃乾,遂同茶于来今雨轩。谈至十一时起行。乃乾归去,余父子步由两阙门过东华门,扬长至八面槽萃华楼食堂。盖今年澄儿四十初度,佩媳三十初度,特于今日乘休假之暇,设宴欢叙也。到雪村夫妇、潏、权、硕、昌、新、澄、基、埙、垲、增、润、元、宜、滋、佩、尧、湜、错、镇、鉴等,凡列两席。午后一时三刻始毕。

归家未久,寰澄见过,谈少顷,寰即去访云彬。四时一刻,介泉来访,长谈至六时乃去。潏、权、澄、润、滋、佩、湜与余同夜饭。饭后晓先、雪英来,共谈至九时半,与潏、澄等同去。十时就寝。

5 月 18 日（四月十一日　庚子）星期一

晴昙兼作,燥暖失常。

晨六时起。拂拭几案后,八时即坐定展卷,过录四家校注《书目答问》,直至下午六时,大体完毕,止剩附录待过。竟日镇坐,手指、肩背一时俱楚,而不感苦。殆兴之所注,不自觉疲困乎? 六时半,湜儿归,遂与湜及元孙同饭。硕孙送来菜包子四枚,其母手制,属送供餐者。遂擘而啖之。

饭后,坐至九时即寝。盖竟日操心不减劳力,积倦思眠耳。

5 月 19 日（四月十二日　辛丑）星期二

昙，暖。午后放晴，夜月好。

晨六时起。七时后，续过《书目答问》评注，至十时三刻始毕。遂撰跋语，记于己册之后，藉识因缘，兼铭故人之贶。

下午二时，云彬来，遂同出，乘十路至朝内大街，转一路无轨电车，到白塔寺下，走往政协礼堂，听周总理关于西藏问题录音报告。入座已三时五分，楼下已挤满，乃登二楼听焉。坐定开始播送，凡历两小时，五时散。遇彬然、力子、元善，乃附彬然车东归，过云彬家憩息，至六时后始走归。

夜饭后，偕润、滋、湜三儿挈元、宜两孙乘十路到王府井，在盛锡福购得单帽一顶，顺道往市场谋冷饮，丰盛公已休息谢客，稻香春及起士林等皆只有汽水，无冰结凌，乃往百货大楼对面上海茶馆饮啤酒，借以小驻。九时许南行，在东长安街待车，皆人挤队长，预度短时内决无可能挤上矣，只索扬长东行，信步由无量大人胡同等处踏月而归，到家已十时许，少坐便寝。

5 月 20 日（四月十三日　壬寅）星期三

昙，仍暖，午后时雨，入夜未霁。

晨五时三刻起，洗足拭身，易衷衣，七时整理几案毕，始早餐，啜棒子面溜粥而已。近日主副食皆紧张，不识何时始得好转耳。八时，写信复芷芬。十时自出寄信。

接所中电话，今日下午学习转为自学，不必前往。午后遂复检所录《书目答问》评注语，偶有遗漏，随手补钞，抵晚未能尽也。

是夕，政协俱乐部本有音乐可听，湜儿尤乐闻之，约八时偕往，以雨故,竟废不行。湜不无怅怅矣。

夜看电视,播送苏联影片《两姊妹》,九时半毕,即寝。

5月21日(四月十四日　癸卯)星期四

晴,陡冷,与前昨两日迥乎不同,洵难将息矣。

晨六时起。八时后复检所过六家评本《书目答问》,颇有遗漏,因细审补录,又竟一日之功始毕工。治事为学之不能粗心,于此益信。

午间澄儿来同饭。下午濬儿来省,夜饭后去。

九时许,世英见过,谈半小时辞去。

十时就寝。

5月22日(四月十五日　甲辰　小满)星期五

晴,初冷,近午转暖,夜月甚姣。

晨六时起。八时偕湜儿出(今日伊休假),同乘十路往南樱桃园,转五路到陶然亭,茶于慈悲院西廊,十时半起行,循西岸出北门,乘五路到珠市口下,走至煤市街丰泽园,得座午餐。餐后,乘一路到天安门,步入故宫三大殿等处,正在大修,配房有撤去屋顶重盖者,诚壮举矣。先在养心殿一转,即至东路奉先殿看雕塑馆。旋往乾隆花园小坐,遇农祥于乐寿堂前,偕至景运门,茶憩至三时半,与农祥别。余父子出神武门,乘三路无轨电车到崇文门,步往北京医院,诣汤大夫所,复诊试义齿底版,按捺摩治,历一小时半,近六时始离院。仍走至崇文门,各乘三轮遄返。盖其时正值下班,公共汽车无法挤上也。

晚饭后看电视,苏联片《收获》,九时三刻许始毕,即寝。

5 月 23 日（四月十六日　乙巳）星期六

晴昙间作,午后热。

晨五时三刻起。整治拂拭至八时,乃稍定。写信复十三日漱儿来信,详言家庭近状。十时许,清儿家旧白大娘者来谒,谓感念清平日之惠,病中又过其家访问,特以病痊之故,往清家答谢。乃知清夫妇俱远适他乡,为之潸然。因来我家申意。余嘉怜之,临去以一元给车费用。愧反面若不相识者。

午后,步往建国门文研所,出席全所会议,听张书铭作学习报告。休息后,平伯、余及棣华先后作视察报告。五时一刻散。与介泉联步走还。伊送余及门而别。

夜饭前,滋、湜、佩皆归,遂共饭。并知湜明日可以调假,则同游十三陵,亦可偿矣。夜饭后,文权、潚儿来省,澄儿亦先来饭,因共谈至九时半皆去。余亦就寝。

5 月 24 日（四月十七日　丙午）星期

晴,暖,傍晚转闷,疑有雨,未果。

晨五时三刻起。七时四十分,崇尧来,少停,余即偕滋、湜、尧及元孙同乘十路车往南河沿,径至政协文化俱乐部缴费,参加集体游览十三陵,即在门口登上大轿车(共六辆,余等乘第一辆),车中遇朱孟实、唐擘黄、傅鹰、黄子卿等。八时半开车,十时即到昌平东北新修水库,在休息所饮茶,并听负责人作介绍报告。然后导往拦洪大坝,从西端行至东端,一展十三陵水库纪念方碑。遇顾颉刚一家及葛志成、沈从文、邵循正、吴觉农等。十一时半,在坝西端各上原车,沿新修环湖公路绕至西岸,径驰长陵,在陵前广场停车,大伙

即在祾恩门外院散坐休息饮茶,食肉夹面包。在场又遇许广平、王
却尘、章元善等。食后,余等登祾恩殿,并至明楼前(湜、尧则登明
楼及宝城顶)一转,旋迤逦东南行,五人共诣永陵,登明楼,绕宝城
一周而下,仍步返长陵(湜、尧则又弯游景陵),在食堂服务部前松
荫中饮啤酒解渴。二时五十分,登原车驰回。驶至德胜门前,一车
抛锚,于是,车中人并登一号车,乃大挤,至鼓楼、沙滩等地,有人陆
续下,始稍松。四时半,已抵南河沿政协文化俱乐部大门,即下车,
径赴公共汽车站,适十路西来,便夷然登之。归抵小雅宝家中,未
及五时也。见门内外石灰等物乱堆,询知,本段房管所服务站已派
工来修,明日即动工云。

夜与润、滋、湜、佩、尧、元同饭。饭后,独与元孙看电视,播送
戏曲学校学生演出之《牛郎织女》,九时即闭机,就寝未终局也。

5 月 25 日(四月十八日　丁未)星期一

晴,时昙,气暖。

晨六时起。接苏州坟客严宝根复书,知钱已接到,照看先茔似
有保证矣,为之一慰。八时后,续注唐诗,为王江宁《箜篌引》接作
注文十九条,直至下午五时始毕。出外视察以来,今乃粗完此篇,
殊自愧也。

修房服务站今日来一壮工,先化石灰,大约非累旬莫能已耳。

夜饭后,独出散步,信行至演乐胡同工人俱乐部一看,今晚尚
有馀票,即购一四排卅二号票,入坐待之。七时半开,为荀剧团所
演。先有填戏《空城计》、《斩马谡》,平庸无足观。休息后为荀令
莱主演之《红娘》,亦稗弱不能动人,令莱殊荀氏之弱息乎? 十时
半,犹未毕,余即先行,居然附乘十路,南行至禄米仓,然后走归。

浞儿犹未寝,少坐乃同就卧。

5 月 26 日（四月十九日　戊申）星期二

晴,暖。

晨五时三刻起。濯身洗足,易衷衣。七时五十分,独乘三轮往北京医院牙科,应汤大夫之预约,试装义齿,待至八时四十分,乃就诊。上下床牙都制好,惟须修改下颚,又重撤模子,九时廿分离院,又约廿八日下午四时半,再往试装云。出院穿公园,至苏州胡同西口,乘三轮径归。

修房站今日仍来壮工一人,继续化石灰。

午后二时独出,乘十路车到文化部门前,转一路无轨电车,在站遇云彬,遂同登共发至白塔寺下,南行诣政协礼堂第二会议室,参加本组(第六组)学习。召集人申伯纯面洽,邀余加入文史资料委员会。晤沈从文、周亚卫,先后听王家桢、焦实斋、李培基、何思源、李书城等发言,都对西藏及印度问题而言,颇有珍闻。五时五十分散,仍偕云彬循原路归。

接漱儿廿四日来信,知纯宝处送钱去,但坚不肯受云云。不悉何故,只索听之耳。又知韵启将来京开会,托伊带食物也。夜饭后,滋、浞去幸福新村访崇尧。润则参加学习。余正独坐时,韵启叩门来谒,知今日下午六时方到也。带到鱼、肉各一器,谈至九时半辞去(住北京饭店二二七号)。明日即须出席全国轻工业厅局长会议也。韵启去后,润、滋、浞乃归。十时就寝。

5 月 27 日（四月二十日　己酉）星期三

晴,偶亦昙,暖甚。

　　晨六时起。上午看沈景倩《万历野获编》。下午一时,步往文研所,听乔象钟传达廖鲁言作关于上年大跃进及人民公社问题的报告。自一时半起,至三时一刻止,转入本小组讨论,五时散。贯之、晓铃邀看所内新布置资料展览室,五时半离所。门口适有三轮,乃乘以归。

　　夜饭后看电视,九时半就寝。

5 月 28 日（四月廿一日　庚戌）星期四

　　昙,热。

　　晨六时起。八时后,续注唐诗,至午后二时,完王江宁《从军行》四首。眼瞀头晕,遂止。

　　午饭后二时许出,乘十路到王府井,先逛百货大楼,继逛市场旧书之新印者,颇不少,都用劣纸印(其劣甚于手纸矣),望望然而去之耳。(书摊主人怂恿提意见,余知纸缺,恐徒提无益也。)过上海茶馆小憩,至四时乃起行。乘三路无轨电车到崇文门下,仍穿由东单公园,往北京医院牙科,即晤汤大夫,试装义齿下颚者,仍须重作,只得再揿模子,历一小时,至五时半始离院。约下星四下午四时再往云。

　　出院后,走至同仁医院门前,雇得三轮乘以归。

　　夜饭后,看电视,九时半就寝。

　　湜儿明日作夜班,须携被前往云。

5 月 29 日（四月廿二日　辛亥）星期五

　　晴,热。

　　晨六时起。瓦工竟不来,而化好之石灰将风干,润儿电话催服务站,竟以抽不出人相支。吾语以为何不与来料相配合? 则又以排队对。总之,一切紧张,日子不好过耳,又何言哉!

七时四十分出,乘十路到南河沿下,走至政协俱乐部正八时。柜前排队买戏票者已列二三十人(日前政协通知卅一日在政协礼堂演京剧《桃花扇》可由今日上午八时起凭通知在俱乐部购票)。遇颉刚亦买票也。挨立至廿馀分钟,始购得第一排十九至廿五号四票(在东侧边上,皆单号联号)。即匆匆上大轿车出发(八时半亦政协预先组织前往参观华北无线电器材厂者)。同行凡廿馀人,车出东直门,九时许便至酒仙桥器材厂。先在客室听副厂长介绍概况,然后由参观联络员导看各分厂车间,入室必须易鞋(厂发橡皮拖鞋),防带尘入内,碍精密也。十一时一刻回客室休息进点(仍由俱乐部备面包夹肉),午后一时半,再去别部参观。即在此休息时间中同行者都并椅为床,纵横枕藉,且大作鼾声矣。余只得持案头《人民日报》反复阅看以俟之。戏占一绝云:

参观器材厂,会餐聚一堂,四围齐睡倒,我独阅报章。

众人醒后,复看东路(上午西路),三时许返客室休息,大家签名,并与厂长漫谈,四时半始乘车离厂。正因签名,余得知同行者有伍修权、邹秉文、黄琪翔、何思源、王复初、董其武、李运昌、李培基、李祖荫、谢家荣、巨赞、费启能、陈公培等,其馀竟记忆不真矣。车到东直门,余先下,改乘十路回禄米仓,步归于家,正五时半。湜已上班去。润则下班归。乃夜饭。

饭后,雪村、守宪见过,盖守宪三日前来京,为纺织工业部设计院临时工作,将有十馀日逗留。特承访问也。畅谈至九时半乃去。十时就卧。

5 月 30 日（四月廿三日　壬子）星期六

先昙阴兼施，且时有小雨，近午放晴，气亦先凉后热。

晨五时三刻起，易衷衣，以昨夜洗足濯身也。八时后，写信复漱儿。十时后，湜儿归，为余购得新版旧书多种，近日纸缺，对古籍尤不能多供好纸，以此所印多劣质，纸色灰糙甚，且近黑，不如手纸，长此以往，不加改进，无宁不印之为愈。否则，流之国外，不且腾笑邻邦乎？

饭后，父子动手腾挪书架，俾移空两格，处置新书矣。灰尘扑面，颇糟。三时许粗了，乃洗面洗手，得少休，不禁哑然自笑，徒苦矣。三时三刻，湜儿赶往城外厂中，上夜班工作。六时后，润、滋、琴、佩陆续归。夜饭后，滋、佩往吉祥看越剧（西安市越剧团）。余与润儿挈宜孙步往东安市场，在稻香春冷饮部啜冰结凌，又在专卖公司买得通化葡萄酒四瓶，即乘三轮归。知琴媳携元孙往清儿家，遂令润往接，并顺将所购之酒带往，即以奉贺雪村夫妇结缡五十三年纪念者。九时半，余就寝。

润等归，潗儿、文权、澄儿偕来，盖均在章家也。少坐即行。滋、佩之归则未之闻矣。

5 月 31 日（四月廿四日　癸丑）星期

晴，热。

晨五时半起。九时，乃乾偕敏霞来访，敏霞未坐即行。乃乾则长谈至十一时，同出，乾乘三轮归去，余则乘三轮径往前门外煤市街丰泽园，应雪村之招也。至则其家九人都在，待至十二时廿分，守宪亦至，乃聚饮。下午一时半始毕。守宪去故宫游览，余则偕雪村等待首都汽车到乃行。经其家下，余走还已三时四十分。湜儿俟余归即赴厂赶夜班(晨九时半归)矣。

五时半夜饭，饭后六时半，与琴媳、滋儿偕乘十路到文化部前转一路无轨电车往白塔寺。上车即遇瀋儿，巧极，遂同走往政协礼堂，坐楼下第一排十九、廿一、廿三、廿五号。遇秉文、元善、祖荫、却尘、颉刚、公培诸君。七时半开演，为中国京剧院所演欧阳予倩编《桃花扇》。杜近芳饰李香君、叶盛兰饰侯朝宗、苏维明饰阮大铖、李世霖饰杨文骢、孙盛武饰柳敬亭、骆洪年饰苏昆生、娄振奎饰马士英、侯玉兰饰李丽贞、张雯英饰郑妥娘。其他配角称是，可谓极一时选。惜有过冗处，亦有刻画过分处。十一时十五分乃散，仍走至白塔寺前候车。路上遇君立、均正两家伉俪，亦观剧散出者。候车一刻，竟挤上，瀋儿径赴朝阳门归其家。余等三人则从文化部前走还。盖其时十路已收车矣。到家已十二时十分，即睡。

润儿则带元、宜两孙、建新外孙及许、李二妈往蟾宫看电影，十时前即归，惟佩媳未出云。

6 月 1 日 (四月廿五日　甲寅) 星期一

晴，热，上午曾有疏雨，即止。

晨五时半起。八时，瀋儿来省，十时许湜儿归，知今日休息，明日下午五时始上班，乃挈元、宜两孙过接新孙，同乘十路到天安门，再转车一路，直达宣外菜市口，即诣美味斋菜饭店谋食。时仅十时半，门口休息牌尚未撤除，排闼而入者已不乏人。余等幸得一席，须臾，他席皆满矣。荤菜甚少，转瞬亦多见擦去。想见备物之寡与需求之众。余等胡乱取充饥肠，即行。走至丞相胡同北口，觅得三轮三辆,遂乘以赴陶然亭,盖今日为六一儿童节,故挈幼稚出游,且欲得一美餐,以慰童心耳。先在儿童体育场盘桓一番,然后走慈悲院西廊啜茗。下午三时起行,乘五路西至右安门街北口,转十路回禄米仓。沿途挤上儿童甚多,皆为节日故。余等下车后,潽送新孙归去。余携元、宜两孙先归于家。湜儿则在东单下,换购汽车月票。有顷,潽、湜先后到家矣。

夜饭后,看电视,转播儿童节节目。九时半,潽归去。余亦与湜就寝。

6 月 2 日（四月廿六日　乙卯）星期二

晴,热。

晨六时起。为中华看予同改订本《经学历史注》,因作书复彬然,举出订改两点,并告潘重规之批评实多吹索云。

云彬见过,商定《史记》断句两处,即行。约下午在政协学习时再会。

午饭后二时,与湜儿偕出,同乘十路到文化部前换一路无轨电车往沟沿,余下车南行,赴政协礼堂参加本小组学习,湜则径返工厂,准备接班云。余到礼堂,仍在第二会议室开会,坐定,云彬亦至,仍与余联座。先由李祖荫发言,继由黄绍竑、周亚卫、邓士章、方与严、王家桢发言,六时十分乃散。与云彬同走至白塔寺前,乘一路无轨电车东归。至南小街转十路车到禄米仓西口,与云彬相别,独自下车步归。

夜饭后,倦甚,九时即就卧,枕上听转播杜近芳、叶盛兰唱《柳荫记》。十一时后始入睡。

6 月 3 日（四月廿七日　丙辰）星期三

阴，较昨前稍凉。

晨六时起。八时后，续注唐诗，午前尽昌龄《出塞》一首、《采莲曲》两首。午饭前，浞儿方归，澄儿亦至，遂共饭。午后一时，滋儿亦以体倦请假休息来家。余则独出，徐步往建国门文研所参加学习。晤其芳、棣华、之琳、平伯、介泉、冠英、晓铃、友琴、叔平、象钟、道衡、世德、绍基、翔鹤、白鸿等。五时散，仍徐步以归。

到家知澄、浞俱早上班去，滋乃与余同饭。饭后偕滋挈元、宜两孙散步于城阙外雅宝路，达于日坛路，见城墙卸除已不少，路旁绿杨已密布成荫矣。垂黑乃归。

滋儿告余，已向青年出版社请的房屋，即在西总布胡同原开明故址，预备搬出，俾将来生孩后得所安置云。余许其试行，能独树门户亦大佳也。

九时就寝。寝前写信两封，一致申伯纯、一致葛志成，俱为期会有所陈说也。

6 月 4 日（四月廿八日　丁巳）星期四

阴，凉，傍晚雨，不破块而止。

晨六时起。九时许浞儿归，即令出购书，近午乃还，买得容希白《金文编》及紫金山天文台所编一八二一至二〇二〇年间《二百年历表》等。因即于饭后翻检，记录入藏。

三时后独出，乘三轮径赴北京医院门诊部牙科，如约访汤大夫，适逢出诊，由邻座任大夫代诊，牙已做好，配戴亦尚合适，惟里腔尚未磨光，须下星三下午五时再往取戴。计费三十元，则当即交清。离院后,穿行东单公园,到东单乘十路车北返。

夜饭后,看电视,转播赣剧两出,一为《尉迟恭江边会友》,一为《杜丽娘游园惊梦》,俱弋阳腔,近十时乃寝。

6月5日(四月廿九日　戊午)星期五

晴间昙,仍凉。

晨六时起。八时后,看孙光宪《北梦琐言》。九时,次园见访,长谈至十一时许乃去。

午后二时半出,独行诣文研所参加会谈,由其芳主席,科学院社会科学学部刘导生等三人列席。到平伯、冠英、介泉、健吾、大冈、蔡仪、贾芝、剑冰、季康、念贻、道衡、妙中、翔鹤等三十许人。漫谈思想、生活、工作各方面问题,今后将月行一次,以资联络云。六时散,仍徐步以归。

夜九时即寝。

6月6日(五月大建庚午　己未朔　芒种)星期六

晴,晨间偶洒雨,即止。气仍凉爽。

晨六时起。接四日漱儿复书,并附复湜儿,知将下乡一个月云。续看《北梦琐言》,直至午后二时乃毕。看此书为闻人言"过江名士多于鲫"之典即出于其中,因彻读一过,竟未之遇,人言其可信哉?然而,多看廿卷书,亦非无益之事也。

湜儿九时许归来,午后假寐,至四时始起,匆匆去厂接班。余亦乘十路到王府井南口,过新华书店及文物出版社买得张乾若《辛亥革命史料》及郭沫若《蔡文姬》各一册,挟以至上海茶馆啜茗。六时十分行,徐步至八面槽萃华楼,滋儿、佩媳已在,乃坐下晚餐。

餐已,由金鱼胡同、无量大人胡同等处缓步归于家。

九时就寝。澄儿来省,又起与谈,十时去。余竟坐是失寐,至深宵二时后始朦胧入睡也。

6 月 7 日(五月初二日　庚申)星期

晴,热闷,深夜一时,雷电大阵雨,旋止。

晨六时起。八时许湜儿电话告余,今日改日班,须晚上始能回。九时出,乘三轮往东四八条访圣陶,晤之,兼及至诚、满子。知至善已出差往山东文登考查矣。谈至十一时即共饭。饭后偕圣陶、至诚、满子同出,乘无轨电车到金鱼胡同东口下,走吉祥戏院看江西省古典戏曲演出团演弋阳腔《珍珠记》。盖至诚买得七票,圣陶因分请余及介泉夫妇与亦秀同赏也。余坐二排一号,圣三号,介泉夫妇五号、七号,亦秀九号,满子十一号,至诚十三号。一时半开幕,四时一刻散。男主角童庆礽,女主角潘凤霞,唱、做俱细腻,妥贴可赏也。散后各归,余仍乘三轮行。

到家,仁林夫妇在,润儿与谈。余返始接见之,留夜饭,待至六时半,滋、佩、崇尧始由颐和园归。有顷,湜儿亦归,遂共饭。饭后,仁林夫妇辞去。文权、潜儿来省,九时半去。余就寝。

6 月 8 日(五月初三日　辛酉)星期一

晴,暖。

晨五时三刻起。八时写信,复上海漱儿,备托韵启带去。十一时接乃乾电话,知又卧病三日,因于午饭后十二时半即乘三轮往访之。时已强起,谈次知章次公患癌症,已将送肿瘤医院,彼此不免扼腕嗟叹也。是其致疾之由,为笃友谊而骤受刺激耳。二时半辞出,乘三轮径到政协礼堂,听文化部副部长钱俊瑞报告一年来文化工作情况,并传达周总理最近在文艺界座谈会上的讲话。到场听讲者为政协文教组委员,各民主党派领导人及宣传部门人员与各出版社总编人员等。因此,遇熟人甚多。余即与祖璋、均正、调孚、云彬联座,并晤研因、志成、麟瑞等。

三时开始,先谈一年来大跃进的总成绩及伴随而来的问题。五时休息,遂即传达周总理讲话,俱与顷所报告者相适应,大旨谓文艺工作中亦须贯彻两条腿走路的方针。罗举十条办法,不啻十项指示也。六时半乃毕。即偕均正、调孚、云彬走白塔寺候乘无轨电车,均正乘三路先行,余等三人乘一路后行,仍在朝阳门大街转十路各归。

到家已七时三刻,潜儿、湜儿已待饭久,滋亦饭毕早归矣,遂坐下晚餐。饭后,韵启来,谈至九时半辞去。明晨九时即南归矣。乃以信件等托伊带沪。潜亦归去。十时就寝。

6月9日(五月初四日　壬戌)星期二

阴,时间小雨,下午略见晴光,气仍不甚爽。

晨六时起。八时后,续注王昌龄诗,近午毕《西宫春怨》一首耳。

今日为珏人逝世四周年,诸儿共买花果作供,余念中本难忘此,复睹设供,益难为怀。午后乃独出闲行,冀有以遣之。先乘十路到西单商场,惘惘一周,无所获,购得大前门烟一包耳。即出,乘四路环行汽车,到王府井,过新华书店、文物出版社门市部,买得《清代织绣团花图案》一册。在专卖公司买得牡丹牌烟一包,复在市场书摊买得《四友斋丛说》一册,乃过丰盛公啜乳酪一盂,然后扬长走归。五时许到家矣。

澄儿午晚俱来,晚饭后与滋、湜、佩往看潏儿。云彬见过,谈有顷亦去。

九时三刻,滋等归,知澄亦归去矣。十时就寝。

6 月 10 日（五月初五日　癸亥）星期三

阴,间有小雨,近午微晴,气尚凉。

晨六时起。八时续注王江宁诗,至午毕《长信秋词》第三首,及《闺怨》一首。

潏儿午前来省,送来带鱼一尾,即去。约晚来共饭。

房屋修缮费已来收去,计工费九十二元一角六分。连前付出料费八九十元,已达二百元之谱,今年尚属小修,已不赀,真一大包袱矣。但赁屋以居,恐终不止此数耳。

午饭后二时半,走访雪村,谈至三时半,行。徐步往东单公园,顺过中国书店古典门市部一看,无新书可购,即诣公园小坐,至四时三刻,走往北京医院牙科,少待即入室就诊。前一人乃孙君立,偶尔把晤,巧极。伊即陪余顺谈。装戴后尚好,惟上颚底板过深,不免刺喉作恶,下颚者又过松,姑戴之还家,试用再说。好在约定下星三下午五时又将前往晤汤大夫也。五时半,偕君立离院,走至崇文门而别。余乘三轮归。

今日端阳节,虽无甚菜肴可供,而潏、澄、硕皆来夜饭,仍不失度节点缀,亦可以已矣。

九时许,潏等去,余亦就寝。

6 月 11 日（五月初六日　甲子）星期四

昙,时有细雨,下午三时后中雨,夜深又有雷阵雨,气凉如秋。

　　晨六时起。湜儿今日休息,八时后农祥来,遂同出,先乘十路
到朝内大街,转一路无轨电车往北海,茶憩于揽翠轩,至十一时下
山,就饭于漪澜堂,居然吃到鲜鱼虾。饭后,湜儿先行,去厂检查身
体,约三时后在陈家相候。二时许出园,农祥归去,余则乘五路车
到西华门走访乃乾长谈。三时后已雨,湜儿雨中来会,又坐至四时
五十分,乃唤出租汽车,偕湜同归。乃乾让故宫翻印乾隆十三排地
图于余,遂挟以返。到家发视,按次排比一回,甚以为乐。

　　夜饭后,看电视,未及九时,忽无声影,殆已坏乎？即休,未几
就寝。

6 月 12 日（五月初七日　乙丑）星期五

　　晴,较暖,午后时有微雨,而日光犹未掩也。向晚晴,但远处仍
有云。

　　晨六时起。八时续注江宁诗,至十一时毕《观猎》、《李四仓曹
宅夜饮》各一篇。独出,乘三轮往访乃乾,当以十三排地图书价三
十元还之,并将前假《六朝文絜》初印本并归之。余手过《书目答
问》亦托其付友接裱加大,俾可再有所添注云。少坐便偕之同
出,步往北海漪澜堂午饭。饭后,复过双虹榭茶憩,已有雨至,二时
后,乘雨隙便行。乃乾归之,余则仍乘一路无轨电车转十路车归。
三时后,所中老郭送本月工资来。久不打五关,乃取出骨牌连打三
盘。接民进中央支部通知,十四日在中央本部过组织生活,属参
加云。

　　湜儿六时半归,共饭。饭后,湜往过濬儿,同往政协礼堂看江
西剧团演出弋阳腔《还魂记》。盖晚会招待送来两纸门券,余不欲
往,故命两儿往赏也。

余与元孙、宜孙看电视,滋儿为开机,并不坏,看至九时三刻,乃终局。可见昨夜之突暗乃台中自生故障耳。

刚就睡,湜即归,知潘儿未去,伊于休息后便归来也。

6 月 13 日（五月初八日　丙寅）星期六

晴,暖。

晨六时起。七时三刻介泉见过,以所购鲜带鱼及炸丸子相饷,知余匮于食,特为分惠。殊可感矣。谈至八时,同出,徐步偕往文研所,晤晓铃、友琴二君。二君因以新选不畏鬼故事若干篇属为分注(约一星期交卷)。九时,本小组开会,到其芳、冠英、平伯、晓铃、友琴、叔平、道衡、绍基、世德、象钟、妙中、白鸿、翔鹤等。仍谈本所方针、培干及生活等问题。十二时十分始散,走归午饭已将一时矣。

饭后小睡,三时起。潘儿一时许来省,二时许去。六时,佩归先饭,饭已即行,盖亟往长安看越剧也。七时,湜归,乃共饭。饭后,滋亦归,因与滋偕出散步,信行南小街新鲜胡同、苦水井、小方家、大方家胡同、仓后身、仓西夹道等处,返已八时五十分,少坐便寝。湜则看书至十一时乃睡。

6 月 14 日（五月初九日　丁卯）星期

晴,热。今年初感炎暑之日也。

晨六时起。八时前电话约介泉于午后一时会晤圣陶所。盖圣陶先来电话约共游,余以上午有事,商改决定,托余转约介泉者。八时,余独出,乘三轮往地安门外辛寺胡同民进中央委员会,应邀出席小组会。半时即达,徐伯昕、张纪元已先在。有顷,吴研因、顾颉刚、谢冰心、陈慧、雷洁琼、严景耀、葛志成、王却尘、许广平、董守义、林汉达、杨东莼、金君陆续至,组长陈慧主席,先由冰心转达周总理"两条腿走路"讲话(即日前在政协礼堂由钱俊瑞传达者),继乃讨论当前展开之全民增产节约运动。东莼分析最透彻,馀人亦多说话,余则饱听接受而已。十一时五十分散,余与颉刚承纪元之介,附金君车东归(金君未悉其名,但知住羊尾巴胡同耳。)先送颉刚到家后,乃过南小街,余即在小雅宝西口下。

匆匆午饭即行,乘十路车北去,午后一时赶到叶家,介泉已先在矣。长谈并看画(三午取其西邻张家所藏请鉴。)至四时,圣陶事其孙三午偕介泉与余同出,在八条西口乘廿四路车到前门,走至肉市全聚德吃烤鸭(先用电话询之,谓四时半可来),居然坐得一小室,近六时乃食毕。离店仍走还前门,顺道过劝业场一转。在廿四路站候车,挤上至米市大街,余先下,徐步归家。汗流浃背矣,亟取水拭身,易汗衫,乃稍苏。

接湜儿电话,知搬装机件甚忙,今晚不归宿云。夜九时即寝。

6 月 15 日(五月初十 戊辰)星期一

昙,闷热。

晨五时三刻起。八时后,为所中分注不畏鬼故事,至午尽六篇。午饭后小睡,三时起,又续注两篇,至四时半毕之。汗沈淋漓,大有炎暑景象矣。

晚七时前湜儿归,谓今晨六时赶工,直至下午六时乃下,昨夜直做至一时始休云。因令就浴共饭,九时即就寝。明晨六时前仍赶宣武门厂拆搬机器,恐抵晚不能毕,则将留宿新厂云。

6 月 16 日（五月十一日　己巳）星期二

昙阴间作,闷热甚,傍起阵未果。

晨四时半湜儿即起。余五时三刻起。八时后,写三信,分寄清、汉、漱三儿,十时三刻,自出付邮。一转即返。午间澄儿来省共饭。饭后二时许,澄去上班,余乃就床假寐,小睡至三时半起。精神疲惫,呆坐而已。

晚饭后,潗儿、硕孙来省,八时许湜儿亦归,谓机器已移装完毕,夜饭而后归。明日起,正常上日班云。九时半,潗、硕去。余亦拭身就寝。

6 月 17 日（五月十二日　庚午）星期三

阴,时有细雨,亦间见淡日,气不甚爽,是黄梅时节矣。夜二时大雷雨。

晨六时起。六时半,湜儿去上班。八时,续注王龙标诗,至午后二时完《听流人水调子》、《送魏二》、《芙蓉楼送辛渐》第一首等三篇。遂假寐片时。

晨间澄儿来,负白米来换糙米,藉供我食用。澄去后不久,潗儿来,为余买到鸡蛋卅枚,同时得食物,近日希有盛事矣。下午四时出,乘三轮赴北京医院。遇家槐,谈有顷。三刻即由汤大夫延入诊室,为修治义齿,当场不觉如何,且约一星期后再视情形而定云。余即将旧有者托修整,亦约一星期后去取。出院走崇文门,仍乘三轮归家。到家正六时。至七时乃饭。饭已,湜亦归,只得再具餐。八时半即寝。

6 月 18 日（五月十三日　辛未）星期四

昙阴间作,午后起阵,微雨即止,转放晴光。傍晚阵雨,入暮又止,夜复微雨。气凉于昨。

晨六时起。八时,农祥来,湜儿本亦休假,以临时有事,去旧厂,约午前在西郊动物园会晤。余因与农祥亦行。先乘十路到朝内大街,转一路无轨电车赴动物园,茶于牡丹亭前水滨茶蓬中。十时三刻,湜儿即至。十一时,移坐豳风堂,就食午餐。餐已,天有变色,乃亟行,仅在西部爬虫馆一转即出园,农祥乘三路无轨,余父子仍乘一路,分道赋归。二时十分抵家,细雨已至,但未几即停。杲杲日出矣。

余与湜假寐至四时方起。五时许,得乃乾电话,谓刚主在中华书局,属约余会北京餐厅晚饮。因即赴之。乘十路行,甫及门,雨已至,而坐客已满,刚主等尚未到,遂坐以待之。取得挨号为二十八号,不知何时乃得食。正焦灼间,乃乾、刚主、有三联袂至,只得立待矣。逾半小时,乃轮及四人,入厅合坐第二号桌。菜品较他家为精洁,从容食已,雨过天晴矣。四人离厅,乃乾乘三轮先行,余三人乘十路东返。有三在外交部街东口下,余在禄米仓西口下,刚主则径往朝内大街矣。比余行及家门,雨又作,幸往来俱在雨隙中,竟未濡及也。九时就寝。

接漱儿十六日信。

6 月 19 日（五月十四日　壬申）星期五

晴,暖。

晨六时起。上午写信寄复漱儿,并略事翻检。下午小睡,三时半乃起。日来精神较疲,午后颇感委顿耳。

夜饭后,七时十分,独往王府大街首都剧场观郭编《蔡文姬》,盖政协组织明日须开会讨论也。出门无车,亟行至灯市东口,乃得一三轮,索价两角,只得依之,甫赶到坐定,即开幕矣。戏为歌剧与话剧结合之作,灯光布景都好,表演技术亦好,唯一感觉只是沫若为曹操翻案,借文姬归汉一事借题渲染而已。在场晤东莼、从文、云彬、至善、季方、孟实、白鸿诸人。散戏时已十一时半,偕云彬联步东归。踏月谈心,不觉已至南小街小雅宝西口,遂握别各返。

到家,湜儿犹未睡,坐至十二时乃就寝。

6 月 20 日（五月十五日　癸酉）星期六

晴昙兼施,闷热,殆将致雨矣。

晨五时三刻起。八时出,步往建国门内文研所。先晤友琴,谈说鬼材料注释问题。九时开会,本组到冠英、平伯、友琴、叔平、道衡、世德、绍基、翔鹤、白鸿、象钟、妙中、则文等。席上多谈生活问题,于本所总务工作,颇有訾议。余认为,总务工作不好,必然影响同人情绪,情绪不好,必然影响日常工作。亦提出总括建议,请当局即予改善云。十二时散,仍走还。

午饭后一时半独出,徐步到朝阳门乘一路无轨电车,往沟沿,在文化部前,云彬上,在东四,培基上,同载而行,至白塔寺前下,偕走至政协礼堂。在第二会议室参加文教组座谈会。愈之主席,老舍、培基、萨迥、书城等先后发言,于《蔡文姬》一剧及为曹操翻案问题,多有涉论,而以老舍之论为最痛快,萨迥之言为回护论。五时四十分散,仍偕云彬循原路归,至朝阳大街见将雨,亟乘三轮遄返,但未果雨。

夜饭时,澄儿来会,浞儿亦归,遂共饭。滋儿、佩媳亦与焉。浞之同学崔淑英、曹其敏来访,浞未归前,余为接谈。崔系北大东语系毕业,去学朝鲜语(本为朝鲜族),现在世界知识社工作。曹为北大历史系当届毕业生,尚在校。近八时乃去。

九时就寝。澄儿亦归去。

6 月 21 日（五月十六日　甲戌）星期

凌晨大雷雨,有雹击窗,如抛瓦砾。上午时晴时有微雨,下午放晴。气不甚热。

晨五时即起,为雨喧故。昂若寄新撰昆剧本《文成公主》见寄,属提意见。十时左右,偕润、滋两儿步往东安市场及百货大楼等处,购得派力司单裤一件,卡其布九尺,备作上装,又买到毛巾、浆糊等日用品及碧萝春茶叶三两。仍走归。到家已十二时,即午饭。饭后,本拟出游,以午前走路已多作罢。在家看昂若新作剧本,近晚乃毕。明后日当作书报之。

下午三时半,澄儿挈培、增两外孙来省,旋往潜家探视。五时左右,佩华之弟崇尧来,滋儿乃偕同佩、尧往北京餐厅晚饭。浞儿五时后来电话,谓参加开会,须迟归。原留饭与之。七时晚饭,浞乃归共之。饭后,澄、培、增自潜家饭而后来,未几,潜、权、硕亦至。晓先、雪英亦来,共谈至九时半,晓、潜、澄等皆去。十时就寝。

滋、佩十一时后始归,初未知其何往也。

6 月 22 日（五月十七日　乙亥　夏至）星期一

晴,暖,傍晚黄昏两度雷雨。

晨六时起。七时见滋儿,询之,知昨夜三人在劳动人民文化宫看戏也。

八时注唐诗,至午完常建《题破山寺后禅院》、《泊舟盱眙》各一首,刘长卿《逢雪宿芙蓉山主人》一首。

今日夏至,裹素馄饨代饭,以无肉可供也。饭后小寐,三时半乃起。昨在东安市场购得之新裤试着之,颇适合,亦一快也。

四时后,写信寄汉儿,以起阵打雷未及发。五时半,电话禄米仓小学,促元孙归。连日下午到校为同学补课,今见将雨,故促之。元孙归后,余自汲水灌花。

琴媳天安门劳动期满,今日在家休息。明日将照常到出版社工作。

七时夜饭,湜尚未归。滋、佩则前后雨隙中归。八时后,湜归。九时就寝。润亦归矣。

6 月 23 日 (五月十八日　丙子) 星期二

晨五时半起。晴,旋昙。

七时许,润去上班,属将昨写寄汉之信顺道付邮。七时四十分,滋出上班,又属将毛料单裤带送和顺洗烫。湜儿六时十分即赴厂矣。琴、佩两媳亦于七时半及七时四十分出门上班。元孙六时半上学。(以上情形每日如此,今因发信一事,连带记之,以见我家日常生活一斑。)

八时晴。续注刘长卿诗,至午完《送张十八归桐庐》、《送灵澈上人》、《新年作》三首。天又阴翳。午饭后又晴。余假寐至三时半起。

傍晚,又起阵,入夜雨即止。八时半洗足濯身就寝。夜半大雷雨。

6 月 24 日（五月十九日　丁丑）星期三

凌晨雨,旋止,禺中放晴,入夜阴。气闷热。

晨六时起。十时出,乘三轮往北京医院牙科复诊。汤大夫不在,李大夫接诊,修整至十一时三刻,始离院。义齿似较善,而上颚者易脱槽,据云戴久能密切,如不适合可再修云云。余意义云义云当不如真,只得得过且过矣。走至王府井南口,已十二时,乃附三路无轨电车到东安市场,就食于五芳斋。登楼觅坐,居然插得一位,肴品远不如前,仅啖糖包子三枚,未遑进米饭也。食后,步至帅府园美术协会参观明清写真展览。楼上下凡陈列百馀件,多半丹青遗像,余则行乐图,皆出名人手笔,可观也。周视一小时出,乘三轮归。盥洗后小睡,近四时乃起。

傍晚,接湜儿电话,谓往看澄家,不归饭矣。夜九时就寝。湜亦归。

6 月 25 日（五月二十日　戊寅）星期四

晴,热,有类伏暑,闷而不雨,难任之至。

晨五时三刻起。许妈提筐上市良久,空手而归。（近日屡然,不胜缕记。）嗟叹连连,余知下饭无着,徒听何益?只得走出,先乘十路到文化部前,转一路无轨电车,往北海,径度陟山桥,趋濠濮间参观首都第五届图画展览会。凡陈列九室（一至六在画舫斋）,先看第九室,递溯而上,历八、七两室,即至濠濮间稍憩,复北入春雨林塘,先看第三室、第四至六室,然后看第一第二室,最巨者为惠孝同等六人合作之"首都之春曲"。折双叠,如凹形。东自通州镇起,遍绘东郊、天安门、颐和园、石景山、丰沙铁路及官厅水库。长比清明上河图胜八倍。巨制也。次为关松房等六人合作之"密云水库",亦满张一室矣。又秦仲文等五人合作之"千岩竞秀万壑争流图"亦具气魄。余皆楚楚可观,以陈画共二百有三件,一小时半之中每多匆匆阅过耳。

十一时半出画舫斋,步往漪澜堂谋食,十二时三刻乃得果腹而行,亦久待矣。出园仍乘一路无轨电车东归于北小街南口,转十路回禄米仓,走归家中,已将二时。少时便小睡,至三时五十分乃起。

七时,浞儿归共饭。饭后九时即寝。

6 月 26 日（五月廿一日　己卯）星期五

乍阴乍晴乍雨乍止,仍闷躁。

晨五时三刻起。八时续注刘长卿《送李中丞之襄州》诗,迨午仅乃毕之。神昏思钝,诚足自愧。午饭后,倦甚,思卧,手阮吾山《茶余客话》枕上观之。二时后入睡,及醒,已四时矣。

浞儿夜饭后归。润、琴、滋、佩亦陆续返。滋、佩告余,下月决搬往幸福新村,以崇尧即回南,人民文学出版社指派之宿舍不能空关矣。七月起当交与润、琴接管云。九时即寝。

6 月 27 日（五月廿二日　庚辰）星期六

阴昙间作,午后雷雨,向晚放晴,夜星灿然,但不久云翳,顿遮矣。气却凉快。

晨六时起。八时,电话询刘世德,知今晨学习暂停。午饭后二时独出,将赴政协礼堂参加文教组会议,天忽变色,乃雇三轮而行,行至故宫景山之间,雷声隐隐,大雨立至,幸蒙篷张伞,免沾衣履。

二时半到礼堂,晤愈之、纪元、公培、研因、云彬诸人。仍谈曹操问
题,云彬、培基、余、初民、再雯、颉刚、振羽先后发言,六时一刻始
散。余偕云彬走至白塔寺前得一三轮,余以左腿微酸,遂与彬别,
乘之而归。

夜饭后,濬、权、澄、硕皆来(澄来家共饭),谈至近十时辞归。
约明日下午七时后,会王府井中国照相馆(上海迁此)拟共摄一
影,以纪念余七十生日。濬等行后,余即与湜儿就寝。

6月28日(五月廿三日　辛巳)星期

晴,热。

晨五时半起。七时出乘十路到天安门下,赴中山公园中山堂
参加民进市委召集基层工作汇报会。天安门前正在翻修,路面土
石纵横,寻径入园,几致倾跌。八时许,诣中山堂,熟人无多,坐至
十时半,休息。余即离场,信步往来今雨轩,见圣陶、灿然、彬然、调
孚、至善、永和皆在,乃坐下闲谈,十一时后,乃乾来(昨夜电约者)
伊以《三国志》校样一批属余通读一过,约每四日有一批,须持续
两个月之久云。情不可却,只得允之。

十二时散,余被圣陶邀同看戏,遂偕其父子祖孙乘公共汽车同
归其家。午饮后一时,乃与圣、善、满、奎、和同往吉祥,在八条西口
乘无轨电车,至青年会下,走赴之。坐第一排一、三、五、七、九号。
调孚、卧云伉俪亦在,伊等在第二排。是日为中国京剧院一团演出
折子戏。先为王鸣仲等之《神州擂》,次为孙盛武、茹木春、罗世保
之《张三借靴》,次为李金泉、刘元汉、张盛利之《徐母骂曹》。休息
后为袁世海、李世霖、骆洪年等之《忠孝全》。惟其折子戏出出皆
精,宜其满座矣。

五时一刻散,余别圣等南行,先过鑫记一看,人满几无插足地,遂走往闽江春觅坐,勉得一位,胡乱晚餐。餐已,南走至中国照相馆,不见润等,即回行,在人民日报馆前遇湜儿,属往闽江春谋食,继又遇澄儿、基孙,因与湜同去,余再至照相馆一看,仍未见,遂复过闽江春俟澄等。三人食毕,同往照相馆,则诸人毕集矣。幸已先取号头,付款讫,故未久待即得拍摄。先佩华一人照(纪念三十初度),次余一人照,又次为余七十纪念摄一在京亲属合欢照,计到瀋儿、权婿、澄儿、润儿、琴媳、滋儿、佩媳、湜儿、元孙、宜孙及昌硕、建昌、建新、升堉、升基、元镇、元鉴七外孙(惟昌预、元错两外孙未到),济济十八人,摄影师乃煞费安排之苦心矣。前两照坐定即了,此一照则费时达半小时也。自照相馆出,堉、镇、鉴三孙骑车先去,余等十五人复过王府食品公司饮冰,然后赋归。余挈新新、佩挈宜孙,各乘三轮先归。余人移时亦返。基、昌、来接新去。

余小坐院中纳凉,取水洗足濯身,然后就寝。

6 月 29 日(五月廿四日　壬午)星期一

阴晴乍忽,气亦随变。

晨五时三刻起。八时为乃乾看《三国》校样,至下午七时,仅完八十番,中间午饭及小睡,不足二小时也。以此为准,每日谛校四十番颇非易易耳。

湜儿夜饭后始归。十时就寝。

十一时半,政协叩门送最急件至,则明日上午九时须到国务院礼堂听取中共北京市委第二书记刘仁作关于当前经济情况的报告也。

6 月 30 日（五月廿五日　癸未）星期二

阴昙间作，气闷损。

晨五时起。七时半，云彬电话约在雪村所晤面，共赴国务院听报告。余匆匆早餐已，过雪村，晤云彬，谈至八时一刻，与云彬偕至禄米仓乘十路北行，在文化部前转一路无轨电车到府右街下，遇培基。偕入中海北门，同诣紫光阁西侧国务院礼堂。在场遇见稔友至夥，盖人代、政协委员及民主党派负责人皆在被邀之列也。惟与谈者只觉农、寰澄、明远、鹤琴而已。十一时许即散。仍循原路与云彬偕行至禄米仓口而别。

午饭后，续看《三国志》校样，至四时许完二十八番。而乃乾至，遂与面谈，顺次解决若干问题，六时半，乃乾归去。

七时晚饭，湜儿未归，八时半始归，谓厂中劳作种山薯，以此只得在外就食云。滋、佩将经管家务一一点交润、琴，明日起，统由大房当家矣。

九时半就寝。

夜饭后，又将《三国志》校样七番看完，备乃乾饬人来取。

7 月 1 日[①]（己亥岁五月大建庚午　己未朔廿六日　甲申）星期三

阴，时见细雨，较凉。

晨五时三刻起。九时半，介泉夫人见访，并为余购得鸡蛋，甚感之。谈至近午乃去。友朋关心生活至此，安能忘耶。

午饭后二时，所中放车接平伯及余二人去，属阅看新购抄本

---

①底本为："一九五九年七月一日至九月十六日日记"。原注："九月十七晨巽斋容叟自署。"

《红楼梦》，备明日开会讨论有无影印必要云。至则径诣图书馆汪蔚林办公室看之。晤叔平、友琴。见书已衬裱，审系咸丰以前旧抄本，最后装帧者为杨幼云（继振）。签题"兰墅太史手定《红楼梦》稿本"，但抄写不出一手，改笔亦复异迹，字体别伪，似非学人所为。即其字迹之近雅饬者，观之亦与首都图书馆所藏高鹗手写陆鲁望诗有别，其非高氏手稿无疑。在传世诸本外，多一异本供研究参考则可，若亟付影印似可不必。时将晡，黑云起自西北，乃偕平伯辞返。仍由老赵车送。到家坐定，雷声作而雨随至，疏点洒尘而已。气却转闷矣。湜儿傍晚归，知曾往潘家，遇介泉伉俪云。

夜饭后，看电视，忽断电，为之不欢而罢。经电话再三询问该管电业局长，良久始复光，余已兴尽就卧矣。半夜大雨洒淅达旦。

7 月 2 日（五月廿七日　乙酉）星期四

晴，时昙，晚晴，夜半又大雨，有雷，及明始霁。气尚凉。

晨六时一刻起。湜儿休假在家，余上午写信致徐昂若，赞其所著《文成公主》剧本并指陈若干意见。午后二时五分独自缓步往建国门文研所，应国务院古籍整理小组之召，（以恐雨至先行，原约三时先看书，四时再讨论。）至则被邀者尚无一人到，只范叔平与汪蔚林在，陈列新得《红楼梦》稿本及馆藏若干异本备参看而已。有顷，王冶秋、金灿然、陈乃乾、徐调孚、吴晓玲、俞平伯、赵斐云等先后至。何其芳及本所有关人员亦来会。四时半齐燕铭始至，讨论发言者有平伯、余、斐云、乃乾诸人。结果从长校阅后再付影印云。

六时十分散，余仍步归。夜饭后，小坐即寝。

7 月 3 日（五月廿八日　丙戌）星期五

晴阴间作，偶有微雨，气郁不舒。

晨五时三刻起。八时后，为《新建设》杂志社审阅程金造稿件（《史记会注考证新增正义的来源和真伪》）。自泷川此书流入中土。群骇其平添正义千馀条，漾动史界，甚有以为可从中辑出正义单行与汲古阁单刻索隐媲美者。今程氏分析来源，辨别真伪，归纳四类引证详确，足破佞日之惑，甚佩之。因据所见书告该社。近午之际，亲出投邮，挂号寄还焉。

午后润儿归，取行囊，一时一刻即辞余行。盖将赴南口劳动一个月。二时即须在前门集合，搭乘长途汽车前往也。

润儿行后，余就榻小睡，三时半乃起。看昨日湜儿在隆福寺市场买来之帖，谛审之，乃嘉庆间钱梅溪为旗人斌良选刻之赵、董两家书。署曰"襄冲斋石刻"。原为十二卷，此仅十册，合盛一帙，当系残本改裱者耳。

候湜归共饭，七时半犹不至，遂与元、宜孙同餐。八时开电视，八时半湜始归，盖厂中传达刘仁报告，听后再行之故。重为具餐。九时五十分，看毕电视，遂就寝。

7 月 4 日（五月廿九日　丁亥）星期六

昙，热。

晨六时起。八时廿分出，徐步往文研所，晤贯之谈。九时参加全体大会，听副所长唐棣华传达中共最近三大文件，皆与当前物资紧张问题有关。推寻原因，着意措施，具见苦心。归到增产节约，自然颠扑不破矣。十一时许完毕。又分组讨论，大家各吐所怀，亦见畅适。十二时散,仍步返。道遇介然,偕行至什方院而别。

　　午后三时半,乃乾见过,谈《三国志》校样问题。五时许始去。七时,琴媳归。遂偕同两孙共饭。待湜儿不至,想又在开会矣。饭后雪英来。有顷,文权、瀋儿、昌预、昌硕来。又有顷,湜儿始归,果以开会延时,已在外进餐云。琴媳挈元、宜两孙往省其妹慧英家。滋儿、佩媳则往政协礼堂看舞蹈。九时半,琴等归,雪英去。有顷,瀋等亦去。十时就寝。滋、佩亦归矣。许妈下午归家,十时后返。

7 月 5 日(五月三十日　戊子)星期

　　四时五十分,唤湜儿起,盖本日起,伊厂学工须于六时半前赶到也。故五时廿分即出。

　　滋儿以陪崇尧往游八达岭,亦五时即起,五时四十分出门,径赴西直门会崇尧矣。但气压甚低,闷郁,未见日,不识值雨否耶?深为厪虑。近午显昼,风亦不大。

　　饭后小睡,四时乃起。天又变色,若将雨者。至为在外诸人忧。六时许,湜儿有电话至,谓下班后开会,今晚或即宿厂中矣。有顷滋儿、崇尧归来。余讶其早至,询悉下午三时班车青龙桥站已撤开(须下午七时),二人不得已步至三堡附近,始商得一回空卡车,同意搭附至动物园,从容进食而归。反比乘火车加快,亦大幸哉。少顷,崇尧去。外孙建昌来,以其父母来信呈余,知达先曾因锄地伤足,清儿以饮生水之故,曾染得肠炎,皆休息数天始愈云。

　　八时看电视,不多时,湜儿归,谓散会尚早故。然时又雷电大作,电视机大受影响,遂闭不视,并促建昌归去。九时即寝。

7 月 6 日 (六月　小建辛未　己丑朔) **星期一**

时昙时阴,午后晴。入暮又阴(黄昏起阵夜半雨)。

晨五时半起。六时十分,湜儿出赴厂。八时至十时注刘长卿诗两首。敏霞来,送到《三国》校样两批。十一时看校样,午饭时停。澄儿来饭。饭后澄去上班。余小睡,三时半起,续看校样,至六时止,通前看完五十六番。七时夜饭,滋归,侍饮啤酒。湜儿未归,想开会过迟耳。

九时就寝。

漱儿有信复我,劝去沪休假,顺谈滋儿搬出另住事。

7 月 7 日 (六月初二日　庚寅) **星期二**

晴兼昙,气不甚爽。

晨五时三刻起。八时阅《三国》校样,至午完四十四番。饭后小睡,三时半起。复续阅《三国》校样,抵暮又完三十五番。前后统看七十九番矣。

傍晚七时,湜儿归,因共饭。饭后少坐,八时半即就卧。滋、佩九时半归。琴十时乃归。湜十时半睡。

7 月 8 日 (六月初三日　辛卯　小暑) **星期三**

阴。

晨五时三刻起。湜六时前出,已感迟矣。八时,续阅《三国》校样,至十时完三十番。于是敏霞送来之二、三两批都毕矣。

午后,时有小雨。二时许小睡,三时半即起。写信复漱儿上海,并写一明片复润儿居庸关南口南站村。七时,湜儿归,遂与家人同饭。琴亦归饭。滋、佩则饭而后归者。夜看电视,十时一刻就寝。

7 月 9 日（六月初四日　壬辰）星期四

阴间多云,时有小雨,晚落霞甚红,闷热夜深不减。

晨五时半起。上午理书架,作半年来工作报告,备星六到所时交与本组秘书。午后小睡片晌。

候崇尧至五时后乃来,遂与滋、湜（湜今日休假,滋检查身体得早归,结果尚无它,惟出证不宜重劳动耳。）同出,乘十路到方巾巷南口,转九路到前门下,外出城阓,诣肉市全聚德吃烤鸭。崇尧下周内即回南,故特为一请之。六时半,佩华赶至,七时食毕,五人徐步入前门,余与崇尧径赴中山公园音乐堂,看北京戏曲界单折剧目展览演出（此已为第三届）之一场（余票为圣陶所赠,尧票为佩华所购）。余等入园,滋、佩、湜即先归家云。

余入场晤圣陶、介泉、满子,坐第十八排八十一号,幸携远镜,否则无济矣。是晚剧目为郭锦华、李景德之《扈家庄》;筱翠花之《红梅阁》（阴配一场）;赵燕侠之《东方夫人》;张君秋、谭富英、裘盛戎之《大保国》;马连良、袁世海、叶盛兰之《借赵云》。自七时半始,十一时半乃毕。场场紧凑,各各显长,近日难遇之盛事矣。惜闷热浴汗,植坐四小时,颇感费力耳。

戏散,余附圣陶车行,至禄米仓西口下,步归。诸人皆入睡乡,寂静异常,余乃取汤浴体,洗足而后入卧,已十二时五十分。

7 月 10 日（六月初五日　癸巳）星期五

晴,热。大类伏暑,竟宵浴汗未能引被也。

　　晨五时半起。湜儿已行，今晚将留厂宿矣。八时半出，乘十路转一路无轨电车，到北海，再转五路访乃乾。至则有三在，余之去访为送还二、三批《三国》校样，顺谈句读标点问题。以客在，只能空喧攀谈，直至十一时，有三去。余偕乃乾往北海就食于漪澜堂，居然有鱼肉，但都失鲜，甚至有馁败之味矣。近日物料之缺如此，真有怅怅何之之感耳。草草食已（当然多剩），仍回乃乾所谈校样问题，解决不少。

　　四时半归，走至西华门雇得三轮乘之，竟将笔扇遗忘在彼。六时后，敏霞送来，以此累之，甚感不安。夜与佩华谈搬家情形。滋儿十时归。琴珠十一时乃归。余早濯身就卧矣。终夜有汗，今年第一次感到酷热也。

7月11日（六月初六日　甲午）星期六

　　晴，热。夜半雨，淅沥达旦。

　　晨五时三刻起。八时许出，缓步诣文研所，晤友琴、冠英、平伯、叔平。谈至九时半，乃改行组会，由冠英主席，到平伯、友琴、叔平、路坎、翔鹤、象钟、妙中、道衡、念贻、世德、绍基及余，凡十三人。主要传达昨日所务会议诸决议，知本组加强领导，路坎（代表党），绍基（代表团），俱与组长冠英三人合组为核心领导云。其它诸事大都与中央及院方指示相应也。十一时即散。仍走还。

　　午饭后小睡，三时三刻乃起。略事翻检，已垂暮矣。六时五十分，湜儿归，遂共饭。琴媳亦归与焉。滋儿归后复出，将偕佩媳往省崇尧。琴媳饭后出看电影。九时半就寝。滋、佩近十时归。琴十时后归。

7 月 12 日 (六月初七日　乙未) 星期

凌晨雨,午后晴,甚热。

五时湜儿上班去。未几,滋儿亦挟伞出,谓赴西直门与崇尧会,将偕之同游香山及碧云寺也。七时半归。谓崇尧未至,大概以天雨而罢。而滋则徒行信期耳。十时许,崇尧来言,以雨故,疑滋未必往,遂未行。不图目下天又不雨也。因留饭。饭后滋儿伴同崇尧去车站,结运行李,盖十五日即将南还也。

二时后,元锴、元镇两外孙来省。知暑假中锴或去东北省其父母也。谈至三时半去。建昌、建新两外孙来。余午后本思小睡,坐是竟废。五时许,湜儿归,谓赴院就医未果耳。

六时夜饭,潏儿及外孙昌硕来。余以须往政协礼堂看梅剧团戏,半时后便偕滋、湜同出,先乘十路到朝内大街,转一路无轨电车,往白塔寺,在车中遇志公夫妇,乃同赴政协礼堂。余与滋坐楼下第一排十一、十三号。湜坐十三排。八时开演。剧为《穆桂英挂帅》,由梅兰芳饰穆桂英,梅宝玥饰杨金花、梅宝玖饰杨文广,姜妙香饰杨宗保,韦三奎饰佘太君,刘连荣饰王强,王少亭饰寇准。十一时毕。全剧紧凑松灵兼有之,不愧斫轮老手,宜享大名矣。在场晤均正夫妇,力子、麟瑞、芝生,匆匆招呼而已。

散戏后仍走至白塔寺乘一路无轨电车东归。从南小街口走回,到家已十二时。取水濯身,立院中趁凉久之始入卧,比贴枕安睡已一时过后矣。

7 月 13 日 (六月初八日　丙申) 星期一

晴,热,午后三时雷阵大雨,庭中积水没阶,幸不久即止,又呆杲日出。迅予排扫,乃复如初。傍晚放晴,路亦干。

晨五时三刻起。湜五时即出,未及饭也。余欠睡,精神大损,欲为所中分注破除迷信故事(不怕鬼扩而为破除一切怪异),竟不得集中思力,昏昏遂罢。

午以粥饼充肠。食已,假寐,近三时为雨声喧醒,遂起。元孙下午赴校就学年考试,雨大水深,心甚系念,幸未久雨止日出,四时亦归矣。跣足而行,谓校中积水齐腰云。亟命洗净穿袜,且休为佳。

六时半,夜饭。七时许,湜亦归。饭毕,余独往演乐胡同工人俱乐部看新华剧团演出,坐第一排廿七号。七时四十五分始开幕。剧为全部《雁门关》,徐东来饰青莲,关韵华饰八郎,刘英华饰碧莲,徐东明饰四郎,徐东祥饰太君,饰萧后者本为新丽华,今丽华改饰蔡秀英,其太后为另一人,甚佳。惟未忆其名氏耳。(此人亦屡见,今无戏单,无法取证。)全剧完整,至为满意,十一时十分乃散。崇尧七时五十分来,琴珠则九时后乃至,散戏同出,崇尧归幸福村,余与琴珠步以返家。濯身就寝又十二时矣。

7月14日(六月初九日　丁酉)**星期二**

晴,热。

晨五时三刻起。湜儿五时廿分已出门上班矣。八时后,为所中阅看续选破迷故事,连复正标点,约十馀篇,抵午始毕。备再入手注释。

午饭时,澄儿来同饭。二时,澄去上班,余即就卧小睡。三时许即醒。就枕看《永昌演义》三回,四时起。

乃乾电话约面谈,余明晨须出外复查身体,允自北京医院出后,径往与晤。五时许,潩儿、昌硕来。有顷,滋儿归。澄儿亦至。湜亦返。佩踵至,乃与元、宜两孙共坐小饮,进汤饼。盖今日为滋儿生日,不觉已三十一岁初度矣。夜饭后,在院中纳凉闲谈。初啖西瓜。九时半,琴珠始归。

十时后,潩等皆去。余等亦各就寝。

7 月 15 日(六月初十 　戊戌)星期三

阴,多云,午后大雨,及暮更大。仍热。

晨五时十分湜儿出。五时半余起。六时半接清儿安国来信。七时廿分偕滋儿出,滋去上班,余则乘十路车去东单,穿公园往北京医院门诊部。盖允其电约前往复查也。先诣保健室接洽,待至八时一刻,始得血糖检验及尿糖检验,以未进食即出,见天将雨,而约乃乾以必赴,遂雇三轮径造之。谈至十一时许,解决问题不少,见天又将下雨,亟辞归,仍乘三轮行。到家即嚼饼干四片充饥。盖距起床已越六小时矣。为健康而作身体检查,乃因验血必须空腹行之,竟致忍饥受饿,亦可哂耳。

饭后小睡,天忽大雨,未及三时即起,乃为所中注所分故事四篇,垂暮止。在乃乾处试得湖南零陵芝城镇五星毛笔厂所制鸡狼毫尚佳,实较此间所售者为高,因乞得一枝携归(即此时所写者)。遂按址寄一明片去,属选寄廿枝来。据云可以货到再汇款也。从前在开明时,常用长沙彭三和笔,迁京后,亦曾两批函购之,今久缺货,芝城镇货似足相代,因复购之。

傍晚雨加甚,元孙在校为同学补课尚未归,亟电话其校,催询之,谓方走归,适在倾盆之势步返,及门,遍体湿透矣。校中措施不均,又不审度天色,及时遣归。余甚非之。六时半,雨渐止。滋、湜、琴、佩皆未归,恐亦值雨途中,甚念之。七时,雨隙,滋、湜、琴、佩皆归。

夜饭后看电视,九时五十分毕。即入卧就睡。中夜及平明俱倾盆大雨,为之扰醒数回也。

7月16日(六月十一日　己亥)星期四

拂晓大雨如注,旋止,杲杲红日东悬矣。午前竟得畅晴,入夜月明如昼,凉快。

晨五时三刻起。湜儿今日休假,十时许往北大医院视疾。余七时后阅定《三国》校样,至午完六十番,凡二卷(十至十一)。外孙建昌来,告今已考毕,拟下星一往省其母于安国云。十二时一刻,湜儿自北大医院归,据云有细菌,须杀灭(因右胁窝及臂上多有深紫色斑点,大者如小掌故)但无大妨,配药水敷洗而已。

饭已,澄儿来省,为购到罐装鱼类四色,或可稍济缓急矣。二时许,澄去上班。余与湜遂偕之同出,乘十路行至东单,澄下去转车,余与湜则到王府井始下,步往新华文物诸出版社及百货大楼、东安市场等处,先后购得布鞋、茶叶、书籍等物,并在丰盛公啜乳酪,在浦五房买得酱鸭、素鸡二物。仍南走至东长安街,乘十路归禄米仓,步返家门已四时三刻夭,翻检所购诸书,遂及掌灯。因与琴(时亦下班归)、湜、元、宜共饭。

饭后坐院中乘凉,仰视天宇澄澈,明月莹空,疏星点点,错落有致,久不享此矣,留连久之。九时半乃濯身就卧。

7月17日(六月十二日　庚子　初伏)星期五

初阴转晴,气尚凉爽,夜月色甚皎洁。

晨五时三刻起。八时续注所中派作之件,抵午完六篇。中有张华破斑狐一篇,注文至夥,竟达二十三条。午后二时出,乘十路转一路无轨电车赴政协礼堂,听周而复报告南美观感。车中遇云彬。在场内遇东莼、纲伯。三时开讲,五时三刻始毕。因知拉丁美洲各国俱在美国魔掌中,宜乎当地人民亦痛恨帝国主义矣。散会后仍与云彬循原路同车东归。到家湜儿已先在,知明日下午一时即将与同事二人参加西郊四季青人民公社的生产劳动,为时一个月云。

夜饭后,雪英来,佩华亦早归,为湜端正行李。九时许,雪英去,琴珠始归。十时就寝。

7 月 18 日(六月十三日 辛丑)星期六

晴,热,夜月姣好。

晨五时半起。八时续注斥怪故事,至午完六篇。湜儿上午出购物,十一时归。潜亦来,遂共饭。饭已,十二时即打发湜儿就道,此去须隔月余始还云。润出未返,湜又踵去。明日滋复移居东郊,三子一时俱离违膝下,不免黯然。

午后,潜亦归去。二时后,正续注故事,乃乾偕敏霞至,因辍笔与谈,三时许,敏去,余与乃乾同出,偕过东四三条九号访刚主。看其所藏稿本笔记及碑拓。谈至五时一刻,三人偕出,乘二路车到东安市场,诣和平餐厅晚餐。遇陆庆贻及吴大琨。餐后,刚主、乃乾去虎坊桥看话剧,余则乘三轮归家。九时许,拭身就寝。滋、佩在新居整备洁拂,十时后乃归。

7 月 19 日(六月十四日 壬寅)星期

晴,热。晡时雨,即止,仍晴,夜深又雨。

晨五时三刻起。七时半，潧、硕、基来帮忙滋儿搬家。八时后，余乘三轮往南河沿文化俱乐部参加民进中央支部过组织生活。到王却尘、杨东莼、徐伯昕、冯宾符、顾颉刚、陈慧、雷洁琼、谢冰心、金芝轩、董守义、张明养、梁纯夫、严景耀、赵朴初、余之介、张纪元等。议分四小组，余与陈慧、徐伯昕、顾颉刚、梁纯夫、董守义为一组，约定八月二日在陈宅过组织生活。十一时一刻散。

余与颉刚即俱乐部食堂午饭。饭后，复偕往八条访圣陶。谈至四时许，颉刚先行，余与圣陶、至善、永和三代于五时同车驰往崇外龙潭会亦秀，盖先约共同荡桨为乐也。至则亦秀已先在，乃雇两艇，并缚而行，携有看核酒食，泊湾头待月，颇得悠然之趣。惜至八时一刻，月为云遮，竟未得一睹莹姿，则犹有憾耳。

起岸复过亦秀家，农祥已归，遂共夜饭。饭后，复谈至十时半始行。圣陶车送至禄米仓中龙凤口而别。到家濯身就寝，已十一时。其时已见雨，夜深尤大。

滋儿已搬妥新居，在东郊（幸福二村七巷五院三十号）。

7 月 20 日（六月十五日　癸卯）星期一

拦朝大雨，八时许止。午前时有小雨，午后渐晴。气甚闷湿，夜又雨。

晨六时起。七时电话告友琴，今日所中工作会议请假，顺告所注各故事明日上午当可交去。八时雨止，十分钟后独出，先乘十路转一路无轨电车，往政协礼堂参加文史资料研究委员会第一次会议。正副主任（正主任范文澜，副主任李根源、王世英、杨东莼、申伯纯、顾颉刚。王出门未到。）外，新有名单，凡委员四十人，大多到会。九时十分开会，范文澜主席，申伯纯佐之。致词甚切。其后章士钊、李根源、李培基、邓哲熙、叶景莘、陈公培、载涛、齐燕铭、徐冰先后发言,章话最多,徐、齐、申次之。叶恭绰惫甚,虽强至,面色苍白。坐沙发终嘿而已。通过工作办法及资料审核、给酬暂行办法与征集文史资料参考题目各一份,并推定杨东莼、申伯纯、刘大年、何干之、邵循正五人为审核委员云。十一时廿分散,与颉刚同行各归。

午饭后小睡至三时起。续注《故事》,五时而毕,将以交卷矣。接湜儿电话,知住在沙河村,尚好,为之一慰。夜饭后,振甫见过,承以所选注《严复诗文选》贶我,谈至九时许去。元孙昨日住其五姨家,今日傍晚令李妈去领,仍未归。十时就寝。

7 月 21 日(六月十六日 甲辰)星期二

拦朝大雨,其后绵延不辍,近午加大,倾盆悬注,下水道一时不及泄,顿见盈积,屡通水穴,渐见减退,而雨势迄未止,及暮仍檐滴潺潺也。气虽转凉,而湿润不爽。入夜后雨脚不断,时大时小,逮明未已。

晨五时半起。七时,友琴电话来,谓当见过。八时许,果来。余乃以所注故事各篇交之,并书面提供意见。谈次,余又将所中介绍到青岛休假之信托伊转还办公室,盖余不拟去胶澳,免得占去别人住所铺位也。(招待所住客有定量,先让为宜。)移时,友琴辞去。十时后,为乃乾看《三国》校样,直至下午四时三刻,看完一批,凡三卷九十四番。

晨接芷芬十五日来信。傍晚,接漱儿十九日来信。晓先下班后来访,因留共饭。相与闲谈,至八时后去。元孙八时半由其五姨送归。九时半就寝。

7 月 22 日（六月十七日　乙巳）星期三

阴雨转晴，午后始开朗。气则仍闷湿。薄汗粘体，拭之弗已，
至难堪耳。夜见星。

晨五时三刻起。七时看《三国》校样，至十一时。颉刚见过，
约同出外。盖伊请季龙、丹枫、厚宣、绍华吃饭，邀余作陪也。遂乘
十路车偕往南河沿政协文化俱乐部食堂。候至十二时三刻，季龙
等三人始至，绍华则未到，乃相与共饮啖且谈。二时食毕起行。余
仍乘十路归。敏霞来洽询数事，并取校样十二至十四卷去。又委
下十九至廿八卷，赫然一大堆矣。

三时五十分，象钟来（午前电话约定）谈拟定三年工作计划，
顺谈至近五时乃辞去。方余自俱乐部归也，滋儿适来省，询悉新居
尚安妥，并以添印及放大之照片购取归来。余七十摄景及珏人新
放五十时小影皆好，即令滋就原框易新藏旧，对珏遗像宛然欲语，
不禁伤心嗫泪，强忍而已。正与滋在南屋长谈之顷，久悬之玻璃框
扁"疾流云馆"者（晓先所书）忽然下坠，几乎击中余父子，甚以为
怪，其实年久绳断，偶遇而已。幸在日中，如在深夜，则不免虚惊
矣。（以下坠时碎声甚大。）三时前，滋去。象钟去后，余又续看校
样，至晚通前共完八十四番。夜饭后，澡身纳凉，九时即就卧。

颉刚是夕往青岛休息，将住两月宿疗养院云。

7 月 23 日（六月十八日　丙午　大暑）星期四

晴，炎热。

晨五时三刻起。七时接农祥电话，约于九时相会于陶然亭云
绘楼。盖楼已开放，可憩坐瀹茗也。八时半，偕元孙赴之。先乘十

路行,讵牛街南口以南正在修路,只得挈孙崎岖而行,走至南樱桃园,始转五路东去,达于陶然亭公园之北门,徐步循柳岸过小桥,径上西台登云绘楼,拾级而上,先见西谛手书此楼迁建之碑记,顿触黄垆之感,悲酸难任矣。楼阁轩敞,凉风四袭,小坐未久,便尔忘暑,虽炉火不时,茶水延迟(十时始得)而顾盼四瞩,殊多佳趣,亦无嫌于稍渴耳。独念逝之情,时起胸中,则不能无憾也。坐至十一时半离楼,仍出北门,乘五路到珠市口下,走往煤市街丰泽园午饭。供应稍松,而价格提高,几至一倍,品质殊未见佳,匆匆食已即行。乘一路到东安市场,先后在市场及百货大楼一巡,无所可购,后乃于文具店买得关勒铭新制自来水笔一枝,型式既突过舶来之品,价亦不过八元,颇自得已。别农祥,挈元孙乘三轮归,到家刚三时。余乃摊阅《三国》校样,至五时半,看定十九、二十两卷,凡四十番。

薄暮雪村见过,滋儿亦归省。琴媳亦下班归,因共夜饭(建新先已来此)。饭后谈至八时,雪村挈建新归去。

八时四十分,滋儿亦去。九时,余拭身就寝。

7 月 24 日(六月十九日　丁未)星期五

晴间多云,禺中曾有雨,闷热仍烈。

晨五时三刻起。七时看《三国》校样第廿一卷,至十时,乃乾、敏霞来,余适看毕此卷。乃与讨议标点得失,连前各卷,并此卷付之。十一半,三人共出,走往东安市场,就食于和平餐厅。食客云集,取番号(五十八),坐楼下待之。越一刻许,乃得登,从容食毕,已将二时。乃乾、敏霞诣中华书局洽事,余乘三轮归。到家少坐,再续看校样廿二卷。至五时半,并及廿三卷之半,不复计番数矣。

元孙晨往章家视其表妹建新,迄暮饬李妈往领之,遂归来同饭。其母亦归饭焉。

饭后，佩华来省，言明日不能来，即去。

潜儿、文权来省，盖权在南口劳动，有两天休息，故返家一视也。谈至九时一刻去。余亦拭身就卧，似较昨为凉快。

7 月 25 日（六月二十日　戊申）星期六

晴，热。

晨五时三刻起。八时独出，步往本所，晤贯之。据询他人，知今日学习之会暂不举行，少坐便还。续看《三国》校样廿三卷后半，及廿四卷，抵午毕之，凡三十四番。

午后二时独出，乘十路转一路无轨电车，往政协礼堂听驻阿联大使陈家康讲阿拉伯情势。到在京人代及政协代表委员等，济济一堂，第二会议室为之填塞矣。楚图南主席。三时开会，六时乃散。家康擅辞令，精分析，于当前局势剖解如见其底里，而言词生动，听者忘倦。在场遇稔友至夥，又与叔湘、从文、云彬、至善联座，散出时仍与云彬走至白塔寺候车。一路挤不上，改乘三路无轨电车，到王府井，在东安市场雇得三轮乃归。到家已七时。

夜饭后，澄儿来，知贵阳之行仍有实现可能云。九时半去。余亦拭身就寝。

7 月 26 日（六月廿一日　己酉）星期

晴，炎蒸。终宵浴汗。夜半后有雨，迄旦始已。

今晨五时三刻起。八时卢氏三外孙来省，知下月十日左右，锴孙将出关往省其父母。九时半，滋儿来接，因于十时偕滋挈元孙，乘十路以往，至九条东口转六路东出城豁口，到幸福村下。锴、镇、鉴亦御骑车,会于此站。乃向北步行诣幸福二村七巷五院三十号,约十五分钟始达。佩华正在制肴炒菜,其地稍僻而结构新式,目下未必称佳,将来发展环境或能改善耳。十一时,三外孙返小雅宝饭。余与元孙即饭滋佩所。

饭后,偕滋挈元,信步由屋后野径抄出东直门外大街,入东直门,沿途骄阳照灼,热甚,即登十路车南行返家。休息至三时半,复与滋出,乘三轮到百货大楼,拟购置短袖衫,讵已售缺,遍历市场各家,俱无所得,仅于丰盛公啜乳酪两盂,废然走归。

夜饭后,滋归幸福村,余看电视,琴及元孙则往大华看电影,九时半归。

余于电视完毕后濯身,就寝已十时半,终夜浴汗,不快之至。

7 月 27 日(六月廿二日　庚戌　中伏)星期一

阴,闷热,近午雨,略有间歇,午后一时半,大雷雨倾盆覆缶,檐瀑飞流,三时后雨止日出,然湿云仍终在四野也,其后时雨时雷时出日,终夜阴。

晨六时一刻起。七时看《三国》校样。接绍基电话,谓今日上午九时半在所内召集组会,讨论安排工作问题,余应之。八时五十五分出门,着皮鞋携阳伞,准备值雨也。九时卅五分开会。到冠英、路坎、绍基、友琴、晓铃、叔平、象钟、念贻、道衡、妙中。谈编写文学史及资料工作相结合诸问题。平伯未到,其芳十时半乃至,仍只有初步说法,具体措施尚待再度讨论也。十一时半散,正值雨作,张伞而归,到家幸尚不十分沾濡耳。

午饭方毕,天渐晦暗,有顷,霹雳交加,澍雨立至。余正拟小睡,藉苏积倦,而雨喧雷震,如何可寝,只索起续看《三国》校样。

乃乾适有电话来,谓上海之行当定下月四日,如得同行,可代为购票云。余拟同去一行,藉得小休,青岛之行则已作罢矣。五时半止,计看完《三国》校样廿五、廿六两卷,共四十三番。

傍晚志华来,以建昌安国来信为献,始知阻水三天,方见到其母。弱龄子身远行,不免冒险,虽锻炼有效,而我胸中大石积日以来始掇去也。夜饭后,八时半即就卧。

7 月 28 日（六月廿三日　辛亥）星期二

昙阴互施,偶亦见雨,午后微晴,湿闷如故。终宵浴汗。

晨五时三刻起。七时接润儿南口来信,知下月三日当可归家。因作书答之,顺告家中情况。并作书答毛燮荣,允其国庆时来住我家。（日前来信,谓将续弦,定国庆时来京作旅行结婚,以届时京中人聚必多,旅邸无着,故恳商暂住数日云云。）发信后,续看《三国》校样,至午后二时,完廿七、廿八两卷,凡五十九番。又续看廿九卷方技传,并及三十卷乌丸、鲜卑、东夷传,至五时方技传完,乌丸等传亦毕其四之一,通共又得四十一番。适合百番之数矣。似甚顺利也。

六时五十分,琴媳归,遂共饭。饭后小坐,听转播新闻及戏曲,九时半就卧。

7 月 29 日（六月廿四日　壬子）星期四

晴,炎蒸。

晨五时三刻起。七时续看《三国》校样,至九时完四十番。于是《魏书》三十卷全部校毕矣。看商务印书馆新印出之《越缦堂读书记》,盖由云龙自《李爱伯日记》中辑得读书札记,先已排印未行,近复由该馆增辑,按新行图书分类编印行世者也。类别既多牵强,校点又复舛讹,有不识古体本字而妄改者,有不识官名而误断者。余深惜之,只得随手加朱为订正之。近来翻印古书用简体字乱植者固无论矣,即稍稍注意点画之家亦颇有此病。于越缦书更难怪其然耳。

午后二时,天忽起阵,雷声先作,晦黯随之,未及三时,大雨倾盆,间以风雹敲窗劈檐,势甚可惧。遥想田禾必受大损也。四时,雨稍止,其后时断时续,而雷声亦连绵未辍。入夜渐止,深宵乃有星。

六时三刻,滋儿归来,因与元、宜两孙共饭。今晨接漱儿托便人(其同事曹舜琴)带到一信,知前买细绒线半磅已携来,遂以此信交滋,属于明日下班后往和平宾馆一取之。长谈至九时,即令归去。余亦拭身就寝。较前昨两夜减热多矣。琴珠以留社学习,十时始归。

7 月 30 日(六月廿五日　癸丑)星期四

晴昙间施,仍感湿蒸。

晨五时三刻起。七时续看《蜀书》校样,抵午毕六卷,凡八十六番。午后复看校样四卷,得四十番。近晚乃止。

夜饭后,潩儿、小同来。至九时许,湜儿归,盖明日休息,故得空归省也。共啖西瓜。有顷,琴媳始归,潩儿、小同十时去。

余取汤濯身就榻,竟难帖席,睡至二时许,雷电大作,豪雨立至,檐流飞溅,风卷扑窗,惊起周视,各屋幸尚无大渗漏,仅南屋亮楼西窗桥为雨打微渗而已。湜儿睡在西屋,唤之不应,而雨又大,不得过相呼,只得听之。因此睡不能熟矣。雨声竟喧闹达旦。

7 月 31 日（六月廿六日　甲寅）星期五

晨六时许雨止，余亦起。七时，湜儿亦起。八时后，似无雨意，余因与湜儿、小同（适来）同出，伊二人去东安市场闲逛，余则乘三轮往赴乃乾之约。一路风痕雨迹随处可见（道旁树颇有见拔偃卧者，里弄房屋亦有倒墙坍门处。）。不图连日风雨为祸，一至如此也。过午门时，天色将雨，颇危之，幸到陈宅无点滴见降。晤乃乾后，商谈《三国》校样诸问题，不觉抵午，乃留饭其家。饭后二时三刻，见天尚未变，亟辞归。仍乘三轮行。到家后天色虽乍阴乍阳，迄于晚未雨，然气郁蒸难任，不甚热而汗被竟体。闷损之至。

湖南零陵毛笔傍晚寄到，卅枝，计十三元，外加寄费六角，明日将汇还之。夜饭后，七时许，湜儿辞家还乡社。琴媳亦旋归。九时濯身就寝。

8 月 1 日（六月廿七日　乙卯）星期六

初昙，旋晴，蒸热。下午四时后大雷雨，向晚止。

晨五时三刻起。看完三国《蜀书》第十一卷校样。八时半出，步往建国门文研所，九时参加全所大会，听何其芳所长报告改进今后工作。晤介泉、冠英、平伯诸公。十一时半毕。走归午饭。

午后二时复往，三时半续听唐棣华副所长改进工作报告。天热人多，未及半，雷电大作，暴雨骤至，电灯亦灭，合坐皆震。然唐能从容陈辞，条达而有力，可佩也。近六时乃完，张书铭顺达院方指示数件。会后副研究员以上发得供应证一件，据云今后将有副食品配给，藉示优顾云。临行总务处先以鸡雏一枚令持归。时雨已止，路有积水，遂褰裳绕道持鸡以归。

七时,琴亦归,乃共饭。饭后小坐至九时,濯身就寝。

8 月 2 日 (六月廿八日　丙辰) 星期

晴,热。气稍爽。

晨五时半起。八时半出,乘三轮往王府大街卅六号陈宅开民进小组会,抵门守义亦至,晤陈慧,便在其父叔通先生厅事座谈。伯昕、纯夫继至,遂谈近日国际问题及国内大进步情况。互抒所见,至快。十一时半散,余走至灯市口,乘三轮归饭。午后本思假寐,以滋、佩约来省候,遂坐以待之,至四时乃至,因长谈共饭。饭后,潏儿偕预、硕两孙来省,欢谈至九时,潏、滋等分道归去。余洗拭身体后,亦即就榻。

8 月 3 日 (六月廿九日　丁巳) 星期一

阴,时见微雨。十时半雨忽如注,檐瀑奔流,庭潦盈积,佐之以雷势,且不休。近午乃止。午后阴,傍晚又雨,入夜有声,延绵未绝。

晨五时半起。七时写信三封,分复云章、漱儿及卢孙元鉴,俱告以将去上海,盖三人前日皆有书来也。

九时许,介泉夫人来,又为买到鸡蛋、虾米、香烟等送来,至感关切,竟致无言可谢矣。与谈至十时许,辞去。去未久,而暴雨至,遥度未必到家,则路次值雨,其何以堪? 歉疚万分! 同时又念润儿今日如归,则此时必在途中,情况又复奚似,诚令人回肠百结矣。午后,滋儿、澄儿先后归来,乃润儿一时半犹未至。余与澄、元、宜遂饭(滋已饭)。俟至二时,滋儿、澄儿不得不先后上班去,而润仍未见归,想大雨阻山路之车道,影响行程矣。倚望既切,不觉焦虑难祛耳。

澄儿昨日已由设计院宿舍迁至崇文门外卫生出版社宿舍,决意不去贵阳矣。盖彼中人事部分未曾办妥,贸然前往,转恐工作落空也。七时许,润儿始归来。据云宣化境内路轨为洪水所坏,虽加修复,已脱班五小时,故晨发夕始至耳。得共晚饭,亦稍慰近望矣。谈悉劳动情况辛苦中有愉快云。九时半就寝。夜深雨。

8 月 4 日(七月大建壬申　戊午朔)星期二

阴雨缠绵,时或日出,变幻较南中霉令为快速,闷湿则更过之。此数日来,难受极矣。

晨五时半起。七时后润儿始起,今日休假。八时三刻,为余出购行篚及旅中用具,近午方归。湜儿知余明日将南行,而天雨不能出勤,遂请假半日,于十时许归省。因共饭。饭后,滋儿亦归。

一时十分,湜返工地去。二时半,滋儿亦去。三时后,润儿导李妈往北长街科学院发放副食品处洽认,俾以后可按期前往领购也。(今日午前得院方通知,本月起研究员每月可配购猪肉五斤、鸡蛋三斤、鸡一只,逢五日、十五日、廿五日三期凭证按期往买。)四时廿分李妈归,居然寻得。润则又为余往政协取书,并找地就浴云。京中各方应知照余南行者俱已分别洽过。乃乾电话谓明晨八时后中华书局方有车派来接余,然后过伊同赴前门车站。如是只待收拾行装,届时便可登程矣。

傍晚,潀来同饭。饭后与潀、润同理行装,大致舒齐。九时许,潀去。有顷,琴媳归。十时就寝。中夜仍有雨。

8 月 5 日(七月初二日　己未)星期三

晨五时起。天阴,时有细雨。七时,润儿赴馆报到办公。预孙来送行。八时,中华书局来车,绍华、敏霞同至。余遂偕昌预乘以出,适妙中来访,有所询问,以匆匆即行,留件携沪,约到沪看过后再函告之。车过北长街,接乃乾,乃乾夫妇已在门口相候,便附载而行。径赴车站。(昌预、敏霞别乘五路车行。)

八时卅五分抵站(送行者不须月台票),相将登车,所乘为八号车厢第七室,余与乃乾各占下铺对坐焉。九时开车,送者咸下,预仍乘绍华车归去。此次所乘为十三次车(京沪直达特别快车),行驶甚顺而速。自出永定门,一路田间积潦不少,宜防汛工作之急忙矣。十一时到天津西站,转南行。十二时午饭,餐车只供菜品一味,为肠子炒黄瓜,再三商量,始易炒鸡蛋与炒黄瓜各一。两人共啖之,各进饭一碗半。一时半到沧县,天渐晴,西窗颇感热,车中晤周祖谟,与谈余季豫遗稿事久之(周为余之女夫)。下午三时五十分到德县,六时到济南。晚饭居然以盐菹红烧肉为供,望外矣。七时半到泰安。九时到兖州,十二时到徐州矣。车中初仅三人,后一人移他室去,惟余等二人专用,极适。至泰安上一人,至兖州又上一人,及夜半,车中闷热至甚,兖州上者又移去。是夕车声既喧,每过一站,必多扰攘,又兼闷热,竟未能安睡也。

8 月 6 日(七月初三日　庚申　三伏)星期四

未明四时到蚌埠。五时起,盥漱大便。天畅晴。六时半早餐,饮牛乳,以乃乾所携蛋糕下之。七时五十分到浦口待渡。是时觉天气较北京为热,但爽多矣。九时十分,渡江达南京和平门。十一时四十分到常州。午饭所供菜品为红烧排骨。十二时半,到无锡。下午一时半过苏州未停。二时一刻已抵上海北站矣。中华书局丁英贵、吴铁声、韩运先在站相候,即驱车往上海大厦,安顿行李于二楼二〇二室。坐有顷,吴、韩辞去(丁巳先行)。余等拭身易衣,始得安坐。盖两日未好好见水矣。六时三刻在一楼餐厅夜饭,居然尝到鱼虾矣。

七时,余独乘一路电车往吴江路漱儿家。晤漱石、笙伯及弥同、阿曦等。长谈至十时许,漱儿送余归旅舍,乘三轮行,过乍浦路桥,仍有揽推乞钱者,深为不怡。到旅舍后,即就浴。漱儿十一时归去。余与乃乾皆以热故不甚能熟睡。

津浦道中乃为乾写示所作。乃转入宁沪路余亦有感,即用其韵成一绝云:

渡江草木倍鲜妍,百里稻香畦接天。久处黄尘暂舒眼,无端乡梦入吟鞭。

盖不觉悠然动乡思矣。

8 月 7 日 (七月初四日　辛酉) 星期五

晴,热。

晨五时半起。补写两日来日记,并书一明片与润儿,告行止。七时十分早餐,啖牛肉面及糯米烧卖,俱平常,已较难得矣。八时十分,偕乃乾出,欲乘电车,不见来往之迹,但睹铁轨黄锈,知无开班。以连日来此间受台风影响,(虽避过正面袭击,而海浪受激,潮位陡高,子午潮汐遂由黄浦倒灌,顿生积潦。)每日有两度沟泛,低洼之地积水难退也。不得已步过白渡桥,行至外滩公园门口,始雇得一双人三轮(上海都系双座)西行。蹬御者明言要涉大水,云自外滩转入南京路已望见一片汪洋。过四川路而西,水渐深,处处没踝没胫不等。近红庙则殆将没膝也。过西藏路以西则地高而无水痕矣。车行水中,浪花四溅,踏脚处往往激水,鞋底为湿。两旁店铺大多上门排水,甚形狼狈(据闻下午三时后便可泄退净矣)。行至同孚路、吴江路口,余先下,乃乾则径往绍兴路中华书局洽事。

余下车后步往漱家,笙伯、漱儿俱出,余与漱石长谈。出换下衣裳,属翠英洗濯。及午,笙伯、漱儿、致仁先后归,乃午饭。漱石手制鳝糊及青蛤汤为飨。乍获鲜味,大快朵颐矣。下午二时许,乃乾、敦来漱家看我,坐谈有顷,复偕乃乾、子敦二公乘车复往中华,笙伯偕焉。至局中晤东华,并及局中当事陈向平、戚鸣渠,谈次,丁英桂、周祖谟亦至。五时半始行。笙伯归去。余偕乃乾乘三轮回上海大厦。沿途水皆退,仅北京路、江西路转角尚有残迹焉。比到旅舍,已六时半,即趋餐厅晚饭。饭菜与昨晚差不多。饭后登楼入室,瀹茗坐休。

八时许,漱儿来旅舍省余,谈至九时半去。余已浴后待睡矣。十时就寝。比昨夜为安适,或已渐惯乎?

8 月 8 日(七月初五日 壬戌 立秋)星期六

晴,热。下午四时似有起阵意,五时半雨至,不大,雷声隆隆而已。有顷日出,虹见东南,甚丽。六时雨止,虹亦没。夜有星月,渐凉。

晨五时三刻起。七时半早饭。九时后,与乃乾出,仍乘三轮,道上积水已退,乃乾往中华,余则到漱家。旋与笙伯偕出,在南京西路、石门路口开开公司购得短袖两用衫两件,后在凯司林饮冰,继在成都路上电车,到贵州路下,先往永安公司一转,继过陈秋记啖鱼圆汤,遂至中国百货公司大楼,历四楼然后下,竟无所得,即乘三轮返吴江路。十二时半,漱儿归共饭。饭后写信分寄润、滋两儿,告旅中近状。

夜饭时,漱偕王洁来,因与谈。七时半,漱石偕余往静园听常熟评弹团演唱。坐第九排一号、三号。书凡四档,一为《玉连环》(不记演者,两女艺人);二为魏含英、顾竹君之《二度梅》;三为《珠塔》(一男一少女,不记名);四为谢毓菁与一女演员之《三笑》。都不差,而毓菁尤能吸引人,较前大进矣。十一时始散,仍偕漱石走回。稀星钩月,点缀凉天,殊适也。

到漱家后洗浴就寝。开窗纳凉,颇舒泰,惜未及翌晨三时,户外市声四起,竟不得睡耳。

8月9日（七月初六日　癸亥）星期

晴,热,多云。

晨五时起。啖灰汤粽六枚。八时许电话与乃乾约来午饭,知住所暂时不搬矣。九时许,写信与妙中,答五日临行见询事,原件另封挂号,并交笙伯代为发出。正写信间,淑儿来省,携外孙宪麟与俱。十时偕漱儿、笙伯、弥同、阿曦、淑儿、宪麟往南京西路石门二路口光艺照相馆摄影,余与漱等合摄一影。馆中人要余单独特摄一影,惟淑、宪未预,盖谢婿出差未还,而宪麟又患疖于额际,不雅观,且其小女未携来,故请俟婿回沪后再奉余另摄焉。十一时许,乃还漱家。

午间,韵启归,因与共饮,饭后各就卧小睡至四时,余偕漱、淑、笙、弥、宪、曦及翠英母子(其子名伟民,暑假来沪省母,亦住漱家,故得与)同往中山公园一游,仅就树荫小憩,并在草坪与两女合摄一影而还。来往电车甚挤,汗流被体,殊难受也。

七时,回到漱家即饭。饭后淑、宪归去。余亦言归旅舍,笙伯、漱儿、弥同、伟民送焉。走至泰兴路口出租汽车站,欲赁一小汽车行,明明有车三辆在,而执事者咸云已届落班,不复肯承应矣(时为九时),服务性行业乃死执时间,亦可笑耳。遂废然去之,仍挤电车到旅舍。至则乃乾尚未返,有顷始归,已将十时。漱等归去。余亦就浴待睡,讵今夕天热殊甚,虽在风中犹不能贴枕,床又陈旧,弹簧失灵,身卧其上如陷入絮中,展转反侧,未能入睡,至一时许,只得移席敷着地板始将就入睡。颇感困顿也。

8 月 10 日 (七月初七日　甲子　七夕) 星期一

晨四时即热醒,勉强耐至五时半起时天晴,微有云朵耳。七时早餐,进熏鱼面,尚可。八时许,乃乾之友俞逸芬来,伊二人长谈至十一时,余坐旁听之而已。以漱家约饭,遂促乃乾行,于是三人同出旅舍,俞君自去,余偕乃乾乘三轮径赴吴江路。炎热殊甚,路上吹拂之风倍增热感也。

到漱家,少坐片晌,已十二时,遂开饭,越半时,漱儿乃归(笙伯已于今晨下乡),因共饭。饭后一时半,漱上班去,余与乃乾亦行。先过凯司林饮冰,然后在成都路口乘三轮回旅舍。天气益热,返舍后拭汗就坐,摊《三国志》蜀书校样续看之。盖连日扰扰,方方执卷耳。抵晚毕蜀书第十二卷。

七时夜饭。饭后乃乾有女友(孙秀英,革命历史纪念馆干部)来访,又谈至十时方去。余俟其去,仍敷席地板上,拭身就睡,转较软床为得矣。

8 月 11 日 (七月初八日　乙丑) 星期二

晴,热,入夜透风处稍凉。

晨五时半起。七时半早餐。八时半尹石公来访乃乾。十时许，漱石率其两孙及翠英来省候，且以手制密炙鲜虾为馈。坐谈移时，去。范祥雍来访，因以瓶储残酒与乃乾三人共酌，即以此虾下之。十一时许，祥雍辞去。

十一时三刻，余偕乃乾下楼就餐厅午饭，陈女友沈伟（上海图书馆干部）来访，遂共饭。饭后一时，沈去。余得其间续看校样，至暮毕蜀书十三至十五卷及吴书第一卷。乃乾之子剑平挈其妇子来，六时半同饭于餐厅。饭后返室，乃乾之女来省，剑平等去。至九时许，漱儿来省。乾女去。十时一刻，漱儿去，余以行箧交之携去，盖明晚余将移居其家矣。

浴罢就寝，已将十一时，铺席地板已习惯，颇感别致耳。

8 月 12 日（七月初九日　丙寅）星期三

昙，有风，仍热。

晨六时起。七时半早餐。

八时续看《三国》校样，至十一时一刻，完《吴书》第二卷。手头全部校毕，须续送乃有事也。十二时午饭。

饭后二时，与乃乾偕出，同乘三轮至福州路古籍书店，晤孙实君、王子澄，在其店内选得《唐律诗韵》等三四种。属寄京，并小坐片晌也。三时半离店，乃乾往富民路图书馆访友，余则到吴江路漱家，仍同载焉。至同孚路而别，约六时左右会旅舍中。

余至漱家，询悉京寓尚无来信，甚念之。星期日所摄之照片样子却看到矣。仍添印备分贻。五时一刻行，乘三轮径还旅舍。有顷，乃乾返，又有顷，漱儿亦至，遂诣餐厅共饭。

饭后回室收拾，与乃乾话别。八时半偕漱儿携装行。适门口有电车，即登之到青海路下，走归漱家。少坐就浴，九时半即寝。

8 月 13 日（七月初十日　丁卯）星期四

晴,热。

五时即起,为市声所喧扰也。漱家面临菜场,故证之以往经验,稍久便能习惯耳。七时后,写信两件,一寄润儿,一寄佩媳,交外孙弥同持出投邮。十时,步往晋福里访亲家钱伯衡,晤其伉俪及其四女,知近自皖送返休养也。谈移时,辞归漱家。十二时半,漱儿归,遂共饭。饭后漱上班去。余就榻假寐,三时许云章夫人偕其子国强来访,因起与谈。少坐便去。约俟云章青岛船还再电话联系云。

余去钱宅时,乃乾有电话来,谓有信投到,当系京寓寄来者。余未亲接,且俟便再取看。自钱宅走还时过新华书店,购得吉林人民出版社所出孙常叙编《汉语词汇》一书,翻阅序目,颇有统绪,当谛观之。

六时晚饭。饭后七时一刻,偕漱石走往江宁路静园听书,仍与上星六晚上所听者同,惟获知第一档为周佩华与徐文兰,第三档为薛小飞与邵小华,第四档之女演员为徐琴韵耳。十时半散归,抵漱家。漱儿归亦未久也。少坐就浴即寝,与漱儿谈家常琐屑,至深夜一时后乃入睡。

8 月 14 日（七月十一日　戊辰）星期五

初晴,旋阴,气尚凉,近午晴,入夜有阵雨。

晨五时半起。七时半与漱儿偕出,乘三轮至北京路、西藏路,漱下,走赴大光明参加开会。余则径往上海大厦晤乃乾。获见润儿十日所寄信,知一切尚好,惟雨仍延绵,房屋不免增漏耳。

与乃乾谈至九时一刻,即携续到《三国》校样及部分清样并部分参考书籍行。下楼见三轮,不肯载,适一路电车至,即援以登,至青海路下,步返吴江路漱家已将十时矣。十时半,即写一信复寄润儿,仍属弥同投邮。

十二时半午饭。饭后漱儿为余添购现成夏裤,以须定制,未果。二时许,假寐片晌即起,续看《吴书》校样第三卷,未及半而子敦至,遂与谈。五时许乃去。约星一之晚饭锦江对面之文化俱乐部。

六时晚饭。饭后与漱石及漱儿往静园听书。本请乃乾同往,以乾有它约,未果。遂由漱儿陪往。十时半散。归后拭身就寝。十二时后入睡。

8月15日(七月十二日 己巳)星期六

初阴,旋昙,热。

晨六时起。七时半续看《吴书》校样,迨午毕三至六卷。午饭后小睡,窗风习习,适又放晴,不觉延引至四时乃醒。静发来谒,已候多时云,殊歉。本约淑儿、静发一家明日合摄小影,伊等皆为开会,未能前来,故特来陈明,请改期焉。五时许,静发辞去。

六时晚餐。本定与二漱仍往静园听书,漱儿以适值开会未能与,即以票属致仁,方欲共出,而小羚牵衣不放,余只得与漱石行。到静园已开书,周、徐档后仍为魏、顾档。说完宣告暂时结束(彼行中谓之剪书)。及末档谢毓菁说,先说明明日起谢、徐档改第二,新换二人为第三档(未听明谁某),薛、邵档改置第四云。十时半散。走归就浴。漱儿尚未返,近十二时乃归。是夕甚热,终宵被汗也。

8 月 16 日（七月十三日　庚午　末伏）**星期**

晴,热。

晨五时半起。七时半偕漱儿出,信步至大华对面,得乘小型出租汽车直驰外滩公园。潮退后,地多沮如,而浦水发臭无可驻足,一转便出。园门口停有去徐家汇之公共汽车,其拖车为篾织花纹所饰,颇精雅别致,遂相将夷然而登,径驶至陕西路、淮海路下,盖即霞飞坊旧居附近矣。因穿行旧坊,绕至前路,在中国百货公司分公司购得毛巾、袜子等物,再在金都绸缎商店选购冬衣料丈有六尺。时已九时半,遂雇乘三轮赴南京西路友谊大厦看国产彩色片《女篮五号》,韵启所赠票也。十一时三刻散,缓步走归漱家午饭。接佩媳、湜儿信各一封。

午饭后小睡,至四时乃起。致仁告我子敦有电话至,星一之约改在星二下午五时,会东华家云。睡起后,写信两封,分复佩媳、湜儿。六时半夜饭。

七时与二漱同过静园听书。第三档易以蒋君豪、徐幽静所说《十美图》中之盘夫。第四档未听,九时三刻即行。归后就浴即寝。

8 月 17 日（七月十四日　辛未）**星期一**

晴,热。

晨五时半起。看前日所阅《吴书》第七卷残卷。七时一刻毕之。续看第八至十一卷,抵午毕之。乃乾电话相告,谓《三国志》北京意年内仍要出版。午后或来看我,否则明晨希我前往上海大厦一谈也。

午饭后,热甚,就榻假寐,三时半乃起。续阅《吴书》校样,至六时毕第十二至十三卷。夜饭后,与漱石走至成都路沧洲书场,登楼听书,亦四档,为《十美图》、(第二档已忘)、《秋海棠》、《双金定》。十时半散。演员多不熟识,仅知为上海市评弹团第二团耳。

走归吴江路,漱儿已返。少坐即就浴就卧。天甚热,竟夕未能引单被一用之也。

8 月 18 日(七月十五日　壬申　中元节)星期二

晴,热。

晨五时起。六时续看校样,至八时,毕《吴书》第十四卷。八时半出,乘三轮往访乃乾,即以校毕之件交之。有顷,斐云来(住七楼七〇七号),长谈至十一时,共上十楼就西餐厅用饭。汤肴都佳,意外之遇也。一时许,餐毕还室。乃乾将去北站接眷,余则乘电车回吴江路。热甚。昏沉独坐而已。

五时又出,走瑞金一路一五七号二楼六室,访东华。入门子敦已在,少坐即起行,三人同往文化俱乐部(即旧法国总会)晚餐。坐次谷城夫妇至。有顷,予同偕逸尘至,将毕,又见立斋,及罢席出西庭乘凉,又遇绍虞夫妇及其子女。盖此俱乐部为优遇高级知识之所,且得凭票供中西餐,故熟人乃不期而遇耳。

到西庭后,与谷城夫妇同坐闲谈,予同、逸尘踵至,谈到八时许,予同、逸尘先行(绍虞、立斋则未来西庭也)。余等五人复纵谈至九时乃起行。余与东华偕行至瑞金一路、长乐路而别,仍独行走归漱家。漱儿已归,余就浴即卧,热甚,终夜浴汗,殆所谓火烧七月半耶! 加以连餐恣食,不免稍逞口腹,竟致泄泻两次,彭亨少解。

8 月 19 日（七月十六日　癸酉）星期三

晴,热如故,虽有风,不减炎逼也。

晨五时起,即如厕,已稍稍好矣。然以畏热贪凉故,右股痉挛牵制,颇不舒,良久乃止。七时后,续看《吴书》校样,垂午毕十五至十八卷。乃乾电话相告,谓绍虞约下午来上海大厦见访,询去未?余以畏热惮行,属电复另约之。

午前接琴媳信,报家中近况。

午饭后小睡,至三时半起。续阅《吴书》校样,抵晚毕十九、二十两卷。于是,全部《三国志》统读一过矣。首尾殆将两月,亦云艰矣。而全部清样之通读,犹有待也。夜饭前后待翼之不至,九时即浴。漱为另支一铺于通风处,然犹终宵浴汗,至平明乃稍好耳。沪地秋暑乃尔,似北地不至是。

8 月 20 日（七月十七日　甲戌）星期四

晴,热甚。连夜明月照空,暑气不衰。据闻较伏暑尤烈。余适撄其锋耳。

晨五时半起。七时三刻出,乘三轮往南昌路科学会堂赴谷城之约,为时尚早,仅晤史学会秘书金钟女士,知今日为理事会扩大会议,余竟成不速之客,首先阗席签名簿上赫然第一矣。有顷,予同、子敦、宽正、尚思、徐仑、谷城陆续至,男女会员到者三十许人,维予同介绍获识束世澂。八时半开会,谷城主席,尚思、余、予同、子敦、徐仑以次发言,十一时三刻散。同诣餐厅(即洁而精)午饭。以会中招呼,获鲜鱼鸭掌等物为下餐,甚快朵颐。徐仑、谷城作东,会食者凡二十人。

饭已,同出,余偕徐仑、谷城、予同走至淮海路乘电车。徐另有会,予同、谷城无事,乃在襄阳路下,先诣谷城寓小憩,后诣予同寓小憩,各长谈并皆晤其夫人。四时半自予同寓所出,乘六十五路车还吴江路。至则漱石告余,谓云章夫人下午来访,候余不及,辞去未久云。只得再俟之。

夜饭后,畏热汗喘,九时即就浴偃卧。十二时后始入睡。

8 月 21 日(七月十八日 乙亥)星期五

晴,炎热如焚。

晨五时半起。八时偕漱儿出,乘三轮送余到南昌路科学会堂,应中华书局之招开会。择定影印《永乐大典》仿制本,中华方面到陈向平、金子敦、陈乃乾、丁英桂等六人(馀二人不识),被邀出席者有徐森玉、王欣夫、顾起潜、赵斐云、周予同、瞿兑之及余七人。十时半散,余独乘三轮归漱家。写信复寄润、琴,告将于廿九日动身,三十日到家云。

午饭时,漱儿归云,已询之售票处,据答八月廿九之车适为大批学生假满返京之需,各车厢俱将占用,恐无法获得车票云。闻之颇为不怡,盖此间炎蒸如处热甀中,亟思跳免而不能遽得成行,不无觊觎耳。

饭后昏沉,强就榻偃卧,竟类炀灶,被汗不能贴枕,时用干巾拭之。三时半,跃然以起,隐隐闻雷,竟未致雨。惟南窗略引清风,始稍苏积困。披读听雨斋刻本《楚词集注》,乃凝坐久之。

六时半夜饭。饭后小坐至九时就寝。南窗有风,十二时后入睡。

8 月 22 日（七月十九日　丙子）星期六

晴,炎蒸,下午雷阵雨,入夜稍转凉,背风处仍未降温也。

晨五时起。八时出,乘三轮往上海大厦晤乃乾夫妇。即以《三国》校样还之。谈至亭午,上十楼西餐厅午饭。饭前曾晤斐云,略谈。饭后二时,走访云章家,一时无车可雇,只索步以往,汗喘衣濡,殊狼狈,未及祥光里半里许,雷作云起,颇虑值雨,到闻家,云章适于今晨自大连返棹抵埠也。遂晤其一家,坐甫定,而大雨至,坚留晚饮,电话报漱儿知之。因纵谈别后事,并与子女谈休养求学等事。时已雨止,至七时半辞归。淑芳、国强伴送至大名路,适有三轮在,乃雇乘以行。比到吴江路,漱儿已归,漱石、翠英等则出外看越剧矣。

余少坐就浴,未久即枕,偶值回凉,睡乃大酣。

8 月 23 日（七月二十日　丁丑）星期

晴,热。

晨五时起。七时,与漱儿同出,在泰兴路出租汽车站雇得小型汽车一乘,偕赴邯郸路复旦大学访绍虞。询知在第一宿舍十五号,遂车至其地,一问便得,晤方邵夫人。绍虞则在校开会也,竟未获把臂一谈之。坐半时许,辞出,乘原车归泰兴路。来回连等待时间,凡两小时,纳费四元另五分。

十时许,淑儿、静发及两外孙宪麟、小平来谒,乃由漱儿导往光艺照相馆摄影,与漱家所摄者同,惟易全身为半身耳。返漱家即饭。以淑、静二人下午二时便须赴江湾作义务劳动也。

淑等去后,即敷席小睡,四时乃起。六时夜饭。饭后与漱儿出,拟走访君宙,在里口遇翼之,适来看我,遂同行散步,天热甚,走至友好大厦前即掉首回,在一糕饼店饮橘子水,未果往君宙家也。返抵漱家,谈至九时半,翼之去,约星二再来云。余亦就浴偃卧,似较昨天为热。

8 月 24 日（七月廿一日　戊寅　处暑）星期一

晴,热。

晨五时起。八时半出,乘三轮往胶州路访君宙,晤谈移时,十时三刻,仍乘三轮返吴江路。午饭时漱儿归,谓车票已询过,据云廿八日有软席下铺,须晚九时许在沪北开,三十日晨四时后到北京,明日可去买。如无他故,余决从此矣。

下午敷席假寐,汗热难任,三时半即起。看唐人所撰《金陵春梦》第三册(上海文化出版社出版内部刊物。第一、二册未见,此亦漱借归者)。于蒋介石丑恶之状尽情揭露,阅之发指,真燃犀之笔也。

上午接滋儿廿一日来信,知又迁家三里屯幸福村更远,但环境差善耳。五时半即晚饭,七时后浴身待睡,而淑儿、静发及宪麟、小平至,盖前拍之照淑曾抬眼致糊,特来重拍也。因再穿衣陪同复诣光艺重摄之。八时半返漱家。漱儿已回,乃长谈至九时半,淑等辞去。余亦再取汤拭身,然后就卧。

8 月 25 日（七月廿二日　己卯）星期二

晴,热依旧,早起望日生畏矣。离沪十年,重罹酷暑,亦一小小因缘也。

晨四时三刻起,天犹未大明,盥漱后坐以待晓,虽微风习习,凉意却杳如也。九时许,君宙来访,谈至十一时去。承以罐制食品四色见贻。

午后三时许,翼之偕其六子来,谈移时,其子别访友去,翼之则留漱家晚饮。八时半亦去。余车票已由漱儿购到,午后特分发两信与润、滋,属届时来前门车站一接。

竟日未出,挥汗不已。夜九时即就浴偃卧。然以热故,仍深夜始入睡也。

8 月 26 日（七月廿三日　庚辰）星期三

晴,依然炎蒸,通宵被汗。

晨五时起。八时乘三轮赴上海大厦访乃乾夫妇。在彼遇英桂。余昨接中华吕贞的信,附来《左传》读本样书,谓即将重版,询有无修改。因就序例增损数字,托英桂转致之。有顷,绍虞电话来大厦,盖已到吴江路见访,知余来此,即来相见也。十时许,乃乾到,谈至十一时一刻,绍虞邀余及乃乾夫妇同乘公共汽车诣长乐路茂名路文化俱乐部午饭。饭后,绍虞夫人偕其子女踵至,又谈至近二时,绍虞返校开会,乃乾亦归去。余独行返吴江路。行至延安东路遇十年前旧生胡嘉芳,坚邀至其家,盖娶妻生子,夫妇同在工作,(本人在房管理处司统计,其夫人则在市立小学任班任。)甚嘉慰之。坐有顷,同出,伊上班去,余则走返漱家。

三时许,君宙见过,谓已约定吉如、国任在绿杨村小叙,因与同诣彼处。吉如已在,待至五时许,国任亦来。六时始得食。盖海上饭馆拥挤排队与他处同,不先坐候竟不可得一席地也。七时一刻,离饭馆,与君宙、吉如、国任握别。走归漱所,则翼之、组青俱在,遂与长谈,九时许,翼之去。未几,嘉芳寻至,又承馈食物,谈至十时半乃辞去。组青亦行。

余乃就浴偃卧。十二时后入睡。

8 月 27 日（七月廿四日　辛巳）星期四

炎蒸如昔,傍晚起阵未果。

晨五时起。晚九时半睡,竟日未出,仅夜饭后表姨妹纯宝来访,谈其家况甚久。余托寄十元与其母,顺致问候。终日昏昏,无可记。

8 月 28 日（七月廿五日　壬午）星期五

仍炎热。

晨五时起。六时与漱儿理行箧。九时半,君宙见过,长谈话别。十一时乃去。五十馀年老同学,不无依依也。

午后偃卧,立斋见访,谈移时去。笙伯自外岗归。组青亦来。六时即晚饭。饭后,翼之来。七时半,笙伯代雇之汽车来,乃偕组青、笙伯、彩英、弥同、阿曦同乘以赴北站。漱儿、翼之则别乘公共汽车行。八时即入站,适学生升学报到及暑假返校,车内外人挤拥之至。余坐五号车厢,第廿五号下铺,与两卅许人同室,两人各携一儿童,虽空出一铺,而喧扰殊甚,亦只得听之。甫坐定,宝珍六姨及其侄惠玲踵至,特来相送,馈遗果品,意殊殷。余对之惟有惆怅而已。

九时廿六分,廿二次通快开车,遂与送者致别。离站不久,即展铺就卧,虽车亦热,较之定居室中则大好矣。十二时半到常州。翌晨一时五十分到镇江。

8 月 29 日（七月廿六日　癸未）星期六

晴,热。午后略有阴意,即霁。

晨三时半到南京渡江,抵浦口已五时半,天明矣。七时到滁州,早餐。九时到蚌埠。十时三刻到宿县。十二时到徐州。越半时午饭。饭后偃卧。三时三刻到兖州。六时五分到泰安。七时半夜饭。八时到济南,已黑。站上电炬通明,过此后即就睡。

8 月 30 日（七月廿七日　甲申）星期

清晨三时半到天津,余即起。开车西行,车中未及上水,竟无法额面。窗外天渐明,星渐稀。车旁隐隐有水迹,似新雨过者。五时半抵北京前门车站。天大明矣。润、滋、湜三儿俱在站相迓。润、滋先已得信,而湜适例假返城,遂三人黑夜赶来也。分携行装出站,乘出租汽车遄返小雅宝家中。亟洗脸浴身,遍易衣裳,不但宿垢为之一净,而天气较上海大爽,由酷热返稍凉,其为见好不可量矣。不图十年来上海未有之旱热,乃无意中投入之,亦可哂耳。

八时半,偕润、滋、湜三儿及元、宜两孙往访雪村家。谈次,潜儿踵至。越一时,余等返家。建昌、建新两外孙从焉。十时后,澄儿挈培、增两外孙来。十二时许,佩媳来,遂开饭。大人小孩分坐两桌,久无此热闹矣。午后,润儿、佩媳往中山公园音乐堂听报告。基孙、硕孙来。乃发动大家为余卧房及湜儿卧房调整布置,抵暮乃定。润、佩亦归。权婿亦至,遂共晚饮。夜饭后,谈至九时,潜、澄等分头归去。湜儿八时前即下乡赴工次。又有顷,滋儿、佩媳亦辞归其新居。

余澡身就卧,睡至翌晨,单被竟感不胜其凉,至为畅适,诚岁饥者之易为食也。

8月31日（七月廿八日　乙酉）星期一

自余南行，北京常雨，连晴未及三天者，有时且有暴雨也。余抵京之前夕，犹有雨，故余过津后得见路旁水迹耳。今日六时乃起，仍晴快。

七时半，介泉见过，长谈至八时半乃行。盖所中近时为八届八中全会决议所号召学习甚紧，已连开大中型会四次云。今日亦赴所开会也。余即嘱其向所中销假，明日即九月将投入此一役矣。九时许，伯昕见访，谈移时去。亦为民进传达近日学习情况也。

午后小睡，枕上读周总理八月廿六日在第二届全国人代常委会全体会议上的关于调整一九五九年国民经济计划主要指标和进一步开展增产节约运动的报告。三时起。坚吾之子令玮来访，谓航空学院五年毕业，正坐待分配工作云云。故人有后甚快慰也。谈至近五时去。未几，友琴见过，谈所中近况及工作情形，移时乃去。余自早写信与漱儿，以时有客来，及电话打扰，竟断续未能竟书。及友琴去，始结束此信。适润儿归，即属投邮。润儿夜饭后归，即出开会。琴媳亦以开会未归夜饭。

九时许，琴归。十时，润归。余八时半拭身就卧。夜半初引絮被。

9月1日（七月廿九日　丙戌）星期二

晴朗，热而爽。

晨五时三刻起。七时后写信三通，分致乃乾、伯衡、君宙。十时始毕。属元孙出投邮。元孙昨日已开学，本学期改在下午上课，故得使令之。

午饭后,滋儿归省,知将往王府井新华书店等处为社中图书馆采购图籍。余回京三日,尚未出门,遂偕之同出,余乘三轮,伊御骑车。到东安市场,在市场及百货大楼一转,即对面北京茶馆饮冰。旋往各出版社配书。余亦于和平画店购得《吴昌硕画册》及本年《中国画》第八期。仍回市场,滋骑车返社去,余乃乘三轮归家。

夜饭后,看电视,直至十时半始罢。乃浴身易衣就寝。寝前琴媳归来,寝后润儿始归。两孙不肯睡,待其父母毕归,乃欢然拥之去。

9 月 2 日 (七月三十日　丁亥) 星期三

晴,偶曇,较昨热。

晨五时三刻起。八时后,阅读学习文件。九时半出,诣邮局付电话费。归后写信与汉儿。盖八月廿一日曾接来信,而余在沪归后又忙于别事,未及作复,今乃书示近状也。

午后小睡,三时起。迓中华潘达人不至(昨有电话相约)。看高阆仙《唐宋诗举要》。琴媳归来夜饭。润儿晚归小驻,仍去馆。八时即归。九时拭身就寝。

9 月 3 日 (八月　小建癸酉　戊子朔) 星期四

初阴,旋晴,仍热。

晨五时三刻起。整治几案,颇费时光。七时写信两封,分寄梦岩、周浦及沪市潄儿。一复昨来通问之信。一告检寄旧丝棉袄裤作样,备在沪添置新衣也。九时半,自出投邮,并顺往储蓄所将历年公债利息请求登记,备九月十五日取用也。归后适值里中人来查卫生,颇噜苏讨厌,其实不必苛碎至此耳。

十时后,阅《越缦堂读书记》。午饭后假寐片晌。枕上读阮吾山《茶馀客话》,其十一卷论诗各条颇有理致,遂终卷。

四时后潩儿来省,因共夜饭。润、琴皆以开会或加班故,夜九时后始返。绍华、晓先、雪英晚饭后来访,绍华为《左传读本》重印事有所商榷;晓先亦以标点史料事有所咨询。文权、硕孙亦至。谈至八时许,绍华先去。九时半,晓先、潩儿等皆去。十时就寝。

9月4日 (八月初二日 己丑) 星期五

晴,气较和。

晨五时三刻起。八时后展阅本年《中国画》各期及《吴昌硕画集》,聊寄闲愁。午饭后二时,乘三轮往八条访圣陶。谈至三时半同出,步往隆福寺人民市场闲逛,旋走访介泉于头条。适值去医院检查,晤其夫人,谈有顷,介泉归,复纵谈至六时半乃辞出,与圣陶分道各归。离头条时遇冠英、友琴,立谈片晌。

夜饭时,润、滋均归来。饭后看电视。八时半,滋归去。十时廿分,电视完毕,余就寝。接政协秘书处函,明日上午八时半故宫博物院预展绘画馆及历代艺术馆布置,邀请本会文教组全体委员前往参观指导,属届时参加云云。但明日九时民进有集会,十时后,本所全体会议,展开学习,只得放弃故宫参观矣。

9月5日 (八月初三日 庚寅) 星期六

昙阴间作,午后畅晴,气温较高。

晨五时三刻起。八时二十分出,徐步往建国门文研所。晤介泉、冠英、平伯、默存、友琴、晓铃、叔平诸人。九时参加各民主党派联席会,听取叔平所作传达报告。十时,参加全所会议,听取张书铭所作传达报告。皆结合八届八中全会决议及国庆十年而发。十一时许分组学习漫谈感想。十二时十分始散。走还午饭已十二时四十分矣。接民进中央电话,明日上午九时在文化俱乐部五号室第二分组过组织生活,属出席。又接和平画店电话,前托代觅《中国画》四期已得到,属去购取云。

午后小睡,至三时半起。独出乘十路车到王府井南口下,走至百货大楼购得信笺(仿十竹斋)三本。为宜孙明日三周岁买糖果一斤赐之。顺过和平画店购到《中国画》四期。缺失已弥,殊感该店服务之周到也。即雇三轮乘以东归。

夜饭后,润挈两孙出闲逛。琴往蟾宫看电影。余独坐至八时半,洗足拭身就寝。有顷,润、琴等先后返。

9 月 6 日 (八月初四日　辛卯) 星期

阴,禺中大雨,遂延绵不辍,下午复加大,通宵有雨,气遂大凉。

晨五时三刻起。八时过云彬一谈,四十分行。乘三轮径赴南河沿政协文化俱乐部参加民进中央组织生活。至则伯昕、陈慧、守义已先在。十时许,纯夫来,漫谈学习及感想,阵雨大至,十一时四十分散。遇东莼、宾符、明养,以雨故共走餐厅就食,乃坐已占满,余不耐等待,且为宜孙生日须归家啖面,遂辞别诸友,冒雨行。至东长安街盼到十路车,亟上而该车止开至东单,不得已下车,欲雇三轮,渺不可得,只索涉水北行,步归于家。

到家已十二时四十分,滋、佩俱在,潘、澄等阻雨未能来,余等候至一时乃共饮啖面。饭后雨仍不止,且加甚,至三时后,佩华不复能耐,遂偕滋儿归去。想雨中行必致沾濡也。越半小时,得滋儿电话,知已安抵家门,尚无大累云。

夜饭后,看电视,十时半始罢。通夜雨声未绝,竟难贴枕熟睡也。

9 月 7 日（八月初五日　壬辰）星期一

晴,爽。

晨五时五十分起。七时,注刘长卿诗《献南平王》。十时一刻毕。适预孙来省,遂辍笔与谈,至十一时,潘儿亦至,乃同午饭。饭后,佩媳至,为余购得人民文学出版社新印《太平广记》及《曲海总目提要》各一部。谈至近二时,与潘同出,分别上班与归家。余亦就榻假寐。四时起,独出,乘十路到王府井南口下,走遍王府井及东安市场、东安门大街等处,竟不能买到所欲之物,仅在义利公司啜到冰洁涟一杯而已。复走至帅府园始雇得三轮,乘以归家已五时五十分矣。

夜饭时,润、琴俱归。润仍去加班。元孙则饭后重入校,将陪同其新老师一一访问同学家庭也。近九时乃归。余已就卧。润归已十时半,余犹闻之。睡至翌晨三时许起小溲,天色犹有月光也。

9 月 8 日（八月初六日　癸巳　白露）星期二

未明雨喧,六时起,洒淅未止,甚凉,御两重毛线衫矣。七时后,整理几案,拂拭书架。近九时乃坐定注刘文房诗。抵午雨始止。余亦注毕《长沙过贾谊宅》一首及《登余干古县城》解题。午饭啖炊饼,以买不到荤菜故。饭后小睡,卧看《少室山房笔丛》、《九流绪论》上,三时毕之,即起。少休,续注文房《登余干古县城》诗,五时毕之。

夜饭后看电视,末为甘肃东部地方戏道情剧《枫落池》,即昆剧中之《渔家乐》,故以刺梁终焉。十时五十分始罢,余亦就寝。是日午后渐晴,夜竟见星月。

9 月 9 日 (八月初七日　甲午) 星期三

晴,爽,早晚凉。

晨六时起。头痛甚剧,左眼牵动有似欲突之势。勉坐亦未见镇定。九时,仍拟续注文房诗,乃仅就《夏口到鹦鹉洲望岳阳寄源中丞》一诗解题而已。竟莫能继也。午饭后,只索不睡,强出散步,藉纾郁积,信行登十路车到南樱桃园,转五路车诣陶然亭,未至云绘楼百步,闻楼上吴语甚喧,似为介泉之声,即之,果然,并晤其妹夫江伯屏,表兄秦清余及秦之夫人、女儿、外孙等。加入纵谈,遂尔忘疲,转觉轻松愉快矣。随便闲谈则甚快,聚精会神看书写作则头痛,其遂废乎?殊不能自忘老至焉。奈何!

五时前先行,由龙泉寺走至自新路,仍附五路车回南樱桃园,再转十路车返于禄米仓,比步归家门,已六时。少坐,润儿夜饭后归,陪余晚餐。餐已,伊仍赴馆开会,而琴媳七时一刻归。湜儿八时归。先后晚饭焉。八时三刻就寝。湜儿以卧室尚未整治,仍与余同榻。

书与乃乾,属为余向古籍书店催寄所购定之书。自出付邮。

9 月 10 日 (八月初八日　乙未) 星期四

晴,爽。

晨五时三刻起。早餐后湜儿整治其卧室,兼理架书,余头痛稍愈,然仍只能静坐,不任运思也。十一时偕湜儿出,乘十路车转一路无轨电车,到隆福寺前,就灶温觅座谋食。坐待润儿,至十二时一刻乃来。盖预约在此集合,乘午后休息时间为余择购冬衣也。饭后三人步至寺内人民市场,挑得现成开司米大氅及礼服呢獀狐大氅各一件,嘱傍晚送家取款。遂徜徉其它各摊,又购得枱摆小风扇一件,即由润儿携带先行,安放家中后上班去。予与湜再乘四路无轨电车到王府井大街,先过百货大楼,欲为湜添置枱摆电灯,无当意者,即行。复至东长安街乘十路车迤返,到家已近三时,知滋儿曾来省,留条禀白。傍晚六时半,晚饭,润儿、琴媳先后归。

人民市场亦送大氅至,凡付款五百九十五元,行年七十,仅见之豪举矣。晚饭后,润仍去加班。

潏、滋两儿先后来省,共谈至八时,湜儿担箜返四季青工次,又越半小时,潏、滋亦辞去。余乃就寝。润儿何时归来,竟未之知。

9月11日(八月初九日　丙申)星期五

晴,爽,略多云彩。

晨六时起。七时半接道衡电话,谓九时所中本组开会,属到会参加。余八时半走往。晤道衡、象钟、妙中、默存、叔平、路坎、冠英、绍基、念贻、友琴(平伯、晓铃未到,其芳一见便去)。讨论如何辑集中国古代作家论创作的著作事。推余草凡例,余属道衡将会上各人所发的言论主张都记下,待看后贯穿之。十时半即散。仍步归。

明日上午十时将参加北京图书馆招待参观西谛藏特辟纪念室,故明日学习即向组长请假。午饭后小睡,至三时半起。

写信寄漱儿,复六日来信,并催办各事。今夏以来每饮皆啤酒,今日始复饮新绍。夜饭后,上海古籍书店始寄到《唐诗解》廿四册及《唐律诗韵》二册。因于灯下观之。

元孙之老师李女士来访,琴媳接待之,知为女十三中今年暑假初中毕业者。初配工作,已能胜任小学二年级教师,且尚老练,真今时代乃能有此耳。九时一刻就寝。十一时许,润乃归。

9 月 12 日(八月初十　丁酉)星期六

晴,爽。

晨五时三刻起。九时半所中车来,其芳、冠英共载过我,同乘以赴北京图书馆,应馆招参观郑公纪念室也。至则所中同人吴晓玲、范叔平、王芸生已先在。余等由副馆长张铁弦及赵斐云延入,其地为屋五楹即占,阅览室之东偏陈书皆满,中外杂错一仍原庋编号为次。北轩对窗横设一案,笔砚、坐椅,楚楚皆西谛生前所用。东壁悬最后半身巨像,仰望如生。予凄婉万端,感不绝于心,竟不忍久视也。知别室(即馆中客厅)选陈郑藏精品若干,备翻阅,且待茶焉。乃偕其芳、冠英就之。有顷,葱玉来,灿然、彬然、达人来,又有顷,西谛夫人高君箴及其子尔康与新妇同来,坐至十一时,未有续来者。想邀请之人不多耳。予及冠英、其芳、叔平遂同车行。车至小雅宝西口下,步以归。

坐定未久,外孙卢元锴至,盖昨晚甫自东北归,今来禀白所历也。此行首尾达一月,言沿途辛苦及当地生活环境甚悉。年未及冠,孑身行万里省亲于荒漠新辟之境,艰难备尝,卒安然往还,其志诚可嘉。并知其双亲虽越处两地,俱各健康,与达先皆情绪怡适,则更足引慰矣。因留午饭。其弟元镇亦踵至。饭后润儿归,晤之。建昌孙亦来会,一时温然。至一时三刻,各有所事(上班、上课、代人送物)而去。

予乃就榻小睡,三时半起。默坐冥想西谛生平,尤潼潼往来于脑际,倍增惆怅。六时半夜饭,润儿归侍。饭后伊往首都影院看宽银幕《上尉的女儿》。八时半,琴媳归饭,盖下厂校对,必俟签出清样方能归来也。九时半,予即就寝。润儿十时三刻始返。予俟其归乃转不能寐,直至深夜一时许,始渐朦胧。与窗外月色相应和也。

9 月 13 日(八月十一日　戊戌)星期

晴昙间作,气温转高,颇感热,夜月晕。

晨五时三刻起。八时半琴媳与李妈挈元、宜两孙往锡拉胡同牙科医院看牙齿。九时半,滋儿来省,接予等往饭其新居。待琴等不归,殊惶急,至十二时许,乃见归来。盖宜孙蛀牙已补,元孙及李妈皆上药而已。少停,予率滋儿、琴媳、元孙、宜孙出乘十路车北行,至九条口下,转六路车东去,出城豁口,过幸福村体育场,到三里屯下,南行里许,即至新建居民区东六楼。滋家住二层二号。其时濬儿、权婿、澄儿、增孙皆已先在。佩媳正忙于厨下作菜肴也。有顷,润儿亦至(今日润整日加班,佩媳上班加班)。一时开饭,二时许饭罢,正西邻工人体育场为中华人民共和国第一届全国运动会举行开幕式,车水马龙,东足比其盛一般交通为之断绝,宜孙等欲归家睡息竟不能行。

至四时半,偕濬、澄、滋、琴、增、元、宜步行西去,遵体育场东路而南,拟走往朝阳门外东大桥,然后谋车归家,乃行不多路,遇一出租汽车,方载客到达,遂雇得之。予与濬、澄、琴及三小孩乘以行,滋乃归去。五时许到家,润亦下班归来。开电视机看体育场节目,犹及见足球比赛也。

夜饭后,少坐,瀋、澄、增便去。予濯身洗足,易衰衣。就寝已十时矣。

9 月 14 日（八月十二日　己亥）星期一

阴,午后有雨,旋止,而阴益甚,殆至沉冥,气象萧索,颇怕人(五时许然雷屡作而雨势不大,仍不能破此闷气也。入夜渐沥达旦)。

晨五时三刻起。八时续注刘文房诗,抵午毕《汉口至鹦鹉洲望岳阳寄源中丞》及《别严士元》两首耳。头又岑岑作痛矣。午饭后,就榻小睡,挟纪晓岚《槐西杂志》于枕上阅之,不觉入寐,四时十分乃醒。滋儿有电话来,遂起听之,谓如不雨,将来家共饭云。未几,即闻雷,滋遂不果来。夜饭后,小坐至八时半即寝。

9 月 15 日（八月十三日　庚子）星期二

晴,凉。澄碧太空中点缀少许白云花朵,倍见鲜艳,正式迈入北京秋令矣。

晨五时三刻起。八时写信复漱儿,彼此所寄衣包皆未到。不能不多写一二信交错询问也。写毕自出投邮。顺道在南小街两端循行一周,一为寻觅科学院配给副食品处所(日前滋儿云似在南小街见到科学院家属副食品配售处纸条)。二为视察中秋节届,一般售品处是否添些物品,历时一小时,第一项并无所见,想系误忆。第二项则颇有增多处,演乐胡同口及遂安伯胡同口皆增设临时售卖猪肉站,路人亦颇有手提鲜鲢鱼者,以是知今年节景已大为跃进矣。回家休息,已十一时。午饭后,滋儿归省,于上班前取骑车去。

润儿、琴媳、佩媳亦都购节日食品,如月饼等归。皆于上班前去。

二时半独出,乘十路到天安门,畅观新近辟治之广场,及两侧新建之大厦。既而由天安门入过端门、午门,一览新修葺之故宫。今日只涉历中路,未暇及东西路,因由太和门北进,历太和、中和、保和三殿,均修饰一新,殿廷陈设亦回复清末原有状态。略一流连,即进乾清门,坐憩良久。然后,历交泰殿观陈列之御玺,过坤宁宫观原有之布置,即往御花园。以乾清宫仍为展览室,未入也。到花园后,在浮碧亭茶憩。旋即出神武门,以为时尚早,遂更入景山公园,直上万春亭小坐,周览。乃循东麓下,出东门走至北池子口,乘一路无轨电车东归,到北小街又转十路车而南,达于禄米仓口后,缓步归,到家正五时半。

傍晚刚主见过,谈移时去。

夜饭后,九时即寝。体虽略倦,而睡却安稳也。或天气好转之故乎?

9 月 16 日(八月十四日　辛丑)星期三

晴,爽,较昨日稍热。

晨五时三刻起。八时后正拟草唐诗人(已入选各人)小传,而湜儿担簦归家,谓昨已结束工作,今晨遄返,明后日都得休息,十九日乃到厂上班云。亟令易衣濯身,铺设床褥,俾好好休息,不转眴间,已迨午矣。饭后,湜出购物,予小睡至二时三刻。介泉见过,遂起,延谈至四时,电询圣陶在家,予二人乃乘十路车往晤之。在车中高谈,下车时竟将所携手杖(昆明来之棕竹镶牛角者)遗忘,比到叶家,即电话告湜儿,属电询公共汽车公司,一为查问。正与圣陶、介泉纵谈间,满子来告,已接湜回电,谓已查得矣。今日社会风气之良善,诚足佩慰也。又谈至近六时,予与介泉辞归。仍乘十路行,至朝阳门大街而别。予则于禄米仓口下步归。

漫儿告予,手杖已查明,先带至东直门,继又带至南菜园,后得予家电话,又带回东直门,约六时四十分前往认取。夜饭后,漫即往东直门站取归手杖,使此杖独行十路线两度往还,不能不归咎于予之粗心大意耳。

九时许,农祥见过,言北京新站落成,使用规模宏伟,盍共往一观赏之。予遂偕同漫儿,扶杖与之同出,缓步循南小街、方巾巷而南,遥望钟楼对峙,灯火通明,心神已朗,及至广场,尤感气象阔大,诚不愧人民首都之大门矣。步入卖票厅,周览种种设备,殊堪赞叹,惜其他各部以尚未修竣,谢绝参观,乃少驻即行。乘新延长之八路无轨电车到东单,与农祥握别,予与漫儿复乘十路转回禄米仓,踏月而归。到家正十时,少坐便寝。是夕始,漫安居西屋,布置亦复楚楚矣。

9 月 17 日[①](己亥八月　小建癸酉　戊子朔十五日　壬寅　中秋节)**星期四**

阴雨,近午显昼,午后渐晴,傍晚雷阵大雨,入夜渐止。九时后月出,居然清辉满宇矣。气凉。

晨五时三刻起。介夫人又为予购得佐餐品若干,电知后即令漫儿往取之。极感关切也。午饭后,一时半偕漫儿往访云彬,盖先约定同往新落成之人民大会堂参观也。少坐便同出,乘十路车到中山公园下,正对会堂北门,拾级而登,先由负责招待者作简介,茶

---

①底本为:"一九五九年九月十七日至十一月十七日日记"。原注:"皋写牧时灯下书。"

憩片晌,乃导观各处,北向者为宴会厅,东向者为会场,正门主席台后即西门,南向者则办公处所矣。宏伟富丽,前所未有。上下登降,历一小时馀,尚有装修未竣各室不及入览,走马看花,已费时不少,如全部细观,两小时未必能走到也。其地坪皆大理花岗石或柚木斗花地板,门外东向大圆柱十二,亦花岗石砌成,座为赤质白章幢式雕饰者。柱身为青质,间有黑章者,周围合六人抱。东临天安门广场,与新建之历史博物馆遥遥相对,中峙人民英雄碑,尤见巍峨。在场中遇伯昕、景崧诸人。休息后与云彬、湜儿入广场重瞻人民英雄纪念碑。迤逦东行,竟至王府井,行及百货大楼前,雷声大作,雨意甚浓,云彬即乘三轮先归。予与湜儿入大楼购物,并入东安市场一为浏览,正值大雨。及出市场北门,雨已渐止,车辆绝迹,只索冒险东行,步归于家,已将五时。坐定未久,雨又大作,曾几何时,雨又止。潍儿、文权、佩媳、滋儿先后来。润儿、琴媳亦早归。

入夜,与潍、润、滋、湜四儿,琴、佩两媳、元、宜两孙及权婿合坐晚饮,不问雨不雨,而予等灯下团圆,且谈且笑,且饮且啖,较之今年端阳节大大跃进矣,安得而不庆!夜饭后,削水果啖月饼,谈至九时半,月出云端,清光大来,潍、滋等皆归去,予亦就寝。

9月18日(八月十六日 癸卯)星期五

初阴,旋晴。午后畅朗气爽,曾有风。

晨五时三刻起。八时,潍儿来省,与长谈家事,遂共午饭。饭次,澄儿亦至,二时前,澄儿上班去。三时许,予偕潍、湜出,先乘十路南行,到方巾巷南口,转二十路车,直抵陶然亭东门,盖此路为适应建国门新建车站联系计,由前门延长至此也。入园后循东岸、南岸绕至云绘楼,登临品茗,殊畅适。坐至四时三刻行,循西岸、北岸,仍绕至东门出,复乘二十路北行,径达方巾巷,以十路甚挤,三人遂步行归家。

夜饭后,陈慧见过,谈至近九时去。予令湜儿送至禄米仓西口,视其登上三轮而后返命。九时半就寝。

9 月 19 日（八月十七日　甲辰）星期六

晴,爽。

晨五时起。唤湜儿起,俾以时上班。八时半出,徐步往文学所,九时开会学习。到冠英、平伯、默存、翔鹤、白鸿、象钟、妙中、念贻、道衡、世德、绍基、友琴、叔平等。对中印边境问题、红色火箭到月球、赫鲁晓夫访美、毛主席召各党派会谈等等问题展开漫谈。十一时四十分散,仍步归。午饭后,滋儿归省,二时去。予乃小睡,三时半起。

五时许,挈宜孙出散步。夜饭时润儿、琴媳俱归,因共饭。饭后润、琴挈元、宜往访章家。八时后归。九时半就寝。十时,湜儿听音乐归。

9 月 20 日（八月十八日　乙巳）星期

无风,无烈日,傍晚有雨意,黄昏雨旋止。气不热亦不凉,急走时亦汗渗重衫也。

晨五时半起。七时一刻与润儿出,走访云彬,少坐,予偕云彬步往新车站,而润上部加班去。予等走至车站,由政协照料人导入候车室少息。晤力子、却尘、叔湘、伯昕、志成、明养、纯夫、陈慧、季方、至善诸人。八时二十分从第一月台登上直放密云工地之专车,挂车厢六节,餐车三节,予与至善坐第二号,云彬则三号,坐定后又遇熟友不少,盖同行者为政协全国委员及各民主党派中央常委等。可云诸老云集矣。八时半开车,过顺义、怀柔到密云,先驶至密云西白河大坝,时正十一时半。予等先已分二批去餐车午饭,车未及坝数里许,诸年老及妇弱由照料人导引下车,分乘预备之大小汽车径驶至坝东指挥部,承接待作介绍,在彼休息后,仍乘原车驶至坝上,乃由坝东度至坝西,与径往坝西之诸同行者会后休息,再由坝西下,各登原乘之车厢。时已二时半,车乃回驶,过密云直达九松山副坝工地,又乘预备之汽车驶往水库东南滨,复登预设之大木舟两号,由小汽艇托带,迤逦于水库之中,一时许始达潮河大坝,已将五时。湖面澄碧如镜,四周屏山环拱,太湖一角无此胜境也,为欣叹久之。在坝上休息片晌,便返棹,循原路回车厢,已六时半。同行者毕登,即就餐车晚饭。予与云彬、明养、至善同席,乃沽酒斟之,七时返原坐时,车已开动矣。八时半,到顺义,雨。九时五十分乃到北京新站。与叔湘、云彬、至善同出车站,时细雨濛濛,不久即止。叔湘、至善乘公共汽车各归。予与云彬仍步行各归。(三轮甚少,雇不到,且多贪远路,多攒钱,对较近之短路客每多放刁托词不肯载行也。)

予到家已将十时半,润儿犹未睡,正待再来车站相候,盖八时许先已挈元孙来站迎接,以知车将迟到而归云。坐至十一时,拭身易衣就寝。

有顷,湜儿始归,盖在政协礼堂看京剧《摘星楼》也。综观水库工程,宏伟,收效迅速,目前工程仅达百分之七十,已拦洪蓄水,大减今秋涝患,将来全部完成,真蒙利无穷耳。据晨伯见告,此库蓄水量相当于二个官厅水库,或六十个十三陵水库,或二百个昆明湖云。虽登降劳累,而兴奋逾恒,竟觉腰脚倍常也。是夕睡亦安甜。

接乃乾、漱儿信各一。

9 月 21 日（八月十九日　丙午）星期一

初阴，转晴，气仍不太凉。

晨六时起。湜亦六时半后始出上班，及到厂中，电话告予，谓今日厂中或须开夜会，如开会，则留宿在彼矣。八时后，记昨日日记，以所接甚繁，不能把握记忆，以是思索甚苦，颇为头晕。接漱儿续信，告为我买到羊毛衫，以昨信谓买不到，既已买得，遂飞告请慰耳。九时半，潸儿来省，为予购得螃蟹廿五枚，因即电属滋儿偕佩媳来共享，乃青年社复言，滋因腹痛返家矣。只得将蟹保养，俟明晚再烹，便令潸往看滋。

午饭后小睡片晌，藉偿昨劳损，但不能贴枕也。三时即跃然兴矣。潸儿来回报，不知滋究竟，遂独出，拟往三里屯躬视之。乃北去之车甚挤，而南往之车甚清，遂夷然登之至王府井南口下，顺行至百货大楼一观，再过和平画店买到《中国画》九期及费晓楼仕女画十二帧。入市场过吉祥，欲购明晚李和曾等所演《生死牌》戏票，已无前座，废然而去。在金鱼胡同雇得一三轮乘之以返。

夜饭时，润儿曾归视，少停，仍去加班。琴媳及湜儿俱以开会未归晚饭。滋儿、佩媳皆有电话至，谓诊过已好，请勿垂念云。所中通知国庆十周年放假三天，四日为星期，仍休假，五日乃上班云。九时半就寝。琴媳近十时归，润儿十一时许乃归。湜儿则竟留厂未归也。夜饭后灯下写信复漱儿，适雪英来访，与谈至九时，辞去，即托伊带出付邮。

9 月 22 日（八月二十日　丁未）星期二

侵晨大雨，平明止，禺中日出转晴。气乃较凉爽。

晨五时即起。七时后即为所中交件古代作家论文学整理成略例五则，并就原开作家拟目签注意见多处，补多去少，午饭前始了。滋儿肠炎未痊，今日仍就医。十时半，偕佩媳来家，嘱就息予榻。午饭时熬粥与之。午后润儿归，予作书与冠英，即将所拟略例及签注之件令骑车送其家。昨夜北屋两灯俱坏，今日润招电匠马姓来看，修换灯头始复明。近午始毕。

饭后予与滋皆就榻小睡，三时后先后起。接政协秘书处通知，明日下午三时常委开扩大会议，邀予列席。六时许，潘儿来，六时半，佩媳来。有顷，润儿偕文权来，又有顷琴媳归。七时许，湜儿亦归。于是，全家擘蟹，两孙亦得分惠，独滋儿以腹疾向隅耳。晚饭毕，合看电视转播越剧《红楼梦》。九时后，滋、佩归去。十时前，潘、权归去。

予看毕始就寝，已将十一时矣。

9 月 23 日（八月廿一日　戊申）星期三

晴，爽。

晨五时半起。九时许，滋儿以休息未上班，仍来家服药。十时半，予偕之出，乘十路到中山公园散步，见水榭迤南之廊桥，予向所许为可赏"杨柳岸，晓风残月"者已撤去，园墙缩进，俾天安门西之观礼台延长至人民大会堂对面，于是，广场蔚为壮观矣。缩此盈彼，同为人民国家服务，不容有靳惜之念，略存胸中也。先赏唐花坞，颇多仙人掌科之新种，予所未见者一一谛赏久之，乃走来今雨轩瀹茗小坐。新设藤椅殊安适,十一时三刻起行出园,仍乘十路东归。

到家正十二时十分,遂午饭。饭后润儿为予买收音机未果,约明日再往看定取货云。二时,又与滋儿出,同乘十路北行,滋返三里屯寓所卧息,予则转一路无轨电车赴政协礼堂参加第二次常委委员扩大会议。车中遇吴景崧、余冠英。至白塔寺前同下,偕往礼堂入座,听教育部长杨秀峰报告教育工作问题。三时开始,由陈叔通主席,六时乃毕,中间仅休息十分钟,因遇纯夫、云彬、半丁、斐云等。散会后,乘世界知识社便车,与纯夫、景崧偕行东归。先送纯夫到大牌坊,继送景崧到羊尾巴胡同,然后送予到小雅宝胡同西口,乃还干面胡同社所去。

七时夜饭,琴媳归来,湜儿以往民族文化宫听音乐,电话告知未归饭,十时三刻始返。润儿亦以开会之故,十时乃还。予九时半就寝。

9 月 24 日 (八月廿二日　己酉　秋分) 星期四

晴,爽。略有云彩。

晨五时半起。八时欲拟书作唐诗人小传,先从东皋子入手,多翻卷帙,便尔头晕目眩,一不能视,只索罢手。闲翻《太平广记》若干则,又瞑目默坐久之,近午始稍复。

萦念滋儿,曾电话与之言,知已照常上班,略慰。湜儿今日本当休息,以厂中大扫除,仍于七时前赴厂。予冥眩时曾无一亲近体己之人在侧,深以为虑,不识此等事能不经常发作否耳?

午饭时,润儿归,取款为予购到上海牌一三一型交流七灯机一具,此机在目前为国产最高之品矣。性能已达国际水平,他日进程犹未可量也。不但获一自娱破寂之具,抑亦为民族国家前途额手称庆焉。下午遂试使此具,聊慰枯寂。

湜儿五时半归。夜饭后,八时半即寝。

9月25日(八月廿三日　庚戌)星期五

阴,时有雨意,傍晚大雷雨,遂彻夜淋漓,秋意顿浓。薄被不足御冷矣。

晨五时三刻起。八时半出门,徐步往文学所参加全体会。听王平凡、张书铭作传达报告,盖中共中央最近关于反右倾机会主义分子在党内的处理决议及具体办法的指示(以上平凡报告)。又关于国庆安全问题及及时劳动问题等,亦多有涉及(以上书铭报告)。十一时许散,介泉伴予回家,谈至近午乃去。心略跳,头仍时晕。润儿坚请陪往北京医院诊治,因电话挂号约下午三时半往彼就诊。于是饭后小睡片晌,三时许,润儿自馆所请假归,伴予乘十路到东单,穿公园直抵医院,询挂号处谓已将病历转至内科矣,遂往候诊。遇彬然亦来量血压者。有顷,彬然先入,又有顷,予被召入,诊者为一女大夫,姓汪名松梅,为量血压,仍与前同,听摸等诊视后坚劝休息,不能多看书写字,仍劝再验血糖小便,作心电图,并重就外科检查直肠硬块,俾作根本疗治云云。因时已晚,只作心电图及验小便,徐俟暇日再往候诊,乃取药而出(大概镇定止咳平喘之剂)。父子二人仍斜穿公园,到崇文门内国际友人服务部,为两房未来孙儿各购得甘南藏族自治州出品乳粉各一瓶,顺购蛋糕饼干少许。以无三轮可雇,二人偕行返东单,仍乘十路车北归。到家已六时许。

七时,湜儿归,遂共夜饭。饭后润儿入馆开会,琴媳则以开会未归饭。七时半开看电视,今日为转播国庆献礼京剧《穆桂英挂帅》(在人民剧场演出),由梅兰芳饰穆桂英、李金泉饰佘太君,李少春饰寇准,李和曾饰杨宗保,袁世海饰王兵部尚书,李金鸿执帅旗,俱一时名艺人。其饰杨金花之杨秋玲,饰杨文广之夏永泉,饰王伦之李嘉林则本届戏曲学校毕业之新人也,说白做工俱有典型,将来都能单然自立者。十时半毕,予亦就寝。依医嘱服药,气急略平,睡至二时半起小溲,仍入睡,醒来已翌晨五时四十分矣。

9 月 26 日 (八月廿四日　辛亥) 星期六

破晓时宿雨未止。六时许起。雨时作时辍,午前后颇大,傍晚转晴,气乃大凉。

十时许,濬儿来省,因共饭。饭后濬归去。予于二时廿分微雨中赴民进北海庆霄楼之约,乘十路转一路无轨电车往。及北海之门,陈慧、董守义已在守候。有顷,徐伯昕亦至,知梁纯夫有他会,不能来,四人联袂入园,径登庆霄楼共度组织生活。彼此畅谈,各抒所见,近六时乃罢,即乘伯昕汽车分送各归。

今晚本有中山公园两戏票,以惮于熬夜,分付濬儿、琴媳往观之。夜饭时,接湜儿电话,知今晚赶夜班不归矣。夜饭后,润儿挈元、宜两孙赴其馆中庆祝国庆晚会,近九时乃归。十时就寝。琴归已十一时四十分。润儿翌晨告予始知。

9 月 27 日 (八月廿五日　壬子) 星期

时阴,时有微雨,午后乃晴。气较昨暖。

晨六时起。九时许,滋儿来,以雨未能出,父子话家常而已。润儿今日不加班,午前为迎接国庆卫生,用石灰刷大门外各墙脚,午饭后,外孙卢元镇、元鉴来省,鉴为缝制衣服而来,未能完工,又往潜儿家请教去。二时后,予偕润、滋两儿挈元孙出游,先乘十路到方巾巷南口,转二十路车往陶然亭,拟登云绘楼啜茗,乃以国庆装灯点缀,停止售茶。遂仍憩于慈悲院西轩。正因云绘楼停售之故,轩中茶客大挤,陶然亭本冷地,今亦随世运而转红,亦足征我国一切在大跃进矣。坐至四时即行,仍循原路归家。滋儿少坐便辞返。予与润儿五时三刻即饭。六时半偕出,乘十路北行,转一路无轨电车,到政协大礼堂参加庆祝建国十周年大会。坐定已七时半,主席临时宣布因明日、后日人民大会堂俱有庆祝大会,改于明日下午并行,今晚径行晚会。遂开幕演川剧,由四川省青年川剧演出团上演,先为《别洞观景》,饰白鳝之篠舫身段灵活,表演细致,所唱高腔亦抗坠合度;继为《借亲配》,饰张古董之张运喜、饰李成龙之罗玉中、饰王老富妻之胡小凤、饰醉汉之杨泗兴、饰县官之蒋永德俱佳,尤以古董巧遇醉汉在瓮城中厮混一夜为最发松,诚一绝妙趣剧也。十时四十分散,仍与润儿走至白塔寺乘一路无轨电车东归。车中遇平伯,至南小街而别。其时十路车已过时,乃与润徐步走归。

十二时就寝。曾于晚饭时接湜儿电话,知为赶突击任务,今夜仍不能归云。

9 月 28 日(八月廿六日 癸丑)星期一

晴,爽。

晨六时半起,创举矣。

九时乘三轮赶赴文学所,应召开会,到副研究员以上人员毕集,其芳主席,传达院方接待外宾参观访问等问题。十时三刻散,顺便参观本所新设展览两室，八年以来，成绩亦斐然可观矣。尤为突出之事，乃在图书收集近二十倍。旋与介泉联袂同行，送伊至南小街南口上车后徐步归家。

瀋儿在家，为鉴孙制衣装，因共饭。饭后二时许，所中派车接平伯过予，即附以南行，到其芳家，少坐后三人同载往天安门西侧人民大会堂参加中华人民共和国成立十周年庆祝大会。予与其芳坐席指定在南部第三区，因联袂坐于七排四九、五一两号。平伯为第二区，云彬亦第三区，曾一见之，其他熟人甚多，竟无从招呼矣。

三时半典礼开始，由刘少奇主席宣布开始，奏国歌，然后毛主席以次各就坐。刘主席致开幕词后，李济深代表各民主党派、政协、无党派民主人士和中华全国工商业联合会为庆祝建国十周年向毛泽东主席献词。次为苏联代表苏斯洛夫讲话。次为越南代表胡志明、朝鲜代表金日成、蒙古代表泽登巴尔及捷克斯洛伐克、波兰、保加利亚、阿尔巴尼亚、匈牙利、罗马尼亚、德国等兄弟国家代表等先后讲话。其他日本、印尼、英国、法国、西班牙、意大利、阿尔及利亚、芬兰、叙利亚、古巴、巴西、阿根廷、委内瑞拉等兄弟党代表及人民代表等亦先后讲话，前后凡三十五六起之多，热烈庄严，空前无比。七时许，周总理宣布明日下午继续开会，尚有许多国家代表讲话，今日之会暂止于此。于是散出仍乘所中车送归。天安门四周灯火通明，火树银花，未足方此矣。人民解放后，力量之伟大，于此取证最为现实。

八时到家，湜儿已归。谓连续三十馀小时赶排工作，今日三时始毕。因假归。明日照常上工云。予从容晚饭后，少坐便就寝。颇感劳顿也。

9 月 29 日（八月廿七日　甲寅）星期二

晴昙兼施。气较昨暖，地又返润，恐将致雨矣。

晨六时起。八时记昨日日记。

潘儿十时来共饭。饭后一时十分所中车来，已先接棣华在车矣。予乘以同发，过裱褙胡同接其芳，偕赴人民大会堂。以去时略晏，前排已难插坐，三人亦不能并坐一起，予独就二十排九十一号坐下。有顷，明养来，坐予之左八十九号，颉刚亦来，坐予前三排，又遇从文、觉农、叔湘等。二时半开幕，继续请外宾来贺者先后发言，至六时一刻典礼完成。前后讲话者达三十七八起，不悉载。散会后，三人同乘，由西交民巷转到沟沿，先送棣华归去；次及予，然后送其芳归。

予到家已七时，权、潘、润、琴、滋及两孙都在饭待予吃蟹。有顷，湜儿亦归，乃合坐擘螯大嚼，盖日间潘儿为予买来者，惟佩媳未来。（佩午归，予以复人民文学出版社征求对《郑振铎文集》意见信交伊带去，午后有电话来，谓有事先归去。）食已，看电视，今晚转播苏联国家大剧院芭蕾舞团访华演出舞剧《天鹅湖》、《吉赛尔》、《宝石花》等片段舞蹈。十时，滋儿归去。（建昌、建新亦来看，与滋同时归去。）又有顷，潘、权始去。近十一时乃毕。予亦就寝。

9 月 30 日（八月廿八日　乙卯）星期三

阴，午后转晴。湿润而暖与昨同。

晨六时起。午前看报及新到《红旗》杂志第十九期。下午二时听广播新闻，知赫鲁晓夫已于十一时到达北京，明日庆祝典礼为社会主义阵营增荣益誉，大快大慰。三时半，大雷阵，须臾成霖，移时乃止,一若天为迎贵宾者。

四时廿分,接所中慧珠电话,明日赴天安门观礼之车八时前过南小街,属在胡同口等候云。润、湜、琴皆归饭。饭后七时许,潽、权来省。八时后,顺林、伟华夫妇来。九时半,潽、权去,顺林等留,盖明日顺林去东单集合游行,伟华则留此看电视也。十时,予就寝。

晓先下午五时来访,六时许去。以明日国庆,今日下班后无会也。谈次颇见兴奋。

10 月 1 日(八月廿九日　丙辰　国庆节)星期四

晴,爽,无风,入夜有阵雨。

晨六时起,七时半偕湜儿挈宜孙出,步至小雅宝西口,立待所中开往天安门观礼之车。八时许,老赵驶车至,遂属儿孙归家。予登车北行,过老君堂西口接平伯,又过东四一条东口接冠英、介泉,再驶往铁狮子胡同接唐弢,已先乘人大车前往矣。予等乃循大会指定路线开入故宫东华门,绕过文华、传心两殿之西,停车于文澜阁后身,然后步出文华殿之东,仍出东华门沿城根而南,至阙左门南穿劳动人民文化宫达天安门,径登天安门前观礼台西二台。遇云彬、唐弢、从文、彬然、觉明、寰澄、叔湘、建功诸人。予仍立最后一排,靠短墙。自十时典礼开始,至十二时半礼毕,未曾一离原地也。十时庆祝中华人民共和国十周年典礼开始,先阅兵,后游行,盛况空前,备见报刊,不悉录,只记予最为感动之少先队及民兵师,庄严美妙,宏伟交织于心目,竟觉胸次突突微有酸酸之感,似有热泪迸出然,真达最高点矣。

礼毕,离台返原停车处,人多路塞,直至一时廿分乃到文澜阁后身,平伯已附圣陶车行(平伯事先见告,予却未见圣陶)。冠英已由南池子先绕到车场,唐弢偕予同行,途遇伯赞,略交数语,知渠气枝管炎亦未能获得根治也。予与冠英、唐弢坐车中候介泉,迄未见来,至二时,遂开行,先送唐弢、冠英归,后及予。予到家已二时半,饥火中焚矣,少坐即进餐。知外孙元镇、元鉴、昌硕、升塝俱来饭,雪村亦偕建新来看电视云。予乃小睡以休,至四时后起。

夜,滋儿、佩媳来省,遂与润、琴、滋、佩、湜儿、顺林、伟华、元孙、宜孙等同坐夜餐。餐后,本有焰火可看,予感惫未往,而天且雨,乃团坐畅谈,谈次,晓先、雪英、士秋亦至,共度嘉节,至为欣悦。至十时前后,滋、佩、晓、雪、秋皆去。予等亦各就寝。

湜儿所欲慢转电唱机已有发售,湜今午后见之,坚欲购回,遂凑款一空,诚悉索敝赋以赴之矣。

10月2日(九月大建甲戌　丁巳朔)星期五

侵晨有雷,小雨时作时止。

六时起。七时许,澋儿、权婿至,滋儿亦有电话来,谓即出发去福田矣。予乃与润、滋两儿及元孙偕同澋、权,冒细雨同出,至禄米仓乘十路到东单,转三路到西直门,候四十七路车,适排队甚长,来一车须臾装满,予等只得留待次车,而滋、佩亦来会,乃于九时半登上班车,径驶西去。十时廿分到射击场下,徐步往福田公墓展拜珏人之墓。顺谒墨林墓。在茔次摄影多帧,并在礼堂瀹茗久憩,时适放晴,及回至射击场,适一车开过,只索西行至亚洲学生疗养院站候次班车,直至十二时廿分乃得乘。时已微雨,车到四平台已将一时,亟诣山椒食堂就食。食已,雨至,立棚下待之,有顷稍止,即冒雨登山,就灵光寺茶憩。雨大至,直坐至三时半乃稍止,即联翩下山,在四平台登四十七路车东归。

　　四时廿分到动物园下车,已天晴,转一路无轨电车,排队之长,绕路之远,生平仅遇之,历一时许,乃得上,已过四五车矣。车中之挤(以沿途陆续有人上下)亦异常,可见节日之不宜趁热耳。比到南小街走还家中,已将六时矣。到家,澄儿率埒、埙、垲、培、增在家相候,遂合坐夜饭。是晚,北海有焰火请柬,竟无力再往,只得放弃。八时后,润儿挈元、宜两孙往新车站看焰火。予与瀋、澄、滋、湜、琴、佩等长谈至十时许,瀋等各辞归。润儿等亦返家,乃各就寝。顺林夫妇上午去。

10 月 3 日 (九月初二日　戊午)星期六

　　晴,爽。

　　晨六时起。上午未出,亦未有人来。午饭后与湜儿乘十路往长安大戏院看昆曲研习社演出全部《牡丹亭》。瀋、权已先在。湜即与同坐第十一排,予承平伯照顾,与予易票,得坐入第二排第十七号,与圣陶、亦秀联坐。在场又遇颉刚、季龙、农祥、力子、学文、有光、芝九、文叔等。一时开场,四时一刻即散。散出后偕湜儿乘四路车至地安门转六路车,东抵三里屯,径往滋儿家。六时许,润儿亦至,父子儿媳五人进晚餐,且小饮焉。润儿告予,顷接文化部请柬,人民大会堂有晚会请参加。予以积日行走,颇感疲,且又须磨夜,只得放弃之。

　　夜饭后,家人快谈,至九时行。滋送予等至体育场侧而别。予父子三人信步南行,至朝阳门外东大桥乘二路车西入城,至南小街转十路归家。到家未及十时也。元、宜两孙犹未寝。知人民大会堂晚会电视台有转播,坚请启看,乃勉坐开机,拥两孙视之。获见将军业余合唱团所唱诸歌曲、李少春主演京剧《闹龙宫》、郭兰英独唱诸歌曲及其他音乐节目。十一时一刻始毕,乃各就寝。

10 月 4 日（九月初三日　己未）星期

晴,暖。

晨六时起。八时半出,乘三轮往访圣陶,长谈达午,遂共饮同饭。饭后复谈,二时半偕乘其车同赴琉璃厂荣宝斋参观木板水印画,在休息室茶憩,负责者招待展看新出各品,陪话者甚面熟,予与圣陶竟忘其名,又不便再询,深讶近年记忆之坏,自憾而已。四时辞出,仍乘圣陶车北归,至南小街小雅宝西口下(同车者尚有圣陶之孙大奎)。晚饭时,与润儿话及荣宝斋事,始知顷遇之人为美术出版社邹雅,乃恍然。

夜饭后,看电视,最后为《西双版纳的密林中》影片,密林中鸟兽虫鱼种种活动诚有见所未见者,获得新鲜知识不少。较开卷有益更进一步矣。十时五十分毕,即寝。

10 月 5 日（九月初四日　庚申）星期一

晴,仍暖。夜色暖然。

晨六时起。写信两封,一复漱儿,以所寄改制棉衣已收到,一复乃乾,以代购《图书集成》发票及通知皆到,只待货到提取也。头晕仍时作,惟为时暂而不烈耳。

午饭后小睡不熟,三时半起。自出投邮,顺附十路车去王府井,在新华图片部购得北京出版社新出《京剧版画》一册,即乘三轮归家。以途中又感头眩也。到家细检画册内有重复者二页,缺去者二页,当俟便一往掉换之。

夜饭后,看电视转播《海侠》芭蕾舞。近十时乃毕。遂就卧,入眠不熟,时时有梦。

10 月 6 日(九月初五日　辛酉)星期二

晴,暖。

晨六时起。竟日未出,午后假寐二小时。看《明史》礼志及《国榷》,知十三陵之祾恩殿及祾恩门初名陵殿、陵门,至嘉靖十七年始改今名。盖与永乐庙号改称成祖有关。得道衡电话,约明日上午九时在所内开组会,并为予报名参加参观定陵云。中华书局标点本《廿四史》第一部《史记》已出版,今日承送到赠书精装一部,末附云彬所撰校点后记,颇见功力,洵可得善本之称也。若此后各史俱然,有助后生治史匪鲜矣。为之寄望颇厚。夜饭后,潏儿、文权来省,九时去。润、琴夜间皆有事,琴十时归,润十二时乃归。予九时半已就卧矣。

10 月 7 日(九月初六日　壬戌)星期三

晴,偶有高云,仍暖润。

晨六时起。八时半出,徐步往建国门文学所开组会。在东总布胡同遇静庵及季康。到所后晤慧珠、平伯、冠英、晓铃、念贻、道衡、绍基、友琴、象钟、妙中、叔平。九时开会,冠英主席,谈古代作家论文学辑录办法及搜集文学史资料两问题。十一时三刻散。予仍徐步走归。午饭后小睡,至三时起。头晕略平,而心烦殊甚,闲翻《史记》新印本,时一掩卷,竟未能看入什一也。

夜饭时,滋儿来省,盖今夜其社中停止开会,乃得于饭后来家耳。润儿出外参加馆中学习,湜儿厂中发券往广和看马连良演出

《淮河营》。予独与滋谈,九时后滋辞归。予亦就寝。十时许,琴媳归。有顷,润儿亦归。湜儿则十二时后乃归也。

10 月 8 日 (九月初七日　癸亥) 星期四

晴,暖,偶阴,夜有月。

晨六时起。九时,潀儿来,意欲偕予及湜出游,湜已到厂参加庆祝国庆十年摄影及聚餐,遂未果。谈至午,共饭。饭已,潀去。予仍感倦,就枕小睡,三时半起。天偶阴,不思出门,默坐久之。夜饭后,与湜及两孙与琴媳看电视转播苏联芭蕾舞剧《天鹅湖》。润则赴馆学习,归已近十时,得看尾声也。十时三刻,予就寝。

10 月 9 日 (九月初八日　甲子　寒露) 星期五

晴不甚烈,风不扬尘。傍晚雷阵雨,入夜止,见月。气仍暖。

晨六时起。七时半偕润儿出,同步至北总布胡同,润到馆上班,予走往文学所,与所中同人集合偕赴十三陵参观定陵玄宫及长陵与水库。到时人尚不多,予坐待有顷,同人大至,除少数未去者,全部皆往矣。赁两大轿车,百数十人分乘之。

八时半出发,出安定门,转入德外昌平路大道,径趋定陵,十时许即达。在大门口遇圣陶及满子,以集体行动,未便离此就彼,竟不相偕。入红门后先在明楼前两边新建之配屋涉览陵中发掘所得,各品予以早在神武门楼展览时饱看之,未及多驻足,即偕介泉、冠英、叔平等诣玄宫(今俱清代康熙后称谓,谓之地宫)。陟降口已建筑成盘梯,扶旋而下,始及头门,里面扫除一清,东西配券皆开放,与曩所见情形大不同,惟中间棺椁似已重加修饰,三汉白玉宝座易置为三重叠进之状,似亦失真耳。略一走到,便循梯旋上,顿见天日，在广场柏林下与其芳、冠英、蔡仪、象钟、平凡、介泉就坐啜茗。予亦就小卖部购四面包充饥（仅食其一，象钟以所携杏仁酥分惠一枚）。坐至十二时，上车开往关陵，七分钟即达。长陵游人更多，竟无人插坐啜茶，乃步入祾恩殿，盘至明楼前西侧石台旁坐，与介泉、晓铃、健吾畅谈戏曲。

二时自长陵开车，由东麓新修公路盘至十三陵水库大坝下车，走向坝下新建方楼，参观十三陵工事展览，径上三楼，为一平顶，有盖之台，在台上眺望久之，与季康长谈。既而下楼，上坝，度坝而西，由溢洪道侧小路下坡，平凡扶掖多次，甚感之。及至平地，车开来接候，乃相将登焉。四时回驶，车行甚速，五时许即达安定门，而大雨滂沱，雷电大作，沿路有人下车，予至米市大街无量大人胡同口，与健吾夫妇同下，幸雨已稍衰，而雷电仍作，不得不冒雨各归。予至家已颇沾湿矣，尚未致淋漓不堪耳。时已近六时，坐定不久，即夜饭。雨尚未止，饭毕乃停，微露月色。

湜儿未归饭，十一时半乃归。盖彼听音乐矣。予夜饭后听转播马连良、张君秋《三娘教子》，九时半就寝。

10 月 10 日（九月初九日　乙丑　重阳节）星期六

晴，和。

晨六时起。接民进中央电话，约明日往看定陵，予以刚看过，谢之。潆儿来，挈元孙及新孙往景山登高，近午归来，偕予同饭。饭后，潆归去。元孙上学去。予独出散闷，乘十路到王府井大街南口下，信步过新华书店文物出版社一转，买得陆机《平复帖》影印本。复至百货大楼及和平画店闲看，仍由东安市场而南，走东单二条，出东口，过中国书店古典门市部，见中华书店新近仿制之《永乐

大典》样册及影印宋刻《艺文类聚》，都已出版矣。顺道北行走归
于家。到家见案头有调孚留条，知曾见过未值，甚歉。即电话告
之，约下班后再来。五时三刻，调孚偕中华同事俞筱尧来，谈来年
出书计划，谈至六时半，辞去。予送之出门，适默存、季康伉俪来
访，俞君先去，调孚复折回同谈。七时许，皆去。承钱、杨赠予鹌鹑
蛋两匣，至感关切也。

夜饭后，看电视转播影片《林则徐》，十时后乃寝。

10 月 11 日（九月初十日　丙寅）星期

晴，和。

晨六时起。七时半偕润儿出游，乘十路到王府井，转三路到西
直门，再转卅二路到颐和园。八时半即达。入园度长廊，径至五圣
祠、迎旭楼、澄怀阁一望。此三处前此所未尝涉足者。折回鱼藻轩
茶座，稍憩，适以断电，不能汲水，遂无茶供，只得饮啤酒代之。坐
至十时，往石丈亭旧四所（新辟为食堂）就餐。人已不少，菜亦较
前稍好矣。食毕，遇唐弢，立谈片刻即别。予与润上后山，先在画
中游一转，坐爱山楼廊上久之。再东行过须弥灵境、寅辉挹爽坊楼
北道下山，度桥至北岸，沿河东行，过眺远斋，抄至谐趣园北，由清
琴峡下，欲就茶不得，乃出谐趣园门过德和园，径趋知春亭，始买得
茶一壶而苦无席位可坐，乃移至亭上栏畔，跨槛饮息焉。坐至二时
半出园。仍乘卅二路回城。三时抵西郊动物园，再转一路无轨电
车东入阜成门，直达朝阳门。父子二人在朝外大街徜徉一回，南
行，循秀水河入大雅宝东口城豁子（今已拆城，几不辨矣）步返
于家。

六时半，琴珠归，先饭，饭已，即往青年宫看话剧。有顷，湜儿

归,遂共饭。饭后,看电视转播德雷西顿乐团所奏贝多芬交响乐,
十时毕。予即就寝。琴珠何时归,竟未之闻矣。

10 月 12 日（九月十一日　丁卯）**星期一**

晴,和。

晨六时起。上午本须往中山堂公祭李任潮,以体气不爽,未果
行。八时,云彬见过,承关心予身体,坚嘱亟往医院复诊,且望彻底
再检查。平伯踵至（前日约定）,与云彬所见略同。但不坚主检
查,惟望好好休养云。有顷,云彬先去。盖往中山堂吊祭李公者。
平伯留我斋查书,予因佐其翻检。十时三刻乃别去（假书三册）。
电话询滋儿昨日劳动不累否? 据答尚好。今晚如不开会,当归省。
予嘱其来共饭。

午后无聊甚,只索依润请,鼓起精神勉出一行。因应政协秘书
处之邀,乘十路转一路无轨电车以赴之。获看湖南省湘剧团演出
《生死牌》。到略迟,已坐在十八排,与元善比肩,前两排望见云彬
亦在焉。此剧为国庆献礼节目,就湘剧改进,广收楚剧、汉剧之长,
故味近皮黄,而演来生动细致、缠绵老到兼而有之,殊感人。三女
抢牌一场,尤觉悲愤交织,舍生取义,父女别一场,台后合唱,唢呐
调更是凄婉欲绝,不禁泪堕矣。惟贺总兵公堂胡为,及法场狂怒两
场不免过火（似超出情理之外）,而法庭陈列御牌之颜色及题署等
均欠妥。（御牌用白地黑字,题署领命衡山县正堂,钦加正七品官
衔云云,全不合当时体制,上距辛亥不过五十年,知者已希,可见各
界多有脱节现象耳。）为求真计,似当酌改也。五时半散,与云彬同
走至白塔寺,乘一路无轨电车东归,至南小街北口下,同行南走,各
返于家。

夜饭后。润儿归。调孚属携来宣纸本影印宋刻《艺文类聚》及新排印《顾亭林诗文集》，均照同人例折让作价，甚感友情。乃乾为予购定之《图书集成》其提货单亦已寄到，是近日书运甚旺矣。是可喜之甚者也。滋儿来夜饭，谈至九时后归去。予亦就寝。

湜儿归来夜饭，饭后有友访之，亦九时许乃去。

10 月 13 日（九月十二日　戊辰）星期二

晴，和。

晨六时起。拂拭几案，整治架书，不觉移时。九时五十分出，先往储蓄所转到期款，预备划出一笔汇还沪上古籍书店。办妥后，即步往东四南大街中国书店收购处，访陈济川，即托提《图书集成》。旋往东安市场，诣五芳斋午饭，居然吃到炒鳝糊，价却大昂（一盘竟须两元）矣。欲医馋吻，亦不之顾耳。食已，走文物出版社购得《颐和园画册》一，遂乘三轮归。到家尚未及一时也。元孙已入校，宜孙尚未睡，予哄之就眠。予亦小睡。三时半起，似嫌冷，添罩毛线衣。

晨写信谢调孚，即以书价归之，令润儿持去。傍晚，湜儿归，因与家人共饭。饭后琴媳始返，复具餐。有顷，潜儿、文权来省，谈至九时去。

予听转播京剧院《西厢记》，十时就枕，十一时后乃入睡。润儿十时归。

10 月 14 日（九月十三日　己巳）星期三

晴，傍阴，夜月仍好，气较凉。

晨六时起。竟日未出，看《艺文类聚》及龚半千所刻《中晚唐

诗纪》,此书中华将印,调孚送予托看可否者。龚氏与胡孝辕同时
而略后,《唐音统签》稿未及见,专搜刻中唐、晚唐诗人之诗,以弥
吴琯《唐诗纪》之缺,随得随刻。次序凌乱,实草稿也(其自序亦言
之)。如作为参考资料固可贵,若以目前缓急先后则似可从缓耳。
当书以告调孚。

夜饭后,雪英来,偕两孙看电视。湜儿八时后归,重具餐。十
时就寝。

10 月 15 日 (九月十四日　庚午) 星期四

晴,和。傍晚有微雨,即止。夜月色甚姣。

晨六时起。八时一刻出,走访云彬,欲与同往天安门历史博物
馆参观。伊已上班去,乃独在外交部街东口上十路车,径赴天安
门,为时尚早,已有人排队候入矣。适逢河北省及天津市政协代表
亦来观,馆乃先让团体整队入场。予等个人持券(政协所发)者
至九时后始放入,且只得先看二楼,于是乃从隋唐看起。陈品实物
模型兼有,书画亦多真迹与仿本并列,且多人物造像,依历史发展
情况分类罗设,使人读到活的历史矣。惟品种多至八千馀件,诚为
目不暇接。予稍憩片响始终走看,及下楼看原始社会馆、奴隶社会
馆及封建社会馆之开端(以商周为奴隶社会开始,紧接原始社会,
以战国为封建社会开始,紧接春秋以下,直至清末,俱为封建之延
续,是历来史期分段之纷纭,或可暂得楷定乎?)已亭午十二时矣,
虽走马看花,终愈于不窥林园耳。

场中遇濮秀丽,承照料扶掖,送我下阶,故人之子,殷勤乃尔,
殊可感也。又遇研因,在下楼后始终与偕,同出大门,各上十路,东
西分驰各归。

到家午饭后小睡,三时半起。写信复漱儿(昨有信来)未终,而农祥至。有顷湜儿亦归,(湜今日休息,破晓即出,与新华厂同人同往十三陵参观也。)共谈抵暮,农祥乃去。

夜饭后,看元孙写信与弥同、阿曦,居然成语,甚喜之。九时就寝。

10 月 16 日(九月十五日　辛未)星期五

阴,偶有濛雨,禺中日出。午后晴,晡时又阴。入夜雷雨,不久即止,月出甚丽。气尚凉而不甚爽。

晨六时起。七时半伏案作书,写完昨日复漱儿之信。九时后,自出投邮,兼买信封廿许枚即归。归后写龚半千《中晚唐诗纪》审读意见,数百言,即作书与调孚,嘱润儿于午饭后携交之。电话与济川联系,知《图书集成》确已到广安门,当于日内代为车送来家云。只得待之。

午后一时半出,乘十路到六部口,换卅八路到黄亭子下,即革命军事博物馆大门首矣。予有政协所发今日参观券,故得来此一看预展也。馆为十大新型大建筑之一,凡四层。二时半入馆,依指示路线参观,楼下楼上,几走遍,凡历革命战争两馆、抗美援朝馆、神品馆、兵器馆等,所列实物之足,供观感纪念者至夥,而兵器尤古今中外俱陈,惜此项常识自恨太缺,竟观之未悉耳。其战争地势模型及巨型竖幅示意大地图,则尚能领略,逢其解说时必静观谛听之,津津然如身临其地矣。只因室多物多,时间不足以副之,仍不免走马看花为可憾也。四时半出,竟遗保卫社会主义战争馆未之及。仍循原路换车遄返。到家已五时半。

湜儿六时归,乃与元、宜孙等共饭。饭后为民进中央刊物草一短文,应邀约也。展砚时已雨过云逝,清光大来,月明如昼矣。坐至十时,仅成开头十许行,不能持续,即弃去就寝。琴媳十时归,润儿十时半归。

10 月 17 日（九月十六日　壬申）星期六

晴,较暖,夜月色甚好。

晨六时起。八时,云彬见过,谈至八时半同出,伊返家,予则徐步走往文学所。九时开会,今日之会为全体大会,欢迎新来我所诸同人及下放胜利归来之诸旧同人。极热烈壮盛。蔡仪主席,报告开会主旨后,由张书铭介绍新同人,虽一一起立报名,而匆促不及辨认,加以予记忆力锐退,竟未能记得一人姓名也。继由其芳致词,动员加强学习。次为新同人代表某君讲话(不记姓名,惟为四川口音,知为成都大学毕业者)。次为下放归来同人讲话,积贤乃报告一年来在农村参加公社诸体会,极亲切生动,惜内容过富,抵午未能尽其辞。原定徐凌云讲话,竟挤去。十二时十分,蔡仪宣布结束,并为西谛遭难周年,全体起立默哀三分钟。然后散。

余仍步归,到家已十二时半,即饭。饭后一时半出,乘十路北抵东四九条东口,转六路往新建全国农业展览馆,应所中号召也,乃候车者多,排队甚长,予在中列已立候近半小时,过五次车始得上,同车有健吾、彦生、冠英夫妇及介泉夫妇。到馆门首,同人遇见者甚众,新馆建在原有农业展览馆之北,结构别致精巧,门前广场气势又极伟,首都又一大建筑也。同人到者皆陆续进入,询之人,本无须参观券或介绍信者。予等乃先入综合馆。入馆后,熟人都走散,予独行诸馆中,凡历农作物馆、畜牧馆、园艺特产馆、水利馆、措施馆、水产馆、气象馆、人民公社馆九馆。时已四时半,闭馆矣,所遗林业馆及工具馆（两馆即原有展览会）未及观耳。在水产馆复遇介泉夫妇，遂同走至六路车站，以西行甚挤，只索南行，到呼家楼转二路入朝阳门，到南小街下，与介泉夫妇别，再转十路南还。五时三刻到家矣。

湜儿以开会未归饭，九时许始返。予将就寝矣。

10 月 18 日（九月十七日　癸西）星期

晨雾，旋晴还暖。

早六时起。七时半老赵驾车来接，乃乘以过接介泉及唐弢，复返东单取花篮（备西谛周年祭用），顺接其芳同驰宣武门接晓铃，然后折入城，复出复兴门，径赴八宝山革命公墓展视郑振铎、蔡树藩等十六位遇难同志之墓。（此即墓碑题字，似钢笔写后放大者，筋力遒劲，不知出谁手？）墓为花岗石方台，周以白石栏楯，南北阶两出，台中央筑碑座大理石雕甚工致，座上植方碑，与天安门前人民英雄纪念碑相仿佛，碑额浮雕一地球，和平鸽绕飞其上，此下雕镰锤交叉党徽，再下即题字矣。碑阴凿遇难年月日及出国事由，骈列姓名。盖此中长埋十六人骨灰云。予等在墓前默哀久之。在四周随吊诸烈士之墓。庙东高阜为任弼时墓，其左为瞿秋白墓，右则张澜墓。回至休息室，遇君箴率同一家眷属在，并遇北大校长马寅初及赵斐云、伊见思等。盖十六家家属及友朋均来会，宜其有数十百人耳。十时公祭，列队墓前场上默哀三分钟。继以摄影，每一家属或单位先后摄照。予等亦合摄一影而散。仍乘老赵车入城，晓铃于佟麟阁路口下，然后送其芳及予。再送介泉、唐弢。予即于小雅宝口下，走归家中，已将十二时。少坐即饭。

饭后一时五十分，其芳乘老赵车来接，乃过接平伯、唐弢，驰往文津街北京图书馆,参加西谛逝世周年纪念座谈会。盖沈雁冰、周扬、钱俊瑞、夏衍、胡愈之、叶圣陶、萨空了、何其芳、王冶秋、王任叔十人联名所约请者。二时半开始,由雁冰主持,圣陶、老舍、周扬、钱俊瑞及予先后致悼念之词。予已为悲梗所麻痹,竟不能成词,止就回忆所及生活片段之细节,聊举数事,却为在座诸人所爱听。继由任叔报告编集经过及今后属望群力广搜遗作,协成盛举云云。雁冰宣布离座展览西谛藏书手稿,从容各散,时已垂暮矣。予仍乘原车送归。会场得人民文学出版社赶印出版之《郑振铎文集》第一卷,及时珍贵之纪念妙品也。

夜饭时,澄儿来饭,潆儿、文权亦偕来(伊夫妇已饭矣)。饭后共谈至九时后乃归去。润、琴夜饭后出看电影。及其归也,潆、澄等皆去矣。予亦就寝。

10 月 19 日(九月十八日　甲戌)星期一

晴,暖。

晨六时起。为民进写短文,十一时毕,得千馀言,即作书与秘书处,属转达编辑部,午后交润儿送去。下午一时,偕云彬乘十路往九条走访圣陶。谈至二时,附圣车同赴怀仁堂参加全国人代常委及全国政协常委联席扩大会议。朱委员长主持,匈牙利政府主席道比发表演说,四时半散。场中遇彬然,因知照圣陶,改附彬然车行。仍与云彬偕。

五时已到家。电话询济川《集成》往取否?据答早已托出,且电催三次矣,容再电话促之。今日不到,明日定能送到云。傍晚接漱儿信,十七发,知即将下放外县,为农村调查工作。夜饭时,广安门站果有车至,将《图书集成》连箱送达,因于饭后与湜儿拆件点装书本无缺,箱架俱无恙,至快慰矣。十时半乃寝。

10 月 20 日（九月十九日　乙亥）星期二

晴,暖,夜月好。

晨六时起。七时后,作书两封,一致乃乾,告书到,并属知照古籍书店款已汇出。一致济川,谢照料运书。十时出付邮,并取款向邮局汇与上海古籍书店,径入黄浦区人民银行办事处。账号五四二六七一一。至此,书款两讫矣。

回家后整理《图书集成》,居然腾出五格可以容纳他书,遂以《说文解字诂林》及《唐诗解》入之。午饭时,滋儿来会食,盖在青年团中央礼堂听报告,下午仍须续听也。饭毕少休,一时即去。予二时出门,乘十路转一路无轨电车,赴政协礼堂参加文史资料研究委员会第二次会议。杨东莼主持,先后由章行严、申伯纯、黄绍竑、吴晋航、吕振羽、陈公培、载涛、王家桢、陈修和、翁文灏等发言,近六时始散。予偕颉刚、修和同行至白塔寺,同乘一路无轨电车东归。修和在北海下,颉刚在东四下,予则在南小街下。以十路甚挤,缓步南行,适垂暮上灯之际,予视力大昏,竟摸索而返,甚苦。老去情况乃尔耶!

六时三刻,琴媳、湜儿俱归,遂与元、宜两孙共饭。润儿亦饭罢归来一转,仍去馆开会,至九时三刻乃归。予正就寝矣。

下午所中开组会,道衡午前来电话约往,予已允政协,只得请假不参组会。

10 月 21 日（九月二十日　丙子）星期三

晴,暖,偶阴。

晨六时起。上午翻阅《图书集成》,下午一时走访云彬,同乘十路到中山公园下,共赴人民大会堂,参加政协全国委员会及北京市委员会召开大会,听取班禅额尔德尼·却吉坚赞、帕巴拉·卓列朗杰、阿沛·阿旺晋美、周仁山作关于西藏问题的报告。六时许始散。仍与云彬挤上十路各归于家。

夜九时半就寝。润、琴何时归,竟未之闻。

10 月 22 日(九月廿一日 丁丑)星期四

阴,偶露阳光而已,无风,不冷。傍晚大雨数阵,止后月明如昼。中夜西北风作,转冷矣。

晨六时起。七时半偕湜儿出,走米市大街上海小吃店进早点,质劣而人挤,无谓之至。既而走至王府井大街,乘三路无轨电车往景山公园,由东侧上山,历观妙、周赏二亭,登万春亭小憩。惜雾笼四野,不得畅眺耳。复西下,经富览、辑芳二亭达西麓,时正九时,乃出北上门,南入神武门,一览故宫。先从西路咸福宫穿至坤宁宫、交泰殿、乾清宫。在乾清门外遇陈万里,立谈片晌,复历保和、中和、太和三殿而南,在弘义阁及贞度门两侧翼屋中参观敦煌莫高窟及安西榆林窟艺术参览,十时五十分出太和门、午门、端门、天安门,直抵广场,复由广场南出正阳门,诣老正兴午饭。供应略胜于数月前,而价昂几乎倍于前此矣。十二时三刻始毕。父子同行而南,至珠市口乘廿路车到天坛西门,先在天桥百货公司一转,然后步入坛西门,穿斋宫达于皇穹宇西首茶棚,乃坐憩焉。二时半起行,登圜丘,顺览皇穹宇、祈年殿,遂出坛北门,乘电车到崇文门,入城后乘三轮返家。到家正四时。

润、琴俱未归,夜饭只予及湜儿、元、宜两孙同餐。九时就寝。

润、琴之归仍未之览也。

下午平伯见过，未晤，见留条，因电话与谈，盖托予查书也。四时半，友琴见过，谈所中展开资料工作，五时半去。

10 月 23 日（九月廿二日　戊寅）星期五

晴，冷，晨有雾。

早五时三刻起。七时写信，至十时许，凡作三书，一寄漱儿，勖其下乡坚持工作；一复乃乾答所问；一致许觉民询《史记选》印数（昨接通知为四万五千册，实际为六万五千册），是否有误？又书复平伯，亦答问也。致许书下午属佩媳携交之，馀三书予亲往南小街投邮。

午饭后独出，乘十路车西行，到麟阁路下，径诣新建之民族文化宫，参观十年来民族工作展览。一时二十分遇逸群、凌云等，因同入。历览八区，有综合，有分区，有专题，一二两层未遍也。可见此馆建筑面积之大矣。三时半出，仍乘十路归家。

四时十分介泉见过，邀往东安市场东来顺吃涮羊，遂同出，徐步以往。到彼仅四时四十分，取得号头已为八十，知须等待，因电话约圣陶同享。越半时，圣陶即至，又坐待至六时半始得登楼就座。是夕介泉兴高，三人竟饮绍酒三斤，在昔毫不作奇，今乃颇感沉重矣。食毕，由老田车送归。到家已八时多，予胡乱与润、湜闲谈，未几即就寝，醉矣。

10 月 24 日（九月廿三日　己卯　霜降）星期六

晴，冷。

晨六时起。八时半出，步往建国门文学所开组会学习。道衡、世德、白虹、绍基、念贻及新同事数人皆发言。冠英主席,最后其芳发布反右倾、鼓干劲运动,用大字报提意见,热烈展开党内整风云云。十二时十分散会,仍徐步走还。

午饭后一时半又出,乘十路转一路无轨电车到沟沿下,南走赴政协礼堂。二时半开会,听农业部长廖鲁言报告关于农业工作涉及诸问题。鲍尔汉主席,五时三刻散。附彬然车偕云彬同行,至南小街东堂子口下,步归于家。

滋儿来省,湜儿亦归,润虽在外晚饭,亦先后与琴媳归,乃夜饭。饭后看电视,八时许滋即辞返。予亦于十时前就寝。

10 月 25 日（九月廿四日　庚辰）星期

晴,有雾,无风,气尚和。

晨六时起。六时半湜儿上工去。七时半滋儿来,乃偕同润、琴、滋四人出,乘十路到南河沿政协文化俱乐部报到参加香山看红叶之行。予等四人乘第一号大车,车中遇翁咏霓、邹秉文、章元善、王却尘等。八时五分开车,径驶香山,八时五十七分即到静宜园。政协副秘书长辛志超在彼指挥照料。先到红叶村茶憩,辛君宣布少坐即可自由游览。午十二时半来此午餐,望勿过时云。予等四人即南走双清,过香山寺,登阆风亭,盘森玉笋而北,复登西山晴雪碑座,仍在碑座东一枯树桩上延盼红叶,盖至此三登矣。惜今日雾未退尽,锦屏未能尽收眼底为恨耳,仍流连于碑下久之。十一时十分下,循道过玉华山庄,径抵红叶村,遇叔湘一家四人及颉刚一家五人。稍憩至十二时二十分,仍由辛君招呼,毕登食堂。十人一席,予等四人即与叔湘家四人,又加入二人共餐。饭肴精洁,五簋一汤,至佳(餐费每人一元,来回车费每人一元)。深感组织生活之美妙也。食前辛君又宣言,午后活〈动〉仍各自便,四时开车(原定五时,以多数人嫌太晚,征得大家同意,提前云)。希四时前仍到达原停车处登车回城。食后各散。予等遂与颉刚等同游,先至琉璃塔,遇竺藕舫,略谈数语。继至昭庙,以闭锁未得入。复北行入见心斋,遇楚溪春,予等坐池边廊上久之,且连摄数影焉。二时半行,过眼镜湖,出静宜园便门,入碧云寺,登大殿,即在殿前碑亭之左坐息饮茶,复遇元善及叔湘等。有顷,予偕颉刚、滋儿三人同入罗汉堂及水泉院一巡,回至饮茶处,已三时半,乃匆匆下山出寺,径赴停车处,尚馀十分钟,乃各乘原车静待东归。四时五分开车,到俱乐部恰为五时。予等四人下车后,琴珠坐三轮先归,予与润、滋、挤上十路车回禄米仓走归家中。适与琴会,时已五时二十五分,不短短一程竟占去全程四分之一之时而强耳。七时十分小饮。有顷,湜儿归,遂同饭。滋则未饭即归去矣。

饭后,润挈元、宜两孙出游,予独看电视转播天津市小百花剧团演出《断桥》、《观阵》、《花园赠珠》、《泗州城》,十时四分毕,予即就寝。润亦携两孙归。

10 月 26 日(九月廿五日　辛巳)星期一

晴,冷。

晨六时起。竟日未出,检《图书集成》有无缺页,抵暮尽五之一,第卅七册缺五十三页,重五十二页(缺《隋书·天文志序》至《五代史·五行志序》)。记出谋觅补,惟然不得不彻查一遍矣。

澬儿微恙,数日未来,今午来省,饭后三时许乃去。夜饭后,小坐,看书,九时就寝。

10 月 27 日（九月廿六日　壬午）星期二

晴,冷如昨。

晨六时起。八时开始续检《图书集成》,竟日所得已过半矣。检出三处缺页,(三百五十六册六十页以下缺何姓纪事及杂录,三百九十册六十三页后疑未竟,四百十五册六十二页后缺清闰节部。)分别记下。

晚六时半夜饭,八时后湜儿始归,知厂中正展开运动,写大字报,遂迟迟耳。又重具餐焉。九时半就寝。润儿已归。琴媳则十时后乃还也。

10 月 28 日（九月廿七日　癸未）星期三

晴,冷,有薄雾。

晨六时起。八时即续检《集成》,直至晚六时乃全部完毕。今日竟未发见有缺失。如此大书,只遗钉两页,疑未完者两页,亦足征当时工人装钉之认真矣（将书告该店,希望能补全）。综计,检查此书费时三整日,区区八百馀册,点检有无缺页而已,已足认真如此,可想凡事深钻,无有可以取巧偷懒者矣。夜九时就寝。眼前完一事,亦松舒不少耳。

澄儿夜饭后来省,九时去。

10 月 29 日（九月廿八日　甲申）星期四

初有轻雾,既而澄鲜,万里碧空,无纤翳障之,日下无风,诚北京典型好秋天气也。

晨六时起。七时半,农祥至。盖昨日电话约会者。因议出游,

本有香山看红叶之言，以近方去过，遂改议重访明陵。八时半到地
安门（先乘十路至九条，转六路西达此）乘四十八分开四十五路北
出德胜门，直抵定陵，时为十时半。车中挤甚，贴坐一粤人，抱孩逗
乐口不绝声，聒耳之极，不禁回忆四十年前苏州甪直往返航船景象
矣。下车步行至定陵，径诣玄宫一巡。农祥初见，不免为之指讲多
时也。十一时许即离定陵，东北行，欲赴长陵食堂就食，农祥嫌转
出大道复奔长陵路较远，拟抄径路趋之或较近。出陵门时先询收
票人，谓路虽可通，中间有水阻隔，予仍主走大道，而游人男女成群
咸趋岔道穿林薄。又询诸道旁警察，亦谓可行，乃随众行，初尚有
路，越陌超沟而已，继乃遇水，盖长陵西谷诸水之所出，虽清浅而辽
阔，乡人绝流，列置鹅卵巨石以为梁，容一人历石而度，其间不能息
足也。予挂杖徐涉，凡度三涧，又穿行崩岸断涧残桥仄径若干，始
过献陵之南，及于长陵之西较大道反远而艰行倍蓰之，但生平只见
画中之山水，今乃得躬行真山水之间，亦大幸矣。十二时五十分抵
长陵东南之食堂，坐满无隙地，后得院中一席，与人并案，取得牌号
四十七，坐待良久乃得食。食已出，就柏荫下茶座稍憩，方议再度
西行，访献、裕诸陵，忽瞥见所中司机老赵，询悉所中招待昌黎县委
及公社书记等来此，具两车，有馀座可附载云。继遇积贤，益知其
详，盖将弯至颐和园一转，始返城，遂定附车得行，并为予等在祾恩
殿前合摄两景。二时廿分，由长陵开，南过昌平、沙河、清河转西穿
北京大学，出西苑，直达颐和园。时为三时四十分。入园时约四时
半，在园门口集合，予与农祥出南道，经知春亭，沿玉兰堂西由长廊
西达对鸥舫，回经扇面殿、乐寿堂、宜芸馆、德和园而出东宫门，已
四时廿二分。又立待良久，积贤等始出来，遂登车同驰，由科学路
至木樨地折东入复兴门，历东西长安街至东单，农祥下去，予则在

方巾巷南口下,本欲附十路行,而适值下班人挤,乃徐步以归。到家已五时半,知颉刚曾偕苏联专家某君见访,而民进中央有通知,约明日参加学习。予乃电话询颉刚,知此一专家即住所中,下星期内偕予往答访。七时夜饭,饭后写信寄复民进中央,告予已参加所中学习,不拟复出,声明不参加民进学习云。此信即令湜儿特出投邮。九时就寝。

10 月 30 日(九月廿九日　乙酉)星期五

晴,冷。

晨五时起,洗足易衷衣,灯下为之,不复就睡矣。七时作昨日日记,事琐,记亦草率,仅免遗漏而已,不成词也。午后二时,独出散步,乘十路至王府井下,北行过新华、文物诸出版社,竟无欲购之新书(所欲者非已有即出版而未到)。复过百货大楼一转,再折入东安市场,亦复无所得,且亦无可歇脚处,只索走还东长安街,仍乘十路回家。

翻阅《图书集成》山川、文学、考工三典,匆匆涉历,不觉垂暝矣。六时三刻,琴媳、湜儿皆归,遂同两孙共饭。饭后小坐,至八时半即寝。

10 月 31 日(九月三十日　丙戌)星期六

阴雨。

晨六时起。七时五十分,冒雨出,应本所号召,参观全国工业交通展览馆。先乘十路转一路无轨电车,径抵动物园,走往北京展览馆,即会场布设处。一路仍有雨,途中遇道衡、雪明,同诣会所。在门口遇水夫、可嘉诸同人,因即联翩入场,在场内遇默存、季康、积贤、小玟、良沛、冀勤等,又遇冠英,遂偕之同览。先从序幕开始,以次经冶金馆、电力馆、化工馆、建筑馆、原子馆、纺织馆、轻工业馆、邮电馆、铁道馆、交通馆。成绩之大,处处与大跃进相配合,布置亦极见匠心,品种色彩调和绚烂兼而有之,虽草草阅过,获益匪细已。时已十一时,乃与冠英入莫斯科餐厅午饭。有顷,介泉亦至,遂合坐同餐。餐已,复往煤炭馆、石油馆、地质馆一览,丰富多彩,不减他馆也。惟因天雨,东西两广场机械馆陈列诸品竟未及看。暇当再来谛观之。二时许,遂与冠英离场。仍乘一路无轨电车回城,至文化部前下,与冠英别,约星一下午三时在所中开组会。予复乘三轮归于家,将三时矣。四时三刻出,乘十路南行,到南河沿下,走往政协俱乐部,径诣第五会议室,参加民进中央小组生活。尚无一人在,越半小时,颉刚、守义相继至。知星六食堂拥挤,三人先往定座,至则陈慧已先在,四人即坐下以待。伯昕病痢未能来,纯甫则七时后始至,相偕进餐已,还至第五室,五人展开漫谈,九时散。予仍乘十路归家。十时就寝。

11 月 1 日 (十月 小建乙亥 丁亥朔) 星期

晴,和。

晨六时起。接乃乾电话,知已于前晚返京,因于八时半偕润儿挈元、宜两孙同出,乘十路转一路无轨电车到北海下,予走访乃乾,润等则入北海公园游息。约十时后在揽翠轩或双虹榭相见。予晤乃乾,长谈别后情况,适中华书局有人访乾,予视时计,已十时,遂辞出,独往双虹榭瀹茗小坐焉。十时五十分,润挈元、宜寻至,乃共诣漪澜堂仿膳(新近移并于此)午饭。食客已甚挤,挨桌良久,始获坐。食毕起行,正十二时。即度陟山桥,出陟山门,复穿景山西门出南门,由神武门直入故宫。在慈宁宫参观景德镇陶瓷展览,失传品种都已恢复,且多创新之作。一九五八大跃进之成绩灿焉在目矣。继至保和殿两侧配殿参观历代艺术馆,陈列分期中有综合,使览者恍然于某一时期发展至某一程度循序而进,引兴无穷。惜为时太促,不及一一详视耳。三时出东华门,雇得出租汽车一乘,祖孙父子四人共登以归于家。

坐甫定,卢氏外孙元锴、元鉴兄妹来省,润儿方欲为予北屋装设火炉,元锴遂协同施工,垂暮乃毕。有顷,湜儿亦归,乃共夜饭。饭后看电视。九时,元鉴归去,元锴则留宿,与湜儿同榻。予看毕电视,十一时矣,即就寝。

11 月 2 日（十月初二日　戊子）星期一

晴,冷。

晨六时起。六时一刻锴孙辞赴校。六时半,湜儿亦上班去。八时为平伯看所注《唐五代词选》稿,至午仅及其半。午后本须赴本所参加组会,得道衡电话,谓改于明日下午三时举行。予遂出门散步。乘三轮到东单,改乘三路车出崇文门到花市西口下,转乘电车往天坛北门。先在皇乾殿看菊展,品种不多,远不逮往年中山公园及北海公园所见者。巡视一周,即步往皇穹宇看大丽花(即西番莲)展览,却大有可观,虽陈列无多,颇足逞游目矣。未几出,仍回至北门,仍乘电车到崇文门,步入城关,再乘三轮返家。时已四时半。六时半,夜饭。湜儿近八时乃归。以开会故,复具餐焉。九时半就寝。

11 月 3 日（十月初三日　己丑）星期二

晴,冷。

晨六时起。八时续看俞稿,近午毕之。午饭后,一时即出,步往文学所看大字报。二时半参加全所大会,听其芳报告本所整风展开状况,并首先自己检查。次揭发唐棣华右倾言论及个人主义表见,最后发动大家多写大字报。五时半散,仍走归。途中与默存、季康、健吾同行。夜饭后,潏儿、文权来省。九时去。予亦就寝。

11月4日（十月初四日　庚寅）星期三

阴冷,午后雨,晚始转晴。

晨六时起。九时半平伯至,相与商定《唐五代词选》稿,至十一时乃毕。遂联翩出,乘十路转廿路到前门,走西交民巷口玉华食堂午饭。饭后,徜徉于劝业场、门框胡同、大栅栏等处,回至正阳门内,复乘九路直达建国门,径诣文学所,时未及二时,天已见雨。三时开唐宋小组会,默存主持,到冠英（以组长例得莅视）、默存、平伯、象钟（新任本小组秘书）、胡赓舜、刘建邦（各地大学毕业新分发我所者）及予七人（本小组成员只蒋荷生未到耳）。谈如何辑集资料问题,并说定胡、刘二君向予问字云。会后默存传达上午所听张友渔报告,谓本院社会科学部所辖各所,竟有十人为右倾机会主义分子（包括本所副所长唐棣华）,且多为领导干部,当大加警惕云云。四时半散。值雨未止,幸行至所门首,适有一三轮过,便乘之而归。

今日为润儿生日,澄儿夜来吃面,九时去。予多食,觉胸际闷闷,未及十时即寝。

11月5日（十月初五日　辛卯）星期四

晴,冷。

晨六时起。七时半农祥来访,因于八时偕湜儿三人同出,乘十路到天安门下,步入故宫。先往文华殿参观德意志民主共和国十年成就展览会。陈列分五馆,第一馆在集义殿;第二馆在本仁殿;第三馆在文华殿,传心殿表见德国从十九世纪初至希特勒法西主义被击溃时期概况;其中三馆表见德国政治经济的发展。第四馆在正殿东偏别院中,第五馆即在其对面。四馆表见德国文化教育、社会福利事业及体育运动;五馆表见德国增强同各国人民的友谊。布置精严朴素,别具风格,殊可感动。九时半,阅毕,在赠品处取得印花人造绢手帕一方,(游人之先至者遍发赠券,凭券给帕,后至者无之。)以为纪念,亦可志也。

离文华殿后,径入太和门,历太和、中和二殿,到保和殿,即今历代艺术馆第一馆。从头看起,第二馆在三殿东侧,原朝房。第三馆在西朝房,今日细览,仅完两馆已十一时,遂舍三馆未看,即南出午门、端门、天安门,由广场西南斜趋西交民巷,毕仍就玉华食堂午饭。饭已,与农祥别,予父子乘九路至方巾巷南口,转十路归于家。予偃息日光中,湜则为予理架书。

六时半晚饭。饭后听广播,与滋、湜偕,盖润、滋今俱归来同饭。饭后,润复去上班,滋、湜与予同听耳。九时,滋辞归其居。予亦就寝。

睡至十一时,始闻琴媳归来。(润已于十时许归。)

11 月 6 日(十月初六日　壬辰)星期五

晴,冷,早晚大有寒意。

晨六时起。八时写信,分寄闻云章(上海前日有书来,故复之)、漱儿(宝山杨行公社,复卅日来信)及外孙弥同(上海用彩印明信片复告寄来七舅之绒线裤已收到。）近午方毕。午后，润儿归视，即交伊带出付邮。接子敦来信，请对其所著《补后汉书食货志》提意见，书已由乃乾带来，惟尚未细读，拟明后日读后复之。此老弥老弥勤，能为此扛鼎之作，大足为我辈吐气矣。

琴媳六时半归。有顷，湜儿亦归。因共晚饭。润儿夜看电影，十时归。予已就寝矣。

11月7日（十月初七　癸巳）星期六

阴，冷，大有冬象矣。

晨六时起。八时廿分出，徐步诣文学所，先在三楼看大字报，九时各组展开学习。本组出席者廿许人，冠英主席，其芳、平伯、默存、友琴、象钟、妙中、白鸿、世德、绍基等俱到。予本须往政协听王鹤寿报告，亦以此次学习重要，舍彼就此。会上发言颇遍对领导同志提意见。其芳亦再作检查。十二时散。予与平伯偕乘十一路车至方巾巷转八路无轨电车，到灯市西口下，走往椿树胡同康乐食堂午饭。肴品已大见复盛矣。一时许，饭毕，平伯有事他往，予乃乘三轮过云彬，同乘十路南行，在西单麟阁路换七路车，到丰盛胡同下，步入政协礼堂第二会议室，听本会委员地球物理研究所长赵九章讲苏联在高空大气层及宇宙空间探测的成就，藉祝十月革命节四十二周年。先由委员茅以升主席，说明意义，即由赵君演讲，三时起，五时半止，并佐以幻灯片说明之。予虽于自然科学所知甚少，经此敷演，亦略得大概焉。深感听取学术演讲之重要矣。散出后，与云彬仍循原路东归。乃十路东行者大挤，排队立风中久之，连过四乘不得上，遂走至西长安街，长安戏院门首，始得乘四路环行车。行至米市大街下，周由无量大人胡同行至南小街分别各归。

时已入暮,冻月挂疏林矣。到家不久,润、琴俱归。遂共饭。

　　湜儿以在政协礼堂看电影,十一时始返。予已就寝久矣。

11 月 8 日（十月初八日　甲午　立冬）星期

　　晴,寒。初御羊裘,夜月略朦。

　　晨六时起。上午翻阅《图书集成》。下午望滋儿不至,二时后乘三轮往访圣陶,谈至四时,乘十路归。夜饭时候湜儿久不归,亦无电话来,甚以为念。润、琴夜饭后出看电影,予在家看电视转播苏联芭蕾舞《吉赛尔》。元孙早睡,宜孙亦踵之。予独坐无味,且夜寒逼人,近十时亦就寝,未看完也。枕上闻润、琴归,湜儿仍未归,直至十一时许乃见来,谓班会开过久,且为改进技术方法计,协同搬运机件,草草夜饭,遂延至此刻耳。予始释然,即令就卧。

11 月 9 日（十月初九日　乙未）星期一

　　晴,寒。

　　晨六时起,唤湜儿,儿以昨宵晏寝,未能即起。六时半出门赴厂,竟未及洗面,遑论进食。予对此景象只有勖其藉此锻炼而已。十时半,乃乾来,谈《三国志》目录,十一时一刻偕之出,步往椿树胡同康乐食堂同进午餐。餐后一时,偕行至王府井百货大楼前,乃乾乘三轮归去,予步行而南,在文物出版社及新华书店购得书册两种,遂走至东长安街,乘十路车回禄米仓,然后步归于家。接毛燮荣电话,知来京参加群英会,有暇将来看予云。

　　滋儿傍晚来省,润儿亦归,七时晚饭。饭已,湜儿归,再具餐。润儿复赴馆工作。滋儿九时去。元孙夜饭后入校活动,九时半乃归。予已就寝。如此弱稚亦深夜独自往还,真新时代景象矣。润儿、琴媳何时归来,予早入睡,竟未之闻。

11 月 10 日 (十月初十日　丙申) 星期二

晴,寒,夜月甚好。

晨六时起。八时撰唐诗人小传。自头晕就医以来,辍作久矣,今日精神略振,遂试为之,至十时半,写毕王绩传。欠伸而起,独出散步,以舒气。信行至米市大街,乘廿四路车达前门,走过月盛斋,推门入,见排队者仅十许人,遂亦挨入(生平排队上车数矣,排队购物尚为第一次)。越半时,乃买得酱羊肉半斤,持以行,登老正兴饭店二楼就彼午饭,一菜、一汤、一碗饭,一两白干,亦从容舒适矣。一时许起行,由大栅栏穿出门框胡同,到劝业场,穿至西河沿度正阳桥入城,在广场乘九路回方巾巷,转十路到禄米仓,走归刚二时,少坐即续撰唐诗人小传。抵暮又写出上官仪、韦承庆二人。

六时许,润、琴、湜陆续返,遂同进晚饭。元、宜二孙亦与焉。夜饭前,佩华来,买到鲜花糕点,上午予不在家时,潘儿亦买糕点来,盖明日为珏人生忌,预为设供者。佩以六时半须开会,未饭即行。润夜饭后仍入馆工作,九时乃返。十时就寝。

11 月 11 日 (十月十一日　丁酉) 星期三

晴,寒。

晨六时起。七时半始作《唐诗人小传》,至午写出张九龄、宋之问、王勃三人。午后一时三刻出,乘十路转一路无轨往白塔寺,走诣政协礼堂,听中共中央交通部副部长张邦英作交通运输、邮电问题的报告。沈衡老主席,盖政协常委第五次扩大会议,故被邀列席也。在场遇颉刚,即与并坐。三时开会,六时一刻始散。仍走还白塔寺乘一路。人挤甚,候过三车,乃得上,径立至朝内大街南小街下,只索步返。到家已过七时。瀿、滋已在家候久矣。有顷,琴媳、浞儿相继归,因共夜饭。饭后谈话至九时,浞先归去,越一刻,瀿亦归去。

是夕,初笼火,虽煤块购不到,而煤球亦熊熊发光热也。九时半就寝。十时后,润儿乃归。夜月色姣甚。

11 月 12 日（十月十二日　戊戌）星期四

晴,寒。

晨五时五十分起,视炉火无恙。八时始由许妈添煤球救之,得不灭,然则煤球不过多耗钱而已,其作用仍同也。

八时一刻接滋儿北京医学院附属医院来电话,谓佩媳将分娩,今晨已送来院中。大约午后乃得产云。十时来家取烟筒,改装新居弯头,顺道唤瀿儿来。十一时许,滋、瀿先后至,遂偕同瀿、滋、浞出,乘十路转廿路,到前外大栅栏下,走往老正兴楼午饭,备样而已,不及予日前独往时也。吃亦有运哉?

午后扬长入城,经广场入天安门、端门,诣午门城楼,参观特种工艺展览。凡布两室(第一室在午门正楼,第二室在西翼长楼中),细至雕塑、丝绣象生禽果。粗至土印花布,搏泥玩具,不论偏方远地,各极其妙,各呈其能,观此诚所谓十步之内必有芳草。领导者培养有方,挖掘无穷矣。遍览一周,已将三时,乃不入故宫即返至人民大会堂前,仍乘十路归家。至四时许,瀿归去。滋复往北大医院看佩华。浞为予抄补《集成》缺页。

夜饭后,九时即寝。浞仍抄书至十时后毕之,亦就其室卧息矣。

11 月 13 日（十月十三日　己亥）星期五

晴,和。

晨六时起。七时半出,过云彬,欲与同往政协俱乐部偕赴红星人民公社参观(政协组织往观),讵云彬连日感冒发烧,竟未能起坐,只得一人前往。其时适值上班,公共交通无法挤上,乃徐步由外交部街、米市大街、东长安街走往南河沿,在俱乐部报到后分乘三大车(凡百馀人),予与平伯、力子、景耀、洁琼、之芬等同车。八时半开,径出永定门,直达南苑原南郊农场,入憩于其会议室。由政协领队人副秘书长易礼容主席,请社书记赵君作介绍,知为去年大跃进中就原有农场及附近五乡各合作社并合而成。介绍毕,分头看机械修配厂及畜牧场。十二时半返会议室午饭(政协自备各人四片面包,中夹肉食)。饭毕,遇春帆,交谈久之。一时后复开车至西红门参观幼儿园、敬老院、卫生所、托儿所等。二时半即返辕北归。仍入永定门,三时半已还政协俱乐部。予乃与众别,独往南河沿乘十路返家。

到家正四时也。候滋儿电话不至,乃去电青年出版社询之,滕云代接,谓滋华因院中见佩华尚无即刻分娩之象,属令回家,滋已去院接归云。

五时半,刚主见访,谈移时,垂暮去。

夜饭时,晓先来访,因邀共饮。良久,湜乃归。同饭。饭后八时,琴始归。乃再具餐。九时晓先去,予即就寝。颇感乏累矣。月色好。

11 月 14 日（十月十四日　庚子）星期六

阴,冷。午后放晴。风虽不大,颇感手僵矣。日出后稍和暖。

晨六时起,即接滋儿电话,谓昨日接回佩华后当夜又感腹痛,此刻又送往医院云。伊本人即须偕同人出发劳动(仍往西山)。此电话即在社中打来。

八时,予出步往文学所参加学习。正在三楼看大字报,遇介泉及冠英、绍基等。冠英言,今日学习不开会,即看大字报并写大字报。予与介泉乃谛视各报,但亦只能择主要者看之。觉力乏,即诣资料室休息。又晤晓铃、友琴、贯之等。至十一时许,在友琴办事室中写出大字稿一通,与介泉两人署名,交由友琴转托青年同人代写。予笑谓介泉今日真像朝考(地本贡院原址也),幸未继烛即交卷耳。十二时十分,始离所各归。颇感寒冷,到家手僵甚,良久始回暖,非向火恐一时难复也。

午饭后,日出,又坐在炉旁似不甚觉寒矣。志华伴新新来省,送到达先、清儿信各一件,展看都好,终是慰情聊胜之具也。下午一时许,琴珠电话见告,谓已去电话北大医院询过佩华,尚未分娩,志华来后,又径去电话询问,仍未见动静,予以滋儿去西山劳动未回,颇萦心佩媳安全,至望即得好消息。傍晚,润、湜两儿归。雪村见过,亦承来访问滋儿得子否也。六时三刻去。琴珠归,据云放班时,又去电话询医院,谓佩尚未分娩,但情况正常良好云。予等乃共进晚餐。餐后,濬儿、文权来,晓先、雪英来,聚谈至八时半,琴珠又向医院电话询问,始知佩媳刚举一男,正在称体重,尚未获悉重量云。合家合座,为之大喜。因电话告知雪村及圣陶两家。惟滋儿究已返城,获悉此讯否?则仍不免悬悬耳。

九时后,晓先、雪英去。又有顷,濬儿、文权亦去。予乃洗足濯身,易衷衣就寝。月色甚姣。

11 月 15 日（十月十五日　辛丑）星期

晴，较和。夜月好。

晨五时即起。为滋儿新生之儿命名绪昌，候其来告之。八时半，雪村见过，称贺。谈至九时，予以须往文化俱乐部参加民进中央小组组织生活，遂与同出，村返家，予则乘十路行。临出门时，属润儿如滋来请名，便可告之云。

九时半到政协俱乐部六号室，伯昕、守义、陈慧皆已在坐。有顷，颉刚亦至，遂展开漫谈。即所见人民公社各抒观感，十二时十分乃散。本部食堂已挤满（今日星期故），立待似不雅观，即步往王府井谋食，讵时正餐时，各饭馆俱满，有数批立候者。予凡历五六处，皆然，而时已过午，三轮且无着，只得扬长走归。到家已一时，家人俱已餐过，乃草草啖馍啜粥果腹而已。

知滋儿昨夜返城已迟，回家后未得产院消息，今晨往视，乃知之。润以予意相告，伊即去，谓傍晚再来省候云。外孙昌昌、新新来我家午饭，饭后润儿携同元、宜两孙偕之出游。三时许，琴媳往看佩媳。傍晚润等及琴、湜皆归。外孙升埩、升增来省，昌昌、新新归去。润、琴出看电影，而滋儿来省，予遂与滋、湜、元、宜、埩、增同饭。饭后澄儿至，因共谈，知佩媳于昨晚戌正生绪昌，仍动手术乃下也。

九时，澄、滋等皆去。润、琴方归。再具餐，而予已就寝矣。

11 月 16 日（十月十六日　壬寅）星期一

晴，时有云翳，风不大，寒亦不烈。

晨五时三刻起，既已唤醒，湜儿已亦灯下穿衣。七时半，即展

纸续作唐诗人小传。竟日为之。抵暮写出杜审言传,及重写王绩、
上官仪、韦承庆传。

竟日未出,傍晚琴媳、滋、湜两儿都归来,润儿亦于晚饭后归
视。因与元、宜两孙围坐共饭。已饭者亦陪同坐下,饮啖自如,亦
见团聚之乐。九时许,滋儿辞归其居。予亦就寝。润仍夜出加班,
十时乃返。

11 月 17 日(十月十七日 癸卯)星期二

阴,午后偶见日,不久即隐,但气不甚寒。

晨四时即醒,起小溲,添煤,遂未入睡。五时半即起,唤湜儿,
湜儿匆匆行,竟未及洗面也。为值日须赶往打扫,故不得不冒黑而
行,亦藉此锻炼耳。七时即伏案重作张九龄小传,以订正《四库提
要》所说之谬。翻书多且久,直至午饭后一时半乃完。少休后又接
写宋之问小传,至四时半,疲甚,仅完正文,有注语多条未及写完,
不得不搁笔瞑目以休矣。

今日大约受凉,午后水泻两三次。傍晚,潏儿来,谓方从北大
医院视佩华及初生之小孩归。有顷,琴珠归,遂同元、宜两孙共饭。
饭后,湜儿始返,盖在厂就浴而后行也。又有顷,澄、滋两儿亦从院
中看视佩华、绪昌来,因共谈至九时半,乃各归去。予亦就寝。

11 月 18 日①(己亥岁十月 小建乙亥 丁亥朔 十八日 甲辰)星期三

晴,时有云翳,仍不甚寒,似酿雪也。

晨五时即起,灯下记昨日日记。七时写唐诗人小传,至十时

---

①底本为:"一九五九年十一月十八日至一九六〇年一月廿七日日记"。原注:"庚
子岁元旦巽老自署。"

许,重订宋之问传毕。续改王勃传,午后三时始毕。未几,得燮荣电话,欲来看我,即约其来。有顷至。谈新近返沪续弦,因应部召来京开会故单身到此云。四时许,与偕出,乘十路转廿路,去大栅栏谋食于老正兴。以时尚早,未开门,乃散步于廊房二条、门框胡同、大栅栏等处,然后复往,则启户延客矣。遂登楼觅坐,且酌且谈,五时半罢。徐步下楼,已掌灯。燮荣返招待所开会。予则乘三轮径返,到家六时一刻。有顷,琴、湜、润先后归。伊等夜饭后,润、琴挈宜孙出购物,予久不抹牌,乃取牌就灯打五关数局,九时就寝。

上午十时,濬儿来省,十一时半去。

11 月 19 日(十月十九日　乙巳)星期四

晴,尚和。

晨五时半灯下起。翻书。今日湜儿休假,上午督其理书。午饭后二时许,与湜偕出,乘十路到天安门,步入故宫,在三殿西配殿参观历代艺术第三馆。遍览元明清三代文物精品,直至三时三刻乃离馆,径出神武门,乘一路无轨电车往西安门,步诣产科医院视佩媳及绪昌。入室,滋儿已在。有顷,濬儿亦至,予见其母子皆安,即行,仍与湜在西什库口上一路回南小街,徐步而归。六时半,琴媳归,润亦归,乃共饭。七时许,滋儿来,予等饭未毕也,因参焉。饭后,润仍入馆工作,滋则九时后去。予亦就寝。

十时许,润乃归。

11 月 20 日(十月二十日　丙午)星期五

晴,和如昨,夜月姣甚。

晨五时三刻起。七时半作唐诗人崔融小传,至午正文写完,注

则仅开其端耳。良以翻书多时,不能速也。午饭后,一时廿分即
出,乘十路转一路无轨电车到北沟沿下,未及二时,乃步入锦什坊
街南,至武定侯胡同口始折而东,转入沟沿北诣政协礼堂听报告。
盖民族组请文化部文物局王毅讲西藏见闻,约于下午二时半开会
参加者也。至则晤叔湘、研因、至善、振羽、公培、从文等。振羽主
席,王毅今年春夏曾由部派往视察藏中文物保护情形,故请伊以耳
闻目见种种向会中报告。其词甚长,凡历四小时,至六时半乃已。
谈藏地历史风土及解放农奴前后诸情状,至详悉,听者有不耐之
色,可见讲话必须简练矣。

散会后,与至善走还白塔寺,各乘所欲乘者以归。予循原路尚
顺利,到家已七时十分,湜已归。润则先食,复往馆中工作矣。予
从容夜饭,饭后坐至九时三刻乃寝。十时,润始归。

11 月 21 日(十月廿一日　丁未)星期六

晴,薄暮阴,不甚寒。

晨五时三刻起。八时出,步往文学所,先登三楼看大字报,予
与介泉连名之件已揭出,余多有新易者,惟平时接触不广,孰为党
员、孰非党员,且难识,况新来年青同事不少,所揭张之报被批评者
与批评者不知为谁者全夥。真有望而茫然之感。将何从提出意见
耶?惟有内切惭惶而已。九时开全所大会,听罗大冈作参加群英
大会的报告,事例生活观感倍切。十一时许毕,听者忘倦。散会
后,仍徐步走归。

下午三时许,乃乾见过,谈《三国志》诸问题,五时许去。

六时夜饭。饭后,润、琴挈元孙往政协礼堂看电影,并与许妈
偕。湜则在彼约会。予与宜孙看电视,九时半就寝。十时半润、湜

等归。下午接佩媳电话,谓昌孙脐带已荐,伊自己亦健好,院中属其明日出院矣。

11 月 22 日（十月廿二日　戊申）星期

阴。

未明前五时半起,唤湜儿,解溲后返床,在枕上看蒋叔起《南浔楛语》,不觉抛卷入睡。盖精神凝聚反而易倦也,及睁眼已七时矣。如此晏起亦仅见者,乃亟起披衣。诸孙亦有声矣。遥想湜儿则上工已久,弥感内愧也。午前未出,亦无人至。

午饭后,琴媳之妹慧英来,即偕同元、宜两孙及李妈往探佩媳母子。润儿则清除煤池子筛出隔年煤渣不少,亦足供旬日需也。二时后,润事竣,予亦与偕出,往看滋家。先出大雅宝东口,穿日坛而东北,即芳草地商场,在场中一转,买得蛤蜊油一,再北行到朝外大街,已过神路街之东矣。乃由朝外工人俱乐部对面新辟体育场西路北去,转过游泳馆,东北斜趋三里屯商场,直抵东六楼,径达滋家。所经皆前此未尝走过之新路,别饶趣味,竟未觉倦,为时亦不过五十分耳。到滋家,澄儿已先在,琴等亦早到。见佩媳甚健,昌孙亦稳眠饱吃,深以为慰。坐久。依宁波风俗,各啖糖面。四时许,琴媳、慧英、宜孙、李妈先归。予与润儿、元孙又越半时乃行。澄儿则留彼晚饭矣。予等三人乘六路转十路归。到家五时十分。六时半夜饭。湜儿亦踵至共餐焉。

夜饭后,坐至近九时即寝。

11 月 23 日（十月廿三日　己酉　小雪）星期一

阴晴间作,气不甚寒。

晨五时三刻起。平明后在院中活动一二分钟,八时后写信三封,分寄安国齐村十一队清儿;虎饶八五三农场二分场六队汉儿;宝山杨行漱儿,俱告滋、佩举一男,命名绪昌事。兼致慰问旅况之意,多加勉励。

午饭后,润儿归视,即属带出付邮。一时,摊书续完崔融小传注十二条。三时许,电话询滋儿,社中云有病未上班。乃亟起冒风出,乘十路转六路以趋看之。至则濬儿在,滋、佩俱无恙,昌孙夜啼,伊等无经验,张目看护,少眠,未能早起。电话告假,遂误以为滋病耳。至此释然。坐谈至五时五十分,偕滋儿起行,伊送予上六路车,顺便去报新生户口等事也。

六路、十路皆甚挤,予拥在出入口,窘极。到家已六时半。湜儿以厂中开会,八时乃归。

今年白菜丰收,里衖中登记需要量,一次发售。据闻年内不再供应云。我家登记五百斤,今晚八时通知去购取。于是全家出动,分批抱持以归。此后处理储藏将大费周章耳。

九时四十分就寝。时户外风大作,呼呼有声矣。

11 月 24 日（十月廿四日　庚戌）星期二

晴,气温略如昨。

晨五时五分起。八时后,草唐诗人骆宾王小传,至午正文毕。

午饭后二时出访乃乾。乘十路转一路无轨电车以往。交还《三国志》编目等件。谈至四时十分行。乘五路转十路归。六时半,琴归,即夜饭。近七时,湜乃归共饭。九时即寝。

11 月 25 日（十月廿五日　辛亥）星期三

晴,和。

　　晨五时三刻起。七时卅五分出，徐行诣南河沿政协俱乐部，时正八时廿分，签到时遇颉刚、元善、力子、秉文诸人。八时半上车，遇云彬等。先上一号车，办事者以先已编号故，重排坐次（并不预先公布在车点名指换）。予换乘二号，又不是，换乘三号车乃定。参加者多感不快。三车近百人。予仍得与颉刚、云彬同车，稍慰岑寂。但缘荮纷更竟耽延一刻钟始得出发。三车鱼贯由东西长安街出复兴门，直驰至五棵松，始折入丰台路，南抵广安路。西南行，越铁路线数道，穿拱极城，度卢沟桥，径达长辛店机车车辆工厂，已十时许。盖二号车中途抛锚，乘者分挤一二两号车中，致又延误也。

　　到厂聚坐其会议室，由辛志超主持，请厂长向君作介绍。向君为转业军人，爽直明朗，详述厂史，及近年跃进成绩，历二时乃毕。即席午餐，仍由会中备有面包分享，而厂中特加招待，遍赠热汤（木耳鸡蛋汤）以佐之。甚且人得两碗者，颇感之。食已，休息多时，近二时，始由厂长及职工引往车间参观。先看老厂五车间，继又乘车北返张各庄，看其新厂两车间，凡机车内燃轧钢加工货车等制造。略遍一周，三时四十分乃别陪行者，各登原车，循原路返城。四时半到俱乐部。予与云彬入诣食堂候餐。遇傅学文及叔湘夫妇。予二人小酌至七时，乃起行。在礼堂看黑龙江省民间艺术团所演皮影戏，又遇颉刚携其两女一男，亦已在坐矣。即与并坐。凡看《鹤与龟》、《水漫金山寺》、《东郭先生遇险记》三出。休息时已九时，予与云彬乃起行。尚有一出未看也。皮影戏予初次寓目，艺术手腕殊不弱，今又配以电光布景，想较诸初期又大有进展耳。出俱乐部，乘十路各归。

　　到家小坐至十时半就寝。

11 月 26 日（十月廿六日　壬子）星期四

晴，和。

晨五时半即起。以收音机突坏，头次新闻收不到，只索灯下穿袜披衣也。八时，湜儿出访友，适农祥电话至，约来看我，因与湜言，如事竣可诣中山公园来今雨轩见我。有顷，农祥至。遂偕出，乘十路往中山公园，先在唐花坞看菊花，继至来今雨轩茶憩。十时半，湜儿寻至，乃移坐入屋，十一时即点菜候餐。居然吃到极大干烧肥鲫，鲜腴之至。昨日《北京晚报》甫有来今雨轩新增菜品之息，予等乃首先入坐。旁坐竟无人到也。予笑谓农祥，此真如往昔入庙烧头香矣。食毕未及亭午，十二时，已食客云集，坐无隙地，予身后且立有四人等待接座，岂味有同嗜胥动食指乎？予等起行，湜先归家有所事。予与农祥则步往故宫。先看历代艺术第三馆，迤入御花园，在浮碧亭后摛藻轩啜茗，坐至二时半，走往皇极殿、乐寿堂、颐和轩，一览珍宝馆，然后由珍妃井出神武门。农祥乘三路无轨电车归去。予亦乘一路无轨东归，在北小街口再转十路返家。

湜儿已偕许妈往视昌孙，薄暮归，谓昌孙甚好，滋又感冒在家云。

夜饭后，看电视转播，杜近芳、叶盛兰演唱《吕布与貂蝉》，九时五十分毕。予乃取汤浴身洗足，易亵衣，然后就寝，已将十一时矣。

11 月 27 日（十月廿七日　癸丑）星期五

晴，寒不甚烈，无风。

晨六时起。八时后，撰骆宾王小传注文，近午毕之。

昨闻滋儿感冒，今日午后二时往看之。乘十路转六路行。到后知仍为欠睡所致。佩媳、昌孙尚安好。予坐至四时半即起行。以再晏即与下班时间冲突，将挤不上车也。滋儿仍送予上六路车而返。予转十路时，尚勉得坐，下车走至家门，适元孙亦放学归，遂偕入大门。六时半，湜儿、琴媳先后归，乃同进夜饭。

饭后九时许就寝。润儿十时半始归。

11 月 28 日（十月廿八日　甲寅）星期六

晴，温与昨同。

晨六时起。八时廿分出，徐步往文学所参加学习。在贡院西街遇平伯，遂同到所，径登二楼会议室。冠英、叔平、念贻、绍基、默存、象钟、世德、翔鹤等俱在。有顷，友琴等亦至。乃开会讨论文学史编纂问题，颇多辩论，十一时三刻散。予约平伯同往帅府园全聚德分店午饭，啖烤鸭半只，及汤肴三事。食毕，与平伯握别，乘三轮归。到家已二时矣。

知民进中央小组有电话来，约明日上午九时仍在文化俱乐部过组织生活云。六时半，润、澄、琴先后归。元孙亦早放学回家。七时许夜饭，啖羊肉饺。食次，湜乃归，仍共餐焉。饭后团坐闲谈至九时半，澄儿去。予亦就寝。

11 月 29 日（十月廿九日　乙卯）星期

阴晴兼施，地润风微，欲雪未果。

晨六时起。八时一刻出，乘十路到御河桥下，徐步往政协文化俱乐部。至则陈慧、守义已在，坐定，伯昕亦至。有顷颉刚至，最后纯甫至。乃展开漫谈。予谈所见红星公社的体会，确显示了一大二公的作用云云。

十一时许,润儿有电话相告,谓叶先生有事招请径通话,予即在俱乐部电晤圣陶,乃约予往饭。予遂先退,乘四路车径抵张自忠路下,转身即八条胡同也。步至叶家为十一时半,少坐便与圣陶、至善小饮。饭后偕乘出前门,诣中和戏院看山东省柳子戏两夹弦柳腔联合演出团演出。坐十二排(老田占二十号、至善占廿一号、圣陶占廿二号、予占廿三号),虽远些,尚不须用远镜也。此团初来北京,为地方戏中具有悠久历史者。所谓东柳西帮,南昆北弋四大剧种也。予等入坐,第一出柳腔《隔帘》(梁祝故事)已上场。扮祝九红的管秀兰,正演卷帘垂帘诸动作,须臾,扮梁山伯的张喜云上场,一再前却,终于相见说穿,已来迟不及之因,惨然而别。第二出为柳子戏《玩会跳船》,李艳珍扮白月娟,许凤云扮萧文勤,杨宝荣扮云霞之环,因龙舟会上彼此目成,竟因遗钗捡还之故,私约过舟订婚。第三出为两夹弦《三拉房》,黄云芝扮郭素珍,宋瑞桃扮张文生,因赴京赶考,夫妻依依之情,三次拉回絮话。休息后,第四出为柳子戏《黄桑店》,张春雷扮秦琼(系红生饰),李永秀扮罗舟,何东明扮史大奈,张兴灿扮店家。演秦叔宝起解登州,史大奈在黄桑店拦救事。四时半散。四戏两出都只二人,一出三人,最后亦至多四人耳。道具极简单,而表情细致刻画有独到处,其中除黄桑店演员为男子外,馀戏皆女子所演,管秀兰之旦,宋瑞桃之生,貌既温文秀丽,举止亦稳雅可亲,真不虚此一看矣。

四时四十分到肉市全聚德吃烤鸭,以须满子及小美、永和之来,待至近六时始上楼占坐。人未到齐固有说,而店家知客之执行方法亦太呆板耳。及食毕,已将八时。仍由圣陶车送至小雅宝西口,走还家中。时湜已回,方同润等夜饭完毕也。十时后乃就寝,以饱食故。

11 月 30 日（十一月大建丙子日　丙辰朔）星期一

阴晴乍忽，仍感地润。

晨六时起。八时，颉刚见过，乃同行入科学院，径诣历史一所，答访苏联专家越特金（科学院中国学研究所副所长），胡厚宣、赵幼文已在坐，乃共谈《史记》翻译问题。越君观察精细，动问深刻，但亦有过执及不成问题处。随问疏答，解决者不少，直至十一时始辞出，约一月后再详谈（因越即须往游殷周、齐鲁之郊，行期一个月）。予仍偕颉刚步归，同行至家门而别。

到家即饭。饭后颇困倦，打盹须臾也。二时后，查得浔阳九派出处即作书告圣陶，备明晨交琴珠带去。夜九时，湜始归，以开会故，犹未及饭，复具餐焉。昌孙感冒，今日延张静容诊之，尚不严重，例须防转他疾。琴珠本言往视，以归晚，不及去。而滋儿又无电话至，不免悬悬也。九时三刻就寝。

12 月 1 日（十一月初二日　丁巳）星期二

阴，寒，微润。

晨六时起。八时后作陈子昂小传，抵午毕之，带注十条。午饭后，困倦无聊，只索披裘出行。二时行，乘十路到中山公园，转五路去陶然亭。三时步登慈悲院西轩茶憩，四时离园，乘五路西行，在南樱桃园换十路返禄米仓，走归于家已五时。

六时，滋儿来省，知昌孙尚未全愈，殊念之。夜饭后，谈至八时半辞去。有顷，湜儿始归。再具饭。九时就寝。润、琴何时归竟未之知。

12 月 2 日（十一月初三日　戊午）星期三

晴,薄寒。

晨六时起。八时后,作唐诗人张说小传,抵饭时毕。饭后续完注文。午前平伯见过,谈半小时去。二时后,乘十路到中山公园,转五路往西华门走访乃乾。长谈不觉日移,竟留彼夜饭而后行。仍循原路返禄米仓,走归于家已七时半。润、琴、湜俱已归饭矣。

午前平伯见过,谈半小时去。

九时半就寝。

12 月 3 日（十一月初四日　己未）星期四

晴,寒。

晨六时起。八时半与湜儿出,乘十路北去,转一路无轨电车到阜成门外礼士路口下,向南走至月坛公园,一看此坛。予初次入目,圮坏不如日坛,而修整亦不如焉。尤以坛场为最。匆匆一周便信步南行,到复兴门外转乘二路无轨电车西达西单,诣商场一看,至十时许,乘十五路车南出宣武门,径抵菜市口,入美味斋菜饭店午饭。时方十时三刻,坐客已满,勉与人合桌得坐下。食毕起行,尚未及十二时。乃偶发探兴天桥之想,遂与湜乘十七路车直达天桥。先看杂技设备,仍保持原来情形,而表现各技实皆精胜之品。人云天桥为术技发源地,信然。立观至一时,乃往天乐戏园看张宝华主演之《酒丐》。先有填戏《女起解》一出,唱做均认真卖力,何遽不如名班耶？今日乃真欣赏及于民间艺术矣。四时半散。乘无轨电车往崇文门,在食品店购买饼饵,步至东单,始乘十路归。到家已五时五十分矣。

夜饭后,九时就寝。琴媳以工作忙,十一时乃得归云。

12 月 4 日(十一月初五日　庚申)星期五

晴,不甚寒。

晨五时三刻起。八时后,作唐诗人沈佺期小传,抵午乃毕。午饭时,潛儿来省,已饭矣,与谈至近二时乃去。四时许,介泉夫人来,谈至五时去。连日来,买菜又难,家下竟无可食两餐,但求果腹而已。琴、浞俱于六时半前后归来。润儿则开会等事,竟至十时后始归。九时半,予就寝。

12 月 5 日(十一月初六日　辛酉)星期六

晴,较和。

晨五时三刻起。八时出,徐步往文学所参加学习。遇叔平,谓今日改自学,因导往胡念贻舍中,取得文件等即折回。到家后,作唐诗人贺知章小传,抵午毕之。惟未及作注耳。午后二时,民进市委干部陈萃芳电话约来访。未几即至。正谈话间,陈慧亦来,共谈至三时半,萃芳先去。又有顷,陈慧乃行。二陈行后,作贺传小注竟。

接所中电话,告星一上午九时,其芳作报告,属参加云。傍晚澄儿来省,因共饭。饭次,浞儿亦归。饭后,文权、潛儿来省。杜小川亦至,谈至九时后,皆去。润、琴在外看电影,近十时乃归。予九时半就寝。

今日公布国家特赦一批战犯,伪满皇帝溥仪亦在赦释中。足见人民政府之宽大,竟开历史上未有之创举也。右派分子亦同时摘去帽子一百馀人,观感一新矣(此属中央范围者,各地将陆续公布耳)。

12 月 6 日(十一月初七日　壬戌)星期

晴,和,无风,夜月好。

晨五时五十分起。

九时后,作唐诗人王湾小传。饭后,滋儿来,遂偕润、滋、琴、元、宜同出,乘十路到中山公园,转五路往陶然亭,仍在慈悲院西屋茶憩。三时四十分起行,由黑窑厂、粉坊、琉璃街出骡马市,折西达菜市口,适为四时半,美味斋正开门纳客,予等遂上楼觅得东南角一座,首先叫菜,候至五时一刻得食。难得大嚼,居然一快朵颐矣。六时毕,下楼就对面四路无轨电车登乘,以往王府井南口下,再转十路返禄米仓,走还于家尚未到七时也。滋则径由四路转六路归去矣。归后待湜儿未归。八时半,锴孙来省,至九时后,湜乃来,谓径往三里屯视昌孙,在滋家夜饭,晤及滋,知予等已饭云。锴孙将下乡参加学习,明日休假,故来告,并留宿焉。

十时,予洗足濯身,易衷衣就寝。

12 月 7 日(十一月初八日　癸亥)星期一

凌晨起,出视户外,雾气涨天,霜华敷地,禺中日出,融融如春矣。

五时三刻起。八时一刻出,属锴孙饭而行,渠乃因回家取书物故禀明十时必行也。予徐步往文学所,实为第一人,候至九时一刻始开会。平凡主席,其芳作检查报告,并作学术研究新方面之动员说辞,十二时一刻方毕。将展开讨论,明日上午八时半,各组即召开会议也。散出,与介泉偕行至外交部街东口,伊乘十路归去。予仍走还。到家已将一时,元孙已先饭入学矣。即草草进膳。

午后,民进本有集会,讨论昨日参观人民公社观感,予以未参加,即电话与颉刚说明不往之故。三时后,续作王湾小传注文,至四时半毕,凡得五条。夜六时半夜饭,润归一视即去。琴、湜皆未及与。八时十分,湜始归,乃再具餐。九时半就寝。

12月8日(十一月初九日　甲子　大雪)星期二

霜后转晴,晡时日埋雾起,顷刻涣散,大地气不甚寒,或有雪兆乎?

晨五时半起(三时即醒,伏枕强挨)。八时出,步往所中。八时半,参加本组学习,讨论昨日其芳所作报告。十一时三刻乃散。予仍强支而已。散会后与介泉同行,乘九路到王府井下,走至森隆共啖鸡素烧,致佳。一时四十分毕。乘三路无轨电车到北海,茶于双虹榭。谈至三时许,日轮转淡,旋类卵黄,有顷,雾笼四野,竟貌日矣。恐有雨雪,即起行,乘一路无轨电车东归,至文化部前下转十路车返家。介泉送予上十路后始别。六时半,琴媳、湜儿先后归。遂共夜饭。润儿自早晨出,晚八时半犹未归。予乃就寝。

十时许,润乃归。

是日以汪荣宝、刘若曾、陈怀三家《清史讲义》四册假与介泉,渠近来公暇消闲,颇思一览清代故实也。

12月9日(十一月初十日　乙丑)星期三

阴霾,入夜月色微茫,气仍不甚寒。

晨六时起。上午本有会,以不任久坐,昨托介泉代向冠英请假矣。九时后,续作唐诗人小传,竟日为之,抵晚写出张旭、张若虚、孙逊三人。傍晚先后得琴媳、湜儿电话,湜厂中请在天桥剧场看《茶花女》,琴媳则社中开会,皆不归家夜饭矣。

夜饭后,坐至九时,润儿归。予乃就寝。越半时,琴媳归。十时半,湜亦归。

12 月 10 日(十一月十一日　丙寅)星期四

阴寒,午前有雪,虽见舞絮之致,却不久即停。

晨六时起。八时农祥来,九时濬儿来。十时,农祥先行,约十一时会美味斋。予与濬、湜挈宜孙于十时出,乘十路到王府井南口下,正飞雪,亟转四路无轨电车往菜市口。四十分即达美味斋,觅坐安顿,有顷农祥乃至,雪亦早止矣。相与饮啖至十二时三刻,离食店,仍乘四路回天安门,诣中山公园茶憩于紫藤棚西屋中。二时起行,农祥别去。予等仍乘十路东归。濬、湜往看滋家,湜五时后返,知佩媳、昌孙都好,濬已径归矣。

夜饭后,本有柳子戏可看,以远未果往。九时即寝。

12 月 11 日(十一月十二日　丁卯)星期五

晴,偶阴,薄寒。

晨五时三刻起。八时半,濬儿来省。有顷,有客叩门来访,自言名姓为何休三,日前方自黑龙江虎饶县八五三农场来,与汉儿同组工作,伊回卫生部后将再去新疆工作云。详告汉儿、士敫近况,颇以为慰。移时去。予乃续作唐诗人崔国辅小传,至午毕之。

饭后独出散闷,乘十路到王府井南口下,过新华书店、文物出版社等处,购得新书数种挟以行。至八面槽乘三轮归,已四时矣。

傍晚,湜儿归,澄儿亦至。因共夜饭。润儿饭后仍去加班。琴媳则及归饭焉。九时半,澄儿去,予就寝。

12 月 12 日(十一月十三日　戊辰)星期六

阴森似仍酿雪。

晨五时三刻起。八时出,乘十路北行到朝四大街下西走至猪市大街,径往冶金工业部礼堂听报告。途遇颉刚,因同入并坐场中。人已挤满,盖科学院社会科学学部召集所属各研究所作帮助党内整风动员报告也。文学所同人见者甚多,惟隔远,未及把晤耳。平伯电约在场中会面,向予借夏穗卿《中国古代史》,带与之,但前后历三小时,竟未之见。十二时散会,只得携归。散出时偕颉刚过华侨大厦大同酒家午饭。一时半始毕(等待甚久)。予仍循原路归家。

接政协通知,予编入安阳参观第三小组,定廿四上午七时半在新车站取齐,与邯郸参观团同时并发云。三时许,慧珠电话,谓今日上午听刘导生报告后,下午正待讨论,俟予往。予以疲累,惮于再出,属请假 并顺以后日去安阳事告之。请代向所中告假一星期。三时四十分,平伯遣人持条来取书,谓晨间误以为仍在所中开会,致相左云。予即以夏史一册交来手带去。顺属口信,后日去安阳也。

夜饭时,润儿、元孙、宜孙同餐。餐后,文权、潜儿来省。九时后,琴媳始归。盖在社夜饭后往蟾宫看电话也。越半时,潜、权去,而浞儿仍未归。予即寝。至十时许,浞始返。盖厂中开会,晚饭亦不及进,只得回家进餐耳。予属令速饭,并属早睡云。

12 月 13 日(十一月十四日　己巳)星期

阴晴间作,寒不甚烈。

晨六时起。

八时与润儿出，乘十路到王府井南口下，步往百货大楼及同升和买得毡里皮靴一双，应用杂物若干。十时即赶回，仍循原路车归家。有顷，乃乾至，盖先电话约定者。谈《三国志》若干问题，近午去。

午后二时半，独出，乘十路北行，在十条转六路到三里屯下，径往滋儿所视昌孙。今日昌孙满月，家常吃面，澄儿挈培孙已在，与之闲谈达暮，遂共夜饭。七时许，湜儿亦至，再煮面享之。又谈至近九时，澄儿挈培孙先行。予与湜儿又耽延半时，乃起行。滋送上六路车。予偕湜仍转十路返于家。

抵家后洗足拭身，易衷衣，始就寝已将十一时矣。

12 月 14 日（十一月十五日　庚午　往安阳）星期一

阴晴间作，气寒如昨。

晨五时即起，候民进车不至，两度电话询颉刚，俱由其夫人接，情况不甚了了。延至六时廿分，车仍未见，只得由润儿陪同步往车站，行至南小街禄米仓口，有车自西来，试呼之果为董守义、顾颉刚所乘，遂驻车候上，同驰车站。抵站门正六时四十分也。先在休息室少坐，然后上车，挂车两节，一载安阳参观团，一载邯郸参观团。予所参加之团连工作人员计凡成员七十二人，适满车厢规定位额，巧极。七时十分启轫，十时过保定。饭仍由政协自备面包充用。十二时过定州，下午一时过邢台，三时十分到邯郸。邯郸参观团结队去。四时一刻抵安阳市，古之邺邑（战国魏地），唐宋时之相州也。当地负责干部皆来站相迎，分乘三大车驰往安阳市人委交际处所设招待所。先在会议室安顿小坐，然后分编卧室，各就所处。

予与董守义、吴文藻、顾颉刚、林汉达、章廷谦(字矛尘,又号川岛)、吴晓邦、查阜西、李俨(字乐知)、安若定、吴容同室,凡十一榻。宛然回复学校宿舍生活矣。七时晚餐,菜肴丰腆,具酒。盖东道洗尘也。七时半,又车送安阳剧院参加招待晚会。会上由河南省第二豫剧团演出。是夕剧目为新编应时剧《冬去春来》(大跃进治水害)。剧前特为参观团加演崔兰田主演之《蝴蝶杯》投府呈杯一出(崔为一团名演员,与常香玉齐称者)。予被邀坐第一排台前乐池之外,有交通沟一道,距坐位甚迩。予在京未见有此设备,自不措意,又兼灯下,竟失足坠入沟中,幸无所苦,仅折损右手食指指甲而已。而东道主大示歉意,再三慰问(嗣后晚会竟不让团中成员坐第一排),盛意可感,转觉踟蹰难安矣。传统戏固大有特色,而新编者尤热烈动人。十一时十分始毕。本团负责者朱蕴山(团长)、楚图南、季芳(副团长)、郭则沈、葛志成(秘书长)皆登台慰劳。比车返招待所,料理就寝已将十二时。

是日有微雪。

12 月 15 日(十一月十六日　辛未　在安阳)星期二

阴,寒,恐将致雪,深夜有大风。

晨四时即醒,以同室者尚有鼾声,忍至七时乃起如厕。八时早餐,九时半即膳厅听安阳市安华、史怀玉两市长作介绍报告。安作综合叙述,于历史文化一般生活及工农各业概况都有涉历。史则敷陈现代工业化的发展情形。至十二时半始毕。下午一时午饭。饭后作昨日日记。二时出发参观,三组各占一车(此后法此)。由安市长陪同下,先后看安阳市第二钢铁厂及第一钢铁厂,在二钢看到土洋结合高炉一座,洋高炉两座,俱出铁流。在一钢看到洋高炉出铁及钢间轧钢,惟转炉出钢则以偶值停电未及看到,殊可惜。返城已将七时,即晚饭。

饭后即膳厅放映电影,招待观赏。先为新闻片,继为《回民支队》及《飞越天险》两大彩色片。十一时四十分始毕。各归寝,感寒冷矣。

12 月 16 日(十一月十七日　壬申　在安阳)星期三

阴,竟日未见日,陡寒。

晨七时起如厕。八时早饭。九时出发,仍由安市长陪同参观河南省营安阳钢铁公司。孔经理介绍概况,清晰平白,大足取征土洋并举,由土到洋之理,颇欣快。在厂看到洋高炉出铁及小转炉倒钢水,并看轧钢,规模俱较昨所见为大。十二时半返所即午饭。

饭后二时出发,仍由安市长陪同(在彼首尾七天,安市长始终相陪,后不复书),先到豫北棉纺线厂参观,分组轮看各车间,其中最足称道者为自制纺机必须之小钢圈,纤细精巧,颇难形容,向赖英国进口,今不供,致遭大困,此厂职工乃自力更生,试制成功,不但供应本厂需要,而且支援各兄弟厂,近且接受他厂订货云。抑有进者,英国货只供一种尺度,无法变化,今乃大小由己,变被动为主动,厥功伟矣。又参观厂设幼儿园,表现纯熟,活泼可爱,取与以往豫北儿童相比,诚九地升九天焉,(豫北在军阀蹂躏时,经常灾荒,卖儿鬻女,司空见惯,当时视作商品夷等奴隶,今乃饱食暖衣,雍雍歌舞其间,岂可以道里计哉。)叹美久之。

四时四十分离厂,再过安阳炼焦厂,现场参观,并得到实地介绍。垂黑乃行。适逢厂中运送火车梗道,立候半小时始得过。比返所已六时半,不久即晚饭。饭后七时半,我第三组就卧室对面会议室开座谈会(一二两组亦分头座谈),翁独健主持,到季芳、杨钟健、葛志成、查阜西、李俨、顾颉刚、吴文藻、吴容、饶国模、何泽慧、林汉达、安若定、吴晓邦、董守义、章廷谦及予(三组同人全到),漫谈观感,发言盈庭,十时始散。予与颉刚、志成、吴容未及发言也。散后即寝。

12 月 17 日 (十一月十八日　癸酉　在安阳) 星期四

阴,地润无风,不甚寒。

晨六时半起如厕,返室即就灯下记日记。七时半早饭。

八时出发,参观安阳中型机床厂及金钟纸烟厂。机床厂能自造刨、钻、切削等具。纸烟厂已将全部机械化,而且连有炼铁厂,具两高炉焉。十二时三刻返。下午一时饭。饭后二时再出,先后参观造纸厂、毛纺厂、地毯厂、针线厂(以上三厂合一厂)、塑料厂、织染厂。各具特色,且皆在去年大跃进中发展而成。织染厂亦带办炼铁厂,如纸烟厂亦有两高炉,故能自改修,自供给。予始恍然,大炼铁运动之妙用矣。

六时半,返所即饭。饭后七时半,又往安阳剧院看豫剧。先为《秦香莲》及《白水滩》两填戏,工力皆到,武生底功更不亚于京剧也。休息后,崔蓝田接演《陈三两爬堂》,剧情为一儒家女卖身葬父母,误落青楼,不肯隳节,只卖文为活。每文值银三两,故称陈三两云。后为鸨儿所逼,卖与年老富商,以不肯从行,致为迈翁行贿县官毒打。县官适为其胞弟,后虽事白,亦大申愤情。曲折宛转,声情激越,杰作也。

十一时许散,返所少休,即就寝已将十二时。

12 月 18 日（十一月十九日　甲戌　在安阳）星期五

侵晨六时起如厕，院中积雪三寸许。昨宵降雪默无声息，推户始知之，可见睡眠之熟。七时记日记。八时早餐。

九时冒雪出发，先后参观内衣厂、制药厂、机电技工学校、纸箱厂、电池厂。虽走马看花，不暇一一详询，而增产跃进，如出一辙。招待殷勤，亦迈等伦。雪中往来，心头却感温暖也。午后一时始返所，即饭。饭后，雪仍未止，但气不甚寒，三时在会议室续开座谈会，全体组员出席。仍由独健主持，普遍发言，予亦聊谈观感。直至六时十分，催饭始散。故径诣饭厅就餐。

餐后无事，同室者聚坐闲谈，除晓邦、文藻、汉达三人出外就浴外，独健、志成亦来纵谈，近十时乃各就寝。就浴者亦归。

12 月 19 日（十一月二十日　乙亥　在安阳）星期六

晨六时起如厕，雪已止，但蹊径中仍有新积痕。足见昨夜尚飞雪也。八时早饭。

九时出发，到安阳桥（桥跨洹水上，亦称安阳河）卫星人民公社参观，凡看展览会、修配厂、敬老院、幼儿园、食堂、温室种蔬等处。十一时半，转到袁墓。袁墓系袁世凯葬所。规制之大，拟于皇陵，今将记功碑亭改为暴露罪恶之地。碑面改漆窃国大盗袁世凯罪状，并将享殿所奉大照相移配碑旁，以示真相。殿后高坟标写"三台风景一代奸雄"，与铜雀遗说先后照灼，真遗臭万年矣。其地已改为安阳博物馆。西配殿为安阳艺术馆，东配殿为革命历史馆，享殿为殷墟文物馆。予等先后涉历，并登墓顶一观。积雪未融，弥望皑皑，亦足畅怀。庭中右侧置一大石缸，标为岳飞缸，云是岳母抱飞漂流到此之物,则依托赝物耳。

参观毕,就文物馆前合摄一景。下午一时始返所进餐。饭后,记日记。二时半,又往小屯看殷墟遗址。其中心地已建有大楼,专供科学院考古研究所发掘研讨之用。有工作队常驻于此。予等看其工作室、仓库、图书馆及发掘地点等。在工作队前又合摄一景。又往后岗村看近年发现殷代圆坑,即在炼焦厂内,其坑如井,深不及二丈,骸骨纵横,双手皆交缚。据云杀奴殉葬之遗迹也。予等立坑边,俯视而已。五时半返所。

七时晚饭。当地人委会、人代会、政协、统战部等各单位为予等践行。又设酒具焉。饮后复招待看豫剧,为临别晚会。七时三刻到剧院,先看崔兰田特演《桃花庵》,继演新戏《突破》极写思想麻痹中人挑拨之害,政治挂帅,全面考虑之益。紧张生动,欢愉愁郁交织一片,终于天朗日清,佳甚。予等观此不啻又上一课,主要的政治课也。戏毕,返寝,已将十二时。是日午前后曾显日。

12 月 20 日（十一月廿一日　丙子　返京）星期

晴,寒。

晨五时起,颉刚已先起矣。予如厕后,整理行装。（先携去时仅一提包,今略购土产,如蓼花糖,安阳香烟等。平添一大包矣。）六时廿分即早饭,四十分便登车赴车站。到站时即登上预备车厢（北京原来之车两节,仍停靠待归）。安市长以下工作人员皆送上火车,殷殷絮话,七时廿分南来车到,遂挂上启行。送行者乃握别下车。情挚谊厚,真令人难忘矣。

九时许,过邯郸,邯郸参观团亦登上,遂会师北行。十一时后,分二班诣餐车就食。盖事先洽妥,在武汉加挂一餐车也。周到之至。惟予等车厢挂在末梢,往返须经过邮政车、软硬席车,各两节,凡越六节始达。不免扰及他人耳。饭时,予与乐知、颉刚、钟健同席。饭前后与矛尘、汉达、晓邦、阜西、颉刚、季方、文藻、孝通、志成等闲谈,不知不觉已达北京新站,时为五时半,仍由民进备车送予及颉刚、守义归家。

抵家时,润、湜、琴及元、宜孙等正在晚饭。予卸装小饮,与儿辈絮话,又别感一番滋味矣。夜饭后,洗足、易衣,九时三刻即就榻。

12 月 21 日（十一月廿二日　丁丑）星期一

晴,寒。

晨六时起。整理七日来日记,誊上此册。琐事纷至,下午又须参加旁听会。只写成两日。下午二时十分,颉刚乘民进车过接,同赴北总布胡同接伯昕、彬然,共驰人民大会堂(张纪元适在伯昕所,乃同车行)。坐楼下遇研因。二时半开始,听周总理在群英会上讲话录音。盖民建开代表大会,与工商联会员大会联合举行,特请准国务院放送总理讲话录音也。五时半散,仍乘原车送归。

是日,为琴珠生辰,润、滋、湜皆聚首吃面。夜饭后,潜儿亦来(仍具面)。建昌亦送其父来信至,遂共谈至九时半,潜、滋、建昌皆去。予亦就寝。

12 月 22 日（十一月廿三日　戊寅　冬至）星期二

晴,寒。

晨五时三刻起。继续誊日记,近午方毕。接民进电话,下午二时半在文化俱乐部开座谈会,属参加。又接绍华、云彬电话,托阅定《纲鉴易知录》出版说明。十一时即派人送来。又接所中工会通知,下午二时半有会,予即电话托平伯告假。盖两者冲突,未能兼顾耳。

午后二时,伯昕、彬然乘车来接,因与偕过纯夫、颉刚,同载以赴文化俱乐部参加民进座谈。到本会参加安阳、邯郸两组同仁及在京中委、北京市委等三十许人。由雷洁琼主席,先后由葛志成、张纪元报告两地概况,近六时休息,即在食堂夜饭(民进公宴)。饭后,续开。予以已得晓邦与颉刚先行,会中车送予二人行,先过接颉子德堪,乃驰往东四十二条北之门楼胡同甲十一号天马舞蹈艺术工作室。入晤晓邦。坐上介识潘怀素。七时半同看其生徒表现舞蹈,见到《浔阳江畔》、《牧童读书》、《纺织娘》、《平沙落雁》、《梅花操》、《梅花三弄》、《十面埋伏》、《双猫抢球》、《花蝴蝶》等九个节目。十时毕,即辞出,与颉刚、德堪同走至慧照寺站乘十路南行,到禄米仓口下,各别归家。润儿尚未睡,少坐,乃各就寝。

天马舞蹈大有特色,能撷古乐之英,配合当前需要,作出优美热烈之姿,可贵也。

12月23日（十一月廿四日 己卯）星期三

晴,有西北大风,寒威始张。

晨六时起。七时后,为中华看出版说明。八时半,道衡电话来,谓即开会。予以未预接通知,且已约中华有人来谈,即回绝未往。九时许,中华书局赵元珠、臧华云以调孚介来访。盖昨晚已白走一趟矣。为唐诗选注等事有所请。益长谈移时去。不日须将全部选目来求决定云。社会期望日增,而体力不济奈何?午饭后,为绍华看《纲鉴易知录》出版说明。予提出应行补充两点(纲鉴来历及明鉴异同问题),书告之。将于明晨属润儿带去。

镇孙有电话禀告,谓其母即将返京,一有行期,当有电报到来云云。予为之大喜。惟不审的确否耳。

晚六时半,琴珠归,因共饭。七时半,停电,亟觅烛照明。润儿亦以此故,无法办公归来。八时半,湜儿始返,因厂中开会故。重就烛下进餐焉。十时,电始复,予等亦各就寝矣。

12 月 24 日（十一月廿五日　庚辰）星期四

晴,寒。

晨六时一刻起。八时后,为民进写安阳参观杂记。十一时许,潘怀素见过,谈甚畅,约廿七日下午二时到其家看所集中国音乐史资料。近午辞去。午饭后,写毕杂记,凡千馀言,作书与梁纯夫,备送去。

二时出,乘十路到中山公园,转五路去西华门,径赴乃乾家,晤之,谈至四时辞出,乘五路回中山公园,转四路车到张自忠路下,走八条往访圣陶,纵谈甚久。遂留彼小饮。八时始辞归。在九条东口乘十路返。

到家只琴媳在,润已出加班。湜则尚未归来。因就灯记日记。九时半,湜儿始返。饿甚,即具餐。润儿十时许归。予乃就寝。

12 月 25 日（十一月廿六日　辛巳）星期五

晴,寒。

晨六时起。七时半出,乘三轮往北京医院,应约复查身体也。经八时三刻,乃得郭大夫(普远)之诊。携去大便些许即交化验室。先量体重,减轻少许矣。血压仍未变。郭属须作血糖试验等,

遂往治疗室。遇唐棣华亦在求诊。见伊神情委顿,想见近日挫折
匪轻耳。时已九时半,询之治疗室云:须空腹。挨至午后一时始能
了。予枵饿已甚,如何再耐至午后,因与约定下星期一上午七时半
即往,俾尽半日之力作完检试手续而出。出门适有三轮,乃雇乘而
归。到家始就食。

下午二时许,潜儿来省,谓甫自滋舍来,昌孙已日见苗硕,且微
能作笑云。闻之大慰。有顷,志华来,共话至四时,与潜先后辞去。
郭大夫处方仍取回咳嗽药水,其他成药两种,且服用再说。在院中
又遇邹秉文、黄雍二人,立谈片晌。五时前接道衡电话,明日上午
八时半在二楼会议室开会,属参加云。润儿傍晚归来,因与元、宜
两孙一同进餐。

餐后八时,琴媳、湜儿先后归。又具餐共食之。九时后,即寝。

12 月 26 日(十一月廿七日　壬午)星期六

晴,寒。

晨六时一刻起。湜儿今起改夜班,上午出为予购物。予八时
出,步往文学所参加大组讨论何所长学术思想问题。邓绍基主席,
杨壮伯、曹道衡、樊骏三人发言,十二时散,仍走还。在所晤平伯、
冠英、默存、友琴、力扬诸人。惟未遇介泉。午饭时接镇孙电话,知
汉儿明晚即可到京云。饭后,湜儿为予理发。三时后,湜即赴厂候
接班。今晚宿厂不归寝矣。

傍晚,晓先来。有顷,澄儿、镇孙至。镇孙出汉哈尔滨来电,明
日下午准到北京矣。为之大欢。琴媳、润儿亦皆归。遂同小饮,与
两孙等共饭。饭后,潜儿、文权、雪英、鉴孙俱至,谈到九时以后,
镇、鉴先去。晓、雪继行。潜、权最后去。予亦就寝。

12 月 27 日（十一月廿八日　癸未）星期

晴,寒。

晨六时起。八时半出,乘十路南去,到南河沿下,走往政协文化俱乐部,参加民进中央小组组织生活。陈慧、伯昕已先在。颉刚继至。有顷,纯夫至,最后守义至。漫谈印度、印尼最近掀起国际问题。十一时五十分散。予与颉刚走至食堂谋饭,人已挤满,等候良久,始得坐。及饭已已将一时矣。复与颉刚乘八路北行,到锣鼓巷下,偕赴井儿胡同五号潘宅,应思白(怀素之字)之邀,参观其所藏音乐史材料。在座晤谢无量、吴晓邦、俞平伯及京音乐研究室及天马舞蹈艺术工作室干部诸人。京乐室干部多本京智化寺和尚,天马室干部多苏州玄妙观道士组织演化。遂作无用为有用。曩之所谓僧道斗法者,今乃睹僧、道合作焉。坐听各演记录乐种之录音带。五时始辞出。与无量、平伯、颉刚同走至锣鼓巷南口,平伯乘八路行。予三人乘六路东行,无量在铁狮子下。予与颉刚仍在十条口转十路南归。

予到家,知润、湜、璐、镇、鉴及建昌、元官俱往新车站接汉儿,并知瀋儿、文权亦往矣。良久不至,而澄、滋、佩、晓、雪皆至。接润儿站上电话,告哈尔滨来车误点,须五时五十馀分乃能到。只索坐以待之。六时半,瀋、汉一行皆至。盖自车站步行来家者。汉仍白皙且略胖,为之大慰。因共夜饭。饭时雪村挈建新来,谈有顷,湜送雪村、建归去。滋、佩亦行。九时许,澄、晓、雪、汉、镇等亦归去。最后瀋、权乃去。十时许,予就寝。

12 月 28 日（十一月廿九日　甲申）星期一

晴阴兼作,寒。

晨五时三刻起。今早本拟赴北京医院检查身体，做血糖等试验，以接政协通知，今晨九时，中共中央统战部召开大会，在人民大会堂听中共中央负责同志作报告，遂改赴天安门。七时半即乘十路往。八时恰进入大会堂（以须会前一小时入场）。坐十六排十四号。九时开会，由陈毅副总理讲话，对国际国内诸问题多面阐发，并解答不少不正确的看法。直至下午一时始散。散出后，仍乘十路东归。遇介泉，以人挤不及多谈。回家进面，已将二时，饿火中焚矣。

汉儿今日向文化部报到，不知究发何单位，工作则尚未之知。且俟面报也。

二时后，写信复漱儿。傍晚，汉儿来，知已办妥手续，仍回新华书店，在科技发行部工作，明后日即须到班云。夜饭后，潜、权来，共谈至九时半，潜、汉、权皆去。是夕停电，比潜等去则电灯复明云。予以明晨须侵早出门，亦即就寝。

湜儿七时后归饭，琴则十时始返。

12月29日（十一月三十日 乙酉）星期二

阴，偶露日光，寒不甚烈，殆又酿雪矣。

晨六时起。七时出，乘三轮往北京医院门诊部。径赴治疗室，取得一号牌。七时半即抽血作血糖试验，七时三刻又抽血验小便，嗣后每隔半小时作一次，凡五次，第三次至第五次则每次间隔一小时，至十时三刻乃毕。潜儿于十时许来院接候，迨事了，腹枵已甚，即偕往崇文门乘二路无轨电车到东安市场下，本拟在森隆吃鸡麦烧，踵门不见此牌，盖又临时撤除矣。遂步往椿树胡同康乐餐馆午饭。饭后与潜儿联步归于家。

润儿今日往赵家楼施行节育手术,约在家休息三天。三时半,汉儿来省,知工作配定,一月三日正式上班。四时一刻,濬、汉偕出,往三里屯滋家看铿孙。五时晚饭,润、滋、宜共餐(琴、湜、元尚未归)。滋适来省,遂与同饭。六时十分,与滋儿同出,偕乘十路车北行,在文化部前换乘一路无轨电车西迈,至白塔寺同下,滋儿送予到白塔后,转三路无轨电车东返,赴首都剧场参加青年出版社年终晚会。予则缓步往政协礼堂,亦参加晚会也。七时前到场,前排已坐满。予已坐十馀排后矣。遇游国恩、吴景松、杨钟健、章元善、林汉达、张纪元。予即与元善并坐焉。

七时半晚会开始,为中国京剧院一二三团合演精彩节目。一、叶盛兰主演《石秀探庄》;二、杜近芳主演《盗仙草》;三、李少春、袁世海、叶盛章、李慧芳合演《战宛城》。慧芳上场已将十时,预计非十一时不能完,遂于十时五分离场先行,未及见盛章出场也。独自北行,仍在白塔寺前上一路无轨电车东归,至南小街只索徐步走返于家。到家已将十一时,从容坐息,然后就寝。

是日下午三时前,政协派总务科干部任富春来访问,并致慰候礼物(鲜猪肉三斤、鸡蛋二十枚)。承关顾周至,甚佩。

12月30日(十二月　小建丁丑　丙戌朔)星期三

阴,寒。

晨六时起。八时出,乘三轮往北京医院门诊部就诊,仍由郭大夫诊视,谓昨日检验结果肯定尿内有糖,是糖溺病已肯定,希望我再作一次食后检查,然后酌定治疗。予与化验室接洽,约明年年初再往,缘又须整整费半天之功也。离院后走至王府井南口,乘十路车归家。十时一刻即到。十一时许,汉儿来省,谓文化部全体工作

人员听领导报告,不办公,伊转移户口问题仍未能办也。饭后电话
联系,知可接办,伊遂辞去赶办。约明日上午再来云。润儿休息在
家,下午与长谈。

夜饭后,看电视《女驸马》。湜则七时归饭也。予看完电视已
十时卅四分,乃洗足、拭身、易衷衣,就寝。

12 月 31 日（十二月初二日　丁亥）星期四

晴,寒,西北风较烈。

晨六时起。九时许,汉儿来,旋出购物。湜儿仍于六时半往厂
大扫除。润儿今日亦到馆视事。十一时半润归,十二时一刻湜归。
一时许汉亦归来。遂共饭。

饭后二时半,予偕汉、湜过瀿儿家,适已出,遂往朝阳门,途遇
瀿,乃折返。小坐至四时,父女四人同出,仍走入朝阳门,在门口购
得公共汽车电车联用月票,扬长由南水关衣袍胡同、小牌坊胡同、
禄米仓等处归于家。五时半,瀿、汉、湜挈宜孙往省澄儿家,饭焉。
晚饭后,文权来。予等开电视,看迎接一九六○年新年晚会。有各
民族舞蹈、歌唱、侯宝林相声及马连良演唱《打渔杀家》等节目。
演进中,瀿、汉、湜、宜归。十时许,瀿、权去。予等看毕电视,已十
二时半,迎得元旦矣。遂各就寝。汉儿留宿,与湜同卧。

1960 年

晴,寒。

晨七时乃起。九时,汉儿归去,预备挈诸外孙来午宴。十时,雪村挈小逸、建新来,谈移时去。十一时,予偕润、湜、元、宜出,同赴森隆,为铿孙设汤饼宴。润挈宜孙乘三轮先行,予与湜儿、元孙则乘十路车到王府井转三路车抵东安门下,走往森隆。至则雪村伉俪及诸外孙已多在。其后亲属、宾客陆续到,至十二时三刻,乃到齐开饮。宾客到圣陶、至善、满子、雪村、藕庄、小逸、晓先、雪英、士中、静容及佩媳之表姊妹、表姊婿董义豪(在城市建设部工作)。亲属到潗儿、权婿、预孙、硕孙、建昌、建新、澄儿、垍孙、基孙、埒孙、埌孙、垲孙、培孙、增孙、汉儿、大璐、镇孙、鉴孙及润儿、琴媳、元孙、宜孙、滋儿、佩媳、湜儿、许妈、李妈,并从去,凡例三席,甚挤矣。惟铿孙以稚弱未与,在家交保姆伴之。攘攘至下午近三时始散。滋儿已醉,由湜、佩雇汽车送返三里屯。

予与圣陶约今晚同赴人民大会堂参加晚会,并属汉儿届时同会圣家,俾同往。自森隆出,润儿陪予往百货大楼一转,出过文物出版社购得安徽铁画一册,顺走至东长安街,同乘四路环行车到张自忠路下,走往叶家已四时半,润则径行归家矣。予在叶家先饭,俟至五时半,汉亦至,六时,圣陶、至善、满子及予与汉儿同载以出,直赴天安门人民大会堂，由北门入，在二楼餐厅参加酒会，盖人代常会、国务院、全国政协联合举办之新年联欢晚会也。刘少奇主席举杯祝贺，周总理、朱委员长诸首长都到，极盛。予等五人与平伯、宝驹同席，因同诣三楼礼堂看川剧与昆曲，坐上遇云彬。所看两昆剧皆俞振飞主演，前为与言慧珠合演之《惊变》，后为独演之《迎像哭像》。前者欢愉松快，后者悲楚激越，境地各殊，哀乐悬判，乃能曲达剧情，使观者同其呼吸。真臻神化矣。十一时散，仍乘圣陶车送至小雅宝西口，与汉步归于家。润、湜、元、鉴尚未睡，正高谈阔论中，又有顷，乃各就寝。汉、鉴宿西屋湜房，予与湜同榻。

1月2日（十二月初四日　己丑）星期六

晴，寒，偶阴。

晨七时半起。十时许，偕汉儿往云彬，十一时半归。十二时应雪村之招，与汉儿俱去。到则澄儿已在。盖村公设宴为送澄迎汉之会也。饮至二时许散。潎、滋、皆至，遂与同归。镇孙、鉴孙、埙孙、俱来小雅宝午饭。饭后去。润在家主之。下午家人聚谈亦至快。入夜，遂与潎、澄、汉、润、滋、湜、琴、元、宜同饮。湜虽上班，晚亦归来也。晚饭后，又谈至九时半，潎、澄、汉、滋皆归去。予等亦各就寝。

接漱儿卅一日信，知予前复之书尚未到。

1月3日（十二月初五日　庚寅）星期

薄晴，时昙。仍不甚寒，殆酿雪耳。

晨六时半起。政协电话招呼，谓十一时后有车来接，届时车至，即乘以往。时尚早，予一人先至北京饭店中七楼大厅，政协总

务科张延接待,始知今日为李维汉、徐冰两部长请政协委员之年在
七十以上者。坐定后,研因先至,继来者谢无量、张颐、邢冀亭、胡
庶华、陈半丁、康同璧、朱启钤、翁文灏、叶景莘、陈叔通、李维汉、徐
冰、陶孟和、载涛等。连工作人员凡四十许人,坐四席。予与研因、
载涛、无量、张颐及金城等五人同席,酒肴纷陈,多酥软,不必任齿
之品而味极鲜腴,闻菜单为燕铭所定,欢饮移时,一时后毕,各散。
予仍由车送至文学所。盖今日下午有大组会,故径赴之。至则尚
早,坐半时始开会,冠英、平伯、默存、友琴、道衡、念贻、绍基、和生、
世德、白鸿、妙中、叔平等皆至。象钟主席,漫谈毛星问题。五时
散,约明日下午二时半,在余冠英宅召开小组,继续讨论云。予遂
徐步归于家。入夜,断电,七时后乃复。润儿因此归饭。湜儿九时
始归,因开会延迟,已在外饭过矣。

十时,予就寝。琴媳归来已将十一时云。

1 月 4 日 (十二月初六日　辛卯) 星期一

凌晨大风,晴,寒。

晨六时起。就坐后思昨日光景,偶得一诗,录下:

六十年代初开帙(展新编),耸霄(长安)杰阁张琼筵。党
予(之)关怀靡弗届,蒲轮(安车)四至接迹前。杖履交错腾欢
笑,举酒(巡觞)行炙享甘鲜。我亦肩随叨末坐(在座多八十
以上,有逾九十者,予最年少),相看白发犹(皆)青年。自顾
驽骀忘竭蹶,敢奋绵力追群贤。

此诗并钞与圣陶、平伯请教。午后二时,乘十路到东四头条一
号访介泉。谈至二时半,过冠英,参加小组会。到平伯、默存、叔
平、友琴。谈至四时半散。复过介泉谈,五时一刻乃行。仍乘十路

南返。琴媳六时半归饭。湜儿八时半归饭。润儿九时归。九时半，予就寝。

晚饭后，汉儿来，九时半去。

1月5日（十二月初七日　壬辰）星期二

晴，寒，大风。

晨六时起。上午翻书，检典实。午饭后一时半出，步往文学所参加大组会。晤平伯、冠英、友琴、叔平、象钟、妙中、道衡、念贻、世德等。五时半散，约后天午后三时再讨论。盖毛星论文中大有厚古薄今意味，必得深长讨论也云云。

润儿、湜儿、琴媳俱归夜饭。饭后，看电视，十时后就寝。

1月6日（十二月初八日　癸巳　小寒）星期三

晴，寒。

晨六时起。上午闲翻架书，无法宁定。只复书漱儿一件，午后遂自出投邮。

下午闷甚，只索出门。先乘十路而南，至王府井换三路，径达动物园。购得本年公园游览年券，即入视狮虎山，见稚狮虎八九头，跳掷如猫犬，极活泼可喜也。继往鸣禽室一巡，时已晡，不及茶憩，即出园，乘一路无轨电车东返，在南小街换十路归家。

六时半，润、滋、琴俱归，共进腊八粥，且小饮焉。迟湜儿不归，至近九时始来电话云接做夜班，今晚不归矣。越半时，予乃就寝。

1月7日（十二月初九日　甲午）星期四

阴，寒，偶晴，殆将致雪。

晨六时半起。接圣陶电话，询韩混生平，并言三日诗品五韵，似嫌只。予乃更作壮语，续成二语云：莫嫌衰龄腰脚软，登山会须（欲）攀高巅。

十时，农祥来，湜儿竟未归，殊念之。俟至十一时仍未见来，因与农祥出，同走椿树胡同康乐餐馆午饭。十二时一刻饭毕，即同往王府井散步，以心念湜儿，即与农祥别，乘三轮归，知湜既未返，又无电话，深念而无如何也。

二时复出，乘十路到中山公园下，转五路往北长街访乃乾。予前所托装之《书目答问补正》已装好，甚漂亮。分成两册，绸面衬钉外加布套，计工料十五元另五分。迩来手工贵宜其有此也。谈至四时半，挟之归。仍乘五路转十路，遵原道回。

六时许，湜归，知迟作夜班，天明始已。睡至下午三时乃起。曾回北大一行，顷乃归来云。六时半，遂与共饭。元、宜孙待饭毕，琴媳归，重具膳。八时半，润儿归。九时半就寝。

1 月 8 日（十二月初十　乙未）星期五

昙阴间作，寒威初张，指趾皆感痛。

晨六时半起。八时，冒寒步往文学所参加开会。到处屋内有人，而并非我组开会。在其芳坐久，亦未得要领，既而闻人云，开会已改在下午，但未见知照，竟徒然一行，乃披氅离所，在门口始遇见友琴，因备悉改期。予即托伊请假，下午不拟再往矣。出院门遇刚主、佳生，立谈数语即别，适有九路公共汽车至，遂夷然登之，不觉径达正阳门，欲乘四路无轨电车北返，乃误登南去之车，竟带至广安门大街牛街口始下，候东来九路无轨电车，乘之径达朝内大街南小街，又换十路公共汽车回到禄米仓，走归家门已十时十分，所乘四路无轨新改道(致误登)九路无轨则新设之路线也。今无意中摸索得明起迄,亦分外收获矣。

　　下午困甚,在炉旁假寐久之。四时后,为中华书局编辑部看《汉书》出版说明,即作书复之,备明晨润儿携去。

　　六时半,润、湜、琴先后归,遂共饭。饭后,润仍上班加工,琴出浴,湜看书,予坐至九时亦就卧。十时许,润、琴先后归。

1月9日(十二月十一日　丙申)星期六

　　晴,寒。

　　晨六时起。八时续作唐诗人王维小传,至午后一时半毕之。

　　午前得圣陶书,于予三日有所改,定予为用朱笔注于原诗之被改字旁,特志敬佩。故人厚我,岂止拜一字之师而已哉!因依属分录两通,一寄徐冰,一寄光明日报编辑部。下午二时半出,顺付邮筒。旋乘十路北行,到东四九条东口下,走往八条访圣陶,携所注唐诗一部分(自王绩至王维)请教,畅谈至四时三刻,辞归,仍走至九条东口乘十路行。

　　六时半,润、琴俱归,因与元、宜孙共饭。饭已,润复赴馆,盖今夕须通宵工作也。七时半,潜儿来,而澄、汉皆未至。振甫见过,闲谈至八时半,去。湜儿以开会故,八时四十分始归夜饭。九时半,潜去。予乃洗足拭身,易衰衣就寝。

　　以炉火未起,不敢熟睡,直至十二时半,方见浮焰,然后揭炉门,贴枕竟失寐矣。

1月10日(十二月十二日　丁酉)星期

　　晴,寒。

晨六时起。八时，润归来就寝。湜则六时十分已去厂矣。潘儿九时来，等待澄、汉不至，滋则于十一时许来，因共饭。午饭后，澄、汉皆至。三时许，予偕潘、澄、汉出，先诣大雅宝豁口外雅宝路肿瘤医院看振甫夫人（潘、汉入视，予与澄则在日坛候之。）移时始同行，由芳草地出体育场西路，径往三里屯滋儿家。滋儿已先归相候。润挈元、宜、增三孙亦乘车先到矣。予见铿孙甚茁壮，甚慰。盘桓至五时半，离滋家，潘乘六路东去归其家。予等七人则乘六路西行，在北小街九条口转十路南归。

七时晚饭，饭后权、潘来，潘、澄、汉、润等为予拉丝绵，备重翻被窝。湜亦于八时许归来，已饭矣。九时后，潘、澄、汉、权、增皆去。十时就寝。

1 月 11 日（十二月十三日　戊戌）星期一

晴，寒。夜月明如昼。

晨六时一刻起。八时颉刚来，因同往科学院历史研究所会越特金，讨论《秦始皇本纪》。十一时一刻，予先行返文学所取本月工资（盖近来不复送来矣），然后走还，到家已将十二时。午后二时半，予独出，乘十路至中山公园转五路到西华门下，走访乃乾，还讫书款，并畅谈，四时半行。仍循原路车归家。

接漱儿复书，知所带衣物或须去取云（昨日接其姑信亦云）。但不识俞素居处，将展转打听，始可往访也。

夜饭后，八时半，湜始归，再具餐。琴则及归饭也。润儿赶工夜十时后乃归。予已就寝矣。

1 月 12 日（十二月十四日　己亥）星期二

晴，寒。傍晚风霾。

　　晨六时半起。八时步往文学所参加开会,象钟主席。冠英、默存、叔平等都到,平伯则以九三开会未到。学习文件,为社会科学部提出重点批判之三人的简历及言行材料,并其自作检查之书面,以明日即须展开讨论,不及每人轮读,乃推一人朗诵,余皆环而谛听,当推妙中任之。先为经济研究室之王绍飞、刘怀溥。至十二时十分犹未毕,遂留待明晨开会前续读之,即散归午饭。予仍走还。

　　午后二时复出,乘十路北行,到冠英家续会,车上遇友琴,叔平,因同往。坐定,和生、妙中、默存陆续至,续读哲学研究所杜任之之材料,仍由妙中朗诵,四时许散。予过访介泉。适亦以赴所开会未之遇,遇其夫人,同诣朝内市场阅市,顺便购得咸青鱼一尾、兔肉一斤,及上海益民二厂罐装五香黄花鱼一件,承介泉夫人假得提篮一只,乃携以行。仍在北小街南口附十路归家。到家正五时十五分。

　　六时许,汉儿来,又半时,湜儿归,因共饭。饭将已,琴媳归,同餐焉。饭后,琴为予缝被胆,备潜重翻丝绵。汉帮之。予看电视,为郑州市曲剧。九时半,汉去。十时,予就寝。十一时,润始归。夜有雪。

1 月 13 日（十二月十五日　庚子）星期三

　　昨雪未积,转晴,仍寒。

　　晨六时半起。八时出,步往文学所参加联组会。十时许,分室研讨即散。仍走归。明日将续开联组会,予以须赴医院复查,告假矣。午饭后,胸闷脑胀,因出外散步。信行至南小街,遂附十路到南樱桃园,转五路往陶然亭,茶憩于慈悲院西轩。四时起行,乘五路到中山公园,换十路东归。到家未及五时也。

五时半,潇儿来省,为予买得食饵数事。六时停电,遂于烛光下夜饭。八时后,湜归饭。九时,琴归,仍未复电。九时半,潇去。予就寝。十时半,电始复,润亦归来。夜月如昼。

1 月 14 日（十二月十六日　辛丑）星期四

晴间多云,寒。

晨五时三刻起。六时早餐,以今日须赴北京医院复查,必须食后二时半始可合符医教也。八时出,乘十路南行,到东单下,走至北京医院,径赴治疗室及化验室,做血糖试验及留小便,再供化验。外无它事,即行。九时后,已出院,走到王府井南口矣。因便乘三路北去,到北海后门下,入北海后门,过濠濮间,历陟山桥,出前门,乘一路无轨到南小街,再换十路南行,由禄米仓西口走归。抵家正十时半。

下午未再出。农祥来,因与偕往北海揽翠轩茗坐,取其绝高较静也。至四时许,小卖部运到面包一筐,顷刻之间,传遍游人,蜂拥而至,屋为挤满。予等遂起行,由东麓下山,度堆云积翠桥,南出园门,共乘一路无轨东行,农祥在北池子口下,予则仍在北小街转十路归。

潇儿在家,正为予翻制丝绵被。六时滋儿来,六时半汉儿来。七时湜儿亦归。润六时一刻归。因共夜饭。饭后坐谈至九时半,潇、汉、滋俱辞家归去。琴珠归。润儿夜饭后仍往馆中加班,十时半乃返。予十时就寝。以御新翻丝绵被,顿觉柔暖适体也。月下飞雪。

1 月 15 日（十二月十七日　壬寅）星期五

凌晨积雪寸许,飞絮未歇。六时,湜儿即冒雪赴厂,予亦起。

七时半,润、琴亦皆雪中冲寒出。八时半,元孙仍踏雪赴同学家学习,近十一时,元孙乃归。飞雪沾裳,真有"拂了一身还满"之观矣。

午饭后,元孙上学去,曾一度现日,雪仍不止,晡时略停,旋又舞絮。枯坐寒冻,百无聊赖。接政协通知,在礼堂又添办文化俱乐部,送到出入证,并知今日即正式实施云。又接圣陶书,送还唐诗注初稿,承提意见甚多且好,当参酌修订之。

今日上午本拟赴北京医院询昨日化验结果,以雪阻,未往。又属汉儿代买民主剧场戏票,亦以阻雪,电话止之。湜儿六时半归。遂与元、宜两孙共饭。琴媳饭后八时半归。予九时一刻就寝。润儿十时后乃归。

1 月 16 日(十二月十八日　癸卯)星期六

阴,仍有飞雪,寒。晨五时停电,八时始复。

六时起,湜儿已行。八时冲寒踏雪,乘十路到东单,走入大华路,径诣北京医院门诊部。挂内科号,请郭普远大夫复诊,乃郭大夫听报告去,由刘梓荣大夫接诊,仍量血压及听查胸部。据告糖尿病不重,只须不吃或少吃糖。已得,尚未到控制主食的程度。惟血管硬化须注意。(血压今量最高一百六十五,最低只八十,是较前降低矣。)应多食海藻类含碘物品云。配药有维生素 C,谓宜常服两星期后再往续诊。(药量配两星期。)九时半出院,雪正大,冒以北行。到东单广场前乘十路东归。到家已将十时。坐定,接所中张慧珠电话,告今日下午听报告(原发入场券今日下午二时半,科学院哲学社会科学部党委主办时事报告会,在首都剧场举行。)已改期,不必徒往。予甚以为感(免蹈八日覆辙)。

近午日出,仍飘雪。下午二时许晴。独出乘十路北行,诣八条访圣陶,上天下地无所不谈,因留彼小饮,适停电,别用电池小灯照明,仍剧谈至八时乃行。循原路返,除路灯照常外,一路经过人家都无电,比到家亦然。琴、湜、元、宜刚饭过。润又到馆加班,但日间亦买得电池小灯两组,正使用焉。九时半即卧。十时半润归。十一时电始复。朝夜两度停电,历时达九小时之久,耽误不小矣。

1 月 17 日（十二月十九日　甲辰）星期

雪,寒。

晨六时半起。润、湜仍上班。元孙亦以考试故,仍入校温课。琴则以岁阑,必需物亦尚无少储,今日乘假日出外采办。九时出门,下午二时始返,排队忍饿,历久仅乃得干腊若干而已。十时半,汉儿来省,因留与共饭。饭后,伊往访丁家,并言晚当再来,与澄儿晤（澄儿亦有电话约来）。甫去而滋儿来,因家中大扫除,予遂与滋冒雪出行。先乘十路南行,到王府井换三路无轨,往景山,鼓兴于大雪纷飞中径登中峰万寿亭,南望故宫,北瞻鼓楼,东揽屋树,西苑园林,弥目皑皑,而空中复舞絮团绵,缤纷万状,挂枝着屋,在在成趣,真大好雪景也。难得遇此,忘其寒冻,痴立久之,乃扶滋肩徐步由西侧下,过周赏、辑芳二亭,复驻足焉。比及平地,即出景山西门,入北海陟山门,度桥入琼华岛,欲过双虹榭茗憩,则人已挤满,无隙地,遇潘思白,谈数语即行。径堆云积翠桥出南门,乘九路无轨东行,到南小街转十路南归。

到家已五时。澄儿正与琴媳谈家常。因知午前后,排队购物之艰难耳。接镇孙电话,谓其母不来矣。遂与润、琴、澄、元、宜等共晚饭。饭次,湜儿亦归。饭后共谈至九时,澄归去。予亦就寝。

夜雪仍不止。

1月18日（十二月二十日　己巳）星期一

　　寒,雪。

　　晨六时起。以雪滑,电话告颉刚今日越特金之约只得不行,托说起一声。十时后,参酌圣陶意见,修改唐诗选初稿,自王绩至王维,直至下午五时始粗毕。尚有不惬意处,一时无能订是者且俟异日。

　　润儿以工作忙,今晚起,将住馆中一星期,因此,晨出之后,即未见归来也。琴媳亦以开会之故,十时乃还。此后亦将延数日云。湜儿九时始归饭,其故正同。今年农历除夕前恐无暇休息或早归矣。

　　夜饭后,振甫见过,谈移时去。知其夫人动手术后情况良好,岁杪可以出院云。十时许,予就寝。

1月19日（十二月廿一日　丙午）星期二

　　寒,雪。

　　晨六时起。九时濬儿来。十时半硕孙来。午刻同饭。午后二时,步往文学所听王燎荧作时事报告。遇介泉、冠英等。四时半即散。来去行雪地,殊感滑沮,扶杖而走,提心忍步,不觉汗出也。比予到家,濬、硕皆去。傍晚汉儿来。润亦归视。予与汉、元、宜共饭。润俟予饭已即行,仍入馆作夜工。七时三刻,汉儿归去。湜儿近十时乃归。琴媳亦归。十时就寝。

1月20日（十二月廿二日　丁未）星期三

　　晴,寒。积雪未融。

晨六时起。七时五十分出,乘十路到御河桥下,走往纺织工业部礼堂,参加科学院哲学社会科学部党委举办之反右倾系统批判大会(今日起四天上下午)。八时半开会,刘导生主席,先由王绍飞检查,然后有两人上台批判,十一时三刻散。予挤至十路车站,人多不能上,只索走王府井东安市场谋食,讵攘攘不减星期,到处挤满,无隙地,乃于金鱼胡同西口乘三轮赶归家中午饭。上午本有公祭卫立煌通知,以赴会相左,未去。下午倦甚,地又加滑,竟未出。

夜饭后,九时,琴媳、湜儿相继归。湜尚未饭,再具餐。而予却就卧矣。润儿仍于晚饭后归视,少焉即行,仍宿馆中。滋儿傍晚归省,未饭即去。

1 月 21 日(十二月廿三日　戊申　大寒)星期四

晴,凛寒。

晨六时半起。七时五十分出,乘十路到王府井下,走诣纺织工业部礼堂,续参加昨日大会。今日批判杜任之,本人检查后,有三人上台批判,十一时半散。即出,乘十路归。到家午饭,饭后未往。写信复漱儿十七日来信,告衣物已到,腊内不能南下度岁云。盖此信来时又约予去沪过年也。

佩媳下午四时半来省,带来梅花一盆,水仙头五枚,以铿孙待乳,少坐即去。

润儿午饭后归视,即去。湜儿七时归,共饭。停电至九时乃来。琴媳八时归。九时一刻,予就寝。

1 月 22 日(十二月廿四日　己酉)星期五

晴,寒。道旁铲下雪块竟凝成冰砖式,晶莹如大理石,冬令最冷之时矣。

晨六时起。七时即出,乘十路到东单(以人挤加车,只到东单),再转十路到中山公园,以时早,即入园一巡乃出。遂诣人民大会堂参加中共中央统战部召开大会,听李先念部长讲经济形势。予坐第三排第十五座,与冯芝生、吴研因同坐。九时开始,下午一时乃散。场中晤云彬、调甫、伯宁、纪元等。散出时,立风中候十路车,至第五部乃得挤上。遇景松、君立。及至禄米仓下走归家中,已将二时。匆匆取食果腹而已。

下午写信复庄明远,约廿四日上午在家恭候来谈。盖接伊明片,言将来访也。三时,潘儿、预孙来省。知今日下午显孙将挈安官自哈尔滨来京。有顷,其母女二人即往车站接候,谓明日下午将来谒候云。傍晚,雪英见访,承赠手制粽子四枚,少坐即去。

六时半,润儿饭后归视,予即饭。有顷,琴媳归,乃共饭。润则仍赴馆夜作。湜儿十时,予已就寝,知开会延长,已饭过云。

1 月 23 日(十二月廿五日　庚戌)星期六

晴,寒,午后多云。

晨六时起。七时半出,乘十路到南河沿下,走纺织工业部礼堂,参加反右倾系统批判大会。八时半开,姜君忱、刘导生先后讲话,盖此会结束作总括讲述矣。十二时十分散。在场遇平伯、叔湘、水夫、友琴,孝通、文藻等,匆匆立谈片语而已。

出部门,适有三轮过,遂雇乘以归。昨日立风中候十路,不敢复蹈覆辙矣。十二时四十分到家,及与两孙同饭。煮饺子为餐焉。下午未出,候潘儿、显孙不至。傍晚,镇孙来。有顷,埂孙来。又有顷,润儿、琴媳、汉儿、澄儿皆至。遂同饭(澄、埂已饭)。饭已,湜儿亦归进餐。潏、显乃来。谈至九时半,潏、澄、汉等皆去。润、琴则夜饭后出看电影,十一时始归。予早就寝矣。

1月24日（十二月廿六日　辛亥）星期

晴,寒。

晨六时起。九时许,润儿挈元、宜两孙出,在隆福寺为予购得花草两盆。十时一刻,明远见过。盖先期约定者。携来清杭州南屏僧主云画轴及张桂岩画轴各一相与。展观主云画山水,系追忆当时崇文书院舫课胜事者(乾隆甲子笔,当时书院课士山长之风流自赏者,今士子得在湖上画舫中作课卷。山长定时鸣角召集,则纷纷纳卷,谓之舫课。甚新雅可喜)。桂岩画则巨木疏枝,红叶掩映,连冈透迤,笔势壮阔(嘉庆己巳笔。)。前画有钱杜、梁同书、秦瀛等题诗,后画仅署年历。明远属予题签,予信笔题南屏主云上人"舫课忆旧图"及张桂岩"平矼红树图"两签焉。长谈迨午,留与对饮。饭后辞去。

下午一时三刻,予偕润儿出散步,先乘十路到东单下,走往中国书店古典门市部,一看,无所欲,即行。顺步北行,遇藏云,立谈有顷。走至灯市东口,忽思重换眼镜架,乃与润步入灯市口转八面槽到王府井,诣人明眼镜店洽配。顾客亦甚多,须排队。予候至四时许,始得接上。别换离鼻架须过一小时乃可取,遂脱镜交之,偕润儿扶行至百货大楼南面北京茶馆酌茗,以候时至五时,食堂可卖饭,遂共入谋饱。五时半,离馆返大明取镜,又耽延多时,六时始得戴上,但甚适。因询,知此应市之工即往昔著名之眼镜工孙琢良,为之大慰,不虚此久待矣。

顺道南行,过新华书店购得钱玄同遗著《说文部首今读》一册。复行而南,在王府井南口欲上十路西去民族文化宫,排队之长,几令人惊绝。遂东去至东单,始挤上。润则先归,予到民族文化宫剧场时为七时五分。在休息室少坐,乃入座(予坐第一排第九号),七时半开演,为天马舞蹈艺术工作室演出队公演,入场券晓邦所赠也。开演后,颉刚来,坐予之左第七号。是夕节目为《太平舞》、《遇雨》、《春江花月》、《平沙落雁》、《思凡》(间以苏南民间音乐,暖溶溶)、《北国风光》、《梅花操》、《十面埋伏》、《梅花三弄》、《游击队员之歌》、《纺织娘》、《花蝴蝶》,凡十三场。《思凡》及《北国风光》为晓邦自作,前扮僧人后扮剑士,动中有静,静中有动,极尽妙态。馀皆在其家中先已看到者。今晚复看,愈觉精进,个中翘楚,端推朱洁,真可儿也。十时散,出场到麟阁路十路站,颇迟慢,来车又少,勉强挤上,沿路各站,每站上人少,而下客少,直挤得水泄不通矣。比到禄米仓,几不得下,颉刚与予相将履地,分途各归。予到家已十一时矣。润、琴尚未睡,湜则甫贴枕。乃小坐以宁喘息,然后解衣就寝。

1 月 25 日(十二月廿七日　壬子)星期一

晴,寒。

晨六时起。八时,颉刚来,偕往科学院历史所会越特金、赵幼文、沈志辛俱在座,胡厚宣亦来,讨论《项羽本纪》及《高祖本纪》毕之。咸谓今日甚捷速矣。十二时散,附越特金车归。予赠以三版附地图本《史记选》(惜纸张太劣,恐贻笑海外耳)。越以所著文两篇(载苏联杂志中,所憾不通俄文,非请人翻译不能读也。)又袖珍卫星模型一座,贺春节片一件,居然用汉文署名也。

到家后,无菜肴,煮面条果腹,亦殊佳。下午未出,傍晚滋儿来省。六时半夜饭,琴媳归。湜儿亦及归饭。

　　饭后,与滋儿谈至八时半,属令归去。九时许,予即就寝。润儿何时始返,竟未之闻也。

1 月 26 日（十二月廿八日　癸丑）星期二

　　晴,寒。

　　晨六时起。八时半出,步往建国门文学所参加同人中各民主党派联合座谈会。叔平主席。予亦漫谈学习心得。十一时三刻散,与介泉偕行至宝珠子胡同南口而别。予还家午饭。

　　清儿自安国工次放假（七天）归来,昨夜夜半动身,今日上午十时许到家。饭后来省,长谈别后情况,至三时许乃辞归。予往访乃乾,乘十路至中山公园,转五路行。谈移时,五时半辞出,仍乘五路径达前门,转九路抵建国门。时为六时二十分（来去所乘之车俱挤挤不堪）,遂入文学所应吴赓舜之招,参加其婚礼也。为时尚早,予首先到达。六时半后,同人之参加者陆续来,并有赓舜之同学、同乡（蜀中青年在京工作者）,颇热闹。杨壮伯、王贯之提调,婚礼乃进行。先由王平凡讲话,次由予讲话,盖推予主婚,不容辞讲话也。其后有张书铭讲话,新郎、新娘（李清秀,新由成都来京就婚）讲话,八时半始由众宾拥入洞房。予即起行,与王平凡、汪蔚林同车,由老赵送回。到家时,润、琴、元、宜俱往清儿家访问矣。予独坐进餐。湜儿亦方自厂中归,遂同饭。饭后,湜往清家探视,九时半,润、湜、琴、元、宜皆归。十时半始就寝。

1 月 27 日（十二月廿九日　甲寅　除夕）星期三

　　晴,寒。

晨六时起。十时出,乘十路到演乐胡同东口下,走至西口里中华书局邮购部付书帐,顺在架上选得《娱园丛刻十种》等三书,盖邮购部即设在中国书店专家服务部内也。挟书东行,仍乘十路回禄米仓,走归于家。

午后二时半出,步往文学所参加春节联欢会。其芳、书铭等讲话,在座晤冠英、介泉、家槐、健吾、之琳、友琴等。四时半散,仍步返。傍晚,润、琴、湜皆归,汉儿、大璐、元镇、元鉴亦至,滋儿、佩媳挈铿孙归来。澄儿最后至。遂围坐合饮,吃年夜饭。

饭后,雪村、清儿亦来,谈至九时许,湜儿送雪村先归去。予等看电视迎春节目。十一时许,汉随清去,住其家。璐、鉴留宿我家,指西屋以居。予看毕电视,已过十二时,乃与湜同榻而寝。滋、佩、铿十时半雇汽车归去。

1 月 28 日[①]（庚子岁正月大建戊寅　乙卯朔　春节）星期四

晴,寒。

晨六时起。八时,振甫来。九时,予偕润、湜两儿及元孙往雪村家,少坐便归。近午,诸儿孙、外孙等毕集,士秋、士中亦至。刚主来,少坐即行。秋、中未饭即去。午刻分两次进餐,先为昌预、昌颉、昌硕、心农、爱农、升垍、升基、升堉、升埙、升垲、升培、升增、大璐、元镇、元鉴、元孙、宜孙、小逸、小安等。继为予及潜儿、文权、清儿、澄儿、汉儿润儿、琴媳、滋儿、佩媳、昌显。欢谈畅饮,至下午二时半方罢。湜儿以同学来访,别具餐于西屋行之。铿孙则仅抱持

应景而已。饭次,趾华来,滋儿应之。饭后,佳生来,傍晚伯恳来,入夜诸儿如皆班。与润、湜、琴、元、宜及升埏、元镇共饭。饭已,共看电视,九时许,埏、镇去。

十时后,予乃就寝。

1 月 29 日(正月初二日　丙辰)星期五

晴,寒。

晨六时起。七时一刻,偕润、湜出,乘十路到王府井南口,转三路往西直门,出城诣四七路车站,濬、澄、汉三儿及显、鉴、基三孙已在。有顷,清儿挈心、爱两孙至。八时三刻,正欲开车,而滋儿亦至,不期而集,同往福田村。十时许即达射击场,步往公墓,径诣珏人墓省视。埏、镇两孙已御骑车先到矣。在墓次摄数影,并向墨林墓致敬。遂回礼堂茶憩,各出所携粮糒互享,亦颇快适。十一时半乃行。仍在射击场乘四七路西行,径达四平台,直上二处灵光寺,择座茶憩,即属照相服务部为予等合摄一景于鱼池上,半立岸边半踏冰上,别饶奇致。后又与濬、清、澄、汉、润、滋、湜合照一相,然后坐憩。湜乃道显孙、基孙上山游览,予等坐谈以待之。至下午三时,始见下来。遂复越谷登卢师山探秘魔崖,踏雪而行,颇感险滑,卒鼓兴上下,在招止亭小坐片晌,乃就道回四平台,已为五时十分,适有车至,即相将登之。驰抵动物园已掌灯。予偕濬、清、润乘一路无轨东行,心孙、爱孙、滋馀人各自行动矣。车至南小街,与濬别,偕清、润等下车,走还于家已七时半。八时乃得晚餐。

是日,韵、锵、静、庐来,琴媳见之。友琴来,未入门即行。皆由琴告予知之。十时就寝。湜亦归。

1月30日（正月初三日　丁巳）星期六

晴,寒。

晨六时起。八时,晓先、雪村偕至。谈有顷,云彬亦来,谈至九时十分,客去。予乃偕琴媳、湜儿、元孙出,欲乘十路赴政协文化俱乐部。人挤不得上,乃步由干面胡同到米市大街,欲乘四路行,讵知正举行环城赛跑,车辆皆停驶。只索由煤渣胡同、帅府园、王府井、霞公府等处步往南河沿。途遇宾符,遂同诣俱乐部,参加民进春节联欢大会。晤调孚、均正、彬然、志公四对伉俪。其馀熟人甚多,皆携家属同来者。予等走到已十时半,礼堂节目正开始,有魔术、相声、京剧清唱、琵琶独奏、歌唱等等。十二时始毕,遂会餐。予等与研因一家合坐,邻座即颉刚一家。以厨房人手不多,供应较慢,予等又坐在最西一端,因此进餐亦最后。得食已下午二时矣。食后各散。予等居然挤上十路,三时许即归家。

邓绍基来未晤,留条致念,并及道衡寄语致候。绍华、农祥亦来,皆未及晤。仁林来饭,润接待之。知其父病略痊,其妻亦已诞生一女云。是夕,西城政协礼堂本有春节晚会,以积倦未赴。汉儿、镇孙来省,因同夜饭,并看电视。十时许,汉、镇去。予亦就寝。

1月31日（正月初四日　戊午）星期

晴,寒。

晨六时起。七时半与湜同出,乘十路转一路无轨,到王府大街北口,赴侨联大厦大同酒家早茶。汉儿偕镇、鉴两孙已先在。因相与进茶点粥品。坐至九时乃起行。予遂偕湜儿、镇孙乘四路无轨到虎坊桥下,北行至厂甸,今年特见热闹,摊设如林,货品山积,十年来,仅见之盛,真有升平气象也。予在书摊买到商承祚《石刻篆文编》及故宫所藏《观海楼藏书目》。遂走至和平门乘车,转十路回家。适接至善电话,约往午饭,遂又出,乘十路至九条口下,走往叶家。昌群在,乃与圣陶父子及昌群共饭。饭后,复乘兴再逛厂甸,即乘圣陶车行。共去五人,予及圣陶、至善、昌群、永和。到和平门,车不得行,即步以往,人挤倍于上午,几于无法行走,乃折入荣宝斋小坐。四时行,仍走和平门,乘圣陶车送归。

夜为元孙十岁生日(明日正日),约请雪村及在京诸儿女外孙等来吃面。饭后,湜儿送雪村归去。馀人分头谈话、看电视,至十时许,各归去。予亦就寝。

是日刘世德夫妇来,调孚亦来,皆未晤,歉之。

2 月 1 日(正月初五日　己未)星期一

晴,寒威少衰,积雪渐融。

晨六时起。八时半,清儿来等待昌显,至十时乃至,上午无法出游矣。因偕清、显徒步至米市大街,乘四路环行车到天安门广场,瞻仰人民英雄纪念碑。十一时十分,复乘一路到东安市场,走往椿树胡同康乐餐馆午饭,十二时三刻饭毕。三人同走八面槽,昌显径往首都剧场看话剧《三姊妹》。予与清儿同过百货大楼购物。予买得花绘铅笔一打、儿童毛巾一方,归赐元孙。盖今日为伊十岁初度也。予乘三轮先行,清尚须往他处物色东西,遂别。回家甫为下午二时,独坐闲翻而已。

夜饭后,潘来,滋儿已先来,往看清,潘亦踵其后去,盖明日上午十时,清即返安国农村矣。八时后,湜儿归饭。饭已,亦往清家。润、琴同去。九时半返,予已就寝。

2月2日（正月初六日　庚申）星期二

晴，转暖，先春景象来临矣。

晨六时起。八时，清儿来辞行，谈至九时许去。予录元月三日诗授之，俾释怀予之健康也。接漱儿初四日复信，告谢婿静发已批准入党，淑儿亦争取中，笙伯在乡有小机械发明，受到当地表扬，评为先进工作者。阅悉甚慰。惟知震渊、亚兄则病将不起，颇为之不怡耳。

下午二时，平伯见过，约出游，乃电邀圣陶。三时会中山公园，届时予与平伯乘十路往，径赴唐花坞参观春节百花齐放展览会。入门未久，圣陶即至，因共为观赏。全场分春夏秋冬四部，四时之花皆备（惟缺荷花），真令人有颠倒季节，混忘岁时之感。人力回天，奇诡乃尔耶！嗟赏久之，四时许离园，乘圣陶车共驰政协礼堂。登三楼，憩于休息室。遇伯昕，导观俱乐部各部门。五时十分，遂就食于小吃部。啖四川担担面、扬州包子、湖北罐罐鸡等，至快朵颐。六时起行，仍由圣陶车送归。到家未及七时也。

有顷，琴媳归，润亦饭已归来矣。夜饭后，润儿仍去加班。湜儿九时归，以开会过时，已在厂饭过云。十时就寝。润归未知也。

2月3日（正月初七日　辛酉）星期三

晴，和。屋隅之积雪都化矣。

晨六时起。八时，昌显来，少顷，予即挈元孙偕之同出，乘十路到天安门下，步入故宫，陪显参观三大殿、养心殿、宁寿宫、御花园等处。十一时半出神武门，走往北海，即漪澜堂仿膳厅午饭。饭后离北海，昌显往王府井购物，约晚间来家。予挈元孙过乃乾。长谈至五时许,辞归。在西华门雇得三轮以行。到家昌显已携外曾孙女小安在家相候矣。因与共进夜饭。饭后,升基来接显母子,即住潘家,明晨送之上车,径返哈尔滨云。九时许去。湜亦归。

十时就寝。

2 月 4 日（正月初八日　壬戌）星期四

晴,颇暖。午间不能御裘,夜月色好。

晨六时起。八时出,步往文学所参加全所大会,听其芳报告,传达中宣部文化工作的指示。十二时毕,仍步归。

下午三时,农祥来,遂与湜儿（今日休假）偕之出散步,于城关东日坛公园扬长北去,出神路街,到东岳庙,乘二路车入朝阳门,平伯夫妇亦上此车,乃同行至东安市场而别。伊等须往东华门去也。予与农祥、湜儿行,经王府井和平画店,购得《中国画》十二期（五九年）,无意中遇明远,盖病愈甫出院也。立谈少顷,即别。时值下班,公共汽车甚挤,予遂与湜儿步归于家,感疲累矣。

夜饭后,顺林来谈,悉其父病,淹蹇一时,恐难出院云云。九时半去,予亦就寝。润、琴之归,竟未之闻矣。

2 月 5 日（正月初九日　癸亥　立春）星期五

晴,煦。

晨六时起。八时出,步往文学所开会,积贤主席,由佩璋作检讨,至十二时,仅完三之二,馀俟下午续谈。予散归午饭,与积贤说明下午感累不拟再往云。

午后写信两封,一复北京图书馆,谢检还《世界历史大系》第八册。一复中华,允将《左传读本》地名各条照改今制。旋点读

《汉书》司马迁传。傍晚，潽儿来省，因共饭。饭后八时许去。润儿曾于晚饭后来家，未几仍去馆加班。湜儿八时半归饭。予将就寝矣。润、琴归来甚晚，予已入寝，未之闻，但以是数醒，颇不能酣睡。

2月6日（正月初十　甲子）星期六

晴，煦。

晨六时起。八时出，步往文学所参加学习，讨论中印边界问题。至午散，走还午饭。饭后二时又出，乘十路到南河沿下，诣政协文化俱乐部，参加民进小组生活。至则伯昕、陈慧已在。有顷，颉刚、纯夫亦至。（守义假。）漫谈时事，谈次，陈慧接家中电话，知其父叔通先生有病，乃亟去。予等四人谈至五时半始散。公共汽车已挤甚（以机关下班故），予徐步走至王府井，至三条西口，始得雇三轮，乃乘以归。

润、琴俱归夜饭。饭后，汉儿及镇、鉴两外孙来省，建昌外孙亦来会。八时半，湜儿乃归饭。九时半，汉等皆去。予拭身洗足，易衷衣就寝。

2月7日（正月十一日　乙丑）星期

上午阴间多云，微寒。下午转晴，又煦。

晨六时起。九时接乃乾电话，知访斐云后，或将见过。十时许，济川来谈，俟乃乾久不至，两人乃出，走至帅府全聚德午饭，已十二时，坐客已满，取得第二号牌，坐以待之，不半时即坐到。两人小酌闲谈，啖烤鸭（不甚佳）。一时许罢，济川以事往市场。予则东归。行不数步，偶撒一夹屎屁，竟不敢坐车，只索蹒跚而行，勉步到家,亟如厕,幸裤尚未浣,取汤拭洗股臀,然后安坐。接乃乾电话,知在赵家午饭,已返家矣。

滋儿来省,润儿虽加班,亦早归,遂共进夜饭。饭后,澄儿来,晓先、雪英亦来,谈至九时半,各归去。予亦就寝。

汉儿傍晚来,未饭即去。湜儿八时始归来夜饭。

2 月 8 日(正月十二日 丙寅)星期一

阴,偶晴,微寒。

晨五时三刻起。灯下修趾甲,曲躬攀足,眼力又不甚锐,草草从事,历七十分始了。两脚酸麻,一时不能直伸矣。至七时许,方可行动,遂盥洗进早餐。似此不济,今后将何以自处乎?思之不禁凄然。八时半,得慧珠电话,谓九时开会,继续批判佩璋,属即往。予乃披氅就道,比到所,已开会。听蔚英、妙中、育新、贯之发言后,平伯发言,予继之。默存、象钟、晓铃又继之。彦生最后,已十二时,乃散。下午将续开。予走归午饭,已感累,遂未再往。四时半,慧珠又来电话,告明晨九时周扬作报告,在历史所举行。有顷,小马来,亦云,然说明在八时半。然则,颉刚前日所约与越特金谈《史记》问题,恐又须展期耳。

佩璋问题严重,竟超出人民内部矛盾。

晚六时半夜饭,润儿归视,仍去加班。琴媳、湜儿八时许归饭。九时就寝。

2 月 9 日(正月十三日 丁卯)星期二

晴,薄寒。夜月尚好。

晨六时起。待颉刚至八时一刻,不至,想亦径往听报告矣。予乃独行,抵文学所会贯之等,诣历史二所礼堂,参加大会。九时十分,其芳主席,请周扬讲话,传达党的文艺政策,至下午一时始毕。仍步归午饭。饭后尚须赴所讨论。予以往返太累,未果再往。假寐移时。

五时半晚饭,饭后独出,走至干面胡同东口里得乘三轮,直赴东安市场北门,遂诣吉祥戏院,登楼就特二排五十三号座。今日夜场为北京京剧团演出,科学院哲学社会科学部为欢迎下放干部归来及欢送续放干部包场晚会。予以文学所工会赠票,亦得与焉。七时开幕,先为杨少春、程长松之《三岔口》,少春为名武生,杨盛春之子,开打利落,不失家风。继为马连良、马富禄、张君秋合演之《审头》。剧场休息后,接演《雪杯圆》,真可谓珠联璧合,炉火纯青也矣。十时十分,予先起行,戏尚未毕,恐散戏人多,雇不到车也。出门乘三轮,正因车少索价至四角(较平日贵一倍有馀),予得济胜,亦乐听之耳。到家润亦刚归。浞尚未寝,少坐略谈,然后各就寝。

2 月 10 日(正月十四日　戊辰)星期三

晴,寒。夜月好。翌晨拂晓前雪。

晨六时起。八时出,乘十路到东单下,走往北京医院,挂号复诊。遇明远、健吾、复初、维汉等人,盖院中易见熟人也。坐候至十时半,始轮到。仍由郭普远大夫诊视。血压又见略平,再配前药及加配两种,凡五种,仍服两周,并属再作心电图,预约廿六日上午九时前往复诊。及取药出,仍乘十路归,到家已十二时。

午饭后,二时廿分出,乘十路到中山公园转五路到西华门,走访乃乾。共谈《三国志》重校改版诸点,因留彼夜饭。饭后复谈,七时许完毕,八时起行,仍由五路转十路东归。到家时,琴媳已归,润、湜俱未归也。知润加班,湜则往北京展览馆看波兰玛佐夫舍歌舞团演出也。

九时半就寝。十时许,润归。十一时,湜乃归。

2 月 11 日(正月十五日　己巳　元宵)星期四

晨四时起大解,窗外积雪寸许,比明加大。九时许,渐细,并隐隐有阳光。十时许,雪止日出,气较寒冷,但地上初雪都化矣。

六时起,初欲与湜儿往大同早茶,阻雪未果,闷坐而已。午后雪融地泞,湜儿坚欲出游,盖难得休息也。予勉徇其请,挈元孙同出,三人走至南小街,乘十路车。车中遇妙中,伊在方巾巷下,予等则直往南樱桃园,转五路车到陶然亭,入憩于慈悲院西轩,坐至四时后出园,元孙欲在园北门侧小卖部吃元宵,坐客已满,且有排队立待者,只得望望然而去。仍乘五路到中山公园,湜再乘车去西郊宾馆取物(漱托人带糟青鱼及年糕等来,附信属依址往取,因属湜)。予与元孙走至人民大会堂北门外,候十路车,连过两部,俱挤不上,乃适有三轮过,遂雇以乘之归于家。滋儿来省,澄儿亦至,琴媳亦归,遂同夜饭。有顷,湜儿归来,鱼糕皆到,乃炸煮年糕,以应节景,不吃元宵亦无所谓矣。

予出外未御皮大氅,略受凉,颇不舒,晚乃暖酒饮之,稍见好。九时,澄、滋皆去。予乃取汤濯足,然后就寝。幸未发烧。

2 月 12 日(正月十六日　庚午)星期五

晴,寒。

晨六时起。八时出,走往文学所参加全体大会。其芳主席,先由毛星、蔡仪作检查,继由其芳报告,兼作检查。十二时毕。予仍步行归饭。饭后倦甚,在炉旁假寐,不觉睡去,元孙为予取被盖身,直睡至近五时方醒。汉儿傍晚来省,润儿亦于晚饭后归视,因共小饮。夜饭后,润仍入馆加班。予与汉谈至九时,属令归去。予亦就寝。

琴媳十时归。润儿十时一刻归。湜则以在中苏俱乐部听音乐,十一时后乃归。

2月13日(正月十七　辛未)星期六

晴,寒。

晨五时三刻起。八时出,步往文学所参加小组学习。讨论何、毛、蔡三人检查报告。十二时散。下午尚须续谈(予告假)。仍独行归饭。饭后得至善电话,谓其翁亦接招待会请帖,傍晚可同往云。予感倦假寐至四时乃醒。少坐,即乘三轮往八条圣陶家。有顷,至善下班归,遂于六时,三人同乘汽车径赴人民大会堂,乘电梯直上二楼,诣餐厅布席皆满,中外宾客云集,予坐第四区第二四六桌(知颉刚在七区或更有八区也。凡四百数十桌。)与德国印刷制版专家三人(带翻译一人,专家中一人为女性,译员亦女性)及李续纲(北京市人委)、郭敬(北京市出版局长)、阎迦勒(宗教界)同席。其他各席亦多分配外宾者。七时开始,郭沫若、陈毅及苏联驻华大使契尔沃年科、苏中友好协会代表团长叶留金先后讲话,宴会历时三小时半(时已十时半),予乃与彬然先行,附其车送到家门。

琴已睡,湜甫就卧,润、元则偕汉、镇、鉴在西城政协礼堂看电影未归也。予坐待至十一时半,见伊等归乃就寝。

是夕为庆祝《中苏友好同盟互助条约》签订十周年,故宴会极为隆重,朱德以下首长等皆出席。其他有以叶留金为首的,专程来我国参加《中苏友好同盟互助条约》签订十周年庆祝活动的苏中友好协会代表团,有苏联驻我国大使契尔科年夫及大使馆全体人员,有苏联及其他各国助我建设的专家,有各国外交使节及外交官,有各国的贸易和文化代表团,以及来我国访问的其他国家的同志和朋友,有各国在京的和平人士,又有捷克斯洛伐克共和国国民议会主席费林格率领的议会代表团。宾主共聚一堂,达五千人,诚空前盛况矣。宴会进行中,乐声与各种文娱活动不断表现。宴会后,尚有京剧及波兰玛佐夫舍歌舞团表演,直至深晚十二时后乃散。(予未及参与,翌日得圣陶电话知之。)

2 月 14 日(正月十八日　壬申)星期

晴,较煦。

晨六时半起。八时半,云彬见过,谈《三垣笔记》断句问题。九时许,冠英携其女孙来访,云彬旋去。约下午予往访之。与冠英谈所中工作,倾吐肺腑,自陈不能状,仍承力慰敦劝,至感热忱。但予精神上终负一大包袱也。因将已注唐诗初稿交渠,并将尚未选定各篇统请阅定。谈至十时三刻去。下午二时半,往访云彬,续谈《三垣笔记》诸问题。越时,潙、汉、润、元、宜、新新寻至,欲与予同游天坛。予以星期车挤,属就近玩玩即归。予以少坐便回。比到家门不远,李妈挈宜孙正出门迎予。等予径返而元却追踪其父,不肯便回也。

入晚,潙、润、元、新及晓先、雪英、宜孙俱来,乃共饭。饭后闲谈至九时,润送新归去。又有顷,潙、晓、雪归去。湜始返,再具餐,据云感冒甚重,恐明日不能上班云。予因嘱取汤洗足,亟就寝。予亦就寝。时窗外月明如昼，诚不舍漠然亲枕衾耳。

2月15日（正月十九日　癸酉）星期一

晴，寒。

晨七时起，破例矣。缘三时半起溲复入寐所致也。

八时出，步往文学所参加组会。时琴媳觉腰酸，由润儿送往产科医院检查，是否生育。予以是不免悬悬，及会毕归家，知八时半即诞生一女，母子均安，为之大慰。

润儿午饭后仍上班去。湜儿以重感冒未去厂，睡至十时后起。午饭后往赵家楼医院求诊，四时许归，谓系感受风寒，打一针，配药三种，出证休息一天云。不识一宿后得痊可否？今日在北京为燕九节，次孙女适于是日诞生，为题小名燕春，盖立春后犹未交雨水也。排行命名则呼绪芬，芳芬茂昌，孙枝竞秀，惜珏人不得见之耳。

夜饭后，看电视，放映苏联芭蕾舞艺术影片。十时半就寝。湜服药后稍硬朗，仍感吃力。

2月16日（正月二十日　甲戌）星期二

晴，有风，仍感料峭。

晨六时起。湜未能依时早起，乃令蒙被卧息。九时许，强起，与赵家楼门诊部联系，仍属往彼诊治，俾可详细检查，因加衣独往。有顷，濬儿来（予令元孙往招），遂候往医所，近午始归。据检查结果非流感，仍打针（三针）配药归。

予先饭，十一时三刻老赵车即来俟予，饭毕即行。往接平伯，渠已出门，乃折往麻线胡同接其芳、蔡仪、耀民。予在蔡家小坐，然后同乘出崇文门，径赴天桥剧场参加科学院哲学社会科学部召开之团结跃进大会。由学部刘君（忘其名）主席，文学所何其芳、近代史所刘大年、经济所某君（俱领导人发言）先后发言，后由哲学所、历史二所青年同志发言，五时散。仍乘原车送归。明日续开大会，自上午八时至下午九时，在东四工人俱乐部举行。其芳言，上午可休息，下午仍来车接往，听潘梓老讲话。关顾周至，极感挚情。

六时许，润儿偕李妈往公安医院探望琴媳、燕孙，移时归来。予已夜饭矣。据言母子甚健好，惟母乳尚未至，大约明日可以吸取母乳耳。

湜儿晚餐仍粥，就床用，未起坐，不识明日可见好否？九时半就寝。润送李妈归后，仍去加班，十时后始返。

2 月 17 日（正月廿一日　乙亥）星期三

晴，劲风下甚感料峭。

晨六时半起。湜儿仍未甚痊，九时后，仍去赵家楼门诊部复诊。又打一针，临行未嘱再往，或可就愈乎？上午偶尔提笔作成崔颢小传一首，惟附注四条则未入手也。下午一时三刻，其芳、蔡仪、耀民乘老赵车来接，因同赴隆福寺街东四工人俱乐部参加哲学社会科学部团结跃进大会，听潘梓老总结讲话，历两小时半。其后，徐旭生、吕叔湘及历史所青年同志某君讲话，近六时散。其芳因事先行，蔡仪告知欲为予雇三轮，予坚辞之，走至猪市，乘一路无轨到南小街后走至演乐胡同口，乘三轮归家。

询知李妈曾往医院探视琴、燕，均安。傍晚，瀋儿、滋儿相继来省，遂与湜、元、宜等共饭。饭后，谈至九时皆去。予遂属湜就寝。少顷，予亦就寝。十时后，润儿始归。接人民文学出版社信，补到二版《史记选》二万册稿酬五百六十二元五角。盖复予数月前去信询问者。

2月18日（正月廿二日　丙子）星期四

晴，煦。

晨六时起。湜儿仍休息。上午作完崔颢小传附注。午后一时半出，步往文学所参加小组会，讨论潘梓老讲话及商量安排具体工作。盖今晨道衡约定者。是席到者余冠英、钱默存、乔象钟、曹道衡、胡念贻、刘世德、陈于陛、蒋荷生、梁共民及《文学遗产》编辑部若干人。四时半散，仍走归。

琴媳、燕孙已由润儿及李妈接归，均甚好，殊以为慰。夜饭后，坐至九时，即寝。元孙为让妹故，与予同榻。

是日上午，作书两通，一寄漱儿，告燕孙诞生，一复觉民，寄回稿酬收据。

2月19日（正月廿三日　丁丑　雨水）星期五

晴，煦。

晨六时起。湜儿仍冲黑上班。予八时出，过约云彬，同在外交部街东口乘十路到佟麟阁路，转七路到政协礼堂，听水利电力部副部长张含英作一九五九年水利电力建设情况及今后规划报告。既全面又清澈，系统完整，深为感动。十二时散。乘电梯登三楼，径诣俱乐部小食部午饭。遇颉刚伉俪，遂与同桌。啖烧麦、担担面等。邻座遇觉明、孟实、志成、均正等。十二时半散出各归。予仍与云彬循原路回。到家见湜儿在，盖到厂后厂医嘱仍回家休息一天。且开中药令服也。

接觉农信，循王褒僮约全文，下午即作书答之。

傍晚,濬儿来省,因共饭。饭后八时半去。时已风起,撼户吼隙,势甚猛,因属令早归。同时,属湜儿、元孙亦就寝。予乃在炉旁濯身洗足,易衷衣。九时半亦就寝。

2 月 20 日（正月廿四日　戊寅）星期六

晴朗,仍感料峭。

晨六时起。八时出,步往文学所参加组会,讨论六〇年具体工作。十二时散归。午后二时廿分出,乘十路到佟麟阁路转七路,赴政协礼堂参加文教组扩大会议,事为抗议美帝与蒋邦勾结,将劫走留台文物而起。由胡愈之主席,先由王冶秋文物局长报告留台文物屡濒危险经过,及此次美帝公然欲劫走等情形。继由文化部副部长齐燕铭宣读文化部公布美蒋间任何勾结契约一概无效,全场一致拥护。是日到会者除政协文教组各委员外,并邀在京人代、博物院、图书馆、考古研究所、历史研究所及在京文化界知名之士皆集（李印老、叶誉老未到而已）。各方面专家均有。发言者甚多,就予记忆所及,已有赵万里、翦伯赞、韩寿萱、沈从文、唐兰、陶孟和、常书鸿、陈文彬、顾颉刚、刘开渠、徐旭生、郭宝钧、邓某、张善若等,均表示一致愤慨,必须斥责,且提出抗议书,当场决定即以到会签名者全体列入云。予在场晤到愈之、圣陶、至善、叔湘、孟实、昌群、觉明、刚主、厚宣、颉刚、万里诸人。六时半散。予附圣陶车至朝内南小街下,走归于家。

傍晚,汉儿来,因共饭。饭后,濬儿、文权、澄儿、镇孙、埙孙俱来看电视,至九时半皆去。接湜儿电话,以加班,今晚不能归家,须明日夜间再说云。

十时就寝。

2 月 21 日（正月廿五日　己卯）星期

晴,薄寒。

晨六时起。七时半挈元孙出,乘十路转一路无轨到华侨大厦大同酒家早茶。镇孙先在,谓其母其妹皆已去矣。予坐待有顷,润儿亦挈宜孙至,相与饮啖,至九时离彼,镇孙归去。予等祖孙四人扬长而南,先过博氏幼儿园,一探旧迹,以老师都休假,未之晤。遂走至百货大楼购物数事,然后出东安市场,顺过源兴叫酒,乃在金鱼胡同乘三轮归家。在市场遇芝九,立谈片刻,芝在书摊购得《全唐文纪事》。

午后三时,乘十路到九条口,换六路到三里屯,径往滋儿家省视铿孙。少坐后,偕滋出散步,信步由青年出版社印刷厂前走至白家庄,乘六路回三里屯。晚饭后,由滋儿陪送归家,九时许辞去十时后,湜儿始归。予已就寝矣。予冒风未御皮大氅,殊感不适,当夜似有寒热。

2 月 22 日（正月廿六日　庚辰）星期一

晴,仍寒。

晨五时三刻,湜儿上班去。约定连日加班,如夜十时未归,即闭门各睡,不必相待云。予六时一刻起。八时半出,乘十路到朝内大街,走往东四头条一号访冠英,知八时往医院扎针,属少坐。予乃过介泉家访问介泉,亦赴医院诊治,晤其夫人,正谈次,默存来招,即同往冠英家。冠英、友琴都在,即展开《唐诗选》具体工作讨论。大致篇目已由默存选定,约明日友琴来我家商定落墨。近十一时行。冠英、默存送至衖口,予走北小街,乘十路南回到禄米仓口,走归于家。

午后精神荼疲,在坐打盹,屡醒屡睡,直至五时乃欠伸而起。近来精力日衰,可惧也。夜饭后,神仍不振,打开电广播听之,九时即就寝。润儿夜班何时还,未之闻。湜儿则竟未归也。

2 月 23 日（正月廿七日　辛巳）星期二

晴,煦,正阳春景象矣。

晨六时起。八时接友琴电话,谓有事不能来,请先将选目整理出来,是则只得独干矣。乃就三人原选各篇并参酌默存增删之篇核对卷第,分家分序写出,除午饭时停阁半小时外,直至七时掌灯后方毕。尚未及核算共有几家、几篇也。在我言,诚为特大跃进,无如力哉,为之大踏矣。深叹老去之无用如此也。

夜饭时,湜儿归,因得共饭。饭后九时许,各就寝。予已疲极,难再坐矣。润儿仍去作夜班,十时后归。

2 月 24 日（正月廿八日　壬午）星期三

晴,煦。

晨六时起,湜儿即出门赴厂。予钩稽昨定唐诗选目,凡一百有六家,都四百八十八首,精简之至矣。下午政协本请第一机械工业部刘鼎副部长作关于机械工业建设情况报告,予以倦怠并不能悉之故,竟未往。四时许,乃乾见过,长谈至六时去,假去书目两册。潇儿亦来省,与乃乾同时辞归。入晚,汉儿、滋儿皆来,润儿亦饭罢归视,乃共汉、润、滋、琴、元、宜同进夜饭。饭已,忽停电,润为此去而复返,不及加班矣。同时风起,撼户震窗,而湜儿始返。少顷,电复明,湜就饭,汉、滋则恐风加大,冒头辞归矣。

九时后,濯身洗足,易衷衣就寝。风吼如虎,彻夜未息。翌晨平明,始渐戢。

2月25日(正月廿九日　癸未)星期四

晴,仍有风,气转料峭。

晨五时半醒,六时,湜儿来床前言,今日仍不休息,即出门上班去。湜行,予亦起。八时前出门,乘十路到东单,走往北京医院就诊。盖提前一天访郭大夫也。(本约明天往郭处,以明天须参加河南考察团大会也。)在院遇袁翰青、庄明远,略谈。九时半就诊。据郭大夫言,上次所作心电图无变异(指上两次所作图),只须多注意休息,务免劳累云。仍配药两星期量,并加配咳嗽药水一星期量。十时半即离院,仍乘十路归家。

今日初卸棉袄裤,换上卫生衫裤及羊毛衣,但风中仍感冷,恐出外参观还得御棉也。午后,坐渴,睡至四时半方醒,甚感不舒。夜七时,湜儿归,得及同饭。近日难得之事也。润儿仍夜班。予九时就寝,竟未知渠何时方归耳。

2月26日(正月三十日　甲申)星期五

晴,煦。

晨六时起。八时出,乘十路往政协礼堂,在外交部街站遇云彬,因偕至佟麟阁路下,转七路北行,径抵政协。至则人已坐满第三会议室,圣陶、至善、阜西、荫浏、祖荫诸熟识俱在。甫坐定,即开会。盖赴河南参观团召开成员全会,有所接洽也。团长丁西林主席,报告组织情况,知副团长为王芸生、秘书长为何慑,副秘书长为范叶萍。凡分三组,第一组廿四人,侯镜如为组长;第二组廿六人,张曼筠为组长;第三组廿六人,邵象华为组长。予编入第三组,与却尘、研因、汉达、荫浏、均正诸人同组云。继由何秘书长报告出行应备各项等。十时半即散。仍循原路归。

午后假寐,四时许醒。夜饭时,潜儿来省。饭毕,湜儿亦至,潜即去。予偕两孙看电视,十时乃寝。

2 月 27 日(二月　小建己卯　乙酉朔)星期六

参加政协全国委员会河南参观团,于是日晚车出发,径赴洛阳。阅各项工业,并访白马寺伊阙关林之胜。三月七日下午离洛往三门峡(五日已交惊蛰节),阅黄河水利枢纽工程,登水库之坝,(工事围堰下即埋藏砥柱山,将来工竣,底柱依然屹峙中流,为中华民族风格示范。)坝之北端即山西平陆县矣,雄视晋、豫,泱泱乎大风哉!九日之晨离峡东辕,傍晚抵郑州,阅视新兴工厂及东风渠工地与花园口。十六日北归。当晚十时返京抵家。首尾十九日,别详小册所记。

2 月 27 日①(庚子岁二月初一日　乙酉)星期六

晴,不甚寒。

晨六时起。八时后写信两通,备分送冠英、友琴,皆为唐诗选目及送稿属分工事,并向所中告假(两信皆于午后交润儿送去)。十时后,闲翻《全唐文纪事》,觉陈范川用力甚勤,惜其不以人系事,乃仿《世说新语》例,分类各详,致每人应叙之事转多分散,似不及计氏《唐诗纪事》为便。下午假寐片晌,闲翻日本平凡社大百

①原注:"1960 年 2 月 27 日,自京往洛,阅新兴工业,访白马、龙门之胜。复诣三门峡阅黄河水利枢纽工程。返途过郑州,看花园口,3 月 16 日夜乃归。略记此册。"

科事典,其中颇有科学资料,当辟其民族偏见,揽取之。

夜六时晚饭。饭时,润假归陪餐。李妈挈元孙去政协礼堂看电影。饭后,潜、权、澄、汉、滋诸儿皆来,晓先亦至。谈至九时,自家出,诸人送予行,步至什方院,湜亦追踪至,乃偕往北京站。时正九时半,诣第一休息室,遇圣陶、至善、云彬、孟实、却尘、均正、汉达、芝轩、研因、伯钧诸人。十时登车,儿辈皆送上。十时卅五分开行(此为卅七次快车)。予属十四厢第一号铺,与却老对榻。予上第二号则刘锦汉也,因临时挂车,铺陈稍乱,十一时后乃得睡,但尚能入眠。

2 月 28 日 (二月初二日　丙戌) 星期

六时半起。盥便讫,车抵邯郸。八时抵河南安阳。八时半早饭。九时一刻抵○汤阴○。九时三刻抵新乡。途中与却尘、汉达谈。十时三刻过黄河桥,正与圣陶父子谈话中。越桥有隧洞。十一时十分抵郑州市。待许久,西折郑洛线。十二时午饭。午后一时十分抵孝义。二时十分抵洛阳市。即分乘三大车驰赴车站南首新市场国际旅社。三组住三楼,予乃与刘锦汉、林汉达同住三百廿九号室。安排讫,三时半就旅社礼堂集合,由洛阳地委书记兼洛阳市副市长谢同志(女)介绍当地情况报告,于洛阳今昔对比,言之甚晰。除四大国营企业外,并大概指出应看各项。所有成绩皆从总路线、大跃进、人民公社三大法宝得来,例证极明。五时四十分散,六时夜饭。三组各占一室,予一室列三桌,连工作人员在内,每桌各坐九人云。予与何泽慧同坐,颇承照顾。饭后七时半,在礼堂举行晚会,由洛阳市豫剧团演出。凡两出:一为张小凤、高荣娥主演之《虹桥赠珠》《大闹泗州城》,开打精熟,极可观;二为徐凤云、李水兰主演之《寇准背靴》，此剧做工甚重，他处未之见，甚可欣赏。十时一刻散，由团长、组长等登台致慰谢，并与演员合摄两景焉。归卧已将十一时，即就睡。

2 月 29 日（二月初三日　丁亥）星期一

晴，煦。

晨五时半起，以恐惊动同住之人，暗中摸索至厕所及盥漱室，办讫应行各事。六时半，回坐，天犹未明。坐待有顷，天始明，乃记讫昨日日记，雾里捉笔，草率甚矣。七时半早餐。七时半出发，乘车渡涧水而西，（今为工业区）径诣轴承厂参观。由厂长金德源介绍后，分头参观，大小规格具备，为国家骨干工业之一。十一时半离厂，乘车径返旅社。十二时午饭。饭后大家午睡，予乃乘暇写信寄家，略告行程。

下午二时半出发，往涧西区参观耐火材料厂，其地较轴承厂稍远，尚在建筑中，已有砂砖车间两所，粘土车间一所，随众听介绍情况后，竟克登降周行，从碎石起，以至成品出窑，工程秩然，又经导引人讲解，颇有所知。高处见竟有七楼之度，且飞越天桥，并不觉累，足见精神振奋不小耳。六时半返旅社。七时晚餐。餐后却老约在其住室（239）谈话，盖民进参加之九人临时开一小组会也。到却尘、芝轩、青士、之介、历耕、研因、汉达、均正及予。请芝老讲钢珠轴承原理，能近取譬，深入浅出，获得新知不少。九时散，归室就卧。是夕咳嗽稍好，不若昨晚之扰人矣。亦一慰也。

3 月 1 日（二月初四日　戊子）星期二

上午晴，下午阴，颇闷热。

　　晨五时三刻起，如厕盥漱。六时半乃得见天光记日记。以同室者忌灯光，不得不坐以待旦耳。今后恐均将如此，则大感苦闷也。六时五十分早餐，餐已少休。八时即出发，仍过涧西参观第一拖拉机厂。厂在轴承厂之西，规模之大，抵一大县。先在食堂听厂长杨立功介绍厂况。九时三刻毕，即派人导引厂中各路一周。有小汽车前导，第三组车领先追踪（向照一二之顺序，今日秘书长意，须倒转一次云），经随车人员指点介绍，若者为铸钢车间，若者为装配车间，若者为翻沙车间，若者为仓库，若者为后勤总枢纽，均极亲切。然后引看泥型、铸钢、锻钢、装配等车间。在铸钢间所见，真有百炼钢化为绕指柔之感，屈折、打圈，旋成弹簧等等，从心所欲。在锻钢所见，则重型机动砧锤操作自如，声震屋宇，地亦为动也。在装配间所见，尤为感兴，从底盘起，逐渐逐段加配零件，最后装上铁链，即开驶出厂矣。每天可出五十台云。云彬、却尘、雪莹、宗伦四人均登上新完成之拖拉机驶出车间，大家以为笑乐也。十一时三刻离厂返社。十二时一刻午饭。饭后大家午睡，予乃记上午日记。

　　下午二时半再出发，仍往拖拉机厂继续参观。出发前写信寄上海漱儿。再到拖拉机厂后，又看发动机车间及冲压车间，中间因何辉同志感累，由联络科女同志饶云香陪同入客室休息，坚拉予及研老及李范一夫妇同往。饶极能干，善交际，诚有为青年也。后又入车间，与原队会合，参观至六时许，离厂回旅社。少坐即进晚饭。饭后，与却尘、青士、之介、汉达、均正、圣陶、研因、至善、锦汉同出，在附近散步，并入百货公司及洛阳酒家楼下小卖部一览。匆匆便回旅社，未及八时也。少坐，下楼访圣陶、云彬皆不值，或出外就浴矣。乃上楼，访均正、芝轩长谈，九时归寝。是夕嗽大作。

　　夜接友琴信，托觅白墓照片。

3 月 2 日（二月初五日　己丑）**星期三**

上午晴，下午阴。

晨六时半起。大便梳洗讫，正七时。七时半早餐。八时出发，仍向涧西行。过轴承、拖拉机两厂而西，始到矿工机械厂。此厂规模与前述两厂相将，尚有部分基建工事未竣也。先在三楼会议室听厂长兼总工程师高文彬介绍本厂设备状况，然后分两大组分投参观（一三两组合，二组仍之）。予等先看金工车间，继看锻工车间，所见皆巨材，钢轴有粗过庭柱者。两车间间，厂中特备汽车送达，可证面积之大。本尚须看木工车间，以时已十一时，只索起行，过王城公园入览之。王城公园当即洛阳西宫（今称西工），为成周东都旧址，据云中有汉墓等，但时促未及遍至，十二时即赶归旅社午饭矣。饭后不欲午睡，乃约云彬、圣陶、至善拟同游洛阳旧城，以公共汽车稀少而且挤不上作罢。即在百货公司东首新华书店一看，买到冯家昇《辽史证误三种》、张亮采《补辽史交聘表》、查继佐《国寿录》三书。返社细阅，张书予早已买得，粗心失检，过收之，惟游洛纪念，亦足珍也。查书疑伪托，盖清末民初，此类作伪稿本不鲜也。携书返社，尚未及二时，同室二公正昼寝未兴，予独倚北窗翻检之。故觉二书一过收，一待考辨耳。下午二时半，三组在二楼会客厅开座谈会，组长王雪莹主持，泽惠、汉达、洁夫、尚元、历耕、研因、芝轩、方佐先后发言，皆对参观所得有所发挥。五时一刻即散。因五时半即本社礼堂应本市市委、人代、政协、统战各部联合举行宴会也。是晚本预备舞会，因抗旱运动正忙，而被请多老人未必习惯，故改为宴饮，真设想周至矣。七时散，各归房休息。芝轩、均正见过，乃长谈至九时，始各归寝。汉达亦自他室返。九时半皆就榻。

3月3日（二月初六日　庚寅）星期四

阴,下午微雨,仅见点。

晨五时五十分起,灯下如厕及梳洗。六时半天始明,乃补足昨日日记。七时早餐。餐已,在本社礼堂听洛阳市洛北区麻绳厂及雨具宫灯厂负责人报告情况。九时三刻始出发,东行入旧城,折南出南关,到两厂先后参观。两厂本皆手工艺作坊,近组成工厂,技术革新,竟有无人车间出现,简朴实用,真勤俭办企业之一范也。十一时许即回,十一时十分便到旅社。两厂招待甚殷,对老人扶掖备至。闻皆由他工作机关调来相助者。十二时午饭。饭后环顾,皆午睡之人,独自倚窗看《国寿录》,尽黄道周传。忽里急,乃如厕,岂日来不免多食乎?下午二时半,乘车再入洛城西关,径诣敬事街小学,承焦校长详细介绍教学与生产劳动相结合的经过与效益,生动感人,闻所未闻。旋导看校办六一工厂,共分收音机、制药、木工家具等车间。操作者皆幼年学生,平均十馀龄,最小者九岁耳。操作秩然,彬彬有礼,无一人不可爱,真令人激动万分矣。该厂副厂长工人一男名王志成,年十四,一女名戴敏珠,年十二,各车间主任亦多女生,最小者仅十二岁。参观毕,洛北区长刘雨乡(女)谓附近有区联所办幼儿院,可往一观,因再过看之。四时半即返。少休至六时,晚饭。饭后七时,民进诸同人约谈,为述洛阳史迹,并及少数民族等问题,八时半各归卧室矣。少坐至九时,又与汉达谈三国诸问题,近十时入睡。翌晨五时半嗽又作,不能睡,乃起如厕。

3 月 4 日（二月初七日　辛卯）星期五

初阴旋晴,薄寒。

五时半起。梳洗了毕,已六时半,记昨日日记之尾。未几,即走至庭中散步,遇却老,便同往餐室,不久即早餐。八时仍在礼堂听关林公社钢铁厂负责人作情况报告。九时乃乘车出发,东行南折,渡洛水新桥,直驰关林钢铁厂。厂址在林东北不远,亦五八年大跃进中产物,规模颇不小,仍在边生产边建筑中。参观炼钢、轧钢、炼铁三车间,尚有炼焦车间为红旗车间,本欲一过之,以时晏(已十一时)未果。

钢铁厂招待员殷女士苏北人,上海调来者,浏亮不亚饶女士。

径抵关林。关林为汉末关羽墓,相传吴袭破荆州后,斩羽首送曹操,操葬之洛阳云。庙貌庄严,墓山亦大,他处关庙所不能及也。今为洛阳博物馆,经馆长蒋若是介绍情况,知此馆亦四八年后始成立,其所藏之量,及工作之要,皆当在国内首屈一指。予等匆匆历览,十二时半始行,竟未能遍及也。最感兴味者,为汉魏时遗留之粮食及西晋初之临辟雍碑拓片,惜未克一一扪而细视谛读耳。归行较速,午后一时赶到旅社,即进午饭。饭后大家午睡。

据韩寿萱云,蒋若是系学术秘书,非馆长。为五〇年北京第一班考古训练班学生,人极精干。

予乃略记上午所见云。午后三时各组举行座谈,予首先发言,就连日所见证实三大法宝之可珍。其后马可、恪丞、之介、锦汉俱发言,五时三刻散。六时半夜饭。饭后七时,乘车入城西关,诣洛阳剧院看豫剧(本市豫剧二团演出),坐第四排六号。七时半开幕,先为《杨排风》,扮排风及焦赞者皆极利落有味,惜说明书未载此目,竟未知谁某耳。继为《三拜华堂》,实一趣剧。饰张华之丑角及饰月娘之小旦皆妙绝,丑角竟胜于京剧中之马富禄也。惜说明书为 AB 制,究不识饰张华者为常保富抑韩庆林,饰月娘者为马元凤抑李水兰?遂成闷葫芦。惟饰程力者为盛月春则确知之。做唱亦极佳也。十时三刻散,满意而归。十一时后乃就寝。

3 月 5 日(二月初八日　壬辰)星期六

晴,煦,郊外有风沙,夜半雨,不大。

五时五十分起。盥洗讫,记昨日下午日记。七时半早餐。八时半始出发,穿城度瀍,东北行,越铁道线并行而东。历五十分钟,乃到白马寺。寺有清凉台、毗罗阁,为寺中最高处,遍涉一周,见规制虽具,宏壮不能甲宇内,惟谥以"释源",义无可辞。予瞻仰摄摩腾、竺法兰二僧塑像而出。又东南行,一瞻舍利塔。十一时许返辕,十二时前十分到旅社。十二时午饭。饭后缅想,昨日关林所见关平、周仓像后,皆有老儒陪立,且关平像画小甏。今日所见白马寺韦驮像,左手执杵,右手高擎一物类小石,谛视旁悬篆文联有"道在降魔舍利夺回还佛祖"之语,是有一段故实矣。此二事皆与他处所见有异,故记之。又,寺中塑像最为元塑,破坏已甚。馀皆明修者。碑记亦残泐,似为元修之纪文。舍利塔前则右立两碑,一为金大定,一为明嘉靖。左首一碑亦残驳,以辨认之地名有河南府、官名有参知政事及尚书手章事推之,或为宋碑,最早亦不过唐末耳。以年月已缺,无法决定之。

下午二时半,在礼堂听瀍河区人民公社负责人介绍公社便民措施及敬老院情况。四时半始出发,仍东穿洛城,度瀍水,径达该社集中市区,商场前有断碑一,文曰"孔子入周问礼乐于此"。当

地或系○○史所在地乎? 以时晏,不及入视,仅沿门参观服务站等
各项便民措施(规模并不大,花色却齐全,养生送死之道尽矣)。
西行至瀍桥已五时半,亟驱车往敬老院。院址坐落清旷,环境极
好,设备周到,较在家纳福尤胜一筹,历数已往见过者,无有出其右
者,宜其引人入胜矣。(每周安排食单,院内有小卖部,备有糖果、
酒品、糕点供老人择用。)六时许,别诸老人,返旅社。六时半夜饭。
饭后独往百货公司二楼购得白墓照片,可以向友琴交卷矣。七时
一刻折回社中,参加本组学习会,听范一、青士、研因、何辉先后发
言,九时散。复过芝轩、均正谈,汉达亦与焉。十时半返寝室,十一
时就寝。

3 月 6 日 (二月初九日　癸巳) 星期

上午雨,下午阴,气仍暖。

五时五十分起,雨不止。六时半早餐。餐后仍有雨,因决定不
去龙门,改行座谈。八时半,仍就二楼会客室,三组同人开会,王雪
莹主席。济民、研因、汉达、之介先后发言,最后由朱洁夫发言,说
理透彻,语调生动,章法井然,直讲至十二时半乃已。真有总结意
味矣。虽长,不觉倦也。散会后,径至餐厅午饭。饭后雨止,决定
二时半出发,仍往龙门参观。东出,仍于周公庙前南行,度洛桥,南
驰径抵龙门,廿五里。先由负责保管所者说明引导,予等第三组成
员先看万佛洞、莲花洞、古阳洞、奉先寺。寺为露天大石像,规模宏
大,残破较少。继观药方洞、潜溪寺(亦石窟)及宾阳三洞。宾阳
洞位置甚善,中洞为主,南北两洞,左右夹辅,外石壁有唐褚遂良题
字。洞前构招待所,为保管所办公地,予等略坐即行。在售品处购
得龙门二十品拓片,宋初陈抟题字拓片及照片二十四帧,计费十三

元馀。遂挟以登车。车过陶瓷厂,入观之,初以仿制出品古俑为主,今则兼作实用物品,如耐酸坛、缸管、琉璃瓦等矣。略涉一周,即登车行。五时三刻到旅社。六时许夜饭。饭后偕锦汉就浴于比邻上海浴室。浴后返舍,往礼堂看电影,《冰上姊妹》及河南新闻片多种。十时归寝。综计伊阙所见(东山诸窟、香山寺及白墓俱未及往)残毁之迹太甚,帝国主义者勾结当地奸商贪吏,致此巨劫,无法弥偿,真令人恨入骨髓矣。为此萦念不置,竟影响睡眠也。

今日为予八秩开一初度之辰,餐厅午饭,适供锅面,予为之暗喜,巧极!

3月7日(二月初十日　甲午)星期一

阴,偶见细雨,暖。

早六时起。阴。七时早餐。八时出发,度涧水而西,绕道折东抄至王城公园之北,参观汉墓。据负责人介绍,东首为西汉墓,西首为东汉墓,本皆在涧水之东,其年大水,两墓皆浸入水中,土开见墓,乃照样迁建于涧西今址上。予等先看西汉者,墓室较小,分前后室,两旁俱有侧室,安置陶灶车马等件。顶为拱券形,砖刻极精。且有壁画,色彩尚新。后看东汉者,体制较大,顶为四角砖墙结拱顶。雕镂较粗,但有石门两道,开阖自如。且侧室亦较复,殉件亦较多也。时有细雨,已将十时,遂驱车回舍。与阜西、研因、锦汉、芝轩等长谈。十一时半午饭。饭后整治行李,顺与阜西、锦汉谈。下午一时半离旅社,乘车赴洛阳车站。临行,社中服务人员殷勤致送,至感!抵站后,以车误点,俟至二时四十分始到。又为予等挂车调轨,耽延至三时一刻乃西驶。抱歉之至!自车西发,一路山沟纵横,多窑洞。(洛阳东西一带皆类是。)车中与西林、芸生谈,不觉过新安、义西、渑池、观音堂、张茅等站而抵三门峡市。穿隧道数处,四时后雾气甚浓,远物几不见,因是转不感路途之修长矣。六时廿分到站,当地负责诸位皆来迎,仍车送至交际处。予就住第四楼四号房,在楼上,仍与锦汉、汉达同室,加入熊尚元,凡四人。设备精洁,远胜洛阳国际旅社也。七时晚饭,亦丰腆逾常。饭后,就食堂听刘副市长介绍三门峡情况,后又佐以电影,生动跃然,在在令人感奋。十时回寝。在场得大剥花生,更为难能之事。

3 月 8 日(二月十一日 乙未)星期二

阴,细雨如沫,即止,暖。

晨四时起如厕。返室仍睡,至六时半乃起。七时四十分早餐。八时廿分出发,乘汽车至车站,转专用火车线,直达史家滩,再乘汽车至三门峡工程局小憩。由秦副局长为作报告,于工事之进行,技术之革新,前途之伟大作用,条分缕析,割切详陈。听毕,由杨定源同志导往展览馆指讲工事模型,处处得一鸟瞰,甚得益。十二时回休息室休息,未几即导往食堂午饭,亦极丰盛。饭毕即登汽车,驶往各地参观拌合机房、围堰、隔墙(分溢洪与发电用)及坝上俱畅览,且度坝至北岸已为山西省平陆县界矣(三门峡原属陕县,今为省辖市)。往来皆由汽车接送,登降虽不无疲劳,而照料周到,令人内愧。下坝所涉围堰下即砥柱山,将来全工完成,撤堰后砥柱仍将屹峙中流也。

后复乘汽车到史家滩,再转火车回湖滨站(专用线起站,史家滩为终站),复乘汽车返交际处,时为四时十分。休息之隙,追记昨日下午及今日参观三门峡经过。傍晚五时半,当地领导同志联合举行宴会,凡十一席,予与朱孟实、林汉达、李相符、庆承道、刘锦汉同席,主人为交际处张继超(每席配一人)。是日适为三八妇女节,女同志遂团坐一席。宾主交酬,极一时之盛。七时半罢,即乘车赴工人文化宫参加晚会。剧为陕西来工地演出之郿鄠剧团所演。先为古装剧,有五狐女缠一书生(名张义)后为法士所擒,即又释去,不知何事,或为聊斋故事乎?继为时事剧,宣传婚姻法。各项角色,皆称职,直至十一时始散,演员下台与予等握手,且欢送出院,比登车展轮,犹挥手鼓掌不止,其热烈殊可感念也。惜无说明书,竟未识谁某为可憾耳。归交际处就卧,已十二时矣。

3月9日(二月十二日　丙申)星期三

晴,暖。

晨六时起,盥洗如厕讫,天刚大明,遂就窗下记昨晚事,顺写两信,分寄京沪,告今日离峡返郑州云。九时早饭(先已用点)。十时半离交际处,驱车仍往湖滨车站登车(备两节专用)一则专车停靠在彼,终须调回峡市,一则昨日有未见虢世子车马坑者今得顺道一观之。予等到彼,先观此坑(即在站前)。坑中埋藏车马,遗物尚在,车形完整,马则仅存骨骼。十一时登车,开回峡站,候西来之车,至十二时许,乃得挂上,正因加拖,予等所乘两厢,重量过大,又值上坡,竟不胜行。费时良久,加用机车始成行,时已一时半。开行后,越沟穿洞,三时后始到洛阳。(洛东亦有多洞须穿行。)下午六时半乃达郑州。在车中,先后与圣陶、阜西、云彬、伯钧、之介、研因、汉达等长谈,尚不寂寞,以是沿途所须各站多半未之觅也。抵郑站后,由当地领导同志相迎,车送往交际处,(三组同人住交际处,一二两组则住紫荆山宾馆。两处在同一交通干线一东西横列一上,交际处在西,宾馆在东,相距五里云。)予被招待入二楼二百十二号房。(设备更胜三门峡。)仍与汉达同室。少坐便下楼入餐厅晚饭。饭后,研因上楼,与汉达对调,(从此起居习惯相同,彼此皆不牵制。)汉达遂转入楼下,与安秘书同室。八时后与研因、之介、芝轩、青士、均正长谈。至十时各归寝。是夕予睡甚酣,醒来已翌晨五时半。

3 月 10 日（二月十三日　丁酉）星期四

晴,暖。

六时与研因同时起,同如厕所,同在一处盥洗。研因健谈,昨日日记遂无法记完。七时半早餐,吃到大好油条,同人皆笑谓"久违了",以此,各啖两条,佐以小米稀粥,下以莲菜(即嫩藕丝)及鲜嫩酱瓜,诚无上享受矣!食后汉达始至,谓"昨晚睡眠更不佳,真苦命也"。众皆哑然。八时乘车出发,东往紫荆山宾馆,与一、二组会,八时半同入礼堂,听报告。近三刻时,郭副市长来,为介绍郑州市建设情况,所涉方面甚广,详尽生动,感奋异常,总路线、大跃进、人民公社三大法宝,于此更得不少确切例证,最令予感动者,今后跃进目标紧追高精尖方向致力。高者高质,精者精密,尖者尖端,然则多快好省的统一又得一保证矣,不将令人鼓舞难忘乎!十二时毕,予等仍回交际处午饭,饭后众皆午睡,予乃记完昨日日记,并将今日上午所经略记之如上。

午后二时,乘车出发,径到河南展览馆,会合一二两组,同入馆,先在接待室休息。旋分头赴各馆参观,计览综合馆、工业馆、文教馆、农业馆等处,以时促,未及畅观,且有财贸战线等项不克遍及也。四时半返休息室,少坐即起行,在馆大门外合摄一影。再往东南行,即黄河水利展览馆,予等入览一周,最感兴趣者为引洮上山工程示意图及南水北调示意图两处,且讲解员指讲详明,委宛曲连,有时朗诵自编诗歌或对唱快板,殊引人入胜也。(两馆皆然,且太半为青年女同志。)五时半三组同人车返交际处取大氅,(日间觉热,不须此,后知有晚会,不得不归取之。)然后再车赴紫荆山宾馆参加河南省委、人委、郑州市委人委等团体招待宴会。予坐第三席,与研因、曼筠、阜西、何惧、宗辅、政协工作人员张某及当地主人某君(长髯,有精神,惟未悉何人,仅知七十二岁耳)。晚八时一刻始罢,乃车送人民剧院参加晚会。正豫剧第三团演出近代剧《春风野火斗古城》。予等到时已演过四场,但接下看,并不觉突兀,剧情甚好,大旨为抗日战争八路军与伪军、日军斗争事。(有人言,即指当时保定实事。)演员个个出色,至十时半乃散。仍车送交际处,少坐就寝,已十一时。是夕,青士以与却老同室,嫌有大鼾声,乃与研老商得同意,调来与予对榻。

3 月 11 日(二月十四日　戊戌)星期五

昙,暖,下午有风,夜半加剧。

晨五时四十分起。七时半早餐。八时半乘车出发,往西边纺织机械厂参观。先听介绍报告,继乃分头参看,看得五个车间,又看厂办人民公社小工厂及幼儿院。十一时半返交际处。十二时午饭。饭后仍乘众人皆睡之隙,得补记昨日及今日上午简略经过。

下午二时半,乘车出发,往铁道西参观郑州国营棉纺厂第三厂,(省称国棉三厂,其地甚大,并列一至六厂,此厂为解放后当地首先开办之工业,较典型。)仍在会议室先听厂长介绍报告,然后一、二、三组鱼贯前往各车间参观,依工序逐一看去,又得内行专家张方佐指示,极得益,且厂房整洁宽大,往年在南通看到者瞠乎后矣。足征国家建设事业发展之速。继看厂中职工食堂,并参观机械化之炊事房。导引者为一廿四岁之女职工,周姓,无锡人,因知厂中南方人极多也。五时半离厂,仍车返交际处。六时晚饭。七时组长召集漫谈,推举何泽慧帮同组长作总结提示。又听马可发言及唱歌,九时乃散。今日觉颇累,到卧室后即就榻。夜间大风作,嗽喘亦大类初到洛阳之夕,吾度青士必有嫌忌,与汉达同感矣。体气使然,欲忍亦无可忍也。

未往纺织机械厂前,适河南省任副省长来,年九十二,犹策杖轻步,望之如七十许人,真矍铄可喜。因邀同合摄一影,由马可执镜为之。(昨夜宴会,任即坐第一席上。)

3 月 12 日(二月十五日 己亥)星期六

晴,陡寒。东北风,夜深雨雪。

晨五时嗽作,延至五时四十分,非起不可,乃暗中起,用报纸遮住台灯,然后着袜穿衣。如厕后接为梳洗诸事。事毕返室,已将七时,乃乘静(时青士尚蒙被睡)作昨日下午日记。

八时半出发,参观砂轮厂,厂在西郊,路甚远,更在纺织厂之西北。到厂后径登三楼会议室,由厂长王津介绍建厂经过,方知砂轮为一切机械制造不可或缺之琢磨具,国内固属首办,规模之大,现居世界第一位,虽尚未基建,陆续拓大中,精良出品乃先由土法上马,已飞声于莱比锡展览会矣。导看土法车间及新建洋法车间之一部分,实令人叹美不置。惜厂中道路尚未全平治,往来所经又不近,从十时半走起,直至十二时未驻足。十二时后登车离厂,已大感疲惫。到交际处已十二时半,未坐即进午饭。饭后略眯片晌,即将上午所历约记之。

下午二时半出发,诣郑州老城管城区人民公社参观,管城古为郑州附郭县,今包城区及近郊为一大公社。先由社长刘某报告今昔对比及建设经过。旋分组参观社办重点事业,计看到电机制造厂、机械修配厂、味精厂、幼儿园、敬老院等,五时半始返辕,到旅社稍息,六时即晚饭。饭后与芝轩、锦汉、研因、之介、均正、尚元、方佐诸人闲谈,上下古今,靡所弗及,亦旅中一大快事也。是夕,马可先返京,予一组中又少一人矣。九时半,返室就寝。睡至酣。

上午出发时,先行道过紫荆山宾馆,使予等一瞻当地交配站杂配新种三品:一、牛父羊母之羊;二、牛父豕母之豕;三、驴父豕母之豕。皆人工授精所得之新种。据云易大,多力,壮健,而羊则毛较长密云。于此可知,万物成形系于母体,昔日所闻受胎以精虫为主,殊不可靠,究以卵珠为主则讲的通。否则,何以此之种皆不类父而独肖母乎!

3月13日(二月十六日　庚子)星期

大雪,寒。下午转霁。

晨六时起,推窗弥望积雪,且正飞降不息。七时,应办事了讫,即补记昨日日记。七时半早餐。八时十五分乘车冒雪到紫荆山宾馆会合一、二两组,于八时四十分开会。听郑州政协副主席兼统战部副部长朱翔武讲城市人民公社成立、发展及某些问题,随时得到解决等等,皆作详细明确之说明。同人于昨晚九时前共提出问题四十一则,今朱副部长归纳为八大项,逐一解答。十一时五十分始毕,同人认为"解决问题",足征言之剀切也。散会后,雪仍未止,且加大,冒雪车回交际处,正十二时,即就餐厅午饭。饭后记上午所历。

下午二时半,予等第三组在交际处楼下办公室开会,讨论参观总总问题。直至六时一刻乃散。接着设座夜饭(就原处改设)。夜饭后,忽传即时搬往紫荆山宾馆。七时即收拾停当,分乘小汽车数辆,随带行李,同时移动。不久即到达新居处所,予仍与青士同室,配住一楼一〇四号。房较宽大,且带浴室,尤胜原处矣。七时半,组长又召集开会,三组同人皆就二楼会议室举行座谈,仍谈总结问题。锦汉、之介、均正相继发言。之介言之甚长,历时过久,及均正发言,已八时四十分(原约只至八时半),又历二十馀分,始各散归就寝。已九时十分许矣。是夕,久坐感累,睡不甚佳。十一时许,即咳嗽自醒,又闻窗外风声,似兼雨声,稍一提神,遂致不寐,转侧到翌日二时许,始入睡。气仍不顺,似有热,未敢声张也。

3 月 14 日 (二月十七日　辛丑) 星期一

晴,融雪,更寒。

晨六时起。七时半早饭。在三楼食堂。八时许出发,往东郊乡人民公社参观。车行四十分乃达。先在接待室听宋社长报告建社经过,生动、全面、详尽,闻之令人鼓舞。尤其于阶级斗争思想转变等节,大为透彻。讲毕已将十一时,只得匆匆略看百货商店、综合工厂、食堂、畜牧场、幼儿园等,其养鱼塘,敬老院等皆未及看,已十一时三刻。登车走,旋到紫荆山宾馆已十二时一刻(归途较速),少坐,便登楼午饭。饭后记上午所经。组长来告,今日下午本定往看花园口工程,以路不好行,改于明日上午行之。今日下午改为自由活动云。

午后二时许,予约圣陶、至善父子及云彬、修和、笃义、振东同出散步。先往南,过金水河桥,参观殷代城墙残迹,标示为殷代,究不知殷代何城也。徘徊久之,地多碎陶片,且为绳纹者。或以此推定之乎?(后闻韩寿萱言,中央考古所尚未正式肯定也。)继复回金水路(即宾馆交际处前东西大街)。云彬、振东、笃义往二七路商场购物,予与叶氏父子及修和则穿游紫荆山公园,登园西偏最高土冈,现已筑成台观,建亭莳花,颇可小坐远眺,因憩息久之。旋见标牌,此即所谓紫荆山,乃殷代古城保存最高最北之一段,为当地重要古迹之一。既而西下出园西门,即黄河展览馆,一般博物馆、展览馆,星期一皆休息,独此馆依然开放,遂入览。讲解员已熟识,为引导指示,将引洮上山及南水北调等要尽复习一遍。并得亲手抚摩模型,胜卧游多矣。深感此讲解诸员之服务精神为远过他处也。四时三刻乃步还宾馆。六时晚饭。饭后过圣陶父子及王季范一谈,盖三人今夕即先行返京,谈至七时一刻,三人行。予乃登三楼即三二二号却老、研老卧室与民进二友闲谈。却老讲述辛亥以后政党斗争情形甚详,予劝其写出供文史资料研究会参考。彼此闲谈,九时二十分始散。各归寝。

3 月 15 日 (二月十八日　壬寅) 星期二

初阴,午后渐晴,仍寒,雪已融尽。夜较暖,月色好。

晨六时半起。七时半早饭。八时出发,径赴花园口上游东风渠工地参观。有五万人同时操作。刨土,钻深井抽水,打板桩等,杂然并举,深感动。九时到彼,十一时始离渠首闸,再转往花园口参观当年蒋邦决口害人处。今则变害水为乐水,正亦迅速规划,利用东风渠大兴灌溉之利也。十二时二十五分离此返馆,一时即达。返途特见快速耳。少坐即登楼午饭。何秘书长宣布,今日下午三时半在礼堂共同讨论参观总结,王副团长已将大纲草稿写成云。

届时又变更地点,改在三楼饭厅举行。由丁西老主持开会,王芸老宣读总结草案,读毕讨论,蔡方荫、李祖荫、曹杰、刘既明等多有发言,至五时许结束。予与民进诸同人即却老、研老卧室闲谈,锦汉与焉。六时许,予等九人同入饭厅,共席晚饭。饭后,何辉动身赴武汉,予等与握别。七时乘车赴郑州剧院,应本市招待晚会。予坐第三排十一号。剧为《包公夜断移胎案》,系本市曲艺团演出。刻画奸恶之徒,形象极生动,但不免有不快之感。地方剧种初期形成,终有此等现象,将来必可改善耳。十一时散归,即归寝。盖明晨即须离郑返京矣。

3 月 16 日(二月十九日　癸卯)星期三

雾,旋晴,不甚寒。

晨六时起。整治行装。七时早餐。七时三刻离宾馆,雾中车发车站。八时许到达,待车至八时二十分,始上车。盖乘汉口至北京直快车也。临时挂软席坐车一节,不敷用,予与丁西林夫妇、王芸生、王复初、李相符、左宗伦、朱光潜、吴研因、王却尘十人被延入包房软席中,分占两室,前五人为一室,予等五人为一室。交流闲谈,颇不寂寞。午后一时就餐厅午饭,已过邯郸。七时晚饭,正在保定。闻人言,车已误点,或将于十时后乃得到京云。予等仍谈,不觉已抵丰台。盖司机赶开,居然赶上,九时四十分已抵北京新站矣。

汉、润、湜三儿及宜孙正到站门口来接,遂相将行,至方巾巷口,乘十路车北归,到家仅十时许。少休后,取汤洗足濯身,易亵衣就寝。是夕,汉儿即留宿家中。此中首尾凡十九日,兴奋过度,初不觉累,及入睡,竟疲乏类瘫痪矣。

3 月 17 日（二月二十日　甲辰）星期四

晴,寒。

晨六时起。汉儿上班去。湜儿休息在家。午前,澹儿来,本思偕之同出,以积倦无力,竟未果。午前雪村、友琴先后见过,谈移时去。午后假寐,三时醒。澹、湜出购物,五时乃还。

夜饭时,澄儿来,遂共饭。晓先、文权皆至,谈至九时许,澹、权、澄、晓皆去。予属湜儿返寝,遂与元孙同睡。是夕竟发寒热,颇感不舒。

润儿夜仍上班,十时后始归。

3 月 18 日（二月廿一日　乙巳）星期五

晴,寒。夜雨。

晨六时半强起,否则气涌喘咳,盖不得宁也。竟废早食。胸次闷闷,仍处理离家前积压诸事。至十时始稍稍就绪。乃补记归后日记。

午饭后,坐不住,只索解衣就榻蒙被偃息。初尚咳喘,继而入睡,寒热仍作,六时半,强起,与澹、汉及元、宜两孙在东屋晚饭。有顷,湜儿亦归,予虽勉事引杯,欲祛风寒,但沾唇即止,竟难下咽,聊饮稀粥半盂而已。九时许,澹、汉归去。予煎福建漳州神曲饮而就枕,并服安眠片二枚,居然安稳入睡。

琴媳今日下午一时半乘京沪通车赴沪省亲,即携燕孙自随。澹、润、宜送之。盖乘产假未满,待闲南行也。

3 月 19 日（二月廿二日　丙午）星期六

凌晨雨止,阴,午后曾见阳光,偶有小雨,气仍料峭。

早六时半起。虽软疲,而体气似较昨好。八时十分独出,扶杖步往文学所参加学习讨论。最后予为略报河南参观情形。十一时廿分散,出门居然雇得三轮,乃乘之以归。潽儿午前来,盖李妈之姑有病危耗,昨日一早即去顺义。我家乏人照看,遂属潽经常来家看视也。

午后仍感疲,假寐,虽时有电话及人客(如丁夫人),予依迷胡,直至傍晚六时乃醒。六时半,润儿携宜孙出看电影,而元孙尚未归,适晓先来,元亦归,乃属带去同看。盖即在演乐胡同工人俱乐部放映也。七时,俟汉儿不至,而文权来,因共小饮,舌已略知味,仍啜粥,但竟日未大便,内热恐尚未清耳。

九时许,汉儿来,元锴终未至(锴先有电话来,谓即来谒)。共谈至十时许,潽、权、汉皆去。予亦就寝。甫入衾,湜儿归,尚未晚饭,即属就食,予乃入睡。

3 月 20 日(二月廿三日 丁未 春分)星期

晴,暖。下午转阴,傍晚雨。

晨六时半起。俟乃乾至十时始至,谈有顷,即偕出,乘三轮到华侨大厦大同酒家午饭,时方十一时许,食客已满,与人并桌乃得食。在彼遇朱继文、继武兄弟,略谈便行。饭后与乃乾步至东安市场买得平步青《霞外攟屑》等数书,在金鱼胡同各乘三轮分道归。下午四时许,外孙元锴来谒,长谈下乡体验农村生活情况,即留晚饭。

是日润儿下午加班,往外文印刷厂赶校印件,六时半得与湜儿同归。九时许,元锴归校去。予亦就寝。

3 月 21 日（二月廿四日　戊申）星期一

初阴,旋晴,气回暖。

晨六时半起。八时后写信两封,一寄王雪莹,答龙门二十品问。一寄哈尔滨昌显外孙,复告未能去东北参观之故。十时许,潽儿来。午饭后小休,二时出,乘十路至方巾巷,转十八路无轨往王府大街,应文联之召,参加理论批评大型座谈会。车中遇伯山、力扬,场中遇觉民、平凡等。听周扬讲话,直至六时半乃散。散出人挤,人丛中遇冠英,皆匆匆数语而已。走至史家胡同西口,始得一三轮,雇乘以归。到家已七时许,润、湜俱归矣。乃与潽、润、湜、元、宜同进夜饭。汉儿午时来家,予等饭甫过,别具餐享之,匆匆即下厂工作去。

夜饭后,看电视,九时五十分乃毕,即就寝。

3 月 22 日（二月廿五日　己酉）星期二

阴,闷燠,偶晴,即霾,午后恐有雨。

晨六时起。八时出,乘十路南行,在佟麟阁路转七路,北去。在车中遇周亚卫,同入政协礼堂,以第三会议室临时有用,遂改在后进办公处所举行。九时开会(文史资料研究委员会第三次全体委员会议),杨东莼主席,先作八个月来工作报告,继讨论一九六〇年工作计划草案,发言甚热烈,原则通过,已十二时,申伯纯以组稿关系,重申"三要四不三给"公约。三要是要真实、要具体、要破除顾虑。四不是不扣帽子、不论观点、不拘体裁、不求完整。三给是给稿费、给帮助(写作上必要条件之协助,如参考图书、纸笔等,有不能写者,可派秘书代笔)、给尊重(尊重写者意见,如暂不发表,不用姓名等等,亦即破除顾虑)。大家欢欣而散,予走至白塔寺,乘一路无轨东行,在北小街换十路南归。到家已将一时,匆匆具食。

午后一时半,润儿上班去,元孙上学去,宜孙午睡,仅予独坐而已。次园本约下午来谈,久待不至,转误为中华审稿事。抵暮接其电话,约晚间始能来,只得待之。

六时半,夜饭。润儿归视即行。谓今须彻夜赶校,两孙无法照顾,只能由予带看云。八时许,次园来,谈至九时五十分乃去。仍为《史记选》译有所询商耳。十时就寝。两孙甚好,早入睡矣。十一时,湜儿始归,盖亦赶工作,与出版社互相应答也。尚未夜饭,乃自炊进食。予亦无从知其何时就枕矣。似此颠倒失常,影响甚巨也。

3 月 23 日（二月廿六日　庚戌）星期三

阴,冷,近午晴。

晨六时起。八时后,为中华审阅《两汉郡国疆域表》稿本,为提出意见四项,写出函复局中编辑部,即于午饭后交润儿带去。润儿午刻始归视,知昨夜二时后始睡云。宜孙扁桃腺又肿胀发烧,十一时,潜儿来乃属携往赵家楼门诊部扎针。润儿归时,往候之。儿病不免呀嘈,深感苦恼。午后电话询其芳,明日是否同往政协报到?据其家人言,拟星六(廿六日)前去,约予在家相候,同车行云。二时假寐片时,即抽架上步景孙《霞外攟屑》观之。并及文史资料研究委员会所编《文史资料选辑》一、二两辑随意浏览,五时半罢。六时半,晓先来访,润儿亦归,因共饭。饭后谈至九时许,晓先去。未几,潜儿亦去。予就寝。湜儿仍十一时归。

3 月 24 日（二月廿七日　辛亥）星期四

阴,轻寒恻恻,殊不类将近清明也。

晨六时半起。看《霞外攟屑》。十时许独出,乘十路到中山公园,转五路至西华门,走访乃乾。甫坐定,援庵来与乃乾洽印《二千年中西回日历表》。谈至十一时许去。予乃偕乃乾、敏霞同过北海仿膳午饭。其地正在修葺,坐位收狭而谋食者多,立候久之乃获坐。肴品少而寡薄,逊往时,价则昂至倍蓰矣。一时许,离北海,乃乾与敏霞归去。予乘九路无轨回南小街,走至演乐胡同口,得附十路到禄米仓。步归家中,则濇儿方伴宜孙午睡,润儿则归视后复往上班矣。假寐至四时,接道衡电话,谓明日上午九时所中开会,属参加云。夜饭时,镇孙来取物,饭后湜儿亦归及饭焉。看电视,八时半镇孙去。九时半,濇儿去。十时就寝。有顷,润儿乃归。

3 月 25 日 (二月廿八日　壬子) 星期五

晴,较暖。

晨六时一刻起。力气全无,八时强出,步往文学所。九时开会,听历史研究所田某谈历史分期问题,一如前闻,仍无法解决也。十二时散,步归。惫甚。下午二时前,韵启自沪来,带到漱儿托携食物。谈有顷,与同出,伊回轻工业部招待所,予则乘十路往南河沿文化俱乐部,应民进中央之招,出席参观团汇报会。晤乔峰、广平、却尘、研因、青士、守义、之介诸人。洁琼主席,先由冰心发言,予次之。后接续发言者不少,五时三刻暂散。夜七时仍须续谈也。予以体力不胜辞,即乘十路归。

滋儿劳动回城来省我,遂与濇、润、滋、元、宜同饭。予少饮便罢。濇、滋于九时一刻去。湜适归。予则难再坐支,已就寝矣。

3 月 26 日 (二月廿九日　癸丑) 星期六

晴,仍感轻寒。

晨六时半起。八时一刻老赵驾车来接,遂乘以过张自忠路人大接唐弢,乃还至裱褙胡同接其芳,同驰出城,抵虎坊桥前门饭店报到。回车先送其芳,再送唐弢,然后送予归。力疾而出,体益不支,下午就寝,五时乃起。胸次大闷如有块压住,打呃不能,下泄又阻,殊感苦也。傍晚文权来同饭,对酒不能下咽,频频作恶,啜粥汤一盂而已。九时,潘、权去。予即寝。十时后,湜始返。

3 月 27 日(三月大建庚辰　甲寅朔)星期

晴阴间作,气候失调。

晨六时半强起。八时独自扶杖出,走至南小街史家胡同口始得一三轮,雇以往北京医院门诊,因昨夜预先挂号,乃得遇值班大夫金不如(女)。经听捺量血压后,开方配药五种(四药片,一药水)。属明晨空腹往抽血,须重作血糖肝功能等检验也。十时后,扶杖强行至东单,乘十路归家。抵家疲极,午间进软饭半碗,呷汤数口而已。元锴、昌预两外孙午前来省,俱不肯吃饭便去。

午后,予蒙被假寐,至四时后,潘儿、滋儿、佩媳、铿孙始陆续来。傍晚,汉儿、澄儿亦先后至,润儿本须加班,带校样在家工作。因得共席夜饭。予亦为之强起,仍呷粥汤一盂半。饭后谈,予虽勉坐,实感胸闷频频作恶。九时,滋、佩、铿去。汉亦同行。伊等行后,即就寝。竟致呕吐,甚为狼狈,幸潘、澄尚未行,得为我料理多时。予就衾后,潘、澄乃去。十时后,湜始归。予睡至一时后,起大便,二时后复入睡。

3 月 28 日(三月初二日　乙卯)星期一

初阴,旋晴,气仍不正。

　　晨六时三刻起。似稍松,但较软,叫出租汽车无着,乃空腹扶润儿于七时廿分出,只得乘十路行,到东单后,走至北京医院,竟走不动,如无人伴,几不能达也。到院后,径往抽血处,候抽已,掣得十一号,俟至八时半,乃得行。在座遇刘大年,与谈有顷。及出院门,遇颉刚,亦与谈有顷乃别。予父子走公园,穿至崇文门口同仁医院门首,乃得雇三轮二乘,父子分坐以归。九时到家,润即去上班,潏儿亦来。午饭仍啜粥。午后假寐,前后接所中通知及政协明日开幕通知,竟未能入睡。所中通知更为不幸,一个优秀党员干部谭家芷中煤毒不治,昨晚逝世,今日七时半在所中开会追悼,年仅二十七,且怀孕四个月,亦惨酷矣。

　　六时半,介泉见过,予匆匆啜粥已,即与偕行,同往本所参加追悼会。王平凡主席,张书铭报告惨遇及急救经过,并介绍生前成绩。继由其爱人陈君(在部队)讲话,陈君之友某君讲话,哲学社会科学部支书穆君讲话,最后由所长何其芳讲话,八时三刻散。所中派车送冠英、介泉及予归。

　　到家滋、湜均在。潏尚未去。有顷,潏去。滋则留侍予。遂与同榻。十时后,润亦归。

3 月 29 日（三月初三日　丙辰）星期二

　　阴,寒,偶晴。

　　晨六时半起。九时半,其芳过接,同往人大接唐弢,遂驰赴政协礼堂。十时参加三届政协二次大会开幕式。周总理主持,通过各项议程及听取陈叔老作工作报告。十一时一刻即散。仍由所中车送归。

　　午后小睡,四时起。感冷。夜饭后九时即就卧。湜儿九时半归。深夜二时半,政协送急件至,润起接之。予因醒,遂未入睡。

3 月 30 日（三月初四日　丁巳）星期三

晴,有大风,仍寒。

晨六时半起。八时独乘三轮往北京医院。候至十时半乃得由郭大夫应诊。据前日抽血检验结果断定为肝炎,必须住院治疗。遂由郭导往办公室接洽。久之,始电话通知文学所派人来洽,一面即劝令弗行,直待至十二时半,所中葛涛始来院中,坚嘱送往交道口第二隔离医院,谓本院无床位,其实怕传染也。又有顷,老赵车始来,乃与葛涛偕乘回家,约明日不论何时,车有空即来送予入院云。予即以昨日送到之密件交葛涛带与其芳,托令缴还,并托顺为请交今日下午列席人大大会事只得废置不行矣。闷损之至。下午卧床休息。傍晚,澄、滋皆至。有顷佩华亦至,瀋、润则早已在侧,因共议入院诸事及应带各物。晓先亦来访,共谈至九时后,瀋、澄、滋、佩、晓皆去。予亦就寝。

三月卅一日至四月二十日,凡二十一天,为染得肝炎,移住右安门外北京市第二传染病院,四月廿一日上午离院返家。此廿一天事详治疗服药经过别有记。

3 月 31 日①（三月初五日　戊午）星期四

晴,风稍戢,仍薄寒。

晨六时半起,整理应带各物,预备住院。八时后瀋、滋两儿先后来。同时得葛涛电话,谓将于十时左右来车相接。予因即电告

---

①底本为:"入住传染病院日记,1960 年。"

乃乾。圣陶先有电话来询,亦即告之。又电告润儿,润亦归。遂属
俟予行后,分电雪村、颉刚告我入院治疗。十时后葛涛偕老赵驾车
来,遂与瀋、滋同登之,径开大佛寺街。讵只见中医医院,不见第二
传染病医院,经询之中医院,始知该院在右安门外西偏。复改辕而
南,直赴右安门外,果得之,已十一时矣。入院手续甚艰繁,再三检
查并特为腾出单人房间,直至下午一时许,乃扶至四区三楼第四一
二号房,易衣入室。瀋、滋复入视,有顷,乃同葛涛等归去。深累涛
等,耽阁午饭,不免受饥,甚感不安。就榻后即送来面条一盂,医护
再三来视,诊查服药,颇周挚。三时许,饮梨汁一盂。五时三刻复
进稀饭一盂,土豆一盘,皆尚适口。箧中携有平景孙《霞外攟屑》
三册,得倚枕翻阅,亦尚不恶。稍倦即闭目养神,亦殊自得也。九
时就睡。中夜二时许来量体温。二时后入睡。五时醒,起大解,仍
未畅。仍就榻。

4月1日(三月初六日　己未)星期五

晴,仍寒。

六时前护士来抽血做检验,顺量体温(正常)。六时半起漱
洗。缅想七十年来,住院诊疗尚为破题儿第一逢,入题便到隔离病
院,诚才一入口便尝异味矣,堪为一笑解嘲耳。七时一刻,服药片
五。即早餐,牛乳一盂,稀饭一盂,油果子一张,酱菜、腐乳少许,尽
之。餐已又大便,乃得畅。九时许,送豆乳一盂来,饮之。有顷,有
中医来诊,询能服中药可速愈,予颔之,意谓尚听院中统一安排也。
十时后又来量血压,据云又下降,是大有好兆矣。因起坐观书。十
一时一刻,又服药片十馀枚,分两口吞下。司营养者亦屡来询长问
短,关顾之切诚可感也。十一时四十分午餐,蛋花肉末盐菜面片一

盂。十二时廿分又大小便一次。十二时半就榻略睡。午后二时半起后,饮茶半瓯。三时十分又大小便一次。便后服药十六片,饮混合乳一盂。复就榻小睡片晌,四时半起。五十分又作大小便一次。岂加服药片所致乎? 五时廿分晚餐,粥一盂,黄瓜炒虾屑一盘,皆可口。食后,腹又彭亨,殆又将便耶? 时窗外风大起,吼声似虎。微隙中不免有风入,则不无可虑耳。至六时许果又大便,乃大泻矣。七时廿分又如厕一次,先征得大夫同意者,但便后大夫仍属护士备矮凳垫溺盆,劝令弗出房为宜云。八时后就榻,竟夕无大小便。惟睡眠不甚熟,时为梦所萦。

4 月 2 日(三月初七日　庚申)星期六

晴,晓来风止。

四时许即醒。六时来量体温。六时廿分起,服药,仍与昨同,共十五片。盥漱后鼻涕有血(连日如此,今更甚)。七时小便,深橘色,较前更黄见红矣。七时半早餐,所进与昨同,惟易油果为白糖油包耳。因与昨夜所食时距过长,到口即吞,颇觉香美也。八时量体重,据云与入院时差不多。九时,进混合乳一杯。十时小便,仍带红色。十时半又量血压。随送到今天《人民日报》,即展看之。十一时一刻服药如前。十一时半午餐,先进盐菜肉末面条一盂,似致略添,又进盐菜鸡丝面条一盂,今日午饭倍增矣。十二时大便,已转稀,为之一畅。午后一时就榻卧。二时起溲。越十分,又来量血压。二时四十分量体温,五十分听诊,俱云大好。三时服药片如前。旋又小便,不多。三时廿分,服中药一小盂,兼鲜藕粉一盂。复就榻卧。五时一刻起溲。五时半晚餐,厚粥一盂,烧丸子一盘,计五枚,食已。至五十分大便,已转正常。六时四十分就榻。二传院虽僻在右安门之西,而距南苑机场及永定门车站皆不远,故机飞轧轧,车过隆隆,胥得振耳荡心。今晚预知琴媳将携燕孙自沪返京,以是车声远起,尤感特殊之萦念也。七时后始入睡,一宵无大小便。三时许曾觉,旋复入睡。翌晨五时乃醒。

4 月 3 日(三月初八　辛酉)星期

晴,大风沙。

晨五时半起。五十分量体温,服药,小便(仍深色带红)。六时廿五分服中药。七时一刻早餐,牛乳、粥各一盂,花卷一枚,佐以盐菜乳腐如故。食后大便未遂,仅手纸见血痕而已。坐至九时半,饮混合乳一盂,而开水竟不至,未能沏茶也。时户外又风吼,虽日出,不减料峭,则家人来视定多周折耳。越时十馀分,开水至,乃瀹茗自劳,稍解岑寂。九时三刻量血压,谓又见平降。十时十分,草草就浴。即在对门,不一刻即回病室矣。十一时三刻服药片十四枚。十二时午膳,蛋花青菜面片一盂。以不足,属再添,越半时,又将一盂至,则蛋加多而益以西红柿,盖特制者。殊为感愧!午后一时,小便少许,就榻卧。时户外风声又大作,深以为憾(午前曾略止)。二时起小溲,风声浩浩在耳,益念家人如来探视必受此累矣。正朦胧间似闻滋儿声,亟披衣出视,杳然,或心念之切乃来此幻觉乎?有顷,滋儿果至,盖在外问讯予先听得耳。又有顷,澄、润亦至,同来分批入视也。谈悉家中一切平安,琴、燕昨晚亦安然归家矣。湜儿亦得补假一天云。三时十分量体温,数脉搏,饮混合乳,服药片。三时廿五分,三儿并辞予归去。予小便就榻。四时服中药。六时晚饭,仍厚粥一盂,烧丸子一盘,凡三丸配以碎菜,转校松快也。食后大便未遂,小便则颇畅,是一昼夜无大解矣。挨至七时廿分又试大便,勉强拉出枣样大一颗,即纳入检验匣备化验。但腹中仍吱咕作声,并不安静,未识何故?倚榻看晚报等,俟至九时乃就床。竟夕无便。

4 月 4 日（三月初九日　壬戌）星期一

晴,黄昏前后大风。

五时醒,越半时起大解,困甚,仅出枣大一粒,只得仍就床卧。六时四十分起,再解之,仍只枣大一丸耳。七时量体温,服药片十五枚。七时一刻,如厕乃得畅解,早许如厕,吾知必不便结如此也。七时三刻早餐,与前昨略同,惟多一枚馒头,少一盂牛乳耳,不知何故?九时一刻饮混合乳一盂。九时半量血压。九时三刻饮中药。十时廿分又如厕大便少许,略带血丝。回房后正在倚榻打盹,大夫来诊问,谓眼珠黄气尚未尽退,须多休息,时正十一时廿分。有顷,送午餐至,仍蛋花西红柿面条一盂,食毕为十一时四十分,不敢更添矣。十一时五十五分服药片十四枚。十二时,小便后就床。十二时三刻,大夫来听诊,据云好多矣。午后二时起小溲。前曾朦胧些许胀也。二时十分量体温,越十分,数脉搏。二时五十分服药片十四枚。三时一刻饮中药一盂、混合乳一盂,饮后小便一次。倚榻看《霞外攟屑》,至四时一刻,小便就床。五时廿分,送晚餐至,厚粥一盂,肉末土豆泥一盘,缓缓进咽,至三刻始毕。适院中为予购到生梨二枚、苹果四枚(三大一小),即削小苹果片食之,收拾刀具,洗牙纳杯,已六时矣。有顷如厕,略泄甚适。起立拭秽时不慎,头撞于门环,幸尚无恙,然亦足见自不小心耳。六时廿五分回房,合眼倚榻久之。继而挑灯看书报,至七时半,倦矣,即小便登床。

中夜溺急,起小便,视手表为九时半,以为入睡未久,何遽便急乃尔,但返床即睡,不暇计议之。

4月5日（三月初十日　癸亥　清明）星期二

晴,仍间有大风。

平明醒来,视表仍为九时半,知此表昨晨忘开,已停摆,昨晚自给,至可哂,乃约定时开之,针指五时三十分(俟再核)。六时起,护士来量体温,且嘱一准备抽血再验。六时一刻抽血15CC去。六时半服药片十五枚。六时五十分,以所抽血不足用,复请益4CC,乃伸左臂受刺,因方抽之穴在右臂也。(抽血之护士,询悉为尚镜湘。)七时五十分如厕大小便,回房时过办公室,壁上电钟正指八时,核予所开之钟快四分耳,因校正之。(今天已记之时,俱须移后四分。)九时廿分,进混合乳一盂。九时五十分开水始至,乃得沏茶。十时小便,登床略睡。十一时,来理床,复起坐待之,顺啜茗焉。十一时廿分送中药至,少停小便,便后饮之。十一时半午餐,厚粥一盂,菜馅三角三枚而已。十二时顷,又服药片十四枚。旋看报,至三刻乃上床小睡。略一合眼而已。午后一时四十分起小溲,复卧床看报。二时后略得朦胧。三刻时来量体温,数脉搏。三时起,进梨羹一盂。三时五分,大夫又来听诊,据云大好,"只要会养,恢复健康是容易的。"一刻,小溲甚畅,色办渐淡矣。三时半,服中药。服后手削平果半个啖之。四时一刻服药片十四枚。四时卅五分小溲。旋登床卧。五时四十分送晚餐至,粥一盂,肉片豆腐一盘,六时五分食毕。六时一刻,如厕大便。六时半,啖馀半苹果。灯下看晚报。八时小便,就床卧。十时左右方入睡。

4月6日 (三月十一日　甲子) **星期三**

晴,午后风又大作,狂吼可怖,入夜未止。

四时半醒。五时廿分起,如厕大小便俱畅。五时三刻梳洗,略进饼干数片。护士来量体温并服药片十五枚。七时,服中药半盏,盖煎后复温,因熬致残者也。七时半,将粥一盂、菜馅蒸饺二枚、盐菜些许至,有顷食之。带韭味,颇难下咽。至三刻又将牛乳半盂至,复饮之。坐榻看书。八时五十五分小便,盛入试瓶,备检验。九时五分又进牛乳一盂。九时廿分,大夫来听诊,云"又见好些"。九时五十分小便,色又见淡多多。十一时又小便,色更淡,喜慰甚。十一时廿分量血压,予询之,云"低者为七十度,最高为一百四十",然则日渐正常矣,岂入院后屏绝烟酒之故乎!此后当坚持远此二物也!十一时半服药片十四枚。管营养者来询口味适否,予告以都佳,分量亦相称,惟韭味不甚合,已直告之。五分钟后午餐即至,面片一盂,益以蛋花、菜泥、腐丁、肉末,白汤颇淡,或迎合南人味感,致兹"不及"耳?十二时,小便后就床偃息。三刻时起小便,仍卧床,略一合眼而已。一时三刻又起小便。今日小便虽稍淡而量转多,当一问之大夫。二时,削生梨半个啖之。二时卅五分量体温,数脉搏。五十五分又小便。旋饮牛乳一盂。四时饮中药一盂,旋入浴,历一刻钟出。四时半服药片十四枚,询之护士,谓溺多为好现象。颇引慰。五时四十分晚餐,粥一盂,热菜一盘,为鸡肫片、蛋片、藕片、西红柿片和煮者。粥虽较薄而副食已多,仍未添,以保胃纳之功。六时四十分如厕,大便不多,但觉畅适也。七时,灯下削馀半梨食之。随阅平景孙《玉雨淙释谚》。七时五十五分小便。看晚报至八时卅五分,又便一次,登床就卧。至九时半又起小溲,迄未入睡。且微感形寒,或洗澡时不免又感冒乎? 在床展转反侧,不能成寐,如水往事,漾洄弗去,强自摄念,愈益渐涌。烦扰纷拏,竟不敢窥表作何时也。不知何时始入睡? 突然醒来,已翌晨五时一刻矣。

4 月 7 日（三月十二日　乙丑）星期四

晴,仍有风。

五时五十五分起,小便。量体温脉搏,服药片十五枚。梳洗讫,不觉已六时半矣。七时十分送早餐至,粥一盂带煎饼一并酱菜乳腐少许。予不任啮硬饼,因丐换馒头。有顷送馒头两枚至,予啖其一,并添粥一盂以佐之。四十分,又送牛乳至,饮焉。五十分如厕,大小便均畅。八时五分乃回房。八时廿分,开水始至,因瀹茗焉。九时,进混合乳一盂。九时半量血压,与昨所量差不多。平景孙《霞外攟屑》十卷,亦适于是时阅毕,自入院以来历七日矣。中华排印,误字不免,而破句尤多,竟有匪夷所思者。刚主所附景孙事辑,亦有称引疏忽处,往往以景孙转引之语为景孙己出语,当分别观之耳。九时五十分小便,登床阖目憩息。不觉朦胧入睡。醒来已十一时半。送报至,即起看之。十二时送中餐至,则菜肉馄饨一盂十许枚而已。但可不断请益也。午后一时,翻完《人民日报》,谭震林代表中共中央和国务院在人民代表大会上所作《动员一切力量提前实现农业发展纲要》,真令人感奋无已。当午前起床看报之际大夫又来听诊,据云如肝功能迅速恢复,一二星期后或即能达到出院标准云云。是住院疗养已成较轻的定局矣。下午一时五分服药片十四枚。二十分小便。四十五分登床偃息,未能入睡。二时廿五分起小溲。仍返床。三时,送梨汤一盏至,因起饮之。三时一刻服药片十四枚。越五分,小溲。三时卅六分量体温,服中药。今天为星期四,湜儿例得休假,果尔则午后宜可偕潜儿前来看我。但至下午四时尚不见踪影,大概又为赶工作抹去休假耳。五时许,送进物件一包,予知为家中送来者,其物为毛巾二条,饼干一匣,信一封,《茶馀客话》二册。询问何人送来,则云不知,刻接来电动阅,故送交,此物上午即来,存传达室云。予深讶不准入探之欠理,究不知何人到此被拒,至为纳闷。及细看信件,则信为琴珠写(昨日写),并附元孙信,知元孙将入队而李妈却尚未出乡云云。信封有润儿临时细书数行,谓予先未联系好,竟不听入,只得退回,是润儿送来明矣,湜则诚未得休假也。五时四十分送来晚餐,粥一盂,菠菜炒蛋一盘,乘其未凉而啜之,实已渐感无味矣。六时四十分如厕,大便无多,小便畅。回房后灯下看阮吾山《茶馀客话》,盖今日润儿送来者。七时四十分,削苹果啖之。八时半小溲,就床拥被卧。户外风声虽弱于昨,而毛风隙穴而入,殊有飕飕之感也。翌晨三时醒,起小溲,暗中摸索,不敢睁眼,惧失眠也。乃返床后绝不能寐,睽睽至于达旦,苦矣!

4 月 8 日 (三月十三日　丙寅) 星期五

晴,仍有风。

在床挨延至五时三刻,不得不霍然起。小溲。梳洗后六时廿五分量体温,服药片十五枚。七时半,进早餐,肉片菠菜咸泡饭一盂也。七时五十分如厕,大解畅,小便亦利。八时回房,进中药及牛乳各一盂。写信与家中各人,谈入院经过并属离家中杂事若干件。九时廿分,进混合乳一盂。十时写完家信。旋小便。十时廿五分量血压,(护士范姓)谓前天最平(136 度),昨略高(140),今又升至近 150 度(148),恐多看书少休息之故,力劝多注意休养。
其言甚是,所憾不能悉从耳,为之怅然。十时三刻,添装笔体中墨
水,由范护士取来。十一时十分,小溲甚多。十一时四十分送午餐
至,羊肉屑和面条一盂。依量,颇想再添些许;依味实不敢再要加
些矣。饭时接漱儿上海寄院信,盖琴珠去信已接悉,故来探问也。
及拆看,方知琴珠信尚未见及,先已接到潘儿去信耳。十二时半小
溲,吞药片十四枚。就床倚枕看书报。午后一时半,有女大夫黄姓
者来听诊,谓郎大夫有事外出,属伊来接班者。是连日为予诊病之
女大夫即郎静娴矣。据黄言,亦云尚好。一时廿分如厕小溲,盖房
中溺盆昨夜以来未经倾去,已满溢不可用也。昨日即言可以取用
之信封等,迄未见送来,催两次亦不得要领。门隙有毛风,亦连说
两次未见改善。凡此,皆令人有些微不快耳。及二时半,范护士来
视,一一解决,惟信封等须向外购取云。范年仅十八,尚在护校肄
业,今来院实习,夏季即毕业矣。人极爽朗,能干。二时三刻,量体
温。二时五十五分饮牛乳,旋服药片十四。四时小溲。四时一刻
服中药。觉倦即床卧。五时廿分黄护士长始以信封十枚、信笺廿
张、四分邮票十枚到,盖亦待之焦急久矣。即起,缮封,以上午所作
家书纳之,备付邮,而急切不得浆糊也,则亦坐待之耳。五时四十
分送晚餐至,肉末蒿菜一盘,粥如故。有顷又来问"欲易菜否?"予
颔之,则持一盘黄瓜炒蛋加腊肠片来,因留下。始得兼味,乃两腠
之,食时取粥糁粘信,交出乃安。六时十分如厕大便无多。七时五
十分小便,就床。九时后入睡。

4 月 9 日(三月十四日　丁卯)星期六

晴,夜大风,院中过道门厚玻璃为震碎。

早四时即醒，起小溲，仍拥被卧。延阁至五时三刻起矣。天阴，似将致雨。六时廿分，以心烦，进小圆饼干四片。六时半，尚镜淑来量体温，复抽血 5CC 去作检验。询悉郎大夫已调离此，粤人黄大夫正式接代矣。七时十分觉饥，复进面包干一片，顺服药片十五枚。越五分，粥及馒头二枚至，遂啜而啖之。下粥只少许咸菜而已。方食，黄护士长来称体重，为 104 磅。七时四十分如厕甚畅。五十分回房，进牛乳一盂。八时四十分黄大夫来诊询，看眼气，谓已退黄，小便、大便皆无大异。下星一可以得到今日验血结果云。九时五分，又进牛乳一盂。九时半小溲。十时就床偃息。略眯片晌。十时四十分，范护士来量血压，仍与昨一样为 146。本睡不熟，不如即起，续看阮吾山《茶馀客话》。（已尽七卷，中华新印本破句亦多，兼其从事者不悉当时制度，又兼人地名、官名缪辕，难怪不免此失，况又益之以粗心耶！）十一时一刻送到当天《人民日报》，看之。十一时四十分送午餐至，又是一盂菜屑片儿汤。且仍带羊膻气，只得直喉吞之。（管事者虽频来问讯，而于予提出之要求多不见实现，一则物料供应不广，巧妇难为无米之炊；二则厨中统筹安排决不可能特殊办物。所以频来问讯者不得不照应门面耳。）十二时十分，服药片十四枚。廿五分小便。旋写信复漱儿，午后一时乃毕。二时一刻，小便就床。二时五十分来量体温、脉搏。三时遂起，服药片十四枚。旋饮鲜橘水一杯（煮熟）。漱儿信发出。三时一刻小便，量多而色不甚黄矣。四时就床小卧。五十五分起小溲。五时半，晚膳至，粥如故，盘菜则易为热煮罐装鱼。盖午前黄大夫再三询所嗜而以鱼虾告之者，今特取以充数耳。予之所欲为鲜鱼，又孰知以罐鱼进乎！虽然，厨司亦殚其心思矣，可感矣！食已，削所贮生梨啖之，聊解口馋。六时十分如厕，返房后就

灯下看晚报及《茶馀客话》。八时一刻,小便后就床。灭灯静摄,
冀早入睡,乃展转反侧,迄难成梦,至十一时后始朦胧半睡,疲矣。
盖今日为三月十四既望之夕,回溯辛亥与珏人结缡以来,周五十年
矣,西俗所谓金婚也。今则如何! 珏弃我而逝已五载,而今恰感疾
住院,孑然一身,与空室相纠合,名为疗养,实同幽禁,安得不心伤
神驰,一至于斯乎!

4 月 10 日 (三月十五日　戊辰) 星期

晴,间有云,夜月明。

四时半醒,起小溲。仍强睡至五时四十分起。小溲后量体温
脉搏。六时,服药十五片。六时一刻,先食面包干一片、小圆饼干
四片,皆家中携来者。七时廿分粥始至,佐以花卷两枚、腐乳一角,
转觉清口。越廿分,饮牛乳。七时五十分如厕大解,畅。八时半范
护士来清扫,欲为予量血压,以机有故障而止,谓当另觅一具再来
试。九时一刻又饮牛乳。旋小便,尚清。十时一刻小便,就床偃
息。十时五十分起,仍阅《茶馀客话》。十一时,黄大夫又来听诊,
谓昨晚所送罐头鱼已被发见,似不太好,已经照呼厨房今午可供鲜
鱼,如须干饭,亦可试一下云。予甚感关切。十一时五十分服药片
十四枚。十二时午饭,果供红烧鲜鱼(似为大鲤鱼),并初用干饭
一盂。入院以来今日乃亲执两箸下饭,暂置勺儿不用矣(以无汤
故)。十二时半小便,看报。午后一时半小便,登床偃息。二时一
刻量体温。二时半并来量血压(140—70),似小降矣。护士来言,
接予家电话,谓有人将来此探视我,然则澄、汉等或来省问乎? 二
时半,潜、汉、湜三儿来省,带来羊肉、饼干、书籍等。三时四十分,
服药片十四枚。四时,潜等三人辞去,予属伊等先过陶然亭一疏散

之,然后归家。五时半晚餐,粥一盂,酱乳腐一角,予乃出汉为购来月盛斋酱羊肉下之。吃得可口,竟添粥半盂焉。六时四十分如厕,未得大便。八时卅五分小便,就床卧。今日《北京晚报》竟未至。未几入睡。十一时、三时皆起溲,但其间仍保持睡眠状态。四时半又起溲则未再能合眼矣。

4 月 11 日 (三月十六日　己巳) 星期一

多云转阴。

强卧至五时四十分起,护士即来量体温脉搏。六时五分,服药片十五枚,随即梳洗。六时廿分小便。进饼干十来枚。(此系昨日家中捎来者,并不新鲜。)六时五十五分如厕大便,畅。七时十分回房,昨日《北京晚报》始至,不知送到太晏抑忘却捎进则不可知矣。七时廿分,早餐,粥一盂、馒首二枚,乳腐一角。予又佐以酱羊肉五片,甚甘。七时五十五分进牛乳一盂。看报。八时半小便。八时四十分量血压(140)。九时五分,进混合乳一盂。九时半就床卧,迷离少睡。十时许,由中医女大夫、护士各一人来诊脉,又处方嘱再服中药云。十时廿分起小便,色甚淡。复就床卧。十一时一刻起。十一时四十分午饭,黄瓜蛋花汤及茄子炒粉肠片各一器。予仍尽干饭一盂。十二时一刻服药片十四枚。十二时半小便。午后一时半小便,就床。略睡。二时半起小便,看报。(《人民日报》饭后方到。)二时三刻量体温,三时始袖试脉搏(大约无变化)。三时卅分,服药片十四枚。昨日濬等来省,谓予较入院时大胖,予中心不然,或十天不见略有幻觉乎? 此时偶玻门中倏见己形,似亦大异于初来之日,因问护士张兆贵索假手镜自揽照之,果大丰,予询兆贵:"是否浮肿?"伊云:"肿则不当有皱痕,现呈皱痕,是非肿矣。"

只亦随信之。报载人代大会昨日下午胜利闭幕,政协全委全体到席参加之。是胜会已告满散,而予却以病羁院,仅得参加政协开幕式而已,为之不怡良久。四时五分小便。五时廿分又便。五时半送晚餐至,盘盛炒菠菜粉条,间以蛋屑,其外粥一盂如故,予仍取酱羊肉五片佐之,但未添粥。六时一刻如厕,仅得小溲,未有大解,想又须明晨才能获畅耳。六时卅五分,削余剩最大之苹果食之,所谓仅存之硕果矣。看晚报。七时五十分小便。八时半小便,就床。十二时醒,起小溲。即不复入寐。展转至翌晨三时半又起小溲。返床乃得朦胧,至五时半又醒。

4 月 12 日(三月十七日　庚午)星期二

多云转晴,似冷。

五时四十分起如厕,大小解均畅。返室已六时,遂盥梳不复睡。六时十分,服药片十五枚。六时廿分,量体温。七时一刻,早餐,粥,馎,酱菜如故,予仍出酱羊肉佐之。七时半,进牛乳。九时,又进混合乳。小便,色淡。十时十分小便,就床。廿分,中药至,盖昨日中医所处之方,今乃煎送前来耳。有顷稍凉中饮之。十时四十分如厕小便,藉灭室中秽气。遂看报。十一时四十分,服药片十四枚。十一时五十分午饭,糖醋小黄鱼一尾,菠菜羊肉汤一盂。入院来十馀天,今始知味,竟未思月盛斋,备晚餐下粥矣。十二时一刻食毕,又如厕小便。《茶馀客话》已阅至十九卷,颇有采获,虽植字多误,句读断破,在予尚能一览鉴别之,似无伤大体也。然衡之一般读者恐不免贻误且难懂耶。整理古籍,亦谈何容易哉!凡此等处,当事者亦未尝不知,第人手难齐,惟有徒呼奈何也已。午后一时,就床偃息。四十分即起,如厕大便,二时乃回房。仍倚枕卧。

二时十分,黄大夫来听诊,据告血已验过,肝功能已基本恢复,是病势已退,惟一般隔离期未满,须届满时始可出院云。今加服中药亦无妨,更有帮助,好得更快也。予闻之大慰。躺至三时起,盖不能再耐矣。坐起即进梨汤一杯。三时一刻量体温。廿五分如厕小便。卅分,服中药一盂、药片十四枚。四时半量血压,似又高些。五时即在房中小便,色甚淡矣。五时半晚膳,炒面包丁炒火腿屑,粥。予颇觉形寒,不敢复佐羊肉。六时半如厕小便。七时一刻在房小便。八时又小便,就床卧。十一时醒,起小溲。返床大咳喘,吐痰。至一时半未寐,又起溲。再返床后渐宁,睡至五时半又为便急醒,复起小便。仍返卧。

4 月 13 日(三月十八日　辛未)星期三

阴,偶晴,夜月好。

五时三刻起,六时如厕。大小解都畅。六时一刻,服药片十五枚,中药一盂。(上午所写之信,黄护士长取去,谓消毒后代封一发,不知何时始予寄出耳?)接量血压,即见高(150 多)。六时半盥洗。四十分量体温。(与脉搏皆正常。)七时十分早餐,两枚馒头一盂粥,带腐乳一角,甚适。予且馨月盛斋酱羊肉以佐之,殊丰矣。七时四十分,进牛乳一盂。八时四十分如厕小解。九时半饮牛乳。写一信寄家,九时三刻完。十时许黄大夫来视,据云黄气已净,仍劝多休息,少行动。(据告连日血压稍高,胥由多动引起。)十时半,司厨者又来询长问短,予极赞昨日鲜鱼之佳,伊亦欣然。十时四十五分在房小便,遵大夫之教也。十一时,张兆贵护士送进信一,瓷罐一,小筷一,及拆视,为润、湜各奉一,知此等物件皆润亲送来者,省得噜苏,只索预先写好,交传达室带入,不复入探视也。罐装为酱姜及酱菜,至合我胃口,极慰!十一时半,收拾房间,统易被单、褥单及枕衣,予亦顺加绒布衬衫裤一套,较昨前加暖多矣。十一时四十分午饭,仍供烧黄鱼及青菜汤。鱼味较逊于糖醋者,其实质有高次耳。食已,取酱姜厌之,腥气全无矣,快哉!十二时十分,服药片十四枚。午后一时小便,就床偃息。一时廿分,送到《人民日报》及琴珠前日寄出信(方才从润信中已提及,现时始到),知仍属予不能太快云。一时半量血压,据云又高些(160)。二时十分起小溲,始终未入睡,三时乃起。三时十分,进牛乳。旋量体温。三时三刻,服药片十四枚。晨起,遥望南面一带屋面之北向者瓦色间有干湿不同处,殆昨晚有雨故。今日多云,尚偶见日色,至四时许,则黑云压顶,疑又将致雨也。四时十分服中药,五时廿分小便。仰视窗外,隐隐有日色矣。五时半晚餐,尚镜淑送来,粥一盂,肉末青菜一盘,予属易去,只取酱腐乳一角可矣。伊检出炒蛋一小碟享予,感而受之。又检豆腐丁一小碟至,则谢之。予出酱姜下粥,佳极,乃至令镜淑添粥半盂焉。六时十分如厕,大解未果,仅得小溲。七时掌灯,灯下看《茶馀客话》毕之。今后无继者,只得重翻以度幽居矣。八时小便,灭灯就寝。十时半醒,起小溲。就床转侧至一时许复入睡。但乱梦频仍,只能当半眠耳。窗头明月窥人,正复可喙!

4月14日(三月十九日　壬申)星期四

晴,风又出声。

晨四时半起小便,返床不复入睡,延至五时半起。如厕有人占用,即退回。五时三刻量体温。六时十分复如厕,得大小便均畅。六时廿五分服中药。昨日晚报在室门窗口见到,即取回阅之。六时五十分服药片五枚,大约肝精片不须再服矣。询之护士,谓此片已缺货,故大家都不用云。七时卅分早餐,粥一盂,赤豆包一个,酱菜些许,予佐以饼干及酱姜,既果腹,又然口,洵客中良伴矣。七时四十分进牛乳。(乳粉冲调者,且甚稀,每日大都如此,所谓混合乳,更下于此一等,或以粥混,或掺豆浆,拌合而已。忆惟一次饮到鲜牛乳耳。)八时如厕小溲。返室偃卧看《霞外攟屑》。九时又进牛乳。九时五分,黄大夫又来听诊,谓又见好些。九时卅分入浴,五十分返家,甚适。十时四十分看完当天《人民日报》,服 VC 两片,馀药都减矣。十一时廿分小便。十一时半,午餐,送来粥一盂,菜肉包一枚,拖黄鱼一尾。尚好。予又佐以酱姜,更佳。十二时一刻觉里急,乃如厕,得大便较散,但甚畅,小便亦利。返室坐至十二时四十分,就床卧。居然入睡。午后一时卅五分醒,起小便,复就床。未能再睡,二时廿分,又起矣。护士来询要否购物,予仍属买梨子、苹果若干。又属买高级蛋糕,不知失败否?姑听之。二时四十分,试体温表 36.2 度三时进梨汤。三时十分小解。又试脉搏,每分跳 44 次。(体温脉搏日来都如此,因是谓为正常。)三时卅分,服 VC 两片。三时四十分,服中药。三时五十分,滋儿忽至,喜出望外。盖送少许酱鸡奉予,居然放入也。(滋亦接受润之经验,先写好一信,备不放入时交传达室递进。)畅谈至四时半乃嘱令去,且知今晚湜将去三里屯吃夜饭也。五时半量血压,又高些(160)。先已小便。五时四十分夜饭,先送盖浇饭一盘至,嫌其多,乃属仍易粥,取乳腐一角而已。进粥时即以顷间滋儿所献鸡肉下之。六时廿分小便。七时十分又便,即就床。以今日发觉两足浮肿,左足尤甚,不得不早些平卧也。八时后入睡。十二时半醒,起小便。复卧,反复至约二时又起小便。旋胡乱入睡。不适之至,或与天气变化有关系乎？

4 月 15 日（三月二十日　癸酉）星期五

晴，午前后五级西北风。

朦胧中护士开灯，予睁视，已天明，约为五时半，而予表乃为三时半，是昨晚十时半停后第一次起溲时随开所误迟耳，因拨至五时半。（昨夜所视时刻，皆应准此校正矣。）五时卅五分试验温（36.2）脉搏（48）。五时三刻服药三片（加罗丁），服前小便。五时五十五分服中药。六时廿分如厕，大小便都畅。卅五分返室，觉左腕掌感微麻。七时一刻早餐，粥、馒、腐如故，予以家中送来之糟蛋下之，尤美！七时卅五分，进牛乳。七时三刻，护士马莲英来量血压，询为170，是昨日张兆贵所说为瞒我者，恐我着急也。（马云今已降下，明明昨日高于170。）左头侧隐隐作痛，遂登床偃息。八时四十分起小便，仍返床。九时又进牛乳，饮后仍卧。十时来整床褥，因起如厕小便。返室后为钢笔灌墨水，入院来三度装笔矣，可见书字不鲜。十时廿分中医罗大夫（女，即日前来诊者）来复诊，谓肝功能已恢复，脉息、舌苔都好，拟暂停服中药，予然之。旋送来本日《人民日报》，卧以披阅。十一时廿五分起，卅五分午饭至，仍一盂饭，（昨来询，曾告以易炒面，今乃无之，谓明日为我制此。）一盘青菜炒鸡蛋间以粉肠片，一盂肉丝黄瓜汤。予食已，乃取酱姜厌之，真是不可少之盐豉矣，岂但羹梅所已哉！十二时廿分如厕大小便，都好。半时回房。一时，登床偃息。一时半起小便，仍返床。略睡。二时一刻，试验温（36.4）、脉搏（46）。二时卅五分起小便，望开水不至，只索坐待。二时三刻，开水始至，乃取饼干数片啖之。有顷，混合乳亦至，遂润吻矣。三时卅分服中药，想为前方未了者。

三时三刻又服 VC 两片。仍卧息。四时半又起小解。遂倚榻看
书。五时半晚餐,粥一盂,肉汤烩土豆一盘,甚好。惜量丰,吃不
下,剩其小半。仍佐以糟蛋及酱姜,粥亦未曾添也。六时五分如厕
大小解,大解散,但尚适。今日大解三次矣。入院以来,此为创举。
回房后晚报亦至,遂就灯下看报。七时十分看毕,只索就床偃息。
七时半如厕小便。返室就寝。八时三刻,又服中药一次。小便后
复睡。展转至十时后始得朦胧云。

4 月 16 日（三月廿一日　甲戌）星期六

晴,间有高云,风仍大,颇冷。

晨三时半即醒,起小便,仍卧以待明。五时四十分马护士莲英
来抽血 4CC。顺试体温(36.3)脉搏(60)。六时服 VC 两片罗丁
(利血平)一片。十分,小便。廿分,进饼干六片。四十分如厕大
小便。大便不甚凝而色又略淡。七时廿分,早餐,粥、枣泥包、乳
腐,予又兼以糟蛋及酱姜,甚佳。四十分,进牛乳一盂(鲜而满)。
五十分,重复漱口,洗漱义齿。九时试体重,为 106 市斤,又增加二
斤矣。廿分,进牛乳。小便。卅分,黄大夫来听诊并量血压
(160),谓今日所抽之血,如检验结果良好,可望星日出院云。予
住院以来,不能行动,闷损无聊,精神日见桎梏,脱长期羁此,直等
泉台矣。黄大夫去后即登床偃息。十时,护士来整治房间,又起如
厕小解。一刻归房仍偃卧。十一时起,坐待午饭之至。十分,小
便。服 VC 两片。同时接琴珠十五中午所发信,恐前信尚未递到,
特补寄此信。十二时半,午饭到,炒面一盆,黄瓜炒肉丝一盘,青菜
蛋片汤一盂。入院以来此为第二次适口之餐,拟嘱司炊者明午照
作焉。十二时如厕,大解得泻下,觉热而色黄,或积火宿垢可望肃

清乎？十二时半，复琴珠信。下午一时十分，大略看完《人民日报》，即以寄家信交护士代封发，己即就床偃卧。未几入睡，二时半醒。四十分试体温，正咳嗽大作，遂高为 36.6 度。脉搏亦每分 50 跳矣。三时，进梨汤。（入口有荔枝香，谛视乃龙眼之鲜者，盖罐头耳。）进汤品前小便。即起坐看书。四时又就床，在前小解，服 VC 两片。五时一刻起。五时半晚餐，粥，乳腐，番茄肉片一小碟，（本一大盘，以消不了特检取些许耳。）又汤一盂。予即以前日所用馀之糟蛋下之，遂食完糟蛋。收口仍用少许酱姜也。六时十分如厕大便，不多。行过邻室，见有年青病人二，各据床立窗头，引领外望，足征隔离之落寞为难可久耐也。又见一白发老者，想亦新送进求诊治者，更见肝炎蔓延之广，老幼同时感染矣。六时廿分回室，灯下看书，至七时廿分小便。待晚报不至，颇焦灼。及起，视门口破旧转筒中赫然久在，盖护士未即叩门送入耳。亟取看之。八时小便，就寝。睡尚好，夜间先后起溲两次耳。

4 月 17 日（三月廿二日　乙亥）星期

晴，向晚大风。

四时一刻醒。仍有痰咳。五时半起，如厕小便。四十分服 VC 两片，利血平一片。三刻，试体温（35.8），脉搏（45）。六时，进饼干四五片。越廿分始有热水，乃就盘盥漱，且梳发焉。（热水之来，并不以时，需要时未必有，闲时却颇热，恐与烧暖汽有关连也。）七时半早餐，粥及乳腐耳。予以糟蛋（第二个）与酱姜佐之，亦快！七时五十五分如厕，有人在，仅就尿斗小便而适。八时五分再往，乃得大解，畅，色不甚深。八时廿分，就床偃息。有大夫（男性，不知谁某）来询情状，予告以一切舒适，即去。想黄大夫今日轮休，伊乃代庖者也。九时十分,进混合乳。小便后仍偃卧。九时三刻,李淑琴护士来整理病房,因起坐,且询得若干护士姓名,别记之。有顷,《人民日报》送到,因披阅。知马寅初已免去北京大学校长职,代之者为陆平(副校长,提升),马已老悖,而偏喜妄谈,宜其有此矣。十一时五分如厕小便,适北窗开一线,窥见院中(三区与四区之间)杂莳花木,柳正挂垂,而玉兰已谢,不觉春尽矣。阳春三月好风光,等闲病中过,为之默默伤神不置。立有顷始返病室。十一时廿分,服 VC 两片。向午感微热,脱外衣为稍解。十二时十分,送午餐至,仍如嘱为炒面,甚满意。十二时半如厕,大便稀薄,色尚黄,大便亦利。三刻回房。午后一时就床偃息。一时廿分尹慈玉来量血压(164—70)。二时起小溲,索开水不得,仍归卧。二时半,润儿来省,因起与长谈,知家中一切皆好,颇以为慰。并知昨晚汉儿复省。四时,试体温(35.8)脉搏(48),并服 VC100 一片。四时半,润儿离院归去,予嘱之不必常来,俟接院中通知可以出院电话时再会同滋儿同来迎接也。润出院后,大风怒吼,窗户摇动,颇为耽忧。润此次来省,携有《万历野获编》三册,正得其时,乃展阅之。五时五十分夜饭,泡饭一盂,菠菜炒蛋一盘。六时一刻小便。六时四十分上灯,窗外夕曛犹燃也。而风饕已甚,遥想润儿归去,不识此时已否安然在家与孙辈同进夜饭乎?今日之风,入院来最盛,不但窗隙堆沙,而挡纸亦归无用,乃取沙发上大毛巾兜床栏上,聊遮毛风。七时廿分,护士尚镜淑来谈,约十分钟去。其人诚朴可亲,不类敷衍应酬语。灯下看完《野获编》一卷,已八时许,乃小便解衣,灭灯就床。转侧不成寐,十时起溲。复至十一时后始迷糊睡去。三时半又起溲。复睡至五时一刻醒。

4 月 18 日（三月廿三日　丙子）星期一 ）

晴较和。

五时四十分起小便。腹饥,漱后即先进润所携来之饼干四五片,甚佳。较之上次带来者远胜多多矣。以热水尚未有来,不及盥面也。六时,马莲瑛来抽血 4CC,云作血清用。六时一刻,梳洗讫,暖壶罄矣。欲再啖饼干,苦无水下之,只得熬忍以待早餐也。六时二十分如厕,大便不多。六时四十分服利血平及 VC100 各一片。七时一刻送粥一盂,酱菜些许,花卷一枚至,予仍以糟蛋及酱姜佐之。七时卅五分又送牛乳至,予又取饼干四片同食。八时卅五分如厕小便,盖昨晚溺盆已盈,未来倾去也。八时三刻,试体温(35.9)脉搏(44)。九时一刻,进牛乳一盂。尚镜淑来整理房间,洒扫一周,盥盆亦荡涤一清。甚惬。十时五分小便。十时半,黄佩瑶大夫来听诊并量血压,谓稍稍高些,但出院期可以无问题(廿一日一早)。予闻之甚慰。十时三刻,值营养护士来言,明日将换班,需要何物,可告李淑琴,因伊明将接班也。因询其姓名,知为孙洪翠,其人娇小玲珑,稚真可爱,至多不过十八九岁耳。《人民日报》恰送到,展看至十一时十分,服 VC100 一枚。旋写信告知家中,星四大概可以出院,属准备来接。十二时写完,送返来时,即托封发。十二时一刻小便(先已小便一次)。有顷孙护士送饭至,即以顷所写信交伊封寄。午饭仍炒面,有汤,且一盘菠菜烧大肉丸(两枚)。予甚合口,三色皆尽之。下午一时半小便,就床偃卧。稍得朦胧。二时四十分试体温(36.4)脉搏(54)。五十分进混合乳。遂起,看《野获编》。三时五十分如厕小便,以尹护士适来整理故也。四时服 VC100 一粒。三刻,接漱儿十四日复信,知予去信已先到矣。

五时半,夜餐至,粥一盂,汤一杯,青菜排骨一盘。仍佐以糟蛋及酱姜,殊不差。六时如厕大便,不多而畅,小便亦利。回房看晚报。七时在房小便。看《野获编》。八时小便。登床卧。九时半后入睡。中夜十二时起小溲,仍返睡。

4 月 19 日(三月廿四日 丁丑)星期二

晴,日高,风又大作。近午渐息。傍晚又虎虎有声矣。气较前昨为暖。

四时起溲,仍拟再睡而后重矣,乃披衣如厕,畅得大解。四时廿五分返室,仍灭灯登床。俄延至五时半起。四十分,进饼干十来片。旋梳洗。六时,服利血平、VC100 各一片。十分小便。七时廿分早餐,果由淑琴送来,仍为花卷两枚,粥一盂,酱菜少许。予最后仍夹酱姜过口也。三刻,由送牛乳至,饮之。八时一刻如厕,以有人先在乃折回。有顷复往,始得便。解不多。八时五十分,黄大夫来听诊,谓后天准可出院,明日当为予电话分知所中及家下云。九时,尚护士来试体温(35.6)脉搏(54)及血压(190)。一切征象皆好,惟血压不免略高,或者心念出院,兴奋过度所致乎! 廿五分小便,倚床看书。十时卅五分起。五十分小便。十二时一刻,李送炒面及辣椒炒肉片至。今日尤见好,盖肉片中尚带有鲜明虾若干片也。十二时三刻,服 VC100 一枚。《人民日报》送到,遂欲披阅之。忽感里急,乃如厕后散解。十二时回房,再倚榻看报焉。午后一时小便后就床偃息。反复难寐,看《野获编》遣之,至三时霍地起坐矣。三时半进荔支汤一盂,服 VC100 一枚。三时五十分试体温(36.1)脉搏(50)。四时廿分小便。五时五十分,晚餐到,炒鱼肉双拼盘,肉丝青菜汤,饭。予仍属易粥。以看多,未及吃酱姜等物也。六时半如厕，又大解散质，然甚畅适。七时五分，有一大夫来叫去作肝脏检查，用一方形电机测验，据云肝尚不称太坏也。七时半小便。八时三刻小便，就卧。九时后入睡。十时三刻起溲，复睡。至三时一刻又起溲，则触动痰咳，呛喘不宁者达一时许。四时半略得合眼，五时半醒矣。

4 月 20 日（三月廿五日　戊寅谷雨）星期三

晴，午后风又吼。

五时半醒来，恐再引动咳喘，即起。小便后为梳洗等事。五时三刻，出饼干十馀片，以残茶下之。明日将出院，携留皆不便，自以消费为宜耳。六时一刻如厕大便，人小解俱畅。六时半服利血平、VC100 各一枚。七时四十分进早餐菜泡饭一盂，予即以糟蛋下之。八时进牛乳。八时一刻小溲。九时五分小溲。旋试体温（36）及脉搏（58）。九时廿分，尚镜淑来为予理书包好，取去消毒。见告电话知照所中及予家，明日上午接出院。今日本当入浴，以明晨即到故，改于明日出院前洗澡。澡后即穿用自己衣服，在浴室径出病区，不再回卧房云。予大为引慰，明日午刻当得归家矣。十时许，黄佩瑶大夫来看我，谓验血结果甚好，明日准可出院，已属开具应行各项并电话与机关来接云云。且详告与协和医院联系及休息日期等等，历时廿分始辞去。甚感之。十时廿五分，孙洪翠来整理房间，予如厕小便。十一时半小便。三刻，送炒面及烧鳜来。大唉鱼过半，面则尽之。十二时五分，服 VC100 一片。十二时半如厕大便，仍散而不凝，色甚黄。窗外风声又大作，与往日同，不识明日此时予已否返家且在致值风否？午后一时，黄护士长来言，正拟去电话到家，适接君家电话，谓明早一准来接云，予嘱即去电话所中，告明晨出院好派车来接。少顷,予即就床偃息。二时半起如厕小溲。归房后写信,复漱儿。三时写好,即交与护士令封发。三时三刻进混合乳。四时五分试体(36)脉搏(56)。五时半晚餐,茭笋炒肉丁加对虾片,厚粥。予甚甘之,以剩下糟蛋可惜乃少尝之,本不必再锦上添花矣。六时一刻如厕小便。今天下午根本睡不熟,只索将《人民日报》一二三四版登载的《列宁主义万岁》一文,一气读完,时为六时半。此文为《红旗》杂志社编辑部为纪念列宁诞生九十周年而作,对当前世界革命的形势剖析甚明,揭穿了修正主义的诡计,甚有功于革命的推进也。刚读完此文,尹护士来言,顷接我家电话,谓明日八时半前来接我,要我七时半洗澡,预备车子一到即可安载以归,为之大喜。六时三刻,又在房小便。看晚报。八时小便,就床卧。是夕,睡不大好,大氐思家心切,预知明日可归,转致奋兴过当耳。起溲频数,不及记矣。

翌日上午七时离院,十一时许归家。记别详。

4 月 21 日(三月廿六日己卯 为谷雨后一日)星期四

晴,仍有风。阳光照灼处已颇热。但背阴处仍感薄冷也。

晨四时半醒,五时即从病床起,如厕大解。六时后护士来言,八时前可入浴,易己衣静待家中人来接。予知在浴后即须坐待,不复能返病室,遂迁延以俟人来始浴。护士等助予消毒等讫,予视表已将八时半,乃就浴,易己衣。而来人无消息,护士为予电话催询始云,越半小时车即到。只得耐心老等。至十时许,润、滋乃来,葛涛亦同来,盖老赵别有事去,由所中另雇出租汽车来,以是排次略迟耳。于是,与黄护士长及护士尚镜湘、孙洪翠等握别,出安全门下梯,度廊穿厅到大门乘车,径驰到家。恰为十一时。葛涛少坐后坚嘱好作休息而去。

潏儿适来，遂与共饭。滋则即返青年出版社销假。未及午饭也。饭毕，琴珠归饭，兼喂小燕乳。元孙亦上学去。汉儿、权婿俱于饭后来省，二时前，权、汉、润皆上班去。宜孙午睡，潏亦睡。琴珠于二时上班去。予就床偃卧，未能入睡。三时即起。于时潏挈宜孙往中山公园矣。予乃奋笔记今日事如上。盖久不亲管，诚隳靡矣。四时许，冠英、绍基来访，承关顾至感，谈至五时三刻乃去。潏挈宜孙归。雪村偕新孙亦来访，六时后去。志华来访，馈所畜母鸡新生卵十枚，此物市场绝迹已久，医院出证需要照顾营养，一月内可以购买鲜肉二斤半，鸡蛋二斤，白糖二斤。今日往本区中心商店洽购，亦只买到糖及预付四斤半肉票（盖蛋已折成肉）。今志华有此，岂非雪中送炭，深为感激矣。

傍晚，润归，澄儿亦至，遂共饭。有顷，湜儿亦归与焉。饭已，润仍上班去。予与潏、澄、湜、元、宜看电视，休息时，潏、澄归去。十时半，予就寝。湜及元孙看毕电视转播话剧《克林姆宫的钟声》，始归寝。已将十一时。润儿亦适归。琴媳则八时半归。一时许，曾起小溲。

4 月 22 日（三月廿七日　庚辰）星期五

晴，煦。

晨五时半，听广播新闻，三星期来缺听久矣。六时起。湜儿亦早起，俟予起时来省，候谈刻许，去上班。

予昨夜归卧，睡尚安。上午整理架头书报，及案上书翰，匆匆已午。以买不到鲜蔬，仍属李妈打面，由许妈炒熟供餐。不减医院风味也。下后二时，登床小睡，三时便起。今日为革命导师列宁诞生九十周年,中共中委会定于今下午三时,在人民大会堂举行纪念大会,折柬见邀参加盛会,不幸罹疾甫愈,不任久坐,且畏烦嚣,未克践约,心实歉然耳。

夜饭后,与湜儿长谈,湜儿难得早归,今夕居然及同饭也。九时半,各就寝。十一时,润儿始归。予适起溲,与语片晌,仍睡。

4 月 23 日(三月廿八日 辛巳)星期六

昙阴间作。

晨三时半醒,起小解,返床不复睡,四时半又起大解。五时半听广播新闻,挨至六时,蹶然起。湜亦来辞赴厂上班矣。九时许,滋儿来省,谓将往东安市场为社中买书,特拢家一视云。谈移时即去。约傍晚归来共饭。滋去,予闲翻架书,接政协秘书处电话,谓予应缴还密件尚未见到,请速检还云云。予告以已交与所中人事科代缴,现既未到,当取电催询。旋电葛涛一询,以出外参观未得洽,即托张慧珠转属葛速检速送,不知幸得不失事否?殊为焦念。

午饭后,二时就床小睡,居然入盹,至四时乃醒。起坐未久,滋儿即来。有顷,潘儿亦至。又有顷,晓先来,七时,汉儿亦来。润亦自外文厂归(知湜有夜班,恐非十时不能归)。遂共夜饭。文权亦至。予坐观伊等饮酒,乃能不动心,亦病中一奇迹,或可由此戒除乎?建昌、建新、小逸来玩,开电视招待之。八时,晓先去。八时五十分,建昌等三人去。九时,滋儿去。又半时后,潘、权、汉皆去。予仍看电视,十时后,绪芳归(夜饭后往演乐胡同看电影)。湜儿亦归。十时五十分就寝。十二时起小解。

4 月 24 日(三月廿九日 壬午)星期

晴,暖。

晨四时醒,起大小便,仍返寝。

六时起。接圣陶电话,约七时会大同酒家早茶。予匆匆略食已即出,走至禄米仓西口,乃得雇三轮径赴王府大街北口大同酒家。及门甫六时五十分。见门首揭一牌写云早点已售完,午饭十一时供应。予大为惊讶,该店原定早茶七时开始,何以未及购定时已售完?闯然入坐上,亦疏落有人,而应堂者颜色亦难看。予坐下唤茶茗,云无,但粥品一色可供(只鱼饼粥一味),即要一粥坐以待圣陶之至。七时十分,圣陶、至善、满子、永和至,徘徊门外不得入。予起招呼再三交涉,始放入,而伯悬适亦在外,因约同入,各人仅皆一粥而已。继询悉司堂者,云今日突击大扫除,又未便公表停业,遂致此空城计之局,初不觉陷入彼此交困之境也。可笑事正多,亦惟有一哂置之耳。稍坐即行,予复偕圣陶、乔梓乘九路无轨往景山,欲一瞻日本书法展览会,至则尚未及八时,绮望楼须九时乃开云。只得绕至山后,一赏碧桃、丁香,然后从西麓上辑芳亭小坐。约九时许乃下,绕往绮望楼,果已开,遂入览。陈品不多,颇有精者,浏览一遍而出,未及十时也。予初出步行,微感脚软,即雇三轮别圣、善径归。知介泉曾见访,未晤为怅,兼抱歉焉。午饭时,介泉电话来,与之接谈,承关注,甚感之。

二时许,小睡未寐,三时起。又半小时,滋、佩挈铿孙来省,在院中摄影数帧。润儿下午休假在家,因得共进夜饭。饭后九时,滋、佩、铿归去。九时半就寝。十时后,湜儿乃归,尚未夜饭也。

4 月 25 日(三月三十日　癸未)星期一

晴,暖。

晨五时起大小解。六时起床。湜儿入厂曾来见过,谓工作紧张,今后恐经常晏归也。十时许,平伯见过,快谈,移时始去。承劝多休养,勿萦心疾病,至以为感。滋儿十一时许来省,谓往出版管理局查书,适遇润自协和返局云,伊顺道省视,少坐即行,回社午饭。询悉昨夜归去,大小均安。

午后二时,就床小睡,迄未成寐。三时起,独出散步。乘十路到中山公园,循廊入唐花坞一周,旋由西路穿柏林转入东路,见牡丹尚仅有花苞,无甚流连,且风起沙扬,只索走出。仍乘十路东归。

到家后接葛涛电话,谓密件送还事,已从其芳处查问,当为代送,请不要耽心,并属多休息云云。极感文件既有着落,当然掇去一块大石头矣。

七时夜饭。湜返而元孙未归,两次电询校中,对在同学家温课。又越半时乃还。予已大焦急矣。夜饭后,看电视。九时后闭机,与湜谈,十时半始就寝。十一时后润儿乃归。十二时,予起小便,复入睡。

4 月 26 日（四月　小建辛巳　甲申朔）星期二

阴霾,风吼扬沙,又转料峭矣。

晨五时醒。六时起。湜儿亦食已赴厂。

闲翻架书,聊用遣日。若正经阅读,则头眩眼花矣。即使闲翻其间尚须配以五关数盘也。午饭食馄饨,以昨日科学院例配副食品有鲜肉一斤也。出院已六日,今始尝到肉味耳。生猪满阑之声遍全国,日常乃有此现象,可怪不也?

饭后,汉儿来省,二时上班去。予午睡难驯,仍于二时三刻走出散步,乘十路到王府井南口下,走文物出版社,购得新印画册三种,挟至百货大楼前,遇一三轮,遂雇以归。到家四时半矣。此次到王府井，并在特种工艺品门市部买得纯素细致草编提包一只，但仍不能与去年漱家取来者比同，犹嫌略大也。七时许，润儿自外文印刷厂归，谓已与浞同用夜饭。伊本人尚须加班，故今晚归来大约不会太早云。予遂进粥。润旋出，往青年艺术剧院看话剧《文成公主》。琴则电话禀予，因须开会，不归饭。属李妈照料燕孙哺乳云。

夜饭后，本拟看电视，因惮于开关，未果。九时就寝。十时后接浞儿电话谓夜班接日班，今晚不能返家矣。琴媳九时许归。润儿夜看话剧《文成公主》，十一时乃归。

4月27日（四月初二日　乙酉）星期三

晴，暖。

晨四时三刻起溲，即未入睡，五时三刻起床。七时后，润儿辞予，往外文印刷厂赶校对，谓须住在彼处数天，即睡在浞儿所设床具云。十时许，政协秘书处又来电话，催讯文件，予即以所中人事处电话告之，属径催此事。葛涛太不任事，何以迄未办妥，至可恼也。不识究能不出岔子否？

下午二时小睡，三时即起。五时许，乃乾电话慰问，谓曾公干赴天津，在周家饭店吃到好肴云云。亦画饼望梅之计耳。

六时，潜儿来省，有顷琴媳亦归，遂共晚饭。饭后，琴媳挈元、宜往看其妹雪英。志华来，八时三刻，琴等返。九时，潜、雪、志皆去。待浞儿不至，近十时乃就寝。甫贴枕，而门声作，浞始归。询悉昨夜加班，短期内恐须延续一时耳。

十时三刻就枕，十一时后入睡，三时起小溲。

4 月 28 日（四月初三日　丙戌）星期四

晴,温如昨。

晨五时三刻起。湜儿六时行。八时后,点阅《事类统编》。此书从移京后即展卷校读,人事纷纭,作辍不恒,数年来,仅完十册。今自医院归来,看书则时感头晕,默坐则杂念蜂起,又感无聊,乃重展之矢,终了此事,亦遣日之一法也。十时半,其芳见过,承存问,谈至十二时许乃行。应缴文件确阁在其芳处,以葛涛未说明故,今定明日准为送去。

十二时一刻午饭,啖菜包子八枚,啜泡粥一碗,亦适。滋儿曾在上午九时许来省,仍以赴出版局公干,顺道归视也。少谈即行。午饭后,一时半小睡,三时起。点阅《事类赋》,五时止。

六时,滋儿送代买各书来。湜儿亦归,乃共两孙夜饭。晓先、乃乾先后见过,遂于饭后与共长谈。八时许滋儿去,九时半晓、乃始去。十时,琴珠归,两孙已早睡矣。十时半,予与湜儿亦各就寝。十一时后起溲,翌日三时许又起溲,近来夜数起解溲,病前所未有也。其又平添衰象乎?

4 月 29 日（四月初四日　丁亥）星期五

晴,较和,昨尚有风。

晨五时三刻起。湜儿六时行。八时后,著录新得各书于册。午饭后曾小睡片响,三时起。四时且宜孙出散步,迤逦东去,直抵日坛公园。小坐不久即折回,见坛西门正有六七人在搬树,宜孙注视良久,不肯行,适遇谌小岑,立谈有顷,宜孙乃随予行。行至外交部招待所门口,雇得一三轮,遂乘以归家。六时四十分,与元、宜两孙夜饭。琴珠九时半归。接润儿厂中电话,知工作起居都好,明日下午可归云。十时后,湜儿归,予已就寝。伊则具餐焉。

4月30日(四月初五日　戊子)星期六

上午阴,下午晴,其间大风狂作,屋顶电话线衬板灰座亦吹落,门窗隙处飞尘皆满,可厌之至。

晨五时三刻起。拂拭几案,整治书架,摸索至八时乃已。续点阅《事类统编》。午后小睡。四时许,平凡、书铭见过,承馈广东罐制柑子、荔枝各一,以见予初起,少谈即辞去。关顾至此,感不可言。六时许,润儿挟襁被归。有顷,滋儿、琴珠、湜儿相继归,遂与元、宜两孙共饭。七时许,汉儿、镇孙亦至。因合饮焉。

雪村挈小逸、新新来,谈至八时半去。

潘儿、文权来,谈至九时三刻,与汉、滋、镇皆去。十时半就寝。一时半起溲。

5月1日(四月初六日　己丑)星期

晴。

五时起便,旋归卧。五时半起。十时许,云彬见过,长谈政协开会经过情形。十一时半行。润、琴皆参加游行行列。十二时左右先后归来共进午饭。饭后,润挈宜孙出游,予与湜儿在家等候滋儿之来。三时后,农祥来访,共谈别绪,五时许,滋儿仍未至,乃偕湜送农祥,顺便散步。行到禄米仓西口,农乘十路南去。予父子信步行至方巾巷,在止明斋买得点心少许,遂折回。滋儿迄未来,甚念之。湜儿屡打电话至三里屯询之,抵晚始通,谓夜饭后来。夜饭后,润、湜儿挈元、宜孙将出看节日焰火,而文权、潘儿至,予告以今年五一焰火分散施放,并不集中一处。天安门、陶然亭、龙潭、日坛、体育场、北海等处皆有之,不必定往天安门始能见到也。于是,伊等转向往东去城关口看日坛所放者。潜、权顺道归去。

八时后,汉儿至,晓先、雪英至,滋儿亦至,润等旋返。顿见热闹。澄儿先已来家,乃得大叙谈。九时半,澄、晓、雪去。十时半,汉、滋亦去。予就卧。润、湜又长谈,大氐兄规弟之词。予隔墙闻之,深为感动。十一时半,湜始入寝。润复为馆校书目排样,二时乃寝。予亦为此失寐。二时后起小溲,然后乃入睡。

5 月 2 日(四月初七　庚寅)星期一

晴,暖。

晨五时半起。八时许,晓先至,有顷,尔松、溥泽来访,谈至九时乃去。予本与汉儿约今晨九时会故宫,以客不去,不能遽行,遂令润儿挈元、宜孙先行,予俟客去,始与湜儿出,乘十路至朝内大街,转一路无轨西行,到景山下,车极挤,候四次始上,立足而已。入神武门诣御花园,汉、润、镇、鉴、元、宜俱在。乃相将出外东路游宁寿宫。为欲小憩乾隆花园,另购票入珍宝馆,乃以节日人多,花园不开放。只得自珍妃井后出神武门,时已十一时矣。予等候车不得上(人多倍于来时矣),遂穿景山公园,到汉儿家其东菜根香,居然尚有座,而大璐亦在家,于是,予等一行九人,移坐彼处就饭。饭后,复返汉家小憩。至四时许,予偕润挈元、宜行。汉、湜亦附车往三里屯看滋家。予等行至沙滩候车,排队之长可惊,连来三四次,竟不得上,适有三轮过,遂雇得一乘,予挈宜孙乘以归。到家则滋、佩挈铿孙在,有顷,润、元亦归,竟步行还家也。

七时夜饭。饭后滋、佩、铿归去。汉、湜竟未至。八时四十分,滋来电话，告已安抵寓所。

九时十分，潘、权、汉、湜来家，谓三次到三里屯访滋，未晤，遂折至潘家夜饭，此刻始归云。相左左至于斯，只有微唱置之耳。有顷，潘、汉、权各归去。予取汤拭身濯足，易衷衣就寝，已十时半。

5月3日（四月初八日　辛卯）星期二

先昙后晴，气暖。黄昏后大风达旦未止。

晨三时起溲，仍睡，五时半醒，三刻起。湜儿六时出门去厂。八时后，点阅《广事类赋》。小燕春感冒，今晨琴珠抱往赵家楼门诊部诊治。幸归后渐即平复。

润儿午间归，积劳发病，下午卧床休息。锴孙九时来省，留此午饭。饭后属令归去安睡休息。缘亦过度磨夜，致腹泻神倦也。

午后小睡，三时起。

四时许，绍华见过，谈至五时半辞去。七时晚饭，琴媳亦归，谓已吃过。本月起，将不回家晚饭，俾应付工作云。湜儿九时三刻始返。予十时就寝。十二时半，仍起小溲。

5月4日（四月初九日　壬辰）星期三

霾，偶见日光，转凉。

晨五时半起。六时湜儿出。九时后，独出付本月电话费，顺附十路车往中山公园一赏牡丹花。时颇参差，有已脱瓣露蒂者，有半开正满者，亦有含苞未放者。十八姨肆虐，设不及时来看者，又将空过一春耳。今日风沙中得此景象，不为不幸矣。行近来今雨轩，遇屠思聪，乃就轩欲啜茗，而执事者谓已过时，明明有人在涤器，真不解所谓也。去而西赴茶点部，乃得坐，然门口挤满人，正排队抢购面包也。予两人茗话至十一时,起行出园,各就近路搭车。屠乘四路,予则乘十路。到家正十一时半。十二时半午饭。饭后,润儿出就医,予就榻小睡,四时乃起。潩儿来省,润儿六时三刻乃归。七时夜饭。饭后潩儿去。将往三里屯看滋家①。

八时,湜儿归,再具餐。九时半,琴

5 月 5 日(四月初十日 癸巳 立夏)星期四

晴,仍感薄寒。

晨二时起溲,复睡。四时三刻醒,五时起大便,遂未再睡。空腹待往协和复查。七时许,潩儿来,乃偕出,无车,只索步往,到院挂号待诊等手续颇繁琐。八时许,由女大夫梅姓(名仲文)接诊,相当仔细,旋往抽血处取号,坐待至九时后始得行。预约十日再往诊治,看化验结果云。出院门,适有三轮,因得与潩各乘一辆东返小雅宝。遂进食,饿几蹭矣。十时半,潩去打针,十二时许复来,遂与元、宜共饭。润儿饭后归视,少选即去。予、潩、宜皆小睡,元一时半即入校。四时,予起。

许妈昨日下午归休,今日上午八时始来。李妈今日下午往后宅胡同科学院配给副食品处买物,仍配到鲜肉一斤,熟肉半斤,居然购得鲜鸡蛋一斤(惟破碎居多,完者只三枚),大为欢幸矣。七时晚饭,即包饺子代餐。润儿归视后,仍入馆加班,精神委顿,强行也。湜儿八时一刻归,得预饺子之享。潩则已于八时归去矣。

元孙夜饭后赴校,助老师处理杂务。九时,琴珠归。越半时,元孙始归。十时,与元孙就寝。十时半,润儿乃归。

<hr>

① 此下似有阙文。

5 月 6 日（四月十一日　甲午）星期五

晴，下午有风，气仍凉。

晨五时起。八时后，点阅《广事类赋》。九时许，潘儿来，挈元、宜两孙去中山公园游赏。十时许，接颉刚夫人电话，谓陈慧将来我家见访。未几，陈慧至，承慰问病情，并谈民进近事。十一时半去。有顷，潘儿、元孙、宜孙皆归，遂共饭。饭后，小睡，四时起。潘儿归去。傍晚，润儿归视，即去加班。澄儿来省，因共饭。饭次，琴媳亦归。八时半，湜儿归饭。九时半，澄去，予亦就寝。润儿十时半归。

5 月 7 日（四月十二日　乙未）星期六

晴，较和。风前仍感料峭。夜月色好。

晨五时半前起大便，即未返床。八时后，点阅《广事类赋》。十时许，基孙来省，因共饭。饭时，潘儿至，盖为予排队购物，特送来供餐者。饭后，志华来，又送鲜鸡蛋九枚，甚感之，无以为报。

滋儿来省，知其佣妇仍能留下照顾锴孙矣（前数日颇有托故引去意），为之一慰。

二时许，潘、滋、志三人俱去。基孙亦去。予乃就床小卧。三时半起。六时半，润、琴皆归。七时晚饭。饭后，汉儿、镇孙来省，看电视。七时半，元孙始归，八时许，湜儿亦归。伊两人再具餐焉。

十时半，汉、镇去。予等亦各就寝。

5 月 8 日（四月十三日　丙申）星期

晴，偶阴，气尚和。

晨五时半起。

七时许，高谊见访，谓汉达约今午饭其家，属伊相伴同往云。谈有顷，去。订九时后再来偕行。甚感殷挚。

九时半，高谊复至，因偕出，乘十路到西单，换五路无轨至甘石桥下，步入辟才胡同，诣十号林宅，晤汉达。遂观其藏画，畅谈今古，留饭。饭后复纵谈史事，盖汉达方从事历史故事之编著，因有此商榷也。下午四时四十分，始偕高谊行。同乘四路环行车至东单，高谊下，予则至金鱼胡同口下，由无量大人胡同、什方院等处徒步归。

在汉达座，晤薛愚，其人盖药学家，予素未识也。

到家晓先在，候予商《目录学发微》（余季豫）中涉及诸引书问题。谈至七时去。夜饭后，灯下打五关。八时半，听联播节目。九时，湜儿归，再具餐，知明日休息，与润等各工作单位一同参加百万人游行大会，支援日本人民反对《日美军事同盟安全条约》（侵略性的，危害和平的勾搭）的签订云。九时半就寝。

5 月 9 日（四月十四日　丁酉）星期一

晴，和。

晨六时起。七时半，润、琴出。

八时半，湜儿出。十一时许，滋儿来，谓即赴团中央集合，参加游行大会后将归家晚饭。滋去，而刚主见过，承慰病。谈至亭午去，无以留之共饭也。十二时廿分，全家啖面。有顷，琴媳亦归，伊社未全部参加游行，故仍得归饭耳。今日为佩媳生日，适家中以面代饭，亦不期巧遇矣。

午后小睡，三时起。看电视转播天安门群众大会实况，直至五时廿分乃毕。六时半,滋儿先归。既而,润儿归。知以工作太忙,未参加。少停即仍去加班。予以接北京医院电话,属后日下午往验动脉硬化,而医疗证仍存葛涛处,遂书条与润,嘱即送去。七时晚饭,琴珠亦归。有顷,湜儿亦归,知散队后无车,即入北海公园憩息也,于是,父子三人闲谈至九时后,滋去,予与湜各就寝。润儿何时归,竟未之知也。

5 月 10 日（四月十五日　戊戌）星期二

阴,凉,夜有月。

晨四时三刻起。整理拂拭。六时半始早餐。七时二十分出禄米仓西口,三轮成群,皆不应服务,而途遇诸辆亦复如此,近来三轮之刁难,迥非昔比,只得乘十路行。挤甚,几难立足,勉至王府井南口下。不敢再挤车,徒步走帅府园、协和医院就诊。院中管理凌乱,秩序不佳,予预挂八时者反挨至九时后始得诊。仍由梅仲文接诊。据云肝功能已恢复,不须服药,只须静休。惟血压又高至一百九十六,则亟宜就北京医院治疗。二十分即毕。步出医院,雇得三轮乘以归。十时到家。

午饭无菜,仍以面条代餐。饭后小睡,三时起。介泉见过,近来渠亦身弱,颇有怔忡之象。同病相怜,倍觉凄然。谈至四时半辞归。彼此未敢恣意多话也。六时许,所中人事组派马世龙送还医疗证,并已垫医疗费等。明日赴北京医院检查可以凭证洽办矣。

潏儿傍晚来省,晚饭后去。为予购到沙鸡三只(浦五房出售之野味鸡,属较笋鸡尤小,但颇腿壮),味胜于雉也。

湜儿九时始归。予九时半就寝。夜间起溲三次。

5 月 11 日 (四月十六日　己亥)星期三

阴森。

三时三刻起,旋即未入睡。四时半乘微明起,洗足濯身易衷衣。盖连日冷热失调,汗渍难受,亟换之。午饭后,汉儿来省,一时半同出,乘十路至东单下,汉送予至大华路,再去乘车上班。予则走往北京医院门诊部,以例于星三、星六下午停门诊,专为保健检查。故候诊者寥寥。遇李书城、陈翰笙,略谈。二时后,汪松梅大夫邀予入诊,经量血压,如昨,属往眼科,照眼底,并须作血糖试验、心电图等等。先开十日药量,有平压镇静诸剂,仍有维生素丙。予以时已三时,只能先诣眼科。经黄润德大夫接诊,先验视力,次滴药水,闭目等待一小时许,乃入暗房放瞳孔,照察眼底血管硬化程度。五时许始罢。结果检出水晶体有变化,已患轻微白内障,配药水属每日四次滴眼云。其时体倦神疲,而视茫茫,乃不能再作其他试验。候得药物即行。以惮于挤公共汽车,穿公园到同仁医院门口,备雇三轮。乃三轮架子之大,愈益骄纵,骈列五乘,皆不肯北行,且态度极恶劣,只得仍折回东单挤上十路而归,胸中不无不快。我想,血压又必陡高矣。

到家不久,晓先见过,来还书,稍谈即去。有顷,潏儿至,共饭。饭后,湜儿归,元孙却又入校。九时半,琴珠归,潏儿去。元尚未归,电话促之,十时乃归。润儿十时半归。予为元孙晏归,故不能寐,直至十二时后始合眼。

是日上午,接漱儿及业熊信,即复之,于午后赴医院时亲投于邮筒。

5 月 12 日（四月十七日　庚子）星期四

晴，和。

晨五时半起。八时许，潏儿来，有顷，偕之出，挈同宜孙乘十路北行，转一路无轨，径赴西郊动物园散心。先诣熊猫馆、长颈鹿馆游眺，十时半还。抵豳风堂排队，入厅午饭。饭后在牡丹亭北首池边啜茗。潏儿挈宜孙分诣各处游览。一时四十分离园，乘一路无轨东返，至朝内大街得一三轮，予与宜孙乘以归。潏则转十路行。三时许，俱已安抵家中矣。

夜饭时，湜儿归，遂与潏、湜、元、宜等共之。

饭后，文权、晓先、雪英来，谈至九时半皆去。予亦就寝。予为心理（老至）负担，不免受到影响，神思恍惚，时觉头眩，恐非佳兆也。

5 月 13 日（四月十八日　辛丑）星期五

晴，较昨暖。

晨四时起便，旋即未入睡，五时半着衣起矣。以须空腹往医院待诊，心理又见负担，头晕时作，行步亦觉飘飘也。七时，潏儿来，即偕之出，三轮虽多，迄无应者（蹬者群聚排队待食堂发售），不得已，仍挤上十路始行。至东单下，由大华路步诣北京医院门诊部。在治疗室及化验室，分别抽血验小便，至九时四十八分始毕。取所携蛋糕充饥，旋诣心电图室作心动电流图，又至病房楼上，再作心电制图（更繁杂细致，历一小时也）。近十一时乃毕。仍走东单，乘十路以归。

午饭啖油菜饭，颇香。饭后，滋儿来，谈至二时始去上班。予

乃就床小休,四时起。在医院中遇介泉,以彼此各有所事,匆匆未
及多谈也。傍晚潜儿自东安市场归,为予买到酱鸭半只,点心一
斤。遂共饭。饭已,雪村挈小逸、新新来访,谈至八时半去。潜儿
亦于九时许去。潜去,湜即归,属先饭再说。十时就寝。润儿何时
还竟未之知。

5 月 14 日 (四月十九日　壬寅) 星期六

阴,近午雨,气不凉。

晨三时起溲便,仍入睡。四时五十分醒,五时半起。湜儿六时
赴厂。八时后,看画为遣。以看书报仍眼花头眩也。午间以香椿
头下面作餐,仍买不到菜肴故也。饭后一时半小睡,三时半起,雨
已止,六时又雨。

傍晚汉儿来,潜儿亦至,权同来。夜饭时,湜亦归。九时半,
潜、汉皆去,予亦就寝。

5 月 15 日 (四月二十日　癸卯) 星期

晴,有风,气尚和。

晨五时半起。七时潜儿至,乃与潜、湜两儿挈元孙同出,乘十
路到十路终点东直门,转七路无轨,径达西直门,又转卅二路西指
颐和园。今日星期假日,游人之挤,有如市场吃饭,饮茶都排队如
长龙,而坐椅之缺,亦足奇观。盖桌椅虽多,不敷游客之需也。予
等勉觅四座。居然由湜排队购得冷碟、啤酒各二,始于十时半点饥
而已。食已,即由宿云檐南后湖南岸向东行,至须弥灵境,无茶可
买,再东至谐趣园,正值翻修,砖石纵横,不得不匆匆越过。十二时
半即出园,以为此时东归车当不挤,讵知竟出意料,等待至再,始得

挨上，还西直门，乘七路无轨亦久待始登，到东直门后转十路，南归则较为清松耳。比到家门已下午二时，乃煮面代饭。有顷，澄儿挈培、增两孙至，滋儿亦至，谈至近晚，滋儿铿孙不适，佩华电话促归。夜饭后，潽、澄往三里屯视铿孙。予看电视《文成公主》。九时许，湜儿送培、增归去。予于九时半就寝。

漱儿托上海市文化局张真带京松子糖等，已由湜儿亲往民族饭店取到。

5 月 16 日（四月廿一日　甲辰）星期一

阴间晴，气尚和。傍晚小雨。

晨四时三刻起便，旋即未入睡，五时听广播新闻后，即披衣起。

八时，友琴见过，交还予所注《唐诗选注》稿，并谈别况，九时许行。予即将医疗证托其带与人事组，俾加盖复查章，好应用也。旋接人事组复电，谓即交科学院统办，恐时日不及，去医院时可将号码告知挂号处亦行云云。写信复漱儿，告轻糖松子、黑洋酥等已取到。并告医院中复查所得，牵扯颇多，心绪不免转劣云。午饭后小睡，四时起。天色阴森，殊无聊赖，看书则眼昏，只索打五关为遣。

七时夜饭，润儿归视即行，仍赴馆加班也。八时半，琴媳归。有顷，湜儿雨中归饭。九时半就寝。润儿何时归未之闻。

5 月 17 日（四月廿二日　乙巳）星期二

阴森，午后薄晴，旋起风，复阴。气亦终不暖。

晨五时二十分起，湜儿六时行。八时接平伯寄近作三首，不忘老友，时惠佳计，极感！

午饭后小睡,四时起。有顷,濬儿至。六时半,润儿归视,予等即夜饭。饭后润仍上班去。八时十分湜儿归,又饭。九时濬儿去,予亦就寝。润儿何时归,未之闻。

5月18日(四月廿三日　丙午)**星期三**

晴兼多云,气尚凉。

晨五时半起。湜儿六时出。七时后,写信复绍基,并填送社会关系登记表一纸。盖昨有信来索取也。翻阅所庋杂画,抵午乃罢。午饭后小睡,二时三刻起。

三日来,枯坐不散步,意兴益懒,乃勉出曳杖独行,乘十路北去,转一路无轨到北海前门,度积翠堆云桥至琼岛,徘徊于悦心殿前,迤逦而东,下山过陟山桥,由海子东岸北行出后门,乘四路环行到东单,转十路回家。抵门已将五时矣。匆匆而出匆匆而返,殊无所得,终于惘惘而已。夜饭后,雪英来。有顷,琴媳返,湜儿亦于九时许归饭。雪英旋去。九时半就寝。

润儿归来甚晏,竟未之知。

5月19日(四月廿四日　丁未)**星期四**

晴,下午风霾,乍冷乍热,沙尘飞扬。

晨三时半醒,起溲后即未入睡。五时半即起。湜儿六时十分出。润、琴皆七时后出。予日来心绪恶劣,时若有阴影笼罩者,岂医院检查之影响耶?汉儿午饭后来省,为予购到沙丁鱼两盒,一时半去。滋儿亦来,以参加欢迎阿尔及利亚政府代表团(在人民大会堂举行),顺道一省耳。一时半亦赴会去。

予二时小睡,三时有电话惊起两次,比赶到机旁已辍响矣。不知谁实为之也。濬儿适来,即勉起,精神疲惫不堪,四时半,濬儿去。六时半滋儿来,七时半湜儿归,共进晚饭。饭后与滋、湜长谈,九时,滋去。予亦取汤濯足拭身,易衷衣就寝。

5月20日^①（庚子岁　四月小　建辛巳　甲申朔　二十五日　戊申）星期五

晴,暖,下午日下曾见微雨。

晨五时廿分起。今日首都各界为支持苏联反对侵略的严正立场及谴责美国破坏四国首脑会议的罪行,举行三百万人群众大会,中心会场为天安门,集百万人。馀二百万人各就厂矿、学校、部队所在,分别举行。下午三时开始,上午十一时,建国门以西复兴门以东,正阳桥以北,北池子南、北长街北口以南,即停止车辆通行。予家除琴、佩两媳因须为稚孙喂奶外,润、滋、湜三儿皆参加。(汉儿亦然。)并于散会后游行,声势之浩大,足以褫野心侵略者之魄。予于午后二时五十分开收音机卧听之,亦仿佛投身斯役矣。四时半会散,播音亦止。予乃起,携宜孙出散步,见南小街一带店铺俱上门停业,即银行、食堂亦不例外,足征市民参加之广也。遂挈孙由南井儿胡同穿出仓西夹道,循西龙凤口出小雅宝,折而东返,宜孙亦居然胜此步行矣。

六时许,湜、润先后归。

夜饭后,濬儿来省,谈至九时许去。予亦就寝。

5月21日（四月廿六日　己酉　小满）星期六

晴,和,微风扇薰。

---

①底本为:"一九六〇年五月二十日至七月廿九日日记"。原注:"此止居主人自署。"

晨五时廿分起。十时出，至禄米仓储蓄所转存款，坐待半小时，始得就绪，乃走小雅宝归家。午饭后小睡，三时起。四时后挈宜孙出散步，走至外交部街东口，乘十路到王府井下，北走过儿童服务部，为宜孙选购夏帽，皆以尺寸太小不合式未果行。折至百货大楼，为购得玩具推土机，然后行至宝兰斋，排队买冰棍与宜，遂于金鱼胡同乘三轮东归，五时半矣。

六时半，晓先来，润亦自外文印刷厂归，谓湜明日亦休假，今在大扫除云。七时半，晚饭，与润、琴、元、宜俱，湜则八时三刻乃归饭也。雪英夜饭后来，共看电视，九时与晓先偕去。九时半就寝。燕孙种牛痘正在上浆，以故夜间颇咿嘈。

5 月 22 日（四月廿七日　庚戌）星期

晴，热，类盛夏。

晨五时廿分起。七时半，与润、湜两儿挈元、宜两孙出。步行抵朝阳门乘一路无轨，往北海公园，时为八时许，小艇之供游人划弄者已被赁一空，只得坐双虹榭庭前坐憩。至九时始得瀹茗，而炉中煤屑飞扬，点衣成涴，只得移入屋中，居然购到生啤及冷盘，遂坐以消之。有顷，晓先、勋成至，联坐共谈久之。十时许，予等行，由琼岛、长廊绕出陟山桥，循东岸出园南门，仍乘一路无轨东归。

接汉儿电话，谓即来。饭后，又接镇孙电话，谓其母畏热不来矣。滋儿午后二时来电，谓即来，三时许至。

予饭后小睡，未成寐，即起。夜饭后，与润、滋、湜三儿挈元、宜两孙往潽儿家探望。八时许汉儿亦至，盖到家省予，知在潽家，乃影踪而至也。共谈至九时一刻，行。汉、滋各归其居，予遂与润、湜、元、宜走归小雅宝。取水洗脸，然后就寝。

5月23日（四月廿八日　辛亥）星期一

晴，暖如昨。

晨五时半起。湜儿六时行，今日起厂中提早半时上班云。

十时许，澄儿来省，谓右胁作痛，在崇内同仁医院检查，顺为予在附近服务部买得蛋糕及饼干等物送来。坐有顷即去。仍回出版社工作也。澄去后，正为其芳写信，而友琴至，遂与面谈，属转达，竟省笔札矣。谈至近午，友琴辞去。

午后小睡，志华来取布，盖为清儿制工作罩衣者。据来信云正调当炊事工作也。予心萦诸儿，推摆不开，遽又兜来，遂不寐，跃然起矣。六时后，汉儿来，为予购得沙丁鱼送来也。因共晚饭。饭时，雪村见过，携小逸、新新与同来。予饭后与之谈。九时许，雪村一行去。汉儿亦去，顺送之。九时半，湜儿始归饭，予即就寝矣。十时半，润儿乃返。

5月24日（四月廿九日　壬子）星期二

晴，暖。

晨四时起便，旋仍返寝。五时廿分起。七时十分独出，乘十路到东单，步由大华路往北京医院门诊部就诊。遇吕振羽、翦伯赞。候至八时，由内科大夫吴玉丽接诊。据告上次检查结果尚好，惟仍须再验胆固醇，并预约六月二日上午八时复诊云。予即于挂号处预先挂号，候配药后携以行。行至台基厂三条东口，雇得一三轮，乃乘以归家。到家未及九时半也。

今日燕孙生已百日，合家吃面，惟无肉物可致，只得食素而已。午后小睡。二时半，滋儿为予购书数册送来，谈至三时半去。仍为社洽借书籍及购办图籍,故即回社上班也。夜饭后,听转播北京京剧团演唱《赵氏孤儿》。八时许,濬儿来,呈两函,一为显孙来函,一为伊复函。盖显孙为婚姻事有疙瘩,乞援于其母也。予亦无可如何,只能听其自决耳。

近九时,濬去。琴归。有顷,湜儿亦归饭。予洗足拭身,易衷衣就寝。始去棉毛衫,易汗衫矣。同时易薄被。十时半,听毕转播,润亦返家,遂入睡。直至十二时乃起便旋。

5 月 25 日(五月大　建壬午　癸丑朔)星期三

晴,暖。

晨五时廿分起。湜儿近六时行。十时许,平伯见过,承存问,至感。谈至近午去。午后小睡,三时起。

六时半,晓先见过。予七时许晚饭。饭后雪英亦至,缠至九时许,伊二人乃去。有顷,湜儿归饭。九时半就寝。十时许,润儿亦归。

5 月 26 日(五月初二日　甲寅)星期四

晴,暖,午后有阵雨,薄暮又露日光。

晨五时廿分即起(四时醒)。九时独出散步,乘十路到天安门下,由广场斜出正阳门,过劝业场,购得浆糊一瓶,顺往前门大街老正兴一观,时为十时,登楼觅座,菜只烧黄鱼及焖茄子两味。予取烧黄鱼佐啤酒,尽两杯。鱼味不鲜,勉强下咽而已。老正兴之规格已下降倍蓰矣。十一时许即起行。乘一路回天安门转十路东归。到家接漱儿复信,知震渊襟兄已作古矣。

午饭后小睡,至三时半起。傍晚濬儿来同饭,饭后即去。知已购得车票,日内便须去哈尔滨云。小睡起时接其芳书,询《论衡》"校轸"义,因即复之,令李妈持出付邮。"校轸"出《雷虚篇》,与"激射"连举,是状雷声者,"激射"则状电击耳。轸为弦乐器上缠弦之具。校轸即转柱调弦之谓,引申有急转回旋义,与"激射"并言,自有相摩相漫之意矣。此虽予之望文生义,然亦无以易此也。夜饭后,九时许,湜儿归饭。

予九时半就寝。琴媳、润儿俱于十时后乃返。

5月27日(五月初三日　乙卯)星期五

阴,时有雨,午后渐晴,气稍凉。

晨五时半起。湜儿饭已即行。今日本须空腹往医院抽血作试验,一以雨阻,二则抽试频数,亦雅不欲徒致耗损也。竟日看《飞鸿堂印谱》。午后曾小睡两小时。下午四时半,澄儿至,以赴部听罢报告,顺来一省也。薄晚,潜儿亦至,遂共饭。饭后谈至近九时,潜、澄皆去。湜亦旋归。有顷,琴媳亦归。惟润儿于何时归,则予已入睡,未之闻。

5月28日(五月初四日　丙辰)星期六

晴,暖。

晨五时廿分起。八时独出,思随顺散闷,适见十路车北来,乃附以行,到西单转二路无轨赴钓鱼台一游。讵下车后钓鱼台乃新建为招待外宾之馆舍,不得入。询之站岗民警,谓须南行至三里河然后西去,始为玉渊潭公园云。然则冤行一站矣。于是步行折回,循径到潭上,无所可憩,遂徘徊少顷,即回至三里河,乘二路无轨东行,在麟阁路口转十路,到王府井下,北走百货大楼,买得塔牌线香一盒,又过东安市场,书摊上买得中华版新印清人笔记数种乃归。在金鱼胡同乘三轮行。

午饭后小睡,未入眠,而滋儿至,为予购到《曲海总目提要补编》,谈有顷即去上班。傍晚,潜儿、预孙至,润儿亦参加机关运动会归来,琴媳亦返,遂同夜饭。饭后,预孙先去。近九时,汉儿、锴孙、鉴孙乃来。有顷,浞儿亦归饭。紫紫扰扰不觉已将十一时,予不能再坐,遂就寝。潜、汉等亦各归去。

明日端午,只配给到咸黄鱼及虾皮而已。幸政协配购鲜蛋及西红柿各一斤,应景过节矣。

5 月 29 日（五月初五日　丁巳　端午）星期

晴,较凉于昨。

晨五时五十分起。浞儿六时出赴厂。润儿仍上班赶校样。琴媳去社中大扫除,并携宜孙同去。元孙以新批准参加少年先锋队,一早亦入校领佩红巾矣。十时三刻,滋儿、佩媳挈铿孙来省。十二时后润、琴等皆归,乃共午饭。开罐藏鱼肉各一,以佐餐,聊应节景耳。午后二时三刻,偕滋、佩、元、铿乘出租汽车往崇外英子胡同澄儿家一视之,坐至三时半,予与滋儿行,约晚饭于三里屯滋家。遂乘电车往大坛北门,入茶于皇穹宇西首柏林中茶棚下。五时始起行,仍出北门,乘东行电车到体育馆下,再走至法塔寺换乘八路车,北开至地安门下,换六路车东开径达三里屯,在车上兜圈,竟及五十分钟,若不如是,恐挤不上也。到滋家,澄、佩、元、铿俱已安返,乃共晚饭。饭顷,汉儿知予在,亦赶来。共谈至九时始行。仍乘六路车转十路车归。汉同乘至北小街,伊径归去。澄同乘至禄米仓,予与元孙下,伊亦径归去矣。予挈元孙到家,已将十时,锴孙正与湜儿同听唱片,予属锴早归,即自就寝。颇困倦矣。

5 月 30 日 (五月初六日　戊午) 星期一

晴,和。

晨五时廿分起。湜儿六时前出门赴厂工作。八时后,闲翻架书,时一闭目养神。

午后二时出,过访云彬,同乘十路转七路到政协礼堂,出席文教组组会,仍扩大举行文史资料研究委员会委员及国务院参事等皆被邀参加。由愈之主席,燕铭报告。三时开始,六时乃毕。讨论《文物管理暂行条例》及《第一批全国重点保护单位名单》两草案,觉明、老舍、振羽、从文、寿萱、文中等皆发言,甚有内容。散会后,与至善、云彬偕出,仍与云彬乘七路到民族饭店门前,备转十路东行,适有三轮揽载,予乃别云彬,乘以先归。到家倦甚。七时半乃进夜饭。

八时,接介泉夫人电话,告介泉在院情况,明日下午予将往院一探之。九时一刻,湜始归饭。润、琴亦返。予即就寝。

5 月 31 日 (五月初七日　己未) 星期二

阴晴无定,傍晚雨作,黄昏有檐溜,夜深止,较凉。

晨五时半起。六时湜上班去。午前闲翻架书,时一闭目。午后略睡,三时起。乘十路往东单,走至北京医院脑系科二三〇号室,探望介泉,晤其伉俪。他无所觉,惟话言特少,不大有笑貌为异耳。谈至五时半,行。介泉送予下楼也。行至大华路中间,遇一三轮,遂乘以归。

七时夜饭。雪英来,饭后看电视。九时,晓先来,乃接雪英同去。十时半,电视毕,即寝。湜儿八时许即归,盖今日月终,工作得超额完成,故下班后便得言旋也。

6 月 1 日（五月初八日　庚申　儿童节）**星期三**

晴,午后渐阴,黄昏雷雨,气忽冷忽热。

晨五时廿分起。勉坐闲翻,聊以休养。下午二时出,乘十路至中山公园下,步入人民大会堂,应邀列席全国教育和文化卫生体育新闻方面社会主义建设先进单位和先进工作者代表大会(简称全国文教群英会)开幕式,先后听取陆定一、林枫两位的祝词及报告。六时许散出,眼昏花不辨阶沿,幸与颉刚联坐,得赖掖扶而下,在加车行驶情况下,得登上十路安然返家。七时已夜饭矣。晓先来谈,九时去。湜、润、琴亦以次归。而雷雨大作,予以众人皆归,遂亦就寝。

今日元孙正式加入少年先锋队,并被选为中队委,甚嘉乐之。

6 月 2 日（五月初九日　辛酉）**星期四**

晴,暖。下午有风,薄暮及黄昏增剧,撼户飞沙矣。

晨五时廿分起。七时十分出,乘十路到东单下,走往北京医院门市部就诊。遇吕振羽及邹秉文。八时即被叫,仍由吴玉丽接诊。属继续休息,注意营养,仍须抽血作试验,预约十一复诊,十日先往作试验。候配药,出院已九时半。上午十时,本被邀参加公祭林伯渠,因须先一小时入场,并且指定汽车由劳动人民文化宫西门入场,予既无车,而时已过,遂不果去。乘十路径往南樱桃园转五路到陶然亭,茶憩于慈悲院,坐至十时半行。乘五路至西华门走访乃乾,以十一时廿分到,适乃乾有客在座(赵启骅与李明扬,俱政协全国委员),因共谈。十二时半,客去,予遂饭乃乾家。饭后复谈印书诸问题。三时许,达人至,四时半予行,适大风狂作,在人大会堂前候转十路时,几被刮倒,幸得挤上,五时十分便到家。浑身沙土,拂拭洗濯良久乃定。

七时夜饭,雪村来访。湜儿亦归。有顷,伯恳来访,村去。又有顷,晓先来,为云彬借书亦即去。予与伯恳谈至近九时,彼乃以阮伯康挽词见托,然后去。予亦铺床就卧矣。户外风声犹吼,窗棂格格作响也。

6月3日(五月初十日　壬戌)星期五

晴,暖。

晨五时半起。八时后,为伯恳撰阮伯康挽词,并为乃乾再校《三国志》。午后小睡,至四时起。复校《国志》。七时,湜儿、元孙皆归来,遂共饭。午间汉、滋都归省,下午二时去。夜九时洗足拭身,易衷衣就寝。

6月4日(五月十一日　癸亥)星期六

晴,和。

晨五时廿分起。湜儿六时前去厂上班。七时廿分予出,乘十路到人大会堂下,走赴会场参加文教群英会大会,仍列席一楼第四区。晤振羽、从文、颉刚、伯昕、寿萱。八时四十分开会,杨秀峰主席。听李先念作关于当前的经济情况的报告,九时半毕,主席即宣告结束。予历次参加之会,从未有如此快速者,岂近日力持劳逸结合、张弛相济之号召有以致之乎?离场后与颉刚同行,伊往文化俱乐部理发,予则走至王府南口,仍乘十路而归。

午后挈元孙往游动物园,五时赶回家。适乃乾来访,遂与接晤,谈至六时半去。夜饭后,雪村、云彬、澄儿皆来,九时半去。予乃就寝。

6 月 5 日（五月十二日　甲子）星期

晴,暖。

晨五时廿分起。七时半,滋儿来,遂偕同滋、湜出,乘十路到东直门,转七路诣西直门。车上遇中华书局俞鸣鹤,谈至西直门始别。予父子三人出城候四十七路车,不及半时即上。予勉强挨坐而已。十时许,抵射击场下,径诣福田公墓,中途为新修渠道所隔,绕行乃达,墙内麦田又新辟墓场不少。数年以来,作古之人不鲜矣。珏人墓及墨林墓俱完好,展视一周,即偕滋、湜仍返射击场候西行四十七路车,直达四平台,径上灵光寺。游人甚众,勉得一桌,坐以啜茗。东轩新辟食堂,滋去排队取牌,挈得五十九号,候至十二时半,居然得食。共食四元五角,和菜主要有罐头猪肉。食已即行,历三山庵赏其水云石,大悲寺赏其元塑应真尊者及双银杏,复上至龙泉庵,又茶憩久之。三时半下山,径返四平台候四十七路车,至四时乃得上,东行至三虎桥下,入紫竹院公园一游览之,其地水木清华,颇可欣赏。土山四绕,略彴互通,朱栏绿树掩映成景,境实不亚于陶然亭也。迤逦东行,湖东有茶棚,其后乃有新设之活鱼食堂,旬日以来,耳名已久,爰入试之,初无座(人满矣)。继乃导入北侧耳室,坐临窗一桌,父子共占之。烹青鱼一尾二斤一两者,啗之真数年未遇之大乐矣。惜调煮未得法,致味不能全,终逊一筹耳。七时起行,走至二里沟,上一路无轨东归。至朝内大街,步行到家,天犹未黑也。家中已饭过,滋儿即行。汉儿来省,谈至近十时始去。予亦就寝。

6月6日（五月十三日　乙丑　芒种）星期一

晴间阴，偶见微雨，气却燥热。

晨五时廿分起。八时后，校《三国》印本，近午第一分册完。午后小睡，三时半起，以燥热故，两眼大昏，然又无聊，只得抹牌打五关为遣。六时三刻，润儿归视，元孙亦归，遂同饭。饭已，润复入馆工作，湜亦归饭。饭后开看电视，与元、宜两孙俱。九时半看完，各就寝。十时后，润、琴乃先后归。

6月7日（五月十四日　丙寅）星期二

晴，热，傍晚雷雨，黄昏雨止月出。

晨五时廿分起。上午为乃乾看毕《三国志》勘误。午后一时三刻出，乘十路往西单，步至民族文化宫礼堂，应召参加四团体（民盟、民进、农工、九三）欢迎文教战线上群英会的成员。沈衡老致词（胡愈之代），由群英中之五位发言，皆籍隶四团体者，惜坐远不悉姓名，只知一为成都大学数学教授，一为人民大会堂建筑设计者，一为南京二女中教员，一为上海《新民晚报》广告部主任而已。其一竟忆不起矣。在场遇何公敢、陈麟瑞、余之介、陈青士、丁晓先、汉儿等。予即与晓、汉联坐，四时三刻散。将续有茶会，予以怕致雨，即偕汉儿行。踏上十路，五时四十分即抵家矣。

傍晚，雨作，乃乾叩门入，盖在中华开会，路过避雨也，因与长谈，并留夜饭。谈至九时一刻去。予即以校就之件交之。汉儿亦归去。湜儿雨中返，衣履尽湿，亟属更换，然后就食。元孙感冒，下午未上学。十时就寝。

6 月 8 日（五月十五日   丁卯）**星期三**

晴,热。

晨五时廿分起。八时半出,独乘十路至朝内大街,换二路径达东华门,入文华殿参观永乐宫展览,凡四室,一、无极门(又称龙虎殿),二、三清殿(又称无极殿),三、纯阳殿(又称混成殿),四、重阳殿(又称七真殿)。有拆卸来之实物,有测绘之平面图,有特制之沙盘模型,而四处壁画之临摹者为独夥。浏览欣赏,历一时半而出,在门口购得《永乐宫壁画选集》一册,有西谛序。此次迁建保存,伊人之力独多,今长往矣,不及亲见新观之落成,为此不禁掩卷叹惋耳。离文华殿,步入协和门,由昭德门前进太和门。稍憩,复历三大殿入内西路,涉览西六宫,穿御花园出神武门,乘一路无轨电车东行,至北小街转十路南归。到家已十一时半。

午饭后,元孙入学,予就榻小睡,二时许,有电话问讯(往往有误打者,即此是一例),遂致搅醒,擦眼而起,颇不爽,只索翻阅《永乐宫壁画选集》,读西谛序一过,弥增悲感,不自知其何以如此也。

六时三刻,润儿归。元孙亦归。滋儿来,遂共饭。饭已,润仍加班去,而湜儿乃归,复具餐。八时后,坐庭中纳凉,满月出自东墙,渐升天中,予久坐觉倦,乃属滋归去。取汤濯身洗脚,易衷衣就寝。琴媳、润儿亦先后归矣。

6 月 9 日（五月十六日   戊辰）**星期四**

晨五时半起,天阴而热,有微风。六时前,湜儿上班去。七时,润儿入馆,偕同人往通县作防旱劳动。其时滋儿、佩媳已挈铿孙来谒,盖今日为珏人逝世五周年矣。八时许,滋等去,安排小孩后,仍各上班工作也。心绪恶劣，不能自善，适昨日傍晚迭接上海二漱函，乃抽笔复之，藉以遣闷。十一时，封讫，时已见细雨，洒尘而已。午后小睡，三时半起，看《听雨丛谈》。傍晚晓先见过，谈读《左传》应看何书，予为略陈之，入暮去。午饭时，澄、汉两儿皆来谒其母遗像，因与共饭。饭后各上班去。雪村七时见访，承赠家腌芥菜，未几即行。湜儿归及共饭。饭后文权至，殆亦为珏人五周卒忌纪念而来也。八时后，润儿乃归，遂入浴，重具餐。

汉儿晚有电话至，谓今夜开会不能来，明早将来小雅宝陪予前往北京医院验血。九时半，文权去，予亦就寝。时月色甚佳，气仍闷热。

6月10日（五月十七日　己巳）星期五

四时醒，挨至五时廿分起，时天阴雨作，正念汉儿如来如何去医院。六时，湜上班去。六时四十分，汉儿雨中来，遂属电话出租汽车站，于七时放一汽车来。予未进食，以待之，届时雨虽大，而车却依时至，乃与汉乘以往北京医院门诊部。居然掣得第一号抽血证，未几即抽讫，旁设早餐室，便得就食。热牛乳一杯，白面包两片，外带果酱，甚适。取费仅三角，是诚新设施中之一大好事也。餐已起行，时仅七时四十分，而雨正大，乃由汉儿仍电雇汽车，据答须八时半始可来车，予意坐雨稍待，亦甚得适。遇金静安、邹秉文、叶笃义，随便谈天，不觉已至九时，车仍未来，乃再电促之。谓即来，讵隔一刻许仍未来，遂电话回绝之。偕汉走返东单，时天忽显日，地亦渐干，遂各乘公共汽车分行，予乘十路归家，汉乘廿路赴新华。比予到家未及十时也。

午饭后渐晴。小睡至三时起。续看《听雨丛谈》。四时三刻，

乃乾来,谈至六时许去。以天又上黑云也,但未果。七时,润儿饭
已归视,陪予进饭,饭毕,伊仍加班去。九时后,湜始归饭。盖今日
又增加工作时间也。

九时半就寝。十时后,润始返,至琴媳之归,则未之知矣。

6 月 11 日（五月十八日　庚午）星期六

阴,偶露晴光,气较昨一般。

晨五时廿分起。湜儿六时前即出门赴厂。予七时十分出,乘
十路往东单,走至北京医院门诊部,径诣内科,由吴玉丽大夫第一
号接诊。续开药七种,配两星期量,预约廿八日上午八时复诊,并
属于廿三日上午仍去抽血及作心电图,至于白内障问题,属即转眼
科复诊。却坐待至一小时乃及诊,亦由一女大夫经诊(忘询姓
名),先看两瞳,继入黑房检视后告以左眼多泪,又上麻药,用铁签
探眼角小孔,谓并未阻塞,本须配药服食,以内科所开之药已重,仍
仅配眼药水滴眼而已。十时半离院,仍走至东单乘十路归家。在
院晤杨季庸,知介泉已出院矣。他无所病,惟仍觉呆木耳。

午后晴热,二时廿分出,乘十路到中山公园下,走入人民大会
堂列席文教战线群英会闭幕式,予早到,列席座中为第一人。有
顷,颉刚来,即与予骈坐。又有顷,陈文彬、沈从文、王却尘、吕振
羽、冯芝生、李蒸等至。三时半开会,周扬主席,由大会秘书长报告
开会期间收到贺信、贺电数。继通过大会向中共中央及毛主席致
敬电,继发奖,受奖之单位代表及个人分批登台接受奖旗、奖状等。
一时乐声大作,红旗满场飘拂,老幼男女皆有为之兴奋感动,心头
竟有酸酸之感矣。继为张际春致闭幕词,四时三刻即散会。予仍
乘十路归。甫到家,知圣陶曾过访未遇,去未久也。因去电话询

之,谈有顷而罢。散会时在会场遇彬然、伯昕,未及交谈,招呼而已。

六时三刻,润儿归,今晚不加班,遂共夜饭,与元、宜二孙俱。未几,琴媳亦归饭。饭后看电视,中间坏,明日须送出修理矣。九时半,湜儿归饭。予乃就寝。

6 月 12 日 (五月十九日　辛未) 星期

晴阴间作,冷暖忽变。午后有小雨,夜半有小雷雨。

晨五时半起。八时廿分出,乘十路往南河沿,走至政协文化俱乐部,参加民进中央小组组织生活,路遇芝轩,因偕入。又晤文藻、冰心、景耀、洁琼。九时开会,予一小组,与志成小组合并在第六号室举行。到志成、却尘、陈慧、之介、青士、楚波、研因、守义、颉刚、伯昕、纯夫、汉达及予十三人。谈近日学习问题、时事问题。直至十二时半方散。时食堂已早满,幸颉刚夫人在彼相候,得与颉刚就食焉。但坐待良久,一时半始获饱。即与颉等偕离俱乐部,各乘便路(四路及十路)分道归家。

归后小睡,四时方起。薄暮,汉儿、鉴孙、昌孙来,润、湜本在家休假,琴媳亦加班后回家。元孙随琴往返,亦同归,遂共晚饭。饭后,晓先、雪英夫妇来看电视,九时后,与汉等同去。十时,收拾电视器毕,取汤濯足拭身,易衣就寝。

电视器昨夜忽坏,今晨润、湜携往王府大街修理部检查,居然当场修好,立刻带回,且不取费,近来快意事此为仅见矣。安得不喜!

6 月 13 日 (五月二十日　壬申) 星期一

晴,暖。

晨五时廿分起。八时廿分出,乘十路到朝内大街,步往东四头条访介泉。晤其伉俪,介泉精神似未恢复,说话亦稍感艰难,仍见不到笑容,予深虑之,强言慰藉,谈至十时行。复乘一路无轨往北海转五路到西华门,走访乃乾,因偕其伉俪走回北海,在漪澜堂仿膳食堂午餐。时为十一时半,人已挤满,立候一桌食,始得就坐,菜肴简薄,仅各食烧饼两枚,略为满意耳。一时半走还乃乾家,与长谈至四时始辞归。承以新印《咫园丛书》两册及初印《书目答问》一册见贻。予乘五路到人民大会堂前,换十路东归,抵家未及五时也。然大感疲乏矣。衰病一至此乎?

滋儿夜饭后来,予适饭,饭毕,共看电视,九时去。予则俟十时完毕后就寝。寝前洗足濯身。

6 月 14 日 (五月廿一日　癸酉) 星期二

晴,热。

晨五时廿分起。七时即出,乘十路转一路无轨,往北海赴昨日介泉伉俪之约。在转车时遇友琴,立谈片响。到北海时,先往永安寺后一游,顺看乾隆所为四面碑记,至八时许下山,介泉等已至,其表兄秦君、妹丈江君两夫妇皆会。遂信步度陟山桥,诣濠濮间,坐栏上小憩至十时许,出后门各归。予乃乘三路到王府井下,走至东单转十路而归。

午饭后小睡,至三时起。枕上看严道甫(长明)《官阁消寒集》及《江淮旅稿》各一卷。俱刻《咫园丛书》中。昨承乃乾见惠者。

润儿下班后归,遂同饭,饭后未再往,为予往王府井购物,伊明后天亦须去通县乡下劳动十天,当置办若干日用品也。予与两孙看电视。九时,雷雨作,遂罢。湜十时归,谓往省滋家,即在彼晚饭也。琴媳已先归。

予亦于十时就寝。是夕睡眠不佳，十二时半尚未入睡，翌晨四时已醒矣。

6月15日（五月廿二日　甲戌）星期三

晴，热，偶间阴。

晨五时廿分起。七时后，坐而合眼，忽思校书，乃取黔本《輶轩语》与湘本对勘之，异同无多，藉以复看，则犹温书也。兴来后不觉其陈旧矣。实亦仍有其颠扑不破之理由在，故得如是耳。抵午毕《语行》、《语学》两篇。又《语文》之半（《语文》虽讲当时程文，然理致一也）。午后小睡，三时起。续校《輶轩语》，至五时一刻毕之。

六时三刻乃乾见过，谈有顷，即去。润儿、元孙俱归，遂共进夜饭。九时半就寝。湜儿亦归，重具餐，盖又加紧工作，争取第二季度成绩也。

6月16日（五月廿三日　乙亥）星期四

晴，热。傍晚起阵未果雨。

晨五时廿分起。七时廿分出，乘十路往中山公园赴介泉伉俪之约。及下车，介泉伉俪亦在车上，盖人挤，前后间隔竟未之知也。相将入园，坐东侧曲槛闲谈。有顷，伯平、清裕等皆到，乃茶于来今雨轩棚下。（时已九时。）介泉疾稍好转，话稍多矣。予等坐至十时一刻起行，在唐花坞赏花，有荷花玉兰一树方盛开，花朵直类莲，大亦似之，香清冽异常，近而嗅之，薰薰欲醉也。留连久之。仍出前门各乘公共汽车归。予仍偕介泉伉俪同车，驶至禄米仓口而别。

予走还家已十一时四十分。午饭后小睡至三时半起。续为乃乾复校《蜀书》，抵暮毕之。《吴书》则有待矣。

六时五十分，滋儿至，已饭，因与共饮啤酒，闲谈琐事。饭毕，看电视，滋八时半即去。予则看至九时四十分罢，就寝。湜儿始归饭，琴媳于何时返家，竟未之闻。

是晨六时，润儿赴馆结伴下乡。

6 月 17 日（五月廿四日　丙子）星期五

阴，闷热，午后见小雨，终日汗不得泄。饶病急矣。

晨五时廿分起。七时为乃乾续校《吴书》。十时许，乃乾来还书，顺谈《魏书》断句诸问题。有顷，雪村至，遂共谈。十一时半，雪村去。又有顷，乃乾亦去。承以所藏光绪刻本《清仪阁金石题识》见贻。午饭后闷甚，不能贴枕，遂续校《吴书》，三时半毕之。明日携过乃乾共谈，全志或可于半日谈中作定本乎？四时后，用黔刻本《书目答问》校初刻蜀本，抵晚未毕《经部》也。

七时晚饭，饭后看电视北昆《雷峰塔》，十时三刻乃毕。湜儿十时许归。琴媳十时后归。予看毕电视，取汤濯身洗足，然后就寝。

6 月 18 日（五月廿五日　丁丑）星期六

晴，热。下午风起扬沙。

晨五时廿分起。七时五十分出，乘十路到中山公园，转五路至西华门，走访乃乾。谈校勘《三国志》事。甫论及十数条，而屠思聪来，遂与闲话，至十一时，思聪去，予乃留饭陈家。饭后复论《三国》印本诸问，至三时，将已，发见问题逐一解决之。遂偕乃乾伉俪入西华门,一游故宫。先历三大殿,继过养心殿及西六宫,茶憩于御花园。五时乃出神武门,乃乾伉俪送予上九路无轨电车而别。予到南小街,再转十路南行归于家。

风后积尘层敷,乃拂拭整治,移时始定。晚饭前,汉儿来省,琴媳亦归,遂与元、宜两孙共饭。饭后,澄儿挈培、增两孙至。文权、锴孙亦踵至。湜儿九时后返。共谈于院中,同看电视于室内。放映周总理访问六国影片,十时半始毕。文权、澄、汉等皆去。予拭身就寝,已十一时。

6月19日（五月廿六日　戊寅）星期

晴,热。

晨五时廿分起。湜儿仍赴厂工作。八时许,挈元、宜两孙出,乘十路北行,在九条口下,转六路东去,径赴三里屯视滋家。铿孙正嬉笑迎人也,略坐便与滋、元、宜步往全国农业展览馆参观游览。除水产、气象、林业诸馆未及走到外,其它都涉历一过。建筑宏伟典丽,陈品丰赡美焕,令人肃然怡然。十一时一刻离馆,仍走还三里屯。午饭后,即挈两孙归,滋儿送至九条口,看予等上车乃去。予等到家刚下午二时,因就榻小睡,四时起。热甚,挥汗不止,坐亦难宁也。

夜饭后,琴媳携元、宜往蟾宫看电影。湜儿八时归饭。予启视电视,适为北京市舞蹈学校演出芭蕾舞《吉赛尔》,十时始毕。遂浴身就寝。

6月20日（五月廿七日　己卯）星期一

阴霾,闷塞难任之至,以是汗不能出,热遂内蕴。下午五时后显日,益闷,向晚转晴,有风。

晨五时廿分起。七时坐案取校《书目答问》,午后一时毕《史部》。就床小憩,墙外时有喧声,竟不能寐。三时起,只索续校《答问·子部》,至算学之部,极淆乱,钩稽匪易,时已向晚,遂兴阑而罢。七时晚饭,馒头与粥,午间则以凉拌面条为餐。盖连日以来,买不到适时菜蔬也。九时后,湜儿始归饭。十时许,予拭身就寝。琴媳十时半乃闻归来。

6 月 21 日（五月廿八日　庚辰）**星期二**

阴晴间作,有风,下午有雷雨,夜转多云,不甚热。

晨五时二十分起。七时偕湜儿出,乘十路至东直门,转七路无轨,往西直门。农祥已先在,盖今日外文印刷厂休假,昨日约定同游香山也。八时,共乘卅二路往颐和园,不半时达,即换乘卅三路西行,九时十分到停车场。三人联步入静宜园,登山,憩于玉华山庄,饮啤啜茗,颇感凉爽。十时半下山,诣香山饭店红叶村午饭,时为十一时正。食公开售食之候,乃主事者拒,言须先给三百人食,然后纳宾,下午一时始可。只得离店,别谋憩息。遂南行至双清别墅,依息于大银杏树下,十二时移憩亭中,越半时,由听法松前下山,复返香山饭店,居然得坐,服务员态度致佳,菜品亦好,予三人合啖清蒸鲫鱼、炒大虾片、香菇菜花、三鲜汤等。馋吻久枯,得此大慰。

二时起行,湜儿以其间往理发部理发。予与农祥先行,期会于见心斋。途中值雨,折回饭店暂避,因于小卖部购得毛巾、生梨等物,天又放晴,遂行。行至故慈幼院门前,雨又作,亟走避其旁一舍中,门口站有军人,场上系缚马匹,以为部队驻地,逡巡未遽入,而内一女同志招呼入休,且延坐,四周多人在化妆,始知上海前来拍摄电影者。少顷,雨稍止,仍前行,经眼镜湖入见心斋。甫入,雨又作,乃坐池西北隅廊上以避之。池上雨点如跳珠,各色睡莲嫣然欲笑。少焉,雨止,乃出墙便旋,遥闻琉璃塔檐铎迎风答响,清铮悠扬,真令人心旷神怡矣。夷然返斋,雨又至,近三时湜儿乃追踪至,不免遭雨淋湿,以雨过风燥,瞬息便干。即同行过眼镜湖而北,出边门即碧云寺山门,初拟入寺随喜,继因时晏恐再致雨,于是循径下山,返停车场,讵意场中人众,满列俱携有枪支及襆被,盖民兵集训番休归城,适遇结队候车也,待久之始开来一车,未载及半耳。俟第二车至,乃随众挤上,坐未定,雨又大至,日光转炽,车中闷热难堪,四时到颐和园,又天朗气清矣。遂换乘卅二路径还西直门。农祥则于动物园下车,转三路去。予等至西直门复乘七路无轨往东直门,复转十路回禄米仓,到家正五时四十分。

　　澄儿傍晚有电话来,谓即将来省予等,因待伊晚餐,至八时未见来,乃与湜、元、宜共饭。九时许,澄始至,盖先已晚饭,一路为予购饼饵,奔走多处,皆无货,或且上门拒售矣。不得已,复走百货大楼,始得饼干一盒、饵物若干而已。比再挤车来家,不觉大迟云。谈至十时后去。予亦拭身就寝。

6月22日(五月廿九日　辛巳)星期三

　　晴,热,气尚爽。

　　晨五时廿分起。湜儿五时半即赴厂。六时半,滋儿来省,顺告闻之至善谓叶先生不适,有一周未往教育出版社矣。七时半,滋去上班。八时,颉刚来访,因与同乘十路往八条访圣陶,知别无他病,积劳脑疲而已,遂致头眩时作。予与颉刚劝其偕出散闷,且谋午饭。谈至十时半，予偕圣陶、满子、颉刚徒步出行至魏家胡同口，乘六路无轨到灯市口下，走往椿树胡同康乐餐馆，只有咸黄鱼等供应，怅然去之。偕往帅府园全聚德，仅乃得食，烤鸭则先言无货供应也，但亦四菜一汤足餍所望矣。一时许离全聚德，东过美术展览馆参观全国美术展览。展览凡分三处，一此馆，二北海画舫斋，三故宫乾清宫东西庑。此馆所列为油画、雕塑、宣传画。历时浏览，颇有值得欣赏者。二时，老田驾车至，乃共乘抵北海，径诣画舫斋，再看美术展品。展品多于帅府园矣。三时许出园，圣陶车送予及颉刚往北长街访乃乾，伊则归休。予三人谈学论文，至五时乃行。乘五路转十路至东单，颉下，往医院打针。予则径归禄米仓，走还于家。

七时许，湜儿归，遂共晚饭。元、宜侍焉。饭后，琴媳亦归。九时拭身就寝。

6 月 23 日 (五月三十日 壬午) 星期四

晴，热，多云。

晨五时廿分起。湜儿六时许赴厂。六时三刻空腹出，乘十路到东单下，由大华路走往北京医院门诊部，未及七时半，先往抽血处一询，谓可先抽血，然后作心电图，即为施行。七时半作心电图毕，嘱往输血所间壁餐室进早餐。饱食后再往作图，餐后再往已七时五十分，即作图。作毕，属再越半小时，再作。予即坐以待之，遇雁冰亦在眼科检查，互道久违而已。八时廿分，又作图，作毕，属再越一小时再作一次，然后可归休。予乃步往东单公园散步。凡荫下露椅皆坐满，且多一人卧占者。徘徊日下甚热，不十分钟，仍走还医院，坐待至九时廿分，又作心电图，九时卅五分离院，以有介泉中山公园之约,复乘十路以赴之。及至来今雨轩,未之见,诣唐花坞等处踪迹之亦未得,或已离开矣?乃独走水榭一看南美秘鲁艺术品展览会,在图片中见到库斯科故印加帝国京城遗踪,印第安人固有文化正可縮此窥之。白人诬蔑当地人之浅演殆可堵口矣。十时四十分出园,仍乘十路东返,到家十一时许耳。

十二时半午饭。饭后汉儿来省,一时半上班去。予二时小睡未宁,即起续校黔本、蜀本《书目答问》,至七时始罢,《子部》完毕。《集部》亦已及清代矣。

接滋儿电话,告铿孙染得痢疾,待车送天桥友好医院(即从前苏联红十字医院)。闻之大惊,属送院后必亲来面告详情。夜饭后,八时半又接滋医院来电话,谓大夫决定不必住院,且云并不严重,已准备抱回三里屯,明日再详告经过云。为之稍舒,仍提心此事也。九时三刻拭身洗脚就寝。湜儿方归饭。有顷,琴媳亦归。

6月24日(六月大　建癸未　癸未朔)星期五

晴,时昙,闷热,午后有阵雨,作雷,旋又晴,三时许云上,风大作,近晚止。

晨五时廿五分起。七时续校《书目答问》,垂午全部完毕。两本一最初刻,一最后刻,除他人补正及坊间纷纷翻印殽然不同外,此殆定本矣。迩来衰病侵寻,不能凝神集思,而转好随手摭拾,亦跛不忘行之征乎?

午前九时电话青年出版社询滋儿,久之方接,谓甫自家中来,铿孙高热仍未退。午后将仍送天桥友好医院求治,究竟如何俟届时再禀白云云。予又为之盘旋胸中不置。饭后小睡,以时而雷作,时而风号,未能宁贴,又心悬铿孙,三时即起矣。四时半,又有雷雨,旋晴。润儿自通县马头榆林庄拔麦劳动归。前后九天,途中值雨,遍体淋湿,且有雹云。

七时夜饭。饭后滋儿仍无电话至,焦急之至。八时半,始接滋电话(在地安门公用站发来),谓铿孙已安送友谊医院,刻始办好住院手续,亲属不能陪住,特许每日午间母亲可往哺乳云。稚质婴疾已堪廑虑,况母子遽隔耶!难怪佩媳之依依难舍矣,诚不幸之事也。但愿疗程快速,及早出院耳。湜儿、琴媳先后于九时前归。予九时半拭身就寝。

6 月 25 日(六月初二日　甲申)星期六

阴雨间晴,闷热,夜间凉。

晨五时廿分起。八时偕润儿挈宜孙出游,乘十路至朝内大街,车中遇许觉民,谈至下车乃别。再在文化部前乘一路无轨往北海,茶于双虹榭。十时许行,乘三路无轨到东安市场,在普兰德取回干洗秋衣,并往百货大楼一转。十一时许,走往南河沿政协文化俱乐部食堂午餐。餐时遇伯昕、汝璥。餐已,乘十路归。

小睡至三时起。续点《书目答问》。傍晚汉儿至,湜儿亦归。琴媳亦归。乃共进晚餐。既而埍孙、镇孙、鉴孙来同看电视,十一时许,汉等去。予亦倦极就寝,不及拭身洗足矣。

6 月 26 日(六月初三日　乙酉)星期

晴,不甚烈。气亦稍解闷热,入晚转热。

晨五时廿分起。上午应文改会之请,往西安门大街廿六号国务院机关事务管理局礼堂参观注音识字展览会(八时半开始)。出门尚早,乃乘十路转一路无轨到景山下,穿景山公园,出园西门,诣北海公园,入陟山门,过琼岛半月城,度堆云积翠桥。遇朱光暄,立谈许时,遂行。出前门乘一路无轨到府右街下,走往会场正八时三刻,已有多人在彼参观。予签名入览,依序从福建馆、山西馆(万荣县特出)黑龙江馆(拜泉县朝先)、辽宁馆、吉林馆(表扬永吉县)、四川馆、山东馆(平原县、青岛市皆特出)、河北馆、安徽馆(萧县、歙县特出),到北京市,所列历览一过,复经延往休息室,看万荣县儿童表现及女诗人朗诵自作诸诗篇。十时半行,尚有山东省表现节目未及看也。出国务院机关事务管理局,即在西安门站乘三路无轨回北海,换五路到西华门访乃乾,长谈。即留彼午饭。啖其夫人手制油焖茄子,甚甘之。殆胜肉味也。

饭后,复纵谈名物训诂,无所不及,甚快。二时许,陈济川来,托其代觅数书,共谈至四时,予先行。乘五路到人大会堂前,转十路返禄米仓,人挤难立足云。到家后,知润儿卧房已于午前由锴、镇、鉴、堉诸孙等协助搬好(即南屋东屋对调)。而汉、澄亦来,俱于饭后往视滋家矣。旋得滋电话,告铿孙热已退尽,检查结果无病菌,经院中通知,业于下午接归家中云云。澄、汉等则各已回家云云。予闻之心中大石掇去矣。

夜饭即于东屋新搬定场所进行。湜儿九时一刻归饭。九时半,予洗足濯身,易衣就寝。

6 月 27 日 (六月初四日　丙戌) 星期一

阴雨,午后晴,傍晚又起乌云。夜又有阵雨,颇大。气较昨略和。

晨五时廿分起。七时四十五分起开看电视转播,首都民兵五万人在太和殿前举行反美示威,十时许乃毕。阅昨自乃乾处假来之溥仪作《我的前半生》,(忏悔性的检讨书,亦系详细的自传,内部刊物不发行。)颇足补清代宫史之不足及伪满之起落。以是不能释手。午后小睡亦看之,抵晚毕一百七十页。夜吃馒头及粥。九时后,湜始归。润、琴则近十时乃返。

予九时半拭身就寝。

6月28日(六月初五 丁亥)星期二

阴,禺中放晴,午后颇热。

晨五时廿分起。七时十分出,乘十路到东单,走往北京医院门诊部,候至八时,即由吴玉丽大夫接诊。量血压、揿肝脏及听胸背诸部,仍无大变异。嘱重量体重,预备控制食单(约星四去取),并仍照前配药,十天服用,订七月八日上午八时再往复诊,或须再验血糖也。糖尿病可能加深矣。配取药物后仍走至大华路口,乘十路归家。到家未及十时也。

午后略睡,四时唐弢见过,谈移时去。

午前来薰阁友孙景润送原刻本《广雅疏证》两函(十二册)、同治刻本《尔雅义疏》一函(八册)、原刻后印本《段注说文》廿四册至。盖前托乃乾并于昨日晤见济川催促之故,前两书尚满意,后一书仍难称心耳。夜饭时,润、滋俱归。饭后润仍入馆加班,滋则与予坐院中纳凉长谈,知铿孙经过尚好。九时后,滋去。予亦取汤洗身濯足,正就寝,而润归,湜则十时后乃归。予将入睡矣。

是日连接潏、漱两儿信及苏州幽若信。

6月29日(六月初六 戊子)星期三

晴,热,时见多云,入晚闷热。

晨五时廿分起。湜儿五时半赴厂。七时续看溥仪写《我的前半生》，至十一时，上册五百馀页皆毕。日寇凶狡，与群奸靦颜交织一起，阅之令人发指。下册必当续借一观，以穷究竟。午饭后，汉儿来省，谈至一时十分，与同出，过东堂子胡同访云彬一谈。渠定七月十一日应政协第一批号召去北戴河休养，劝予同往，予以须在京继续治疗，尚待考虑，同时，予亦接政协通知，明日亦当作出决定复告之也。今午又接政协通知，明日午十二时邀请部分年老委员在政协礼堂第三会议室便餐，餐前座谈书法研究问题云。三时后，续校《书目答问》，至六时半，校毕《经部》。

七时后润儿归，遂与同饭。饭后未入馆，在家整理应携物件。盖后天一早即偕汉儿同去通州乡下劳动一个月也。夜间热甚，九时即取汤濯身，就榻摇扇。九时半，琴归。十时，湜始归，仍再具餐。

6 月 30 日(六月初七日　己丑) 星期四

晴，热。

晨五时廿分起。湜五时半出，润六时半出。七时，予续校《书目答问》，至九时三刻，毕《史部》。考虑休养问题，决定报名政协第一批七月十一日前往北戴河，填就附表，将于午间赴会时带交。乃得云彬电话，谓须迟至第二批去(即八月一日去)，意欲约予同行，予为结伴计，徇其意改之，就表改写矣。十时五分出，乘十路西行，到佟麟阁路下，转七路赴政协联络委员会之约。遇恪丞夫妇，同上七路，因车中谈话，至丰盛胡同口未及下，带至白塔寺北乃下，反走而南，十一时达政协礼堂，恪老二人登三楼就食，予乃径往第三会议室参与座谈。晤力子、行严、半丁、西萍、维汉、叔通、培基、辅周、同璧、无量、初民、景莘诸老。谈书法问题,行严、半丁、叔通皆讲话,至十二时乃就席。伯昕等亦到,研因亦来,凡四圆席。予与培基、无量、张君(北大哲学教授,四川人)、同璧及其女西萍、某君(政协执事者)、研因等同座。肴核甚精,不亚一月三日北京饭店七楼之宴也。食毕,已下午一时半,遂辞别主人独行,至白塔寺前乘三路无轨往北海,又转五路到西华门下,访乃乾。长谈至四时一刻,始行。乘五路赴天安门广场,转十路归。

今日宴会有一事值得大书者,即朝鲜族老人车御山特邀参加也。此人现年一百一十岁,童颜白须,虽齿牙脱落,而饮啖自如,其旁奉侍一卅许女同志,询知为某一敬老院院长,车老即住其院中。(车前清光绪庚子年来北京,迄今已六十年,来时五十岁。)所以特请之故,或为老人打气乎?

夜饭后,汉儿来,有顷,澄儿亦来。共谈至近十时去。浞亦归。予取汤濯身洗足已即卧,摇扇至十一时后乃入睡。

是日,匠人始来修屋,迁延一季,乃得偿诺,主此事者亦太可哂矣。

7 月 1 日 (六月初八日　庚寅) 星期五

晴,炎热,虽有风,汗难抑也。

晨五时廿分起。修屋事从清明前即缴款登记,直延至昨日始有匠作五人来,今拆卸门庭西墙,灰尘四飞。爰于七时四十分,挈宜孙出,乘十路到东单,走北京医院门诊部内科护士处,取得糖尿病控制食物单。在门口遇见力子、学文,立谈数语,予等祖孙二人即仍返东单,再乘十路而西,诣中山公园,适为九时,乃茶憩于来今雨轩。十时起行,宜孙在儿童乐园乘飞机一趟,遂出园西门,在西华门乘五路到北海,候无轨东行,拟往王府大街北口大同酒家一饭。适有九路无轨从金鳌玉蝀桥东来,而滋儿适亦由北京图书馆洽事,御骑车并至,遂约伊同抵大同,同到大同时尚未届开始营业时间(须十一时),乃蹢躅于左近久之始入。吃到炒鸭片及鳝片,价又较前大昂矣。十二时饭毕,滋返社上班,予挈宜孙乘三轮归。

　润儿今晨七时许襆被去在文化部集合,前往通县东北乡劳动,大约可与汉儿偕行也。下午二时,小睡片时即起,看溥仪《我的前半生》下册,抵暮方停,未及五分之一,但日寇所组协和会罪行已擢发难数,往后看更将不堪入目耳。当时日帝军阀在我东北所造成之罪恶诚令人越思越痛恨也。

　七时晚饭,湜儿不久亦赶上。九时洗足拭身就寝。

7月2日 (六月初九日　辛卯)星期六

阴晴间作,午后曾有小雨,气闷损难任。

晨五时廿分起。湜儿五时卅五分出。

八时写信分复潜、漱两儿及幽若。十一时才完,属李妈持出投邮。午饭后小睡,二时半起。看溥仪《我的前半生》下册,抵暮未及其半,述日伪崩溃前夕之狼狈及垂死挣扎时搜括狠戾诸状,愤火为之中烧矣。

今日为滋儿生辰,澄儿及堉、垎、埙、垲、培、增诸孙皆于傍晚来。滋、佩挈铿孙后至。七时半始合坐进面。食次,湜儿亦赶归。

颉刚六时许来访,知十一日先赴北戴河休养二十天,当再赴青岛休养两月云。谈移时去。夜间诸孙看电视,予偕诸儿媳等乘凉闲谈,近十一时,澄、滋等皆去。予乃拭身就寝。

7 月 3 日（六月初十日　壬辰）星期

晴，炎热。

晨五时半起。七时三刻偕湜儿挈元、宜两孙出，漫步往东郊日坛公园一游。此园葺理日新，大为附近居民所向往，树苗已成荫，荫下学生群聚温课，或学习，颇饶朝气，与其它公园之多为老中年人练太极拳、坐气功等所占者不同。予等在荫下略坐后，诣北部儿童运动场任两孙参加滑梯、秋千等活动，九时半仍遵原路走归。午饭后，小睡片晌即醒。三时起，续校《书目答问》，直至夜饭后，全部校毕。于是，湘刻漫漶之本，竟成蜀刻初印兼参贵阳定本之长矣。

八时后，在庭中纳凉，九时半拭身濯足就寝。

7 月 4 日（六月十一日　癸巳）星期一

阴，闷热，似将致雨，迄未见，傍晚大风，旋止。

晨五时即起。七时后，看溥仪《我的前半生》，据供在东北十四年中种种勾当，诚可作日伪毒害东北的整个罪恶史观。而且直接、间接地助长了日寇的侵略资本，而溥仪以头号战犯和叛国罪魁，竟获得人民政府的特赦，其为宽大何可言宣，不当使伊彻底忏悔，写出检讨供状乎！

午饭后小睡。三时起，续看溥仪供状。四时半，圣陶见过，因同乘往东四头条一号访介泉。说话已渐多，但吃吃然，不类当年远甚。记忆亦锐减，其精神分裂之朕乎？颇为忧之，只能好言强慰其夫人而已。坐至近六时，辞出，顺过冠英立谈顷刻，仍由老田车送至禄米仓中龙凤口北口而别。

夜饭后,坐庭中纳凉,月色时为云掩。九时许,湜儿归饭,予乃拭身就寝。

琴媳近十时始归。

是日,修房毕工,凡五日,日五工,工作质量尚可观,态度亦认真,又恰赶在雨季之前完事,足塞久延之望耳。

7月5日(六月十二日　甲午)星期二

昙晴相间,午后曾有雨,旋晴,黄昏后有雨。翌晨破晓前大雨,气闷热。

晨五时廿分起。看完溥仪供状,其中参观各项略去。十时后,从黔刻本《书目答问》抄录张之洞《四川省城尊经书院记》,直至傍晚七时乃毕,竟废午休。湜儿八时即归。九时一刻,予即拭身就寝。

7月6日(六月十三日　乙未)星期三

阴雨,旋露日光,闷热。(午后放晴,三时半雷雨,傍晚又止,黄昏且见月矣。)

晨五时廿五分起。湜儿六时许出赴厂。予早餐后将昨抄《尊经书院》校点一遍。十时许接润儿通县信、君宙上海信。知润在干畜牧,汉在干农田,君宙忙于学习,身体亦未见佳,究竟望七之人矣。午饭后小睡,三时起。卧床时随抽架上《西青散记》看之。起床后写信复润儿,告家中近况。七时许,湜儿即归。因得共进晚餐。元、宜两孙同与焉。

饭后坐庭中纳凉看云月相掩映,一若月在穿云而行,宜孙便以此为问,予为略解之。九时半,濯身洗足就寝。今晚较昨为凉矣。

7 月 7 日 (六月十四日　丙申　小暑) 星期四

晴,热。

晨五时廿分起。湜儿卅五分赴厂。七时后,翻出前点《事类赋》续点之,亦不用心之收拾散思也。至午点毕《职官部》一卷半。

乃乾有电话来,谓下午将来看我。度必仍谈《三国》句读问题耳。午后三时许,果至。谈至四时许,偕往干面胡同访颉刚,亦谈此事。移时,顺过藏云访候,又谈至近六时乃起行。乃乾西迈,予则东行,各归于家。

七时,湜儿归,遂与元、宜等同进夜饭。饭后坐庭心看月,近十时始拭身就寝。

7 月 8 日 (六月十五日　丁酉) 星期五

晨五时半起。天晴。

七时十分出,乘十路到东单下,走大华路至北京医院门诊部就医。遇陈达、金芝轩、谌小岑,彼此闲谈。八时往内科(已移至南端),仍由吴玉丽接诊。据云血压、心脏俱无变化,仍用前药,旋转眼科,由黄大夫接诊,据云此疾非急遽可疗,仍配眼药水属用(一年两年不足为奇云)。余亦明知此故矣。不得不聊应故事耳。九时后,持药行,仍乘十路归于家。时又阴合闷塞,殆将致雨乎?午前后果雨,兼有风。午饭后小睡,四时起。天青日朗,白云片片,微风梳之已。午前披《事类赋》续点之。午后看明蒋一葵《长安客话》。是书颇为后来朱竹垞《日下旧闻》所资。近由北京出版社铅印流通。四时后,仍点《事类赋》。

七时,湜儿归,因同饭。饭后,湜出赴百货大楼为予购得云腿四罐(每罐净重两市斤,须肉票一市斤),幸予有疾病补助票,否则亦惟有瞪眼视之而已。八时许,雪英来,时琴珠已归,接晤之。九时半去。十时拭身就寝。

7月9日(六月十六日　戊戌)星期六

晨五时廿分起。天晴尚凉。八时写信复君宙,告健康情况,并告秋凉后或可返沪一探亲故也。九时半,接佩华电话,谓滋儿赴西山劳动十天,前天匆遽起程,未及告予云。十时许独出,过储蓄所取钱,然后乘十路北行,在南小街转二路车到灯市西口下,再转三路无轨至百货大楼南,步入东安市场,拟就食于和平餐厅,以时尚早(须十一时半开始营业),乃即附近茶棚瀹茗以待之。越三刻许,始得登楼坐,呼取浓汤一、奶油烤黄鱼一,并面包两片、生啤一升下之。鱼非鲜者,乃因烹调得法,仍颇可口甚矣。盐梅之不可不讲究也。十二时半,离餐厅,在市场摊上买得中华新印谈孺木《北游录》及郑士行所辑《野史》、《无文》各一册。以无三轮可雇,仍南走东长安街,乘东行十路以归。到家正一时二十分,午饭甫过不久也。二时小休,三时即起。时天朗晴,虽野有风拂,竟感热气袭人耳。

看谈孺木《北游录》。七时,湜即归。夜饭后,澄儿、埩孙皆来。文权、小同亦至。分曹看电视及闲谈露坐。十时许,权、澄等都去。予亦取汤拭身洗足,归卧就榻。

7月10日(六月十七日　己亥)星期

晨六时起,在近日为特晏矣。天晴时昙。七时前,琴媳往同仁医院诊耳疾。八时许,顺林夫妇挈其女儿申兰来谒。谈有顷,伊等出拍照。十一时许,琴媳归。越半时,顺林夫人及其女先归,知顺林在排队购物也。有顷来,居然买得马胶鱼一尾,并云见到尚有坚请为予再往购之。遂御车行,时已十一时四十分,不半时归来,为我购到十斤重大马胶鱼一尾,至以为感。

午饭时,与琴媳、湜儿、元孙、宜孙及顺林夫妇同餐。饭后,予小睡至三时起。

昃,闷热甚。顺林等以远住长辛店,须赶火车,匆匆径辞去。予挥扇犹热,只索看谈孺木《北游录》,毕其《纪程》一卷及《纪邮》上卷。

七时夜饭。饭后,澄儿挈㘶、垲、增及建昌来省,为予在旧货商店购得彩色软玻璃台巾一方,计十一元,虽已用旧,不失光彩也。群儿聚看电视,予与澄、湜坐庭中招凉,时云散风起,颇有凉意,疏星四缀,迟月至十时始缘墙上,而予意已倦,且感凉,乃不及拭身,即就榻卧。澄等亦各归去。

7 月 11 日(六月十八日　庚子　初伏)星期一

晨五时五十分起,有晴色。湜儿上班去。元孙亦为赴北海过队日跳跃自去。予昨晚稍受凉,今起精神颇颓,百骸不舒,勉坐而已。全九时稍振,续展孺木《北游录》观之,抵午尽《纪邮》下卷。时天昃,微有风。十二时半,琴媳归迟,元孙未至,乃饭。下午一时许,元孙始自北海归来及饭。饭后小睡,二时半即起。日出甚朗。三时后,续看《北游录·后纪程》一卷。傍晚雨纷散,不大,时断时续而已。元孙四时赴校,雨前归来同饭。湜儿九时一刻回。琴媳九时回。予九时许洗足濯身,易衣就寝。

夜深后雨有声,檐注亦稍稍下也。

7 月 12 日 (六月十九日　辛丑) 星期二

晨五时四十分起。天阴微凉。闷损,欲出散步,恐雨而止。乃展《北游录》续看之。至十一时半毕之(除《纪咏》、《纪文》未看)。孺木有心人,于清朝初政颇多訾议,而于冯铨诸汉奸更鲜恕词,宜矣。亭午显昼度白,此涉雨季耳。饭后稍憩,二时半即起。看蒋仲舒《长安客话》。天色时暗时明,间以细雨,亦旋止。真类南中黄梅矣。接外文出版社编辑部信,附来所译《史记选》地图插幅稿,属指正,大概出次园之意也。四时三刻后日出,转闷热。

七时晚饭。七时半起看电视,京剧《洪母骂畴》,十时半始毕,遂寝。湜儿八时许归,谓已在五芳斋饭过,啖鳝糊一器云。

7 月 13 日 (六月二十日　壬寅) 星期三

晨五时半起。湜儿四十分行。昙而闷,仍恐致雨。九时电话告佩媳,以昨晚滋儿电话谓劳动紧张,将延期返城云。

越半时,又电话约陈次园星五晨来面谈《史记选》英译本插附地图事。看《长安客话》,引诗多,叙述转见其少。但能助解,亦良得,大氐明人著作多然也。抵午阅竟。十时半,雪村见过,以所买磁朱丸分惠一包,据云治白障极效,盛意至可感也。谈移时去。午饭前,接汉、润两儿信,各书一纸,告生活近状,即复予六日去信者。饭后小睡片响即起。为所中读元明清分组所写文学史稿之一部(午刻送来)《元代的剧作者》。又为外文出版社陈次园审阅《史记选》插附地图稿。

傍晚有夕阳。七时晚饭。饭后元孙为队事复入校。予独坐院中纳凉。文权至,告予小同患风湿性热,送隆福医院疗治,已函告澹儿,催归云云。谈至近九时去。予取汤濯身洗脚就寝。有顷,琴媳归。又有顷,湜儿归,谓明日不休息,今晚参加开会,故迟返就食云。最后元孙归时,予将入睡矣。

7 月 14 日(六月廿一日　癸卯)星期四

晨五时半起。湜儿方出门赴厂。天阴气闷,或致澍雨之先兆乎?七时,元孙入学,参加学期休业式,即放暑假矣。八时后,写信复汉、润两儿,详告家下近状。诸儿在外,时一念及之,故得书必复之也。

九时许,转昙。予乃出将信投邮。顺乘十路到人民大会堂对面下,转五路至西华门,走访乃乾。晤之,时方十时,谈半小时,偕出,乘五路往珠市口。下车后由泾井胡同西走煤市街,就食于丰泽园。时未及午,人已坐满,予二人觅得一座,见菜牌只有四色,为冷菜二(糟鸭片三元二角,拌两样一元八角),热菜二(扣肉冬末三元,炖肉粉条二元七角),乃择拌两样及扣肉啖之,共饮啤酒一瓶,食米饭三碗,会钞五元馀(记之以见近日物稀而价昂)。未及十二时,扣肉已擦去矣,足见追求肉食者之多耳。十一时半,饭毕出。天朗晴矣。二人仍乘五路到中山公园,茶憩于来今雨轩前茶棚下。薰风徐引,蝉鸣树巅,亦足延赏矣。坐至下午二时半起行。绕唐花坞、水榭曲廊而出,握别各归。伊乘五路,予乘十路行。予到家未及四时也。

五时许,来薰阁孙景润来,送到经韵楼初印本《段注说文》四套,即将前送之本倒换而去。贴伊找款七元(前者八元,今者十五元),惟《潜研堂全集》之首本尚未寻得,故未能并送云。坐片晌行。以须送书往商务、中华也。

七时晚饭。饭后坐庭中纳凉。近九时,湜儿归饭。知亦将投入组织下乡种菜也。九时半,取汤拭身就寝。听转播新闻及戏曲,至十一时始入睡。琴媳十时左右归。夜深有雨。

7 月 15 日（六月廿二日　甲辰）星期五

晨五时廿分起。阴晦,未几雨大至,且有雷,不半时止。九时许,次园至,谈《史记选》附插地图及篇次安排等事。方欲引去,雷雨又作,檐注如瀑,只得留谈,其间雨作歇两度。十时半,乘雨隙辞去。

十二时许,雨又大作。琴珠归饭,幸未值雨。午后日出者,屡雷雨间之,闷湿难任。小休亦不能睡,以此间抽架书坐遣之,终不能宁,亦不能入也。午前中华派人送新印景宋本《太平御览》四巨册至,盖乃乾为予登记者,价五十元,即交来手带去。

本月分科学院配给例份改为十五日一次,今午后令李妈往购取,比雨后还,为买得鸡蛋十只,猪肉两小罐耳(鲜肉难得)。慰情聊胜,亦当知足已。七时晚饭,湜儿及焉。

晚饭后,雨又作,滴沥不止。皮肤为湿气所蒙,汗不得出,一如南方霉天,可厌也。夜九时前即拭身,持扇登床。

7 月 16 日（六月廿三日　乙巳）星期六

五时廿分起。天阴而湿,盖昨夜大雨,彻晓方停也。湜儿五时半赴厂,大约下星期一即将被派下乡种菜。八时后,乍雨乍止,近午晴。登记新收各书,顺看原藏画册。因忆昨日次园所说养病最好忘病,但坐忘匪易,若有所托,而心寄焉,情移而自忘故念矣。至有意味推诸一切精神负担,胥可以此为则也。即抹牌打五关亦求托耳。

午饭后小睡,不能寐,就枕执王怀祖《广雅疏证》读之。三时,闻雷起,则渐阴合矣。伏案续读《广雅疏证》,至五时毕《释诂上》。竟未见雨,且偶睹日采焉。

七时晚饭。饭后乃乾见过。有顷,云彬亦至,纵谈谐笑,久无此畅乐矣。不觉兴奋过当,十时四十分始别去。予即取汤濯身,少休便寝,已十一时,竟转侧至十二时后乃入睡。

湜儿八时许始离厂,九时方到家。琴珠之妹慧英及其婿明道挈女来访,九时后去。

7 月 17 日(六月廿四日　丙午)星期

晨四时半醒,五时廿分起。晴,热。湜儿今日仍赴厂,五时四十分出,午后一时归饭。盖下午得休假云。予午前闲翻《殷礼在斯堂丛书》首册,昨日乃乾假我者。此册适为王怀祖《广雅疏证补正》及郝氏《尔雅义疏刊误》两种。暇当对校过录之。午后微阴。小睡至三时起。天复晴。四时半,湜儿往三里屯看滋家,六时半回,知铿孙甚好云。

七时许晚饭。饭后湜往首都剧场听音乐。予则坐庭中纳凉。时星光照灼,树杪不动,热甚。九时许,洗足拭身就寝。琴媳八时后便归,滋儿则十时三刻乃返。

7 月 18 日(六月廿五日　丁未)星期一

晨三时起溲,复睡。五时半始起。湜儿五时许即行。以须于六时前赶到种菜也。至于下乡则暂行展延。初昙旋晴,既而阴昙间作。闷热似酿大阵雨者。午前接漱儿十六复信,知伊亦将下乡劳动也。展《故宫周刊》择书画印权诸幅浏览之,抵午始罢。精神不集中一事,竟无所苦,惟目略花耳。次园有电话商量英译《史记选》篇目次序,予重为解答之,或当定局矣。

午后晴,热。小睡未熟,三时即起。随手翻阅周栎园《书影》。七时晚饭。热甚。饭后坐庭中亦无风。九时拭身就寝。赤膊摇扇,终宵浴汗。对在外劳作人员一涉遐想,汗辄更滋,颇以此欠寐。湜儿九时三刻始归饭。琴媳踵至已将十时矣。

7月19日(六月廿六日　戊申)星期二

晨五时廿分起。天阴塞,旋开见日。八时又阴,闷之至,热之至。湜儿五时四十分赴厂。九时后写信复漱儿,属李妈出寄之。十时后,天忽明,日出,未久又阴合矣。湿润殆过南中霉天,真不好受也。午前后又日出,午后一时半,忽大雷雨作,檐头飞瀑,庭际盈潦,势甚飘疾。越刻许雨小止,天转明。未几,雷又动,雨渐至,自此乍阴乍雨者数回。至三时半,杲杲日出矣。

是日,初据殷礼在斯堂本《尔雅义疏刊误》过录同治刻本之眉,至暮毕《释诂》之部,并及《释言》之部三之二。向晚前,又大雨数数起,昏时尤大,雷电交加焉。

七时晚饭。饭后琴媳即归,以燕孙哳嘈,元孙电促之故,八时许,雨中抱燕孙往赵家楼门诊部急诊,琴媳与李妈共剑以去,良久归,仍雨中行。据云受凉而已,无大事。心乃得安。湜儿近九时归,据云沿途躲雨待车,遂尔耽延,幸得乘雨隙,未遭淋漓之苦耳。即饭。予时已洗身濯足,就榻偃卧,挥扇不已,汗沈仍未得干也,鏖糟之至。夜间雷雨又频作,枕上犹饱听檐瀑也。

7 月 20 日（六月廿七日　己酉）星期三

阴曇间作，湿闷异常。午后雨时作，气却转松。

晨五时廿分起。湜儿五时四十分出。竟日过录王氏《尔雅郝注刊误》，抵晚馀八之一矣。雨中接所中通知，北京医院修建期间，门诊住院问题的安排，除妇科、皮肤科转中苏友谊医院外，馀科皆转阜成门外医院。明日起即照通知实施。予明日预约去北京医院检验血糖及尿糖，突然变动，距家又远，颇费踌躇矣。

七时晚饭。饭后听上海评弹演唱《林冲》（张鸿声、朱慧珍、姚荫梅、杨振雄）。盖中央电台转播已连续第三日矣。闻尚有若干时日，可延听也。澄儿八时四十分来省，告贵阳又发动调伊前往，正在忖度，予劝其去黔，俾业熊可安心工作，而伊家又得团聚也。九时，湜始归饭。饭后与琴、澄共谈，亦以予言为然。十时半，澄去。予亦拭身洗足就寝。

7 月 21 日（六月廿八日　庚戌　中伏）星期四

晨五时二十分起。天阴旋有小雨，十一时许出日，气较前日为和。即较昨日亦略胜。

今晨本须往医院抽血验尿，以忽调阜外医院，一切未曾接头，诚恐徒行，遂不果。十时许，琴珠电话，谓已与阜外医院接洽，据云原班人马都由北京医院调去接办，病历亦全部转到。然则予原来预约明日上午八时往就诊内科一事可以照常进行，特今日应作之血糖等试验不无耽延矣。《郝注尔雅刊误》已移录完毕，甚为欣喜。

傍晚六时后，滋儿来省，云午后方自西山工地回，就浴于宝泉堂,顷始得归也。因谈西山情形,共进晚饭。饭后,坐庭中闲话,八时半,湜儿归饭,琴媳亦返。九时半,滋归去。予等乃各就浴入寝。

7 月 22 日(六月廿九日　辛亥)星期五

昙,热。

晨五时廿五分起。有顷,湜儿去上班。七时许予独出,乘十路北行,在文化部前转一路无轨,出阜成门,在礼士路口下,北走往医学科学院阜外医院就诊。原班人马只有部分调来,询吴玉丽大夫则云今日并未来,且云伊仍留原地应诊也。乃听任指定大夫接诊。结果仍用原方,并属于明晨空腹往检查,须查血(卵磷脂及血糖、胆固醇)、尿(常规)两项,候有结果当在四五日后。故预约本月廿八上午八时再往复诊。经询,接诊大夫为庾维仁(亦女性)。在候诊取药时,遇唐弢及袁翰青。九时离院,仍乘无轨入城,在北海转五路到西华门,走访乃乾。晤谈良久,而周祖谟至,予少谈后即起行。乘五路到中山公园转四路到王府井下,过同升和购得布鞋一双(价三元六角,又增矣)。复过五芳斋,欲谋一餐,人多而菜牌所登亦寥寥,乃步出市场北门,乘三轮返家。到家正十一时一刻,知潏儿已由哈埠还,已去章家矣。乃电话告之,适被留饭矣。

十二时半,琴珠归饭,元孙以往金鱼池访李老师,尚未归,正在访问邻童而翩然偕潏儿返矣。据云与师同游天坛云。

潏儿见告昌显婚事已得到法庭裁判和平解决云。甚以为慰。此次去哈真不虚此行耳。

下午二时就枕小睡,取架上《两当轩集》看之,尽其书末之附录,凡序跋、诗话、年谱及交游、爵里考等皆阅一过。其爵里考颇有用,可备检查乾嘉时闻人大概也。

四时半,濬儿往隆福医院看小同,六时半回,因共夜饭。饭后琴媳、湜儿先后归。夜啖菠萝及西瓜。八时许,雨作,九时后,濬归去。十时就寝前洗足拭身。雨断续有声,迄于翌晨未止。

7 月 23 日(六月三十日　壬子　大暑)星期六

阴,时有细雨,气较凉。

晨五时廿分起。五时半,湜儿出赴厂。六时半,予空腹出,乘十路北行,在文化部前转一路无轨西迈,出阜成门外下车,步往阜外医院。据护士言,胆固醇定在每周星二及星五作试验,馀者天天可作。如分开作,须多抽血,予维雨中徒行,殊不当然,但定例既不能为我而破,亦惟有再来一次耳。因留下小便作试验用,即扬长而出,仍于礼士路口乘一路无轨东归。八时半到家,始得早餐。惫矣。为病所累,一至于此乎?

午饭后小睡,三时起。看《梦溪笔谈》。四时后,中华书局派人送新出影明刻本《册府元龟》十二巨册至,印装两皆精妙,颇可爱玩也。据闻,在香港印出,条件较好故耳。

七时夜饭。琴媳归与焉。饭后,堉孙、镇孙先后来谒,予属伊等往看小同,盖小同今晨已出院回家也。琴媳亦偕去。近九时,湜儿归饭。予九时半就寝。以骤凉,揭席用褥焉。十时许,琴等三人回,又有顷,锴孙亦至。予以就卧,未之见,不知何时去则茫然矣。

7 月 24 日(闰六月初一日　癸丑)星期

晴兼多云,气较昨热。

晨五时四十分起,记昨日日记毕,开写今日日期,始发见所用农历历本所载月建干支有错误,盖今为闰六月朔,月建例无干支,而历本高标闰六月小建丙戌,遂促我注意方悉不但闰月误标月建干支,即六月以前之各月干支亦相差三数,殆误以闰月羼入月干支,且承上年闰月年分顺推误延而致此耳。爰亟为更正,并追查以前各月之差舛者一一改正之。予于岁初记载即凭历本,漫书粗心过信,固当自责,而农业出版社主持者一任初进后学滥妄从事,一不加以检正,遂滋笑柄亦不能贳也。夫推步授时,今古不废,何得逞情臆作,任其曼衍?且今日何日,农业出版社又是何等机关,乃亦效昔资本主义之经营,但求速化滥制,乘时逐利耶?

九时许,琴媳挈元、宜两孙往游中山公园,十一时半乃归。澄儿挈增孙来省,十二时半午饭。饭次,湜儿亦归,盖今日虽例假,上午仍在厂加班也。午后,予小睡,堉孙来,与湜儿盘桓。澄挈元、宜、增往省潽家,傍晚返。锴、镇两孙御骑车往游十三陵,亦傍晚来予家。有顷,锴孙仍行,以校中有事,急须赶回也。七时许,予与澄、湜、琴、堉、镇等晚饭。饭后雪英来闲谈,至九时半,澄、雪、堉、镇、增皆去,予亦就寝。

7 月 25 日（闰六月初二日　甲寅）星期一

晴,时晷,气温如昨。

晨五时廿分起。湜儿五时四十分出。予抽架得商务影印宋本汉赵邠卿《孟子章指》,快读两章。仿佛儿时学塾中况味亦复旨永。十一时许,电话青年出版社一询滋儿(以昨日既未见来,亦无电话),乃一女同志答话,谓又去西山劳动矣。因再电话人民文学出版社询佩媳,据答前天匆匆即行,未及打电话云。至此乃恍然于昨日未来之故。亦惟有颔之而已。

七时夜饭,饭后,元孙校中叫去。有顷,琴媳归。振甫见过。

又有顷,湜儿来家。近九时,元孙归,振甫亦去。十时许,拭身洗足就寝。

下午曾挈元孙往游陶然亭,一茶而返,去时车上遇汪蔚林。

7 月 26 日（闰六月初三日　乙卯）星期二

晴间昙。热而闷。

晨五时廿分起。六时半空腹出,乘十路北行,至朝内大街下,途遇健吾,略谈近况。伊过一条访友,并参加文代大会。予则转乘一路无轨出阜成门,径诣阜外医院治疗室。时为七时廿五分。由护士抽血6CC,备作血糖及胆固醇等检验之用。即离院赶回,仍循原路。在北小街候转车时,遇平伯,乃同乘至禄米仓而别。伊往九三学社开会,予则步还于家。抵家为八时廿分。即匆匆进早餐。建昌、建新两外孙在,出清儿信见示,知或可能请假一返视家也。十时许,潘儿来。十时一刻接乃乾电话,约十一时半在大地餐馆相会。

潘儿十时三刻去。予十一时出,乘十路往西单,径赴大地。乃乾已在门口相迓,遂入座,得十二至四号菜序票,近十二时轮到,乃乾夫人亦到。汤品及菜肴皆佳,十二时半食毕。予偕乃乾过文苑斋书店闲翻,予选得《苏诗注》等数种及旧笺多匣,属便中送家。下午二时许乃行。与乃乾乘兴步出宣武门迤逦,遂至琉璃厂,先过来薰阁,即以《潜研堂全集》书款(六十五元)付讫。并将中华《册府元龟》款(一百五十元)亦托交乃乾带还之。复过邃雅斋、富晋书社各小坐,至四时半乃起行。在海王村前得各乘三轮赋归。

予到家已五时。后接润儿来信,大旨将延长日期,从事种菜云。七时晚饭。饭后,佩媳来省,告我以滋儿重复下乡之故,虑其身体之弱也,不无相与扼腕焉。八时半,佩去。未几,湜儿归饭,盖近又天天加班云。九时半,予拭身洗足就寝。

7月27日 (闰月初四日　丙辰) 星期三

昙晴兼施,气热如昨。

晨五时廿分起。五时半湜儿赴厂。八时后,写信复润儿兼询汉儿,告家下近况。即由元孙持出付邮。看昨日所买《唐诗三百首补注》八卷,上元陈婉俊辑咸丰六年刻本。前有道光廿四年姚莹序。婉俊,字伯英,盖莹之外孙妇也(其婿为李世芬)。注语有本而颇见裁断。予所见《三百首》新旧注释本不少,此为最胜矣。不图出于闺阁,殊足愧须眉耳。

午后小睡,三时起。五时三刻,润儿归来,谓染得赤痢,由场中派人送往通县东门,乃乘公共汽车到朝阳门转乘三轮始归云。瘦黑之状令人恻然。爰电话通知琴媳,一面即属润往赵家楼门诊部就诊。有顷,琴媳归来,因草草共进夜饭。饭后,琴迎向医院接润同归。大约速治之下,或无大碍耳。

八时许,澄儿来告,已得业熊复音,决于下月中旬动身移家前往贵阳矣。有顷,基孙亦至,谈至九时半,澄、基去。予亦就寝。

7月28日 (又六月初五日　丁巳) 星期四

拂晓阵雨,旋止乍作。午后滴沥,遂尔终日,大有秋意矣。

晨五时廿分起。湜儿旋出。予本须赴阜外医院复诊,阻雨未果,亦缘所配之药尚未用完耳。拟明晨一往焉。十时,墀孙来,澄儿在花市买得一鸭,特命之送来也。

润儿起甚软,但痢已稀,仍往赵家楼复诊。经检验,果系痢疾,

打针服药或可即痊。惟物资紧,营养难得,一时不易复元,则堪为
廑忧也。午饭后,坿孙归去。予小睡,四时乃起。檐溜淅淅,风雨
交扇,殊恼人。文渊阁书不送来,亦正坐此故耳。元孙同学陈生昨
晚走失未回家,校中发动同学帮同找寻,以此,元孙上下午都于雨
中随其老师同学等分路访问,抵晚回家,迄无消息,此人颇傻,恐凶
多吉少也,颇为担虑。

润儿下午未如厕,痢已止矣。至以为慰。七时夜饭,饭后看电
视。润、湜(八时三刻归饭)、琴及元、宜皆侍。十时就寝。翌晨破
晓,又闻雨声。

7 月 29 日(又六月初六日　戊午)星期五

阴,时有雨,午后渐晴,气凉爽。

晨五时廿分起。七时许,携伞出,乘十路转一路无轨,往阜外
医院就诊。八时半,由白大夫(男性)接诊(吴玉丽未来,庾维仁调
走)。又易生手矣。据告检查结果:血糖、胆固醇皆略高,血压尚如
平常。知予将赴北戴河,且药尚未完,属到彼接洽北京医院有医务
所在彼,可随时给药,不必另配带去,故未开方,仅开副食补助证明
而已。不及九时即离院,遵原路东归。在文化部前下车后,见路北
地摊上有薄薄白纸细字石印书一本,拾起视之,乃光绪丙申上海鸿
宝斋所印薛传均《文选古字通》六卷也。封面封底俱已脱去,末数
页亦蛀损。予结习难忘,不忍令子韵遗著作践,至斯遂斥币一角易
取以归。来去俱在雨隙中,及到家,则雨至矣。

十时许,文苑斋闫致平亲将日前购定之书籍一宗送来。闫已
七十一岁,须发皓然,犹躬自负重远送,足征前辈典型矣。留坐与
谈,付款以去。本里保健站派一女同志来了解润儿得疾之由,并属

注意消毒、防染等事,亦移时始去。客去,予偶兴动,即剪取旧信封两个,为《文选古字通》作护帙,手自缘缀之,遂题端志其经过。十二时半午饭,饱啖肥鸭(昨日垿孙代为买来)。久无此盛馔矣,大小欢然。润儿上午去医院复诊,下午出外就浴。予午后翻检所购各书,至四时许,略一小盹耳。

元孙偕同学访陈伯生家,知已找回,盖伊挤上火车,直至郑州始被乘务员发见,送回也。此儿傻而顽,前途亦至虑,为之父母者难矣。晚七时后,湜归,因得共餐。

夜饭后,绍虞偕乃乾来访,谈至九时许,辞去。予不日有北戴河之行,再晤绍虞当在予赴沪时矣。不能一叙至叹。九时半拭身就寝。

7 月 30 日①(庚子岁闰六月初七日　己未)星期六

晴,时起云翳,闷湿而热。

晨五时廿分起。八时写信与冠英,告病情及将赴北戴河休养,烦为续假。十时偕润儿出,乘十路至王府井南口下,走百货大楼买到毛笔两枝、信笺两本、盘香一盒、塑料面巾袋一事。旅中所需略备矣。过茶叶公司欲购绿茶,而列队甚长,预计非一二小时不能办,且轮到亦未必买的着也,只得望望然而去之。由市场穿行,无所得,行至东安门大街,乘二路往朝内南小街,再转十路回禄米仓,缓步以归于家。潗儿偕硕孙在,因共饭。饭后阵雨时作,闷热殊甚,纵欲小睡,其如不能贴枕何? 强看吴趼人《廿年目睹怪现状》,

──────────

①底本为:"一九六〇年七月三十日至十月廿七日日记"。原注:"其中八月一日至二十日在北戴河休养,别有记。十月廿八日清晨容翁自署。是日适为庚子岁重阳节。"

虽事过境迁,依然引人入胜,却连看十馀回也。午后,元孙领新新来,阻雨未得归。

潘饭后归去收晾衣。七时,予与润、硕、元、宜、新晚饭。饭后,潘、权偕来。有顷,澄儿亦至。潘、澄已饭,权则未饭。八时,湜儿归,再具餐。

予不耐烦热,而汗沈不得泄,饭后赤膊拭身,就电扇取凉良久始苏,即展本记日记,时八时半,雨声正淅沥不止,殆将变为长脚雨乎? 九时半,潘、澄、权、硕归去。建昌亦来接建新归去。予以澄将远离,略为安排留京两外孙上学之事。伊等去后,即就寝。

7 月 31 日 (又六月初八日　庚申) 星期

阴,偶昙,仍热。

晨五时卅分起。七时半出,乘十路至麟阁路,转七路到丰盛胡同下,走往政协礼堂第三会议室,参加文史资料研究委员会第四次全体委员会。仲沄主席,东莼报告成立一年来工作报告。另一人(未听清)报告今年下半年组稿方案,并由伯纯补充说明,然后展开讨论。景莘、颉刚、大年、宝航、叔源、振羽、培基、祖荫俱发言。十一时半散会,因与颉刚、觉明上三楼诣食堂午饭。讵知人已坐满,排队取号头,坐以待之。觉明得十二号,予得十三号,颉刚得十六号。坐次遇绚伯,又遇至善、满子等,知圣陶赴青岛开会,伊等早来,已食毕归去云。候至十二时廿分乃得食,包子等已售完,只有红烧牛肉、排骨汤、白饭而已。

颉刚云第二批去北戴河将延至五日,予又正盼通知未到,遂于饭后与颉刚寻秘书处总务科一问,讵适值星期,又兼午饭方过,竟未遇一人,只得退出,仍循原路回家,正二时一刻矣。家人告知云彬有电话来,谓早接通知,明晨去北戴河矣,予大为愕然,即电秘书处询问,答称即为查复。至四时,电复谓未见予答回之条,予告以六月三十日赴宴时面交一女工作同志,乃答承疏忽,请谅,望于明晨十时前径到车站,好在有人接待,不须凭证也云云。予笑受之。四时半,有细雨,旋止。五时半,又日出矣。

六时许,澄儿、滋儿、佩媳、铿孙及培、增两外孙来省,盖滋儿工地假回,明日仍须前往者也。薄暮,潸儿、权婿偕来,因共饭。今日澄儿又为购得一鸭,居然老小皆大欢喜。晚饭时,云彬见过,承告接通知经过情形,并约明晨十时在车站相晤而去。九时半,诸儿皆去,予亦拭身洗足就寝。

明日去北戴河行装已由润、琴为我料治矣。

八月一日至二十日在休养。一日晨往,二十日晚归。别有记。

8月1日①(庚子年又六月初九日 辛酉)星期一

晴,炎热,下午有阵雨。

晨五时廿分起。八时许,湜儿为予出购大草帽及游泳裤,昨晚颉刚电话所嘱,谓北戴河未必买得到,应预备带去者也。九时许,潸儿来。润儿亦自医院复诊归来矣。九时半,湜始归,遍觅不得,空手而回。时已不早,乃亟与潸、润、湜三儿及元、宜二孙提篓出门,赶赴车站。乃行至禄米仓,遇一出租汽车,刚从外面送人,回空,经询无人,即雇以行。以车厢仅容五人,润遂折回。予等以九时三刻到达。政协已有人在彼招接,乃联翩入第一候车室。首遇

①底本为:"一九六〇年八月一日至北戴河休养,二十日返"。原注:"别册作日记成,不再赘录,存此以备他日检视。巽斋七十一叟自记。"现按时间顺序统一编排——整理者。

工作人员范慧兰(即在政协礼堂接予填单报名者)仍面致歉仄,予转感不安,力慰之。在场晤熟人不少,云彬亦先在矣。十时即步往第七月台登车,濬等皆送上车。十时五十五分开车,濬等乃回去。一路天气甚热,挥扇不停,一时后始过天津,饭于餐车,四人一组,三菜一汤,甚适,人收费一元。下午四时半到北戴河。过昌黎时大雨兼雹,比至目的地竟未见雨也。站上预设两轿车,分驶政协东经路 198 号休养所东、西楼。予编入东楼,住楼下 135 号房。原设两榻,予以独住故,嘱撤去其一。云彬住西楼 126 号。六时许往餐厅交粮票及膳费。(粮票先交廿斤,膳费确定卅元。)另定牛乳一份(每天半磅)费三元。六时半晚餐,菜肴鲜美。并有酒菜及酒类出售。予先进冰洁凌一杯,然后与云彬、渭川、元善夫妇、大琨合席(六人一席)晚饭,饮五星啤酒一半瓶(与大琨合饮),云彬与元善各饮大曲一杯。饭后与云彬、大琨、元善夫妇、渭川、秉文、觉农等闲步海滨。由餐厅而南,迤逦穿密松林,透行田畦间,碧海在望,涛声聒耳。走近之则涛已拍岸。伫立良久,垂暮乃返。过渭川、云彬一谈,然后返室就浴,未及九时即卧。讵天热甚,兼有海气湿润,竟难贴枕。狂挥葵扇至十时后,始入睡。竟未一盖任何衾具也。

8 月 2 日(又六月初十日　壬戌)星期二

四时醒。近五时起如厕,返室后即易衣梳洗,补记昨日日记。六时半毕,步出闲行。到林中球场见云彬、觉农、渭川俱在。正在开始教练太极拳及健身卫生操。由赵君曼(前误认为蒋兆和,今始觉农告知,即赵恒惕之弟。)指导,盖政协特请借来者(本亦政协委员)。旁观久之。七时许,诣食堂,与宋云彬、董渭川、吴大琨、费启能、周嘉彬同席,共进牛乳及馒头、稀饭。菜四碟,有花生甚佳,予啜粥一碗,馒头两枚。餐后遇力子、学文,盖早在此另一处所矣。八时半,即在餐室西侧一室开会,由刘孟存主席,请力子讲话,然后主席及李觉、赵君曼相继发言,安排生活、学习、文娱等等。均甚周妥。十时许即散。过医务室就诊,仍量血压(高 175—低 90),并将北京带来之药请伊看,由伊录下,谓用完后可由续取。返己室后,见有游泳裤一条放柜上,尚未干。据云工作同志刘君为予向市购取未得,特向另一工作工作同志借来者。热心可感! 有顷,云彬过予,约同往海滨。重违其请,携裤及浴巾,盛一网袋随之行。预备如能下水,再就彼一换。及至海滨,见下海之同道甚多,男女及幼孩皆有。有游泳极好者,有仅能入水泡浸者。予见浪大,竟未下。俟云彬起后,仍偕之归。到己室仅十一时。伸纸写家信,仅写十馀行,眼花,又闷热(一早尚有阳光,十时后阴,闷损之至。)难当,遂搁笔,适云彬返室后,予欲与谈,遂走访之,时已十一时五十分,乃偕往餐厅就饭,与云彬、元善夫妇、渭川及郑昕同席。另卖有烧明虾,每份六角,惜仅有十份,比及知已售完,只有望望而已。饭后本有冰洁凌可买,渭川购得西瓜,剖分及予,遂未染指冰凌矣。十二时半回己室洗脸冲牙讫,再续写家信,一时半乃毕。封发讫,雷雨至。只得坐室中斜倚藤榻打盹。才半时即起。雷声犹大作,豁眸记上午日记。雨渐大,气愈湿,天加暗,驯至二时一刻,竟倾盆覆龙矣。二时三刻始渐止。伏案写信与漱儿,三时廿分毕,雨亦竟稀疏不足道,天亦渐见开朗。四时许,雨止,予带雨衣过访云彬,重诣海滩,其时沙路已干,布鞋可行矣,与厦门集美情形差相仿佛。(闻人言,青岛亦复如是,想滨海沙地皆然耳。)碧海鼓涛,远山如沐,林地则更见青葱,竟无第三人来此一赏,殊为山海叫屈。缓步滩上,拾得雪白贝壳四枚,大小恰成一套,大仅如豆,小者才大于芝麻耳。

欣然携归,将以为此行纪念也。行近东楼,见涂允檀及李、古、郑诸太太东行观荷,因与云彬亦随之行,穿林樾,度小桥,别开境界,则河北省疗养院也。其前小池中植莲数十本而已。在此地却异常诊视矣。徘徊未几,偕允檀、云彬先返,(诸太太兴甚豪,尚须别寻胜境也。)五时返栈休养所,又见微雨矣。斯时已觉薄凉,但湿气甚重,依然乏爽致也。六时过云彬,约同赴餐厅。雨又止,披雨衣出。在餐厅购得另卖火腿一盘,五星啤酒一瓶,先与云酌之。六时半开饭,元善夫妇、渭川、大琨至,共饭。因约以后同席者即固定之,免彼此等候云。饭已,雨不止,予因过西楼,看云彬、大琨弈棋,顺晤元善、觉农、宗昭,略谈。至八时半返东楼。息灯偃卧,初尚适,嗣以床褥不平,觉腰酸,颇难转侧,盖被则热,不盖又凉,未能入睡。至十一时许,同道之看电影归者孩喧门响,交织一片,益不得寐,而窗外雨声连绵,复与林梢蝉噪及池塘蛙鼓相应答,更觉躁烦,不能贴枕矣。手表又停,依稀照散戏时为准而漫开之。深宵一时后,始得朦胧合眼。旅中有此,苦痛极矣。

8月3日(又六月十一日 癸亥)星期三

雨点滴及明未止。予破晓即起如厕,以腰痛不复能睡,只索伏案记昨日晚来日记。延至七时许,仍雨色微茫,披雨衣出散步,在庭园徘徊数回,遇大琨,立谈许久。细雨中视物,有类蒙轻纱雾縠也,可知白内障发展速矣。有顷,元善夫妇来,遂同入餐厅。云彬亦至,而渭川未来,资耀华补之。七时五十分食毕,走返己室,看学习文件。九时许,打一小盹,十分钟耳。十时后,又打一盹,积倦稍好。又如厕一次,腰酸亦稍松。因雨,同人无下海者。十一时写信寄佩媳,询铿孙安否。其时收音机正放送苏州弹词,纵极平常,却别有滋味在心头矣。五十分写毕，即投邮筒。（在办公楼门外。）
云彬见过，遂共入餐厅。十二时，元善夫妇、渭川、大琨俱到。饭菜
有烧明虾、香芋红烧肉、黄花菜海带炒线粉、豇豆炒胡萝卜、西红柿
蛋汤，云彬又添一酱肚，皆佳。十二时廿分毕，返室。休息偃卧。
二时半起。雨大作。本于饭前听到知照，下午二时半集合，预备去
海滨市中心区及鸽子窝等名胜处一行也。值雨，竟无动静矣。至
三时，闻工作人员言，以雨大，决废此行。以是闷坐听雨，颇感寂
寥。三时半，着雨衣张伞过云彬。登西楼观伊与大琨弈棋。顺借
剪刀将须修整，但刀钝不能如志，只得将就。继而略谈《后汉书》
校勘事。五时一刻还东楼，时已见晴，有云破露青天处。七时步入
餐厅，买得明虾一碟，啤酒一瓶，元善亦然，云彬购大曲一杯，（自
享。）元善亦加一杯大曲。大琨则购火腿一碟，与予及元善夫人共
享啤酒。是夕，肴馔特佳，有烤鲳鱼、辣子鸡、牛肉番茄汤、炒卷心
菜及炒咸菜。丰腴鲜腴兼而有之。入夜，雨虽稀而不止，天气警报
将有暴风雨，谓海上有九级风，陆上有六级风，雨且有 70 毫米也。
干部来关照，夜间必须闭窗。予八时前向云彬借来王先谦《后汉书
集解》两册。九时许洗足拭身，就榻看《班彪传》，较昨大为安定。
遵干部之属，未几即闭窗入睡。醒来已翌晨四时，而天色微茫，竟
无风雨，感气闷，即起开窗。

8 月 4 日（又六月十二日　甲子）星期四

　　四时三刻起如厕。返床看《后汉·班彪传》，五时半起。梳洗
后正在记日记，而云彬来，约同赴松林，练卫生操，兼学简易太极
拳。七时诣餐厅早餐。李觉宣布，今日不雨，上午即赴鸽子窝、怪
楼等处游览。因定八时半集合，共乘一大轿车以往，东北行，不半

时即达鸽子窝。其地临海,有石阜高出,建亭其上,履角弯。俯瞰碧波,远眺秦皇岛一带依稀可见,风物甚佳。其下滩上,矗立一石屏,秀削可喜,即所谓鸽子窝也。路颇陡,予未下趋之。其时,太阳时隐时现,有风,不甚觉炎暑也。伫立有顷,车返行,停东门果园旁。下车穿行苹果林中,实累累如繁星,皆纸包之,亦有成熟被采者。路上间看梨林及葡萄棚,浓荫密翠,令人意远,却又恬然依恋焉。果林之东北,有所谓怪楼者,颇噪于游人之口,予等亦特地过访之。其楼圆形,建筑不依常规,外观颇类欧洲古堡,内分五层,室内分隔,有如果盘,极似螺壳内盘旋也。据知者言,主者为一美国人,或云牧师,或云工程师,未知孰是。总之,怪诚怪矣,未足矜奇耳。徘徊一周出,候车久之,乃得复乘返行。先经政协休养所大门,西趋海滨路文化宫。下车后先后参观市容,全盘欧化,在百货公司等处一转,即东行抵起士林冷饮西餐部(预约同行者在此集合,十一时半同乘回休养所),时为十时五十分,予与云彬、渭川同坐,渭川与予各饮冰洁凌一客,云彬则饮冰咖啡一杯。质佳而价亦不低。(冰洁凌每客五角半,冰咖啡则每杯九角半也。)但北京竟无此可买,则亦大甘之。十一时半车回,十馀分钟即达。到己室稍憩,即过餐厅共饭。饭菜为米粉肉、炒肚丝、拌豆腐干丝、炒青菜及蛋花番茄汤。香甘适口,或方因少劳而特感美好耳。午后放晴,予小睡至三时许起(在藤榻上打盹),云彬约我一同下海(因在百货公司已购到游泳裤),我因腰酸觉累,未之行。所借干部之游泳裤则亟亟奉还矣。先看所买《太极拳运动》一书,毕两章,其道精微,非猝观所能了解也。继看《后汉书集解》,至五时五十分,尽卷四十上。踱出,复寻云彬,同入餐厅。是夕饭菜为洋葱牛肉、海带烧肉、醋溜土豆丝、虾仁豆腐、咸菜汤。予仍买啤酒一瓶,大琨、元善各买燻鲳鱼一碟。(元善亦饮啤,云彬仍饮大曲。)饭次,李觉宣布,今晚国务院在文化宫有舞蹈、戏曲晚会,发来票子卅张,现在每室各送一张云云。云彬不去,送与章太太。七时半,车来,予等乘以往。七时五十分到,予坐楼上二排十四号,与元善、秉文连坐。(元善在予左,秉文在予右。)演出者为秦皇岛市及河北省各文工团。(有职业团体在内。)八时开幕,先为舞蹈及歌唱,凡十一节,最近为河北省剧团演出评剧《花园扎枪(高怀德招亲)》,是一喜剧,甚细腻,而轻松也。剧终回寓,已十一时许,草草就枕,不暇拂拭矣。

8 月 5 日(又六月十三日　乙丑)星期五

五时一刻醒,稍延即起如厕,拭身,易汗衫,(客中洗涤甚不易,仅换贴肉上衣。)记昨晚日记。天晴,松风谡谡,颇爽人也。六时半,往松林,随大众学习卫生操及简易太极拳。六时四十分,与云彬、大琨、渭川联袂至海滩一眺。今日浪大,天又转阴,恐未必能下海,一班兴高孩童不免突受打击耳。七时半,回至餐厅,进早餐,馒头及粥。粥已,返室,范同志来招呼,谓八时开始,东楼诸位即在楼头起坐处学习,刘孟存为组长,发言者不少,以郑昕所言为最有条理。十时散,决定下星期二例会时讨论和平共处问题。散会时见力子,知方自西楼参加学习指导而来,谓下次将来东楼与我等一起学习云。其时北风有声,细雨打窗,大有秋意矣。十一时许,出房闲步,遇大琨,遂共过云彬。在西楼观伊二人对弈一局,已将十二时,乃偕赴餐厅,渭川及元善夫妇已先在。今日中午供蒸饺,每人十枚,余仍备粥饭及四菜一汤,有火腿、腊肠、炒青菜、拌卷心菜胡萝卜丝、冬瓜汤。大琨又添明虾一盘,云彬、元善各饮大曲一杯焉。

予进饺外,啜粥一碗。饭后返室,略打一盹,即看《后汉书集解》四十一上校补及卷四十一下,诚有温故知新之乐。于时微雨初晴,好风徐行,树巅蝉噪,风送益远,山居之趣,于〈是〉得之。今晨换下汗衫不能持去洗涤,(二日持去之件尚未取回,不便再持出。)汗渍成迹,将如之何? 乃于二时后自就水盘涤之,随晾透风处,不识能顺利收干否耳? 至三时风厉,乃收晾于室内靠椅之背,殆将经时累日始克望干乎? 四时,看毕《班彪传》(校补未阅),过医务室洽药物事。遂至西楼访云彬,同往海滩一豁目,乃甫出松林,即因雨还。然终不能闷坐,又携伞出大门,顺东经路而东,到岔道口,遇古耕虞夫妇,适有公共汽车自东来,招呼上车,偕赴市中心,直达文化宫,车中人云,收车极早,已无东行之车矣。时已五时,予乃独行东归。(古夫妇别有事未同返。)走卅五分钟始还休养所,殊感累矣。惟细雨中独行,亦大有古道西风之味,可欣也。归寓后洗脸少休,始得渐复。六时一刻步入餐厅,见大琨、渭川、元善夫妇俱来,意云彬必随之至,乃食将已,未见来,元善夫人往叫之,始姗姗至,盖误以为七时半开饭也。合坐为之一笑。是夕,饭菜为黄焖鸡块、红烧牛肉、番茄蛋汤、炒青菜两盘。予添五香鱼一(大琨亦然),啤酒一瓶与大琨分饮之。夜仍风雨,有电影可看,却之。八时半即洗足拭身,易衷衣就寝。是日遇陈修和、王良仲,略谈。傍晚在餐厅买到高级蛋糕饼干,惜气湿不能久放耳。

8 月 6 日(又六月十四日 丙寅)星期六

昨夜来风雨未止,飒然饶秋意矣。时光不贷如此乎! 四时许即醒,四时三刻起如厕。返室梳洗,即出昨晚所购蛋糕啖之。看完《班彪传》下卷校补,兼及《第五伦传》。六时独出,携伞诣松林球

场，寂无人焉，乃扬长而南，涛于海渍。雨甚细，浪亦不大，立望有
顷即返，适云彬施施来，遂共走还球场。大琨、渭川、觉农等俱在，
而君曼未到，盖正在教诸孩练剑也。予等稍仁，亦即走餐厅，盖已
七时矣。今日本定往山海关游览，故提前半小时开早饭。及餐已，
主事者宣称，今日或有台风来袭，尚须待公安局联系后始能决定行
否也。嗣后天忽阴忽暄，因而人心不宁，亦传闻忽行忽止。至八
时，得公安局知照，公路桥可能在昨夜风雨中有损坏，须检查后方
能定，不同意同人冒险云云。遂罢此行。既定，续阅《后汉书集
解》，先毕卷四十下校补，后读卷四十一。至十一时，毕第五伦、钟
离意、宋均传。遂过访云彬、大琨，怂惠下棋，予旁观之。至十二时
许，步入餐厅午饭。饭菜为红焖扣肉、炒鱿鱼丝、炒扁豆、烧油豆
腐、榨菜汤。予添一碟肠子（四角），云彬复添火腿一碟，并饮大曲
一杯。予又顺购面包二枚，备明晨点心。午后一时，打一小盹，二
时许即欠伸而起。如厕过 111 室，为理发处，见理发师已在，因即
坐下理发。其人镇江藉，生于苏州，年仅卅许，据云在青岛已十八
年，近方调京，昨日始调来北戴河者。理毕，近三时矣。甫起立而
郑昕至。返室后看《后汉书·寒朗传》，并此卷校补毕之。近四
时，过云彬同赴海滨，浪虽大而无日，据老于此道者言，斯真绝好下
水机会也。以故，涉水而泳者不少。觉农、君曼、郑昕、慧兰、正信
等（不知姓名者尚多）皆狎波为戏矣。云彬见猎心喜，亦易裤下
水，终以浪大不能站稳，起岸先归。予与并观者秉文、渭川、元善夫
妇、允檀闲谈，群谥予等为观潮派，诚确。良久，予独自徘徊海边，
觅路归舍，已四时三刻矣。海气蒙面，殊感湿粘，亟洗面取爽，久之
乃苏。六时走出舍，彳亍于近旁，云彬来，即与偕赴餐厅，伊仍饮大
曲一杯，添虾一盆，予亦添虾以恣朵颐焉。饭菜为烧羊肉、海带肉

片、黄瓜丝拌粉皮、冬瓜汤(其一已忘),大琨以良仲、子婴新至,临时伴伊等到另一席,予席只五人耳。晚饭后闷热甚,办公室发电影票,任往河北省疗养院礼堂看电影。七时许,予随同大众循门东小径(即日前往看荷花处)穿行,一刻许,乃达。地仄而闷,机又时坏,既来则安,勉坐终场。十时许即散。仍随大众行,走大道,近半时始得返舍也。到舍即解衣拭体,时风已起,少坐始定。乃就枕未几,雨大集,松涛、海波交相答响矣。十二时许,朦胧中觉眼前忽亮,察眸视之,窗外雨止云开,适皓魄照窗也。殊可喜。乃须臾复暗,亦惟有任之。来此已六日,只有一个上半天为晴天,馀俱在闷湿风雨中度过云。

8 月 7 日(又六月十五日　丁卯　立秋)星期

四时醒,起如厕。风大作。返卧,至五时许披衣起矣。天阴,雨意甚浓,南风甚紧。六时披雨衣,携伞走海滨,风大浪高,人迹甚稀,但亦有捡拾贝壳者。立望海水,出神久之。遂返松林,见君曼一人在教一女童练剑,予与招呼,因小立,而云彬亦至,乃随同练卫生操,耀华、俊峰、大琨皆集。秉文亦在打太极拳。有顷,雨至,各返宿舍。七时,阅毕《光武十王传》,走餐厅早餐,啖豆沙包两枚,花卷一枚,啜粥一碗。九时许,慧兰来请,谓此地当事者邀予等谈绿化及美化庭园问题,予过西楼应邀,会秉文、嘉彬、君曼、元善、洞国、大琨、云彬、子衡、徐君(忘其名)、龚梅等多人。此地总务处长连君(不知其名)主持谈话,各抒所见,移时乃散。又观弈两局(一云彬与嘉彬,一云彬与大琨),近十一时乃返东楼,续看《十王传校补》,半小时毕之。十二时午饭,吃面条。备炸酱一大盆,打卤两大盆,四面马为胡萝卜丝、黄瓜丝、卷心菜丝、扁豆大蒜片。予啖炸酱面两小碗,打卤面一小碗。饭后返室,削苹果一枚剖食之。一时许如厕,旋回室打盹。二时半起。连日阴雨,今日午后风虽大,而日出,预料下海就浴者必多。三时,步往海滩,一凑热闹。与慧兰同行。到彼时,云彬、允檀、元善等皆在,云且泡入水中矣。海藻湿气大,盐分重,久立眼镜为之昏花。四时半,即与云彬步归。在松林北端,有群儿摊陈各种贝壳求售,予选购六贝,费一元一角。今晨二时,同人中有结队往鸽子窝观退潮,乘时拾取贝壳及活蟹者,昨晚来约,未能往。今午有属庖人烹食所拾蟹只者,亦徒羡之。兹乃购取现成之物,实未足以解嘲,转复内愧耳。携归舍中,洗脸擦目镜,少得苏舒。五时后,阅《后汉书·朱晖传》及其孙《穆传》。至六时又毕《乐恢何敞传》,惟卷四十三之校补未及览也。六时,过邀云彬同诣餐厅。元善、云彬各添一明虾,元善又购一瓶啤酒,予皆分享之。是夕饭菜为腊肉猪肝双拼、洋葱牛肉、炒扁豆、虾油豆腐、冬瓜汤。予日来饭量增,然为医之教,不敢放手直干耳。七时廿分与云彬、渭川、允檀散步门外东去。不觉循道绕至海边。是时圆月初升,色类朝旭,迎而前往,不觉道远,乃行至海滨,月为云所掩,不免摸索西迈。甫及政协休养所南首之松林,月乃出,光透林叶,别饶佳趣,忆"明月松间照"之句,今乃亲身体念之矣。返舍已八时半。少坐便洗拭就寝。窗外明月时隐时现。

8 月 8 日（又六月十六日　戊辰）星期一

三时半起小溲,四时半起大便。窗外辨明,只索起床。五时一刻记昨日晚来日记,天有晴望矣。五时半,独往海滨散步,西行盘过两曲乃返。至松林,刚六时廿分,天又阴暗,恐不免雨。遇君曼,仍随练卫生操,云彬、大琨、渭川皆至,以雨作,即入餐厅,七时即开饭。即席宣布,今日准往山海关,七时半分乘两车出发。乃届时仅来一车,候另一车至,八时半始克同行。沿途遇火车交道,及在秦皇岛市有逗留,直至十时始抵山海关。雨中上关楼,所谓天下第一关也。构制绝类北京正阳门,惟少一重檐。门扁为明进士萧显所书,劲稳称当,兼而有之。门额及两屋楼堂皆摹勒此书。楼中陈列各物,大都本区土改时所接收之物,无甚文物价值。(山海关本为临渝县城关楼,即东门城楼,出关即辽宁省境。今为河北省秦皇岛市所辖山海关区。)未几即下,复车送出关,北行折西,约三五里,谒孟姜女庙。姜女本系民间传说,今后院供观音像,殆即旧庙改祠,托言宋建耳。(庙中像设之龛,有一联云:"秦皇安在哉,长城筑怨;姜女未亡也,片石铭贞。")传系文天祥所题。宋初,此地已沦于契丹,南宋为金壤,宋末为元省,文山抗敌成仁,被执来燕,实无缘一至此土。或别处姜女庙有文题联,而好事者移之于此,遂连而及于宋建此庙耳。院后有石,凿"望夫石"三字,又传海中矗立之石为"姜坟燕阵",指为女墓云。又庙中正宇之东壁,即以兼书"天下第一关"五大字勒之,甚挺拔。西壁有清康熙题诗,北壁龛两侧亦有碑刻,溥仪伪满时,碑遭磨泐,代以群奸之丑诗,最显者为北壁西侧一大方,竟题"康德六年九月民生部大臣懋一位孙世□"(已忘此一字书)字样也,亦孔之丑矣。十一时半离庙返关,至招待所少休。十二时一刻午饭,十人一席,肴亦丰。饭后与渭川、云彬逛市,在暑期服务部先后得啜冰洁凌及饮汽水焉。(汽水甚佳,凌则平常。)下午一时半开车回驶,二时许即到秦皇岛市,车往东端阅看码头,路遇火车交道,又耽延半小时,及抵港务管理处门口,由科长某君介绍情况,以雨中聚之,难于领略。旋导往防浪堤及大码头周视一过,雨中往还颇跟跄。继而又往看沉箱工程,予暂憩车中,未下。四时十分,离码头,未几,即驶入市街,有人欲下车阅市,约停车半小时再开,予惮于行,坐车中候之。(另一车先开,有欲先行者俱攀登之,予挤不获上,只得仍返原车坐候。)四时五十分开,循原路回休养所,已五时半矣。亟龥洗坐憩。六时廿分入餐厅。与渭川、云彬会。大琨及元善夫妇未来,盖民建有所活动,已另有组织矣。予等三人共食,仍得照样开设,而略损其量(视人多寡而定),饭菜为烤鱼、炒豆腐干青菜、米粉肉、卷心菜拌线粉、罗宋汤。予又易源酱杂样佐之,云彬因连饮大曲两杯也。饭后返室,接润儿七日来信,家下一切甚好,且转到君宙沪信一封,据云为我买到游泳裤一条,同时函寄来此,大约两三天后一定可到耳。信中且剪寄傅建暲关于糖尿病一文,颇可取慰也。阅书后甚为欣慰。即拭身洗足,易衣就枕,时仅八时三刻,惜邻儿哭闹,至扰人,仍于十时后入睡也。

8月9日(又六月十七日　己巳)星期二

四时半起如厕,有晴望。返室仍就枕,取《后汉书·张禹传》看之。五时起,补记昨日日记,至六时半始毕。六时出,踱至松林,云彬、大琨、渭川等已在练体操,予加入练习。六时半,予与大琨散步海滨,遇贺龙及荣高棠,大琨与招呼,予不识之,未敢强接也。七时一刻踱回,步入餐厅,进早餐。餐已返室,少坐即已八时,乃步上楼,仍参加学习例会,刘孟纯主席。(前误为孟存,今知非存而纯,又知赵君迈之字非曼也。)力子亦来参加,发言者仍以黄振勋为最多,予亦指陈安不忘危,和平与战争唯义之择,不能漫焉非战,忽修战备云。十时十分散,力子过我室,略谈即去。十时四十分,予曳杖独往海滨,同人之下海游泳者颇多,秉文、渭川、云彬、允檀皆在。

斯时风平浪静,九日来仅见之。不识下午得保天色不变否? 十一
时半走还己室。三刻,云彬见过,因同诣餐厅。是午饭菜为烧明
虾,海带烧肉、炒卷心菜、榨菜汤(其一已忘)。云彬添四川腊肉
一,饮大曲一杯。饭后返室削苹果食之,就藤榻小休,不觉入睡,二
时醒,即起。二时一刻,云彬过予,邀予同下海,予以腰腿俱感酸谢
之。即以其间写信,一寄上海复君宙,一寄家中告近状。三时半发
出,顺前往海边一观。云彬、渭川正浴毕归矣,予独行徘徊,久之,
晤见大琨,约共往起士林晚餐,乃走返宿舍,邀云彬,四时半同行出
门,在道旁候得公共汽车而行。五时,到文化馆下,径诣起士林。
少坐即得食。三人共啖什锦冷吃一,猪排一,炸大虾一,奶油汤三,
啤酒两瓶,从容谈筵,至快朵颐矣。食毕,各进冰洁凌。时已五时
半,乃循海滨路步以归。且走且谈,且连留沿途风物,比到政协休
养所已将六时半,各归卧室。予取水洗身洗足,八时半即就寝。灯
下看毕《后汉集解》卷三十四校补。十时许,群儿从外归,又大喧
哗,为之惊醒。然后良久乃得睡。儿童活泼固可欣,扰人清梦则大
非便矣。

8 月 10 日(又六月十八日　庚午)星期三

　　四时半起如厕,返床候至五时乃起,穿衣梳洗后,日出晴爽。
(来此十日,只见一天半晴,今乃日出,或可从此转好,气随秋转
乎?)六时十分独出散步,遇大琨,同入松林,会众练操。廿分回餐
厅,啖豆沙包。有小米粥,仍四菜。八时阅《后汉袁安传集解》。
越半时曾葆龄来邀,谓李书城在西楼讲气功,请往听之。予即往,
力子亦在,秉文、云彬、君迈、大琨、耀华、羹梅、洞国、觉农诸人俱
集,且太太们为多。十时讲毕,过云彬谈。续借《集解》卷卅五至

卅九,走返己室,则一女同志送一邮包至,乃润儿所寄游泳裤也。家人劝厉,友朋敦笃,竟未一下海水试泡之,亦大堪自哂矣。十一时许,如厕大便,或昨晚多食之故乎?十二时步往餐厅,大琨另有约,馀皆在,共进油饼,具烧酱肉、炒鸡子、虾米卷心菜、炒合菜四马,并罗宋汤。予以饼硬,仅食两小枚,馀啜菜豆粥碗半而已。云彬仍饮大曲一杯也。饭后假寐,二时半醒,起看《后汉书·袁张韩周列传》,三时半毕之。云彬本约过拉予下海,至此未来,幸其爽约也。续阅《郭陈列传》。四时三刻,值班大夫亲为送药至,接谈少顷,去。五时,阅《郭陈传》,因过云彬还前借之两册。稍憩,同出,散步于庭院中。六时半晚餐。饭菜为何,已茫然。饭后八时,本处有晚会。(主要为舞会,间以歌唱等节目,元善唱《望乡》一段,云彬唱《小宴》一段,大琨唱京戏《须生》一段、《孟姜女》小曲一支,涂、黄两太太合唱京戏《贺后骂殿》一段,其它节目尚多。)予与渭川、云彬、子衡合坐,既不能歌,又不谙舞,从旁干看而已。十时先退,拂床就寝。乃会场实迨舞罢已将十一时,而收拾场屋,扰攘至十二时方息。予受此波及,如何能睡,因此数起小溲,直至深夜二时许乃入寐,至以为苦。是日竟未出松林一亲海色。

8 月 11 日(又六月十九日　辛未)星期四

五时起如厕,即整床梳洗。四十分独出散步于松林海濆等处,六时廿分回球场,同练者尚未到,而予却体累不克参加,遂走返己室,补作昨晚日记(对晚饭饭菜竟不复忆起矣)。六时三刻,阅《后汉·张曹郑列传集解》,七时十分云彬见过,同赴餐厅早餐。餐后返舍知郑昕、俊峰、孟纯及一两位太太之放不下家者,今日上午即先行回京矣。与之略话作别,过云彬谈,为解决《后汉书》标点问题四五处。因及近日记忆力之锐退,于是两人搜索昨夕饭菜品色,居然默出红烧排骨、虾米拌黄瓜、炒青菜、蛋花汤四色,馀一则终遗忘之耳。十时许,返己室,续看《曹褒传》(《张纯传》已毕)。时天色阴凉,不识能不雨否? 至十一时四十分,并《郑玄传》毕之。且阅竟卷卅五之校补。十二时就厅午餐。是午饭菜为粉蒸鸡(罐制改烧)、海带烧肉屑、洋葱辣椒牛肉、木耳烧油豆腐、青菜汤。渭川添烧大虾,云彬饮大曲一杯。饭后返室小睡片晌。二时即起,啖桃一枚。阅《郑兴传》、《郑众传》。三刻,云彬见过,邀同赴海滨,予仍坐观,伊则下海,有顷,觉农、大琨等至。予与云彬共饮啤酒一瓶。四时走还舍。续阅《后汉书》、《范升传》、《陈元传》、《贾逵传》、《张霸传》。六时前接佩媳信(十日早发),告澄儿十四日动身去贵阳。六时半,夜饭,有烧羊肉、烧鲳鱼、青菜炒腐干、卷心菜汤,其一已忘。予添一五香鱼。夜饭后七时半,偕允檀、元善夫妇及云彬散步于海滨,西行过小湾,由东二路绕出东经路,然后扬长东归,抵宿舍已八时半。是夕新易床褥,予则展即拂拭,并服眠而通半片,贴枕便睡,醒来已翌晨三时,再入睡,五时乃起。

8 月 12 日(又六月二十日　壬申)星期五

五时如厕便起。六时补记昨夜事。旋独出,穿松林,至海滩,往返散步,仍还松林,随众体操,君迈已将太极卫生操之十动作教毕,今后将坚持继续操练,庶其有益焉。六时半入餐厅早餐。餐后已将八时,少坐便登楼参加学习。组长刘孟纯昨已返京,即由一粤籍王姓之戴眼镜者代之。十时散,即下楼返室,连啖桃两枚,创举也。大琨今晨亦返京矣。(十一时许,询黄振勋,知方才主持开会者为黄秉维。)十时廿分,阅《桓荣传》,十一时四十分,云彬见过,向予对日记,补遗忘也。十二时午饭,啖扬州包子(每人六枚),备粥,有虾米卷心菜、拌干丝(无姜,以胡萝卜丝代之)各一碟,罗松汤一碗。予又添酱牛舌一盘,啤酒一瓶,与云彬共享之。(大琨已行,元善夫妇别有约,予桌只馀三人矣。)饭后,作小盹,一时五十分起如厕。回室看《丁鸿传》,二时十分毕之,并及卷二十七之校补。二时半,云彬见过,因同往海滩。今天天气好,游泳者多,予仍坐观而已。三时四十分回舍,偃卧良久。云彬见过,复对日记。五时半辞去。四十分,接漱儿来信(十日发),复告一切。旋阅《张法滕冯度杨列传》,六时一刻毕之。云彬又来,乃共往餐厅晚餐。是夕有煤海蟹,大者枚直一角八分,小者仅一角五耳,甚廉而鲜。惟予不敢食,仍添牛舌一碟,啤酒一瓶而已。云彬与元善夫人则各啖一大者。饭菜有烧虾段、虾米白菜、茄片蒸肉饼、冬瓜汤(其一已忘)。饭后过西楼,七时半与允檀、云彬、耕虞同行散步,由松林出海滩,循日前原路东行,仍转至东经路而还。抵舍已八时半,即拭身洗足,就寝。但不甚佳,虽服眠而通,仍挨至十一时后乃得入睡也。

8月13日(又六月廿一日　癸酉)星六

五时廿分醒,红日映窗矣,亟起如厕,便为梳洗,记昨夜事。六时半出,步入松林,随众练操。旋与渭川小步海濆,即返餐厅。七时半粥,粥后就廊小坐,长天蔚碧,鸟声与蝉唱,随风送耳,亦甚怡然。八时半返室,为佩媳作复。九时投邮,顺买带邮信封四枚,过云彬借得汲古本《后汉书》一册(卷廿八下至卅六),返舍备赓读。坐定,展集解本续阅《刘赵淳于江刘周赵列传》。十一时四十分,元善见过,谈至十二时,同赴饭。饭菜至佳,有红烧鸡块、炒木樨肉、香菰烧豆腐、炒洋白菜、丝粉番茄肉圆汤。饭前买得桃子二斤,糖果一元。饭时,云彬添炸面包虾一(与起士林相仿佛,而价止五角,彼此相较竟为三之一者),仍饮大曲。返室漱牙后,顺洗手巾两方,旋如厕。一时小睡,未入寐,续阅《后汉书·刘周赵传》,至二时,并卷卅九之校补毕之。二时四十分,云彬见过,同诣海滨,仍静坐荫棚下观同人游泳。有顷,元善夫妇至,互谈至四时半,与元善走返住所。云彬已先归。予二人则偕渭川同行耳。到舍洗脸少苏,看当日《人民日报》。旋归房,阅《后汉·申屠刚鲍永郅恽列传》。五时半毕此卷。六时过云彬谈,旋偕入餐厅晚饭。是夕未添菜,彬仍饮。饭菜为干烧鲳鱼、黄瓜拌粉皮、炒西葫芦、蛋花番茄汤(其一已忘)。饭后,坐前廊与王仲富闲谈,元善夫妇过,因同散步,由河北疗养院穿出,仍循海滨西行返松林,八时廿分到住所,因分别各归其舍。予取水拭面抹身迄,即取卷偃卧,看毕《鲍永、郅恽传》。十时许入寐。

8 月 14 日(又六月廿二日　甲戌)星期

四时三刻醒,未几即起如厕。五时三刻出散步,独往海边一行。六时廿分返松林,随众练操。晴朗。六时半与渭川散步于松林之西偏,随坡筑路,因树为屋,别饶胜境,真十步之内有芳草也。七时十分,走返松林,遇云彬,同入餐厅早饭。予啖馒头三枚,粥二碗,牛乳一碗。粥已返舍,洗牙瀹茗。水不开,叶不落,乏兴之甚矣。有顷,后急,如厕解之。回室阅《郎𫖳传》,九时四十分毕之。忽又后急,乃亟如厕,仍解干,不拉稀,知非腹病耳。时天又渐转阴,日照不烈,只索携杖出行。穿松林,道海澨,东至矗出之岩石,登上一观,适同人中之妇娇十许人荡舟为乐,予洽得畅观焉。十时三刻,徐步归舍。取《后汉书集解》一册走访云彬还之。

十一时三刻,同往餐厅,坐定即开饭,是日供芝麻烧饼,予啖甜咸各三枚,以南瓜粥下之。仍具饭菜烧大虾、线粉炒走油肉片、炒青菜、薛蓝片炒木耳、罗松汤五色,予以饱于饼,竟未进米饭。饭后返室,啖桃一枚。一时小睡,阅《襄楷传》。未能入寐,只索续阅《郭杜孔张廉王苏羊贾陆列传》,三时毕之,蹶然起矣。适见人送到当天《人民日报》及《河北日报》,遂坐楼梯下敞间披看之。三时廿分,元善走邀吃西瓜,随以往,渭川、云彬俱在。予食已,即独行至海滨观游泳,途遇启能,在场晤君迈。坐至四时廿分起行返舍,途遇尚嵓。到己室为四时三刻,乃续看《樊宏阴识列传》,五时半毕之。走访云彬、渭川,同赴餐厅。六时半开饭,饭菜五品:扣肉煎土豆、红烧鲳鱼、虾米拌黄瓜、炒卷心菜、冬瓜汤。予添烧明虾一,云彬仍饮大曲一杯。晚饭后,予再过西楼,偕允檀、元善夫妇、云彬、渭川同出散步。由晨间所经之路,延长西去,达东二路转出东经路,然后东归。回舍已将八时半,亟洗身濯足,服药就寝。然以灯火不灭,(廊下之灯正照予头,而窗帘却无。)仍挨至十一时后乃入睡。夜半即雨,达旦未休。

8月15日（又六月廿三日　乙亥）星期一

五时起,如厕,梳洗。六时补记昨日晚来事。阴雨绵绵,殊损人情怀也。既不能出外练操,闷堂又太不合适,于是摊书续阅《后汉·朱冯虞郑周列传》。六时半,云彬来约,即楼下廊厅练卫生操,启能、振骐与焉。沏茶时茶叶发霉矣。(前买诸包皆然。)弃之不能,用又勉强,真懊恼也。六时廿分,雨大作。延至卅分,冒雨就早餐,诸公先后来集,颇有狼狈之感。八时回己室,续阅郑弘、周章传,毕之。续阅《梁统列传》,十时毕之。前日买桃有一大者烂,弃之,其邻近未熟而将烂者一枚,即时削食之。十时半雨止,过云彬,旋出,于松林遇振骐,偕步海滨。雨虽盛而沙地易干,竟可以布履度也。十一时许走返。续看《后汉·张育郑传》,已复诵矣。十一时三刻,毕此卷,遂闭目倚榻,休息以待饭。十二时往,会众共饭。饭菜为土豆红烧牛肉、海带烧丸子、虾米卷心菜、炒豇豆、榨菜肉片汤。予进一饭、一粥、三馒头。饭已返舍,雨又作。十二时半打一小盹,一时即欠伸而起。写信寄家。自往投筒,径返己室。又小盹至三时起。过访云彬,正在工作,予即独往海滩,扬长去来。六时许,渭川见过,长谈,知其于鹌鹑、蟋蟀之道颇谙练云。六时半晚饭。予添大虾一,云彬添腊肉一,饮大曲。饭菜为红烧排骨、番茄蛋汤、炒苤蓝丝(其二已忘)。八时,河北疗养院俱乐部有电影《五彩路》,七时半偕元善夫妇往看之。十时许散,循原路小径归。幸携电筒照明而行。到家洗拭讫,即就寝。

8 月 16 日 (又六月廿四日　丙子) 星期二

三时即醒,起如厕。返卧就床,转侧至四时后复入梦。五时十分醒,复起如厕。盥漱整床毕,已六时五分矣。记昨夜晚饭后事。六时十五分到松林,随众练操。又蒙君迈特别指点,心极感之。操毕,与渭川散步,六时半返舍早餐。啖面包、糖三角。本应学习,以须听传达周总理报告,改明日举行云。因走访董、宋,遇秉文,正纠约往文化宫看京戏,予遂签名附即焉。昨日傍晚接澄儿十四日信,知是夕成行,径赴贵阳。不及作答,须得黔书再复之矣。今晨天气甚好,九时许微昙,予携伞偕元善、允檀同诣海渍,允檀下水,予与元善则坐观之。秉文亦下水,不久即起。十时许,予与元善遵海而西,至东二路口,适见元善夫人及觉农夫人施施来,乃合道登东二路,迤逦复穿至松林前,然后分道各归。在路上与元善谈苏州创办初等小学堂事,缘由其人式之先生作堂长,力劝其写出节略送政协文史资料研究委员会一为发布之。十二时午饭。饭菜为虾米炒四季豆、酱肉、番茄炒蛋、麻酱半〔拌〕粉皮、冬瓜汤。午后一时小睡。三时一刻起,啖桃一枚。过西楼访云彬,即以所借《后汉书》还之。伊正在写感想,未便邀同散步,乃独出东经路大门,扬长东去,至岔道口折回,由别径自东侧便门归于己舍,时四时一刻。五时许过西楼,与允檀、秉文、渭川诸人谈。六时半晚饭,饭菜有鱼、牛肉、菜、蛋、汤。饭后七时半,偕同人之登记观京剧者同车往文化宫。共占楼下十五排一长排,兼有及十六排者。予坐十五排十二号,与元善夫妇联号。演出者为沈阳市京剧院。八时开,先为《嘉兴府》,休息后为新编历史剧《海瑞揹纤》。甚见精彩。近十一时乃完,仍车送归寓。到舍倦甚,不暇拭身即就枕。归寓时,案上见湜儿昨日来信,盖予出时傍晚乃到也。

8 月 17 日（又六月廿五日　丁丑）星期三

五时十分醒,天气不甚佳,起如厕。梳洗后略进点心,六时廿分又如厕。但腹中甚适也。记昨夜事。六时半到松林练操,六时半早餐。八时集餐厅听周总理在全国文代会上的国内外形势报告,孙晓村主席,黄任之、李书城俱来参加,十二时一刻完毕(录音放送,如亲聆之)。十二时四十分午饭。饭菜为笋干红烧肉、炸虾片、虾米卷心菜、青菜炒百叶、鸡蛋番茄汤。(晓邦报告,昨晚北戴河区人民委员会合开会议,明日起,不能供应给肉类、蛋、虾等。〔此后可无须记〕并知不久饭馆用膳亦须粮票矣云云。)听报告前,工作人员通知,我等二十日回京,本定是我八时许廿八次车行,今车票买不到,改为十时五十分开廿六次车行。下午四时半许到京云云。因于散会后,开饭前飞书寄家,告知此事,往届时迎候也。午后一时小睡,时闷湿甚,有细雨。三时起,稍爽。蝉声仍不辍矣。独出散步于海滨,以衣多太热折回。在松林遇允檀,易衣携伞复与偕出,仍循海西行,由东二路绕道返,已将六时。越半时晚饭,荤菜只供鱼矣,馀肴仍佳。夜饭后,渭川见过,谈云彬改造问题。并参定明日晚会歌词,备年长者亦参加一节目也。歌调即用《社会主义好》,词则易为:"大家修养好,大家修养好,劳逸结合真周到。松林里,卫生操,下海游泳皮肤晒黑了。理论学习,认识提高,感谢热情服务,党的领导,党的领导。"晚八时在西楼集合,由君迈之女教唱,即请小友王泽人当指挥,演习数遍,九时归寝。洗身濯足而未易衷衣,盖洗涤不及耳。(洗一套衣须两天,如雨则四五天不等。)

8 月 18 日 (又六月廿六日 戊寅) 星期四

四时许人声骚动,有同人之有兴者泛海出观日出也。予以积倦且惮于狎波,未之应。五时前如厕,即起。梳洗后即曳杖出,徐步往海濆。天气甚佳,同人必能满意而归耳。方拟立海边接伊等,而小舟在望,仍在岸上,是去者仍遵陆而往矣。独在海边踯步一回。缓行返舍,复如厕。有顷,群儿归来,知果仍往鸽子窝看到日出也。(伊等昨已去过,值阴,失望而返。)六时半诣松林练操。七时半早餐。八时,听李维汉部长报告,黄、陈、李三老仍来。仍由晓邦主持,讲知识分子改造问题甚透彻,历时四小时半,十二时半始毕。予谨聆斯言,有味乎哉!而体力不胜,腰酸背痛,颇愧三老矣。(此次来此休养之委员,除三老不在其例外,予最年高也。)一时午饭,饭菜仍未减色,有烧虾段、烧素丸子、虾米豇豆、粉皮半黄瓜、番茄蛋汤。恐系特别照顾者,食之负疚耳。一时许如厕,返室小睡,倚榻片晌而已。啖葡萄一小串,桃一枚。三时出,携伞独往海边一逛,遇觉农、宣昭、君迈及诸童孩。遥见渔舟十艘扬帆一线,似在布网。伫立久之,渐见海鸥翔集,大底鱼已被殴聚处,故鸥得而乘之。少选,见此一群舟,鱼贯向东收帆,俟其过隐五船,乃徐步归舍。取汤洗面,然后少苏。四时三刻,元善过谈,五时一刻,始知予亦未几即过西楼,与渭川、元善、云彬受托共拟全体休养人员答谢组织的大字报,由元善执笔,四人共商定之。并将昨拟歌词之第二行,在重唱第二遍时易其词为"山海关,秦皇岛,旅行参观得益真不少"云。六时半晚饭。饭后在东楼演习歌唱。八时晚会开始,仍以跳舞为主,予俟至十时许,参加合唱后,即返己室,拭身就寝。然仍过十二时后乃得入睡也。

8 月 19 日（又六月廿七日　乙卯）星期五

五时十分醒,即起如厕。六时补记昨日晚来事。放笔后即漫步松林。六时半早饭。啖油饼两大张,粥一碗。八时上楼讨论前昨两天所听录音报告。黄秉维(今知在科学院地理研究所工作)主持。黄振勋、李连捷、徐振骐、费启能、王仲富、赵君迈及予皆漫谈及之。十一时半散。(闻西楼讨论甚热烈,十二时后始散。)十二时廿分午饭。饭菜甚佳,有虾仁豆腐、红烧海参、榨菜汤、烧茄丁(其一已忘)。饭后在己室为全体休养人员写大字报,感谢领导及工作同志并当地各级政协机关。二时三刻,云彬来邀,坚约下海一试,庶不虚此一行。乃易衣随同前往。由两位工作同志扶同下水,且先套用求生圈,又得启能之助,伊等热忱皆可感,在海水飘飘然,极自在。但颇滋自愧耳。四时许返舍洗浴。五时许,李维汉部长来访,同至西楼坐谈。半时许即行,予亦返已室矣。接润儿十八日十时信,详告家中一切,至慰。六时半晚餐,仍具番茄蛋汤,馀色已忘。足征近来健忘之甚。饭后与仲富散步大门外,知伊新动手术血,与滋儿情形极相仿佛云。入门后,遇云彬,同坐树荫下纳凉谈天。渭川亦至,至近十时乃各归寝。

8 月 20 日（又六月廿八日　庚辰）星期六

晴,时昙,热。晨四时三刻起,如厕,整治行装。五时五十分出,独往海滩,徘徊久之。六时半回松林,练操。七时半早餐。九时二十分仍分乘两大车离所,开向车站。以车行误点近乎三小时,遂在车站等候,由起士林送来面包蛋糕等代饭。直至午后一时乃上车开行。仍专挂一节。下午七时乃到北京车站。濬、滋及宜孙在月台相候,即随同同人鱼贯出站,分别各归。予已属润在外觅车,雇得一小汽车同乘以归。适湜儿挈小逸、新新来,遂将小逸二人附乘,润、湜步行返。夜饭后,汉儿、雪英、小同、升埕、升基、建昌、元锴、元镇均来。十时许始去。予乃濯身就寝。

8 月 21 日（闰六月廿九日　辛巳）星期

阴,闷热,午前曾有细雨,午后加以凄风转凉。

晨四时半起大解,五时一刻听毕头遍新闻即起。整治起坐处所及桌椅诸事,八时后始稍就绪。补足旅外日记别钉成册,存备他日检复。今日润、湜均休假在家,琴媳则今日加班,滋儿昨日请假来车站接予后,今日清早又赴西山作引水上山工程矣。十时后,润赴医院治牙,湜伴去,将同往百货大楼为予购办什物也。十一时许,汉儿至,盖今日为其表亲五姑五十祝寿,将往帅府园全聚德午饭也。有顷,润、浞归,欲买之物皆未得。略与汉谈至十二时许,汉赴宴去。十二时半,琴媳归,遂共午饭。饭后二时,琴复去上班,予等皆午睡,四时俱起。六时,琴归。七时许夜饭。饭时接清儿电话,知已自安国归来宁家,约夜饭后即来。八时后来谒,面目黧瘦,但精神尚好。据云一星期后仍返安国,此次归来系给假,非请假也。予甚倦,先就寝。清与润、浞、琴叙谈至十时许乃归去。

8月22日（七月大　建甲申　壬午朔）星期一

晴,凉爽。

晨五时廿分起。浞儿五时三刻赴厂。予起床后练气功拳十分许,然后盥洗整理儿案。八时许,晓先见过,少谈即行。十时许,志华来,馈予母鸡一头,少坐即往清儿家。

十一时许,小同来打电话,知昌显明日即将来京,其四姨母正在伊家与其母谈话也。未几辞归。而清儿随至,与谈至近午乃去。午后小休,二时半起。电话询圣陶,其家人接云今午归饭,即感不舒,未饭便卧云。(昨晚圣陶有电话与予谈,予本约今午后往访。)因立即出门,乘十路到九条东口下,步往叶家。至则圣陶偃卧休息,其孙三午侍,见予霍然起,长谈达暮,并同赏影本上海博物馆藏画,即留彼晚饭。饭后七时半,三午送予上十路车而别。予归家,埍孙在,有顷,潪儿至。伊等同看电视,转放昆剧《十五贯》。八时五十分,浞归。有顷,润、琴相继归。十时许,予就寝。潪、埍亦去。

8月23日（七月初二日　癸未　处暑）星期二

晴,爽。

晨五时四十分起。浞儿即去。十时许,户籍警来复查户口,予

亲接之。旋写信寄沪漱儿,复十二日寄北戴河信,并告澄儿移家赴
筑,附去元孙给弥同信及宜孙、小燕两小照。十二时十分,润儿归
(难得同饭)。有顷,琴媳亦归,遂同饭。饭时得清儿电话,谓顷到
出版,知将从安国调回,改在东郊农村服务,详情待面陈云。为之
大慰。

午后,润儿为予出购物,潘、清偕来。有顷,润归,仅购到汗衫
两件耳。所欲之云腿又已售罄矣。二时后,润、琴皆上班去。予小
休,就榻与潘、清谈,三时半,潘归去,准备候昌显。志华偕其婿毛
君来访,周旋久之,清等俱去。傍晚,锴、镇、埙、基及建昌五外孙来
省。晓先亦偶过,锴约明午请予去森隆午饭。抵暝,晓先偕建昌去
清家,锴、埙等四孙则径归汉家矣。七时晚饭,饭后小坐,九时许即
寝。润、琴十时许归。湜则十时半始返,再具餐焉。

8 月 24 日 (七月初三日　甲申) 星期三

晴,热而爽。

晨二时三刻起溲复睡,五时廿分起大便,梳洗、练气功拳。七
时早餐。八时半独出,乘十路到朝内大街下,走访介泉、冠英,均未
值,仅晤余太太,立谈片晌即行。由头条胡同西去,正在大建筑,路
塞不通,转由二条始达东四北大街,乃从隆福寺街诣人民市场,正
九时开门。顾客已有一拥而入之概,予随众旅进,仅在东场匆匆一
巡而出。见书画柜有钱谷六言联云:"考亭半日静坐,欧阳方夜读
书。"书写极佳,标十六元,未能决然买下也。旋由东四南大街步行
至礼士胡同口雇得一三轮,乃乘以归。到家未及十时也。

十时半,清儿来言,方自青年出版社开会归,决定今晚返安国
办移交,取行李,不出三数天便当回京接奔新工作岗位云。旋辞归

接其翁姑,约卓午会于森隆,应汉儿之招也。清去后,濬偕昌显至,亦约同共赴森隆者,以时已近,即相将出,乘十路北至朝内大街,转二路径达东安市场,直上森隆三楼。元锴正候迎焉。十二时半,人到齐,为雪村夫妇、雪英、濬儿、清儿、汉儿、昌显、元锴及予,凡九人。菜肴尚佳,价则大昂矣(正价卅八元,酒饭等费越四十多)。惟可免收粮票,(本月十六日起,京市各类饭馆皆收粮票,惟高级可免。)故外来旅客之较有力量负担者咸趋之。今日为汉四十生日(预先三日),乘清儿、显孙在此,特举行之,否则家中实难办此耳。一时许食毕,过百货大楼一转,予购得盘香两盒。返走数步,居然得一三轮,遂乘以独归。

二时半小休,四时三刻乃起。看明徐子阳所纂《天全遗事》,盖为徐有贞辩解者,不免恩怨之私也。七时晚饭,润归视,旋去加班。八时半,予就卧。清儿来辞,未惊动予,仅与琴珠长谈,盖其时琴已归,润、湜则十时后始归。

8 月 25 日 (七月初四日　乙酉) 星期四

晴,热如昨。

晨五时廿分起。湜即赴厂。

上午闲翻架书。下午二时三刻出,乘三轮往东四头条一号访介泉伉俪,晤之。介泉病势似大转机,每日在景山学太极拳云。谈至五时许辞归,在北小街南口乘十路南返。夜饭后,坐庭中纳凉。八时许,湜归。九时就寝。十时后,琴、润先后归。

乃乾傍晚来访,谈移时去,约明日上午九十时会北海。

8 月 26 日（七月初五日　丙戌）星期五

多云间阴,气不甚爽。

晨五时廿分起。湜儿仍早出。予七时出,先后乘十路及一路无轨到阜外礼士路下,走往阜外医院,区启能温气功拳之两节,又晤静庵,则龙钟矣。予挂号待诊,未几,即由高大夫(女性)接诊。量血压及听心房跳动,无大变异,惟心跳似略慢(每分钟不及五十跳),据测似服用利血平太多之故,处方即改用三分之一,属半月往复诊,如心跳仍感迟慢,则一星期即往复诊云。取药后即乘一路无轨赴北海,正九时。入门径奔双虹榭,尚在洒扫,乃沿西路漫步,过琳光殿、阅古楼,至分凉阁遇彬然,盖伊在阜外医院作气功疗养,今日分组园游,故不意相遇耳。因偕返双虹榭瀹茗谈天。有顷,乃乾至,共谈至十时半,予与乃乾先行。乘九路无轨到西单,本拟往绒线胡同四川饭店午餐,以车适停在曲园门口,遂入曲园登楼午饭。目下,新章指定若干高级饭馆定例份饭,一人至多人各限菜品若干,配成一份,大约一人饭价须四元八角至五元,人多类推,价昂而可以不收粮票(前日在森隆即然)。于是排队之风大减,享受之面亦随之大缩矣。斯殆社会过度必经之阶,应时应景之不得已办法乎?

十二时三刻出曲园,两人偕过文渊阁书坊闲翻,晤其执事阎某。予购得旧帖及书籍近二十元,属其便中送家。遂与乃乾别,乘十路归。到家正二时,润、琴俱在午睡。予归,伊等乃各去上班。元孙往潘家看昌显及小安。李妈抱燕孙往赵家楼门诊部看疖子,燕孙不久即归。元孙则直待晚饭后,预、硕两孙送之始归也。八时一刻,预、硕去,汉儿旋来,谈至九时半,湜归饭。有顷,琴媳归。十时后,汉归去。予亦就寝。近十一时润始归。

8 月 27 日（七月初六日　丁亥）星期六

晨五时半起。天阴。湜儿五时三刻出赴厂。闻今日起工作须苦干三天也。盖将届月终必赶任务耳。

九时,昌显挈其女小安来谒。十一时许去。予昨晤乃乾,出所辑书目片示予,盖怂恿作《书目答问校补》,先以史部正史类者属为一看也。今日上午九时,为摊阅一过,可商处拟俟面谈,仅仅经目未用笔录而已。瞀然久之,一视白茫,良可悼叹。白内障之发展如此其速乎? 先母晚亦患此,浸寻十年,仅辨昏昼。予疾状加速,未必能拖十年,而始无视也?

近午遂雨。午饭后小睡,三时半起。天渐清,湿闷渐除,仍偶洒大点雨,十足秋象矣。堉孙下午四时来,六时去。晚八时,又偕锴孙来。润儿挈宜孙晚饭后往濬儿家看昌显。九时就寝。近十时,湜儿归,予即入睡。润等何时返,锴等何时去,俱未之知。

8 月 28 日（七月初七日　戊子　七夕）星期

阴晴兼作,偶有微雨。

晨五时半起。湜早去。润全日加班。琴上午加班,携元、宜两孙同去,在汉家进面。盖今日为汉儿四十初度也。予上午独坐理书,将新购到诸书一一入册。十时半,滋儿来省。今日工地放假,故昨晚即自西山归三里屯也。午饭后,予偕滋儿出散步,出大雅宝阙口,沿城壕直抵建国门,乘九路到王府井南口下,先过新华书店一转,在期刊部补到《中国画》四、五、六期各一册。顺过文具店数家,欲选圆珠笔,无当意者,遂徐步由金鱼胡同、无量大人胡同、什方院而归。到家,琴及两孙已归。少顷,滋儿亦辞归,约晚上会森隆。四时四十分,湜儿归。六时,偕湜儿徐步往森隆,至则汉儿、鉴孙及文权已先在,久之润儿、琴媳至。又有顷,滋儿、佩媳至,遂开饮,已七时半矣。菜肴饭食俱佳,烧饼尤香脆甘酥。予竟尽烧饼两枚半,又花卷大半枚。八时四十分散,分路各归。予仍与湜走至王府井南口,始乘十路东返。到家亟取汤濯身洗足,易衷衣就寝。

8 月 29 日（七月初八日　己丑）星期一

晴,爽。

晨五时半起。昨多走路,两腿及腰皆酸楚,练健身操时竟站不稳,几颠,衰颓至此,可叹甚矣! 十时许,就榻小卧。十一时许,清儿来,盖今晨甫自安国归来,略略部署而后来觐省也。因起与谈。十二时后,润、琴归。汉儿亦至,因共饭。饭后润、琴为宜孙往大方家胡同接洽幼儿园事。二时前,清归,汉亦上班去。

三时,未见润、琴回报,想径自上班矣。

予精神欠振,午后时卧时起。勉展文明书局所印《明清名人尺牍》观之。每一札竟辄闭目久之始安。是头眩之疾又有所增矣,奈何! 夜饭后,与元、宜两孙看电视。九时许,湜儿归饭。十时一刻,看毕电视,解衣就寝。润、琴亦先后归来。

8 月 30 日（七月初九日　庚寅）星期二

晴兼多云,夜有雷雨,气燠闷。

晨五时廿分起。湜儿五时半出赴厂。谓今日工作又须加班,如晚上八时不回,即住厂云。十时昌显挈小安来,十二时半汉儿来,琴媳亦归,遂共饭。饭后,清儿来省。佩媳挈铿孙来省,同预午饭。午后，儿辈纵谈，予感倦小卧。三时后，清、佩等皆去。鉴、基两外孙来，六时乃去。

夜饭后，汉、润等皆归（琴则及饭），同看电视，转播北昆《玉簪记》，由卢俊芳、俊声主演。（二人皆京剧演员，或近年转习者乎？）演次大雷雨，银屏时受影响，十时半毕，汉儿仍归去。（时雨稍止。）予亦拭身就寝。

8 月 31 日（七月初十　辛卯）星期三

晴，仍热。

晨五时廿分起洗足。七时后，随翻《说库》。九时后，挈宜孙出散步，由东龙凤口、禄米仓仓东夹道、仓后身、仓西夹道中龙凤口而返。虽扶杖已大感劳累。不出则又闷损难任，如之何乃可耶？元孙索钱自往大华看电影，予以即将开学，特予钱，以试之。十一时后，居然能独自料理，甚以为慰。午前写信复澄儿，并将润所拍各照及元孙所写复信附去，想澄接到后，必可大为高兴耳。午后就榻小卧。手舒铁云《乾隆诗坛点将录》毕之，续看戴菔塘《藤阴杂记》，四时半起。亦完其三卷。此记记清初掌故甚悉，将赓阅之（全书共十二卷）。六时，元孙先饭，以再将赴大华看电影也。七时，予与宜孙夜饭。七时半，看电视，以闷甚，遁庭中逭热，任两姆陪宜孙观之。

八时半，元孙归，未几，湜儿亦归饭。九时半，予就寝。十时许，琴媳、润儿先后归。

9 月 1 日（七月十一日　壬辰）星期四

昙，燠，偶晴，午后阴，时有微雨，入夜阵雨，见檐注。气仍未凉。

　　晨五时廿分起。竟日未出，看完戴薁塘《藤阴杂记》四至十二卷。午后小休二时馀。夜看电视转播中越友好晚会，梅剧团《打渔杀家》。九时廿分，湜归饭。润、琴则皆先归矣。九时三刻，电视完毕，予亦就寝。

　　今日京市中小学都已开学，元孙开始三年级矣。本日起，购物大多须凭证，上馆用饭及买饼饵等物俱须粮票（饭馆用票上月十六日已然），供应之紧于此可见。

9 月 2 日（七月十二日　癸巳）星期五

　　阴，燠，向晚微晴，有风，气亦稍爽。

　　晨五时半起。湜儿即行。十时许出，乘十路北行，转九路无轨到北海，绕琼岛一周即出。复乘九路无轨到西单，时为十一时五分，仍入餐于曲园，啖花卷四枚、海参一小盆、罐肉菜汤一中碗，费四元馀。饭已，走商场一巡，在旧书部门略看些时，无所可得，即行。乘九路无轨南达安福胡同口，诣文渊阁书坊，还帖钱四元，未遇阁老。即行至西单乘十路径回禄米仓，正十二时三刻。琴媳及元、宜孙方饭也。午后一时十分，就榻小睡，倚枕看《明清名人尺牍》。

　　三时许，清儿来省，遂起与谈。接澄儿上月三十日发续报，知工作、住所皆已安排就署，为之大慰。五时许，清儿归去，知上星一即赴东郊农村工作云。晚饭后，潏、权、清、汉皆来省，谈至九时，润、琴、湜亦归，共叙至十时一刻，潏等归去。予等亦各就寝。

9 月 3 日（七月十三日　甲午）星期六

　　晴，爽。

　　晨五时廿分起。湜儿卅分行。上午写信寄漱儿,说明供应紧张,各地谅同,予废沪行而前约其姑来小住一事亦只好暂罢。甫封好待发,而漱儿续书(八月卅一日)至,仍申前约,促予早往,乃临发开封再书一纸,反复不能前往之故寄去。心期爽约,致为不安矣。午饭后小睡片晌,三时许亲出投邮。至觉无聊,信步登上十路车南行,无所之,不意已至牛街北口,乃下车,换乘四路无轨东行,直北至于东安市场乃走至金鱼胡同西口,得乘三轮以归。到家正四时半,漫无准的胡乱行走,殊堪自哂也。如此正足证其内心苦痛耳。

　　晚饭后坐庭中纳凉,明道、慧英挈女秋梨至,知青年出版社调整机构,已大致就绪云。九时半,明道等去,湜亦归来。润更早归,悉明日伊兄弟俱得休息,大为欣然云,并据伊等说,今晨出门雾颇盛也。

9月4日(七月十四日　乙未)星期

　　晴,爽。似晨间亦有雾。

　　早五时廿五分起。七时半,琴媳率宜孙往方家园幼儿园报名投考,予与润、湜两儿偕出,徐步诣新车站,正八时,候微型汽车,至半小时乃得乘。径出崇文门到天坛北门,先后在长廊及皇穹宇西侧两茶棚候茗,以开水未及时,九时半尚未得供也。乃行,出天坛西门,乘十七路径达菜市口,未及十一时也,登美味斋菜饭馆之门,拟求一饱,讵楼上下皆已挤满,先我而至者尚抱向隅之憾,何况我侪后到者,遂决定归家。过百货店购得灌装猪头肉一,亦须肉票四大两,润儿持以行,共乘四路无轨至王府井南口,换乘十路以返。到家甫过午,乃会家人同餐。

午后小睡。汉儿、显孙、锴孙、镇孙、鉴孙等皆来,谓显孙已想通,当函请原单位酌情调配工作云。孙辈事亦来涉及老人,殊感麻烦耳。五时许,坿孙来。汉等皆去。有顷,坿孙取铺盖入学。清儿来谒,留之晚饭而后去。伊明日即须往东郊和平公社服农,不再来辞云。

夜饭后,仍坐庭中纳凉。九时许,取汤拭身洗足,然后就榻。

9 月 5 日（七月十五日　丙申）星期一

浓雾,禺中开霁,气爽。

晨三时半起如厕,即未入睡,五时廿分起矣。心意郁结,因于七时半独出散闷,先乘十路到东直门,转七路无轨到西直门,再转卅二路径达万寿山,适九时。入颐和园,先过谐趣园,尚在修葺,即登山西行,过景福阁荟亭,至佛香阁,由排云殿后抄出排云门,循长廊而西,茶于鱼藻轩。（二角一杯高级茶有座,馀座则开水未开,竟无从问津。）坐至十时半起行。仍乘卅二路返动物园,转一路无轨到南小街,再转十路到禄米仓,走回家中适十二时一刻。候琴媳归饭,至四十分乃得共食云。自外归,案上得予同三日航信,盖伊在唐山休养,遇颉刚,知予病状,亟来慰问耳。故人情挚可感也。饭后小睡,三时起。连写两信,分复平伯、予同谢慰。六时始分次写完,大感吃力矣。夜饭后,待看月全食,以云翳障蔽未得见,且久坐觉凉,即入寝。

湜儿今日早归,及共饭也。许妈今日下午假回来未来。润、琴俱九时后始归。予睡至二时起小溲时,月满中庭,清辉莹澈如白昼。及返床,竟不能寐,枕上听二点、三点、四点,以至五点天亦微明矣,乃于听取头一遍新闻后,稍稍苏睡,五时四十分亦蹶然起矣。

9 月 6 日（七月十六日　丁酉）星期二

晴，爽。

晨五时四十分起。精神茶敝，强以气功拳解之，殊感吃力，兼之喉燥鼻塞，大概重感冒耳。

湜儿六时前出门。元孙七时一刻入学。盖今日开始学习劳动（三年级乃然），在校集合后赴日坛除草也。小小年龄居然亦走上劳动岗位矣。伟大哉此一新生代。

八时后，独出散步，乘十路到中山公园，从唐花坞穿社稷坛出边门，入阙右门，遂诣午门入故宫。然意不属也，匆匆历三殿，穿东路永巷，径达御花园，到处无茶水供应（现在各公园茶水须至上午十时始行）亦促起不高兴（奔走甚敝无歇脚）之主因，乃出神武门，乘一路无轨回南小街，转十路，归家未及十一时也。此行废然而出，颓然而返，总提不起兴来，岂与珏人一样，已种下癌症种子乎？不能不忧之。午饭后，感疲甚，即就枕小睡，似有微热。

三时许，乃乾见过，强起与谈。旋汉儿至，谓明日即须赴通县文化部生产大队劳动。少顷辞归料理，约晚上再来。汉去未久，潘来。五时许，乃乾去。有顷，潘亦去。予方再就枕，而晓先至，薄暮去。七时前，汉、潘先后来，遂同饭。饭后，雪英至，承慰问，谈至九时，潘与雪英皆去。汉留止，明晨偕湜同出，将往市师范学院与锴孙话别。

是日下午服午时茶，夜服银翘解毒丸，不识见效否耳？湜八时半归。十时就寝。

9 月 7 日（七月十七日　戊戌　白露）星期三

晴，爽。

　　晨四时即醒,五时廿分起。六时前,汉、湜偕出。予感冒略松,痰咳仍有,致喉间干绷不舒。十时后,潺儿、昌显来。汉儿亦已先归,将行李自己挑来。午饭后一时半,汉辞出,潺儿送之。显孙亦挈小安归去。予乃就榻小睡,三时半起。四时出散步,先乘十路往王府井徜徉至帅府园,乘四路无轨南行,直达广安门大街之牛街北口,再转十路东回,五时四十分到家。漫无目的,率尔出入,自哂亦堪自憾也。

　　六时半,晓先见过,遂留饭。饭后,即去。湜儿七时半归饭。润儿今日亦归家夜饭。饭后未再入馆加班。盖明日清晨又须赴通县生产大队劳动,亟应料治行装也。九时就寝。

9 月 8 日（七月十八日　己亥）星期四

　　晴,暖。

　　晨五时廿分起。湜儿六时许出赴厂。七时许,润儿担簦行,将以乘四十二路车赴通,再奔富豪村云。

　　九时出觅食,先乘十路到朝内大街,转一路无轨达北海,略跶一回,诣仿膳一看,双门紧闭,未及时也。而其菜牌所载未能惬意,乃出陟山门,乘五路到珠市口下,由甘井胡同出煤市街,直达丰泽园,时十一时方过,应市号头已发完,只得望望然而去。所谓轻饿竭奔毫不假借矣。明知各处皆然,只索扫兴而回。乘四路无轨行,穿过交民巷时,人行道排队甚密,盖德意志民主共和国总统威廉·皮克逝世,正在其驻我大使馆门前候入吊唁者也。行至王府井南口,换十路东归。到家坐定,乃报十二点,蹉跎自笑,殆不容于今之世矣。

　　午饭后小睡。四时起,喉干舌燥,几有裂张之势,不适甚矣。

勉坐阅《啸亭杂录》。六时半,湜儿归同饭。饭后削梨食之,稍解干燥,此梨为日前明道来看琴珠时送予者。殊无后继之望,啖之亦不免梗喉耳。元孙晚饭后复入校有所事,八时廿分归。

九时就寝。三时醒起溲,遂未再入睡。

9 月 9 日（七月十九日　庚子）星期五

朝晚阴昙兼施,午后晴热（早晚凉）。黄昏雷雨,午夜转好,仍有月。

晨五时廿分起。八时出,乘十路转一路无轨径抵西郊动物园,在小动物园部分见到滇边特产长臂白眉黑猿,行走直立,扬臂作势取平衡,体高类周岁之孩,极近人矣。立观久之,乃诣牡丹亭茶憩。牡丹台上布满青菜矣。十时廿分行,乘三路无轨到王府井,走上森隆三楼,吃到配就一人用份饭（价与曲园等处仿佛）。食毕下楼,乘三轮归家,正十二时半。琴媳犹未归也。家人见告俞先生（平伯）曾来访,陈先生（乃乾）曾有电话来,大小姐（潘）亦来过云。午后电话与乃乾,洽即往赴之。二时后,乘十路转五路以达。谈次,马宗霍、龙伯坚（俱湘人）来访,因与共谈,四时四十分,马、龙行。予亦欲行,而达人至,复续谈至五时半,予乃兴,仍由五路转十路归于家。

七时晚饭,湜亦归与之。云彬见过,出北戴河所摄游泳出水照片赠予,谈不多时,电闪雷作,已见雨点,云彬乃亟引归。八时半,雨大至,且停供灯电,室内漆黑,不得不各就寝。幸琴媳亦已早归。十二时起溲,翌晨二时,电火始复,亟起闭灯。

9 月 10 日（七月二十日　辛丑）星期六

阴昙晴间作,气亦凉燠互异。

晨五时廿五分起。湜儿即出,将赴广安门种菜云。午饭后小睡,三时起。出门走访平伯,谈移时辞回。行至南小街欲乘车,车绝迹,而南来之人如潮而至。盖今日非洲几内亚总统塞古杜尔来访,我倾巷往迎(琴珠、李妈皆参与)也。自上午十时半集合,直至三时半后始自蒙古飞来云。予在人丛中挨身逆行,颇费力,到家已五时。李妈甫归未久,并接琴珠电,知已返社中矣。予此行大感腿酸而鼻塞加重,岂感冒尚未告痊乎?

傍晚,湜、润、琴先后归。遂同饭。饭后看电视,至十一时许,乃就寝。今晚晚会特长,闭机时犹未完场也。

9 月 11 日(七月廿一日　壬寅)星期

晴,爽,有微风。

晨五时三十分起。湜儿即出加班。琴媳往安定劳动,约六时四十分在永定门站集合,再乘火车两小时乃达云。六时,始婆婆出门,未识免否掉队耳。润儿七时后出,应民进之召,上下午均在西长安街煤炭工业部礼堂听传达报告也。八时半,滋儿挈铿孙来省。十时许,清儿来,与新新偕,盖昨夜返城,今日休假也。盘桓至十一时五十分皆归去。约饭后再来云。

午饭后小盹,二时后,滋、清先后至,滋且偕基孙同来。坐有顷,予偕清、滋同出,乘十路到王府井下,扬长入市场,欲在和平餐厅饮冰,只有汽水、红茶,乃去之八面槽,陪清儿购物。滋则过森隆一看(时仅四时十馀分),休息牌未撤,而楼头待食者已不少,顺取得卅四号,以为五时半始开始也。予三人四时三刻登森隆,已叫过第一批矣,又坐候一刻,五时即入座,未几看陈食罗矣。六时半,饱餐毕,三人徐步以归。予与滋送清至门乃行。到家润、湜、元、宜方夜饭。予坐庭中小憩。八时许,滋归三里屯。有顷,琴媳归。九时就寝。

9月12日（七月廿二日　癸卯）星期一

晴,爽。午后转闷燠,入夜阴。

晨五时廿分起。湜儿五时半出。八时半独出,乘十路至南樱桃园,转五路诣陶然亭,循西岸行,走至慈悲院茶憩,正十时。越半小时起,出园仍遵原程归,十一时半抵家。

午饭后小睡,三时起。看高江村《天禄识馀》。六时许,湜儿电话告予,谓今晚将往天桥听音乐,须十时后归。夜饭后,九时即睡。润儿、琴媳十时许归。湜儿十时半归。

9月13日（七月廿三日　甲辰）星期二

拂晓雨,檐溜有声,旋止。八时放晴。午后二时平白雷雨,日照如故,雨旋止,终晴,气忽凉忽燠,殊难应付也。

晨五时廿分起。湜儿六时前携伞赴厂。予本拟就医阜外,以阻雨未果,明日当行耳。

午后小睡,四时半乃起。倚枕看彭配堂（邦鼎）《闲处光阴》。其书从日记中摘出,于当时掌故綦详,阅之不忍释手也。惜目力不济,时时辍看耳。午前,曾手书与汉儿,亲出付邮,顺购信封。近日纸劣异常,真不堪入目也。午后睡起,仍看《闲处光阴》。

夜饭后,潇、权、显、安皆来,谈至八时廿分去。九时就寝,湜始归,谓已在恩成居饭过矣。润、琴皆早归。润出浴,八时半返。

9月14日（七月廿四日　乙巳）星期三

晴,爽,早晨凉。

晨五时廿分起。湜儿即行,竟未啜粥,仅挟冷馒头数枚而已。

六时五十分,潴儿来,因于七时偕之同出,由伊侍予前往阜外医院复诊。乘十路,转一路无轨行。八时许即由高大夫接诊。据听断,心跳过弱(每分钟不过四十六跳)。因定暂停利血平一星期,下星三再诊其他,各药仍旧,遂配取药品,并加配鼻塞滴液及羚翘解毒片。八时半离院,再乘一路无轨而西,至二里沟下,步往白石桥紫竹苑一为游览。循湖一周,野趣横生,不啻人在画里行也。尤感兴者,在土山一亭中小坐,四周桃林树隙始见湖光,而外面不能遮见,所谓深林藏屋者是。流连久之,至十时步往活鱼食堂前茶棚中啜茗。所惜水不开沸,而鱼殽缺供,只得去而他谋。十时四十分出苑,仍走至二里沟乘一路无轨回北海,径奔漪澜堂仿膳午饭,疗饥餍馋兼而有之,亦不能顾价格之高昂矣。

午后一时许起行。乘一路无轨转十路归家。潴儿少坐即归去。予亦就榻小睡。来薰阁为送原刻本《汉书补注》及《后汉书集解》两书来。(书已旧品,尚不恶,共六十二本,价却定为七十元,未免太高。)三时起翻阅之。傍晚看毕《闲处光阴》。

润儿归侍夜饭。饭后往大华看电影,九时归,难得也。湜儿九时前归饭。琴媳继湜儿后归。九时半,予就寝。傍晚接漱儿复书,仍申前请,盼予莅沪。

9 月 15 日(七月廿五日　丙午)星期四

晴,爽。

晨五时廿分起。五时半湜儿出赴厂。八时写信,至十一时,共三通,分复澄、漱两儿及君宙。自出付邮,并顺在储蓄部取得公债之中签者及利息。十二时四十分始午饭。饭后小睡,三时半起。

看《快雪堂漫录》及《宝楼记》。

午前,孙景润来访,予未及措书款,属明后日再来一取云。七时晚饭。饭后润、琴皆归。燕孙感冒呀嘈,润夫妇抱往赵家楼门诊部就诊,移时乃还。予偕元、宜两孙看电视,九时后湜儿始归饭。十时十分,电视放完,予亦就寝。

9月16日(七月廿六日 丁未)星期五

晴,有云,气较燠。

晨六时起,以三时曾起如厕故。在近日为破例晏起矣。

八时半独出,乘十路至中山公园前转五路到西华门下,走访乃乾,适乃乾在门口候车将出。盖其局中有事电话召去开会也。告予曾电话相语会,予已出致成此错,道歉再三。予遂送其上车而已。入西华门游览故宫,在乾清宫东庑参观敦煌艺术专题展览。凡分三部,一为人物服饰,二为飞天,三为图案,皆自北魏至元分代陈列。予见飞天图案两部,颇有美术学校女生在彼临摹学习,而后者较多。可见,画风趋重实用耳。周览后径出神武门,入北上门,由景山南麓沿路西去,出园西门,在西板桥乘五路南达天安门,转十路东归。抵家正十一时。

午饭后小睡,四时方起。友琴有电话见约,谓将来访。五时许至,谈《唐诗选》事。予直以情告,恐难始终其事。属转商其芳为酌定之。谈至六时半去。

七时夜饭。润、琴、湜皆归。饭后,潏儿至,告昌显下星一回哈尔滨矣。八时半,潏去。予亦就寝。

9月17日(七月廿七日 戊申)星期六

昙,燠。

晨五时廿分起。看《耳新》,毕之。八时半出,乘十路到朝内大街,换一路无轨至阜外礼士路下,适遇介泉夫妇,自医院出,因立谈久之。觉其稍瘦,然病容却减矣。送伊等上一路无轨回东后,予走礼士路乘十九路南行,过复兴门、西便门、广安门,经白纸坊到南樱桃园下。本为遣闷而出,漫无目的,怅怅无所之,只索登上十路迤逦东归。到家为十时一刻。小燕感冒未愈,昨晚及今晨俱往建国门医院(即赵家楼门诊部升格而成)诊治。据云近日流行如此,颇感淹缠而无他可放心也。

午饭后小睡,三时许,滋儿来省,遂起。知伊前晚西山事毕回城,今得领导指示,将于日内下放一年,即在东郊青年出版社农场服务,或下星一即行云。有顷,濬儿送宜孙来,盖上午领去同游西郊动物园者。因与濬、滋同谈。燕孙热未退,且有增高势,终不放心。傍晚琴珠及李妈抱送东单三条儿童医院求治,近黄昏乃归,知为流行性感冒,一时未易见效云。

夜饭后,濬、滋归去。予偕元、宜两孙看电视。八时半后为中国京剧院第四团演出之《杨门女将》(已拍成电影),九时半两孙就寝。予独自看毕,已将十一时始寝。

9 月 18 日(七月廿八日　己酉)星期

晴,燠如昨。

晨五时廿分起。竟日未出。润、湜上午仍到工作岗位加班,十二时归。锴、镇两孙来饭,饭后往看昌显去。下午二时小睡,三时半即起。昌显来辞行,明晨行矣。

夜饭后,看电视。润、琴、元、宜往看昌显,讵全家外出,未之晤,废然而返。晓先夫妇来,以予在看电视,少坐便去。九时许即闭机就寝。

9 月 19 日（七月廿九日　庚戌）星期一

晴，燠。

未明前三时起溲，复睡至五时廿分始醒，五时半乃起。浞儿赴厂。九时许滋儿来，知今日暂不下乡，须听信再行云。有顷，潆儿亦至，盖已送显孙上车回哈埠矣。十时许，予偕潆、滋两儿挈宜孙同出，乘十路至朝内大街，换二路到东安市场，径诣森隆二楼就食。十一时始开饭，延至近一时乃毕。饭已，本拟往游颐和园，以时晏改往北海，遂走南河沿乘三路到北海后门，入园沿北岸西行，在铁影壁前雇小艇由滋划以行。由东边穿陟山桥，绕穿堆云积翠桥，在双虹榭前登岸，双虹榭已有人满之患，乃登琼岛之巅，茶于揽翠轩。宜孙即支椅为床，令安睡。由三时至四时乃起行。先登白塔善因寺，后由看画廊山洞穿出琼岛春阴碑旁，复绕出前门，乘三路无轨到百货大楼，欲买之物举不得偿，废然南行，乘十路归家。时为五时半，少停，潆、滋各辞归其家。

七时晚饭。八时，浞归，已饭。八时半，刚主见访，以闻予体气不适，特来慰候。日间工作忙，乘夜见过耳。故人情殷，至堪铭纫也。谈至九时半辞去。予亦就寝。

9 月 20 日（七月三十日　辛亥）星期二

天气如昨，无大变化。

晨四时即醒，五时廿分起。浞儿即行。七时廿分，琴珠、李妈送宜孙入小方家胡同幼儿园，宜初〔出〕家门即欣然而往，甚可喜也。元孙七时半亦行，盖到校集合，又须往日坛等处拔草劳动耳。九时半，接滋儿电话，已在出版社待发，立即由社车送前往东直门外天竺楼台村云(下放一年,每两周可假归一次)。午前八时坐定看我吴徐子晋(康)《前旧梦影录》,所见皆文房故实,书上下两卷,曾刊江氏《灵鹣阁丛书》中,今亦收《美术丛书初集》第二辑中。午后三时毕之。上午接平伯寄新作曲两阕,一《北寄生草咏西厢记哭宴》,一《南江儿水续梦中句言怀》,俱清新隽永,甚欣受也。

午饭后小睡,三时半起。接澄儿十五日信,告近状,并汇廿元属转给堉、基两孙之用。六时,接宜孙归(李妈任之),居然十分洒脱,并无粘滞之态。此儿真可喜也。七时夜饭,三刻,湜归饭焉。润儿夜饭时尝归视,仍去加班。

九时就寝。十时,润儿乃归。十一时许,为连珠炮声所惊醒,起视则探照灯正交照中庭,盖国庆节近,试放焰火及练习行进行列也。遂复睡。

9月21日(八月小　建乙酉　壬子朔)星期三

晴兼多云,气仍燠。

晨四时起便,旋复返床听广播(日常如此)新闻,五时四十分起。七时,濬儿来,遂同出,乘十路转一路无轨,到阜外礼士路下,走往阜外医院,挂号看内科。以预先挂号者多,转等待许久,至九时一刻始由高大夫接诊。知血压并不见高,其鼻塞等现象为利血平之反应(时间较久),且再过一星期复诊,作心电图检视之。又配药若干种,带回服用。及离院循原路返家,已十时半,濬儿少息即辞归。在院时晤见冠英及藏云,知冠英患外症,曾略谈。藏云仍患血压高症,仅立谈片晌。到家接君宙十九日复信。

午饭后小睡,四时起。来薰阁送《美术丛书》二十册至,付价三十元。傍晚佩媳至,告昨夜滋儿以听报告复入城,今晨乃再去云。

夜饭后听广播新闻,九时就寝。

十时后润、湜、琴先后归。

9 月 22 日 (八月初二日　癸丑) 星期四

晴,仍燠。

晨五时四十分起。(四时起溲即未入睡。)未几,湜儿即赴厂去。润儿今日与同事竟日参观军事革命博物馆,亦七时二十分即出门云。予上午杂览《说库》及翻检《美术丛书》。午后一时半出,乘十路转一路无轨电车,到白塔下,走往政协礼堂,在三楼大厅参加本会国际问题组及宗教组联合召开之座谈会。听出席第六届禁止原子弹、氢弹和争取全面裁军世界大会的中国代表团副团长赵朴初委员报告出席大会情况。二时半开始,五时半毕。于日本人民的觉悟、世界局势的斗争及中国在国际威望的增高等言之綦详,而语妙动人,听之忘倦。散会后乘七路至麟阁路,转十路东归。在场晤邵力子、李俊龙、李祖荫、吴研因、王却尘、吴文藻等,并遇云彬焉。

到家湜儿已归,告明日即须下乡参加劳动,为期或须较长云云。夜饭后,洗足濯身,九时即寝。十一时后大雨。

9 月 23 日 (八月初三日　甲寅　秋分) 星期五

初昙,向午晴,气仍燠。

晨五时廿分起。七时半,湜儿负行囊戴笠赴右安门农作,归期未定也。接汉儿通县信,知国庆未必能回京也。十时,平伯见过,出所定词选各篇,属参阅,提所见。长谈移时乃去。

午后小睡,三时起。看王益吾《汉书地理志补注》,虽经校刊,竟有误字也。书之难轻信也如是耶。

夜饭后恐停电,八时即就寝。润儿、琴媳仍于十时左右始归。

9 月 24 日(八月初四日　乙卯)星期六

晴,气较凉于昨,午后转阴。

晨四时醒,五时廿分起。心绪不佳,八时半出散闷,信步至南小街,在禄米仓乘十路至东单下,复步至王府井,乘四路无轨而南,至前门,欲往劝业场一视,以时未至,门闭,而门首立待者已甚夥。予遂循西河沿扬长而西,至于新华门乘十四路北行,至府右街北口转三路无轨到北海前门。入园绕琼岛一周,怅怅而出,再乘一路无轨东归。在南小街转十路回禄米仓。到家正十一时。午饭后小睡,看《寄园寄所寄》,三时半起。

写信两封,分寄贵阳澄儿及通县汉儿。今日为宜孙生日,夜饭吃面。面后润儿、琴媳挈元、宜两孙往城阙外观音寺街看潆儿。八时许,晓先、雪英夫妇来。谈至九时半去。湜儿以归来取寒衣,九时许到家。明晨复往。润等九时二十分归。知潆家皆好云。

十时就寝。

9 月 25 日(八月初五日　丙辰)星期

昨夜夜半即雨,平明略停,旋转阴,九时后又有细雨,气转凉。

晨三时即醒,五时半起。湜儿五时半冒雨赴右安门外文社生产队,大约国庆未必能归也。润儿、琴珠俱加班,或参加大扫除。十时许,基孙来省,留饭并将其母汇来之廿元交伊支送。润、琴皆归午饭,饭后均未再加班。予午后小睡,三时起。基孙已去。六时许,湜儿归,盖今日星期,下午四时即收工休息,故得归来云。

夜饭后,潇、权来省,同看电视。九时后,潇、权归去。十时电视完,予亦就寝。

9 月 26 日 (八月初六日　丁巳) 星期一

连夜阴雨,破晓稍止,晻至午后凉雨不停矣。气遂感冷,顿类深秋。

晨五时半起。湜儿即行,又赴农地矣。宜孙今日未入园,以腹泻故。为平伯复读词选。

午饭后小睡,四时乃起。心神恍惚,无聊之至。七时晚饭,饭后看电视,播送影片《战上海》,近十一时始毕。展衾就寝,竟得好睡。

9 月 27 日 (八月初七日　戊午) 星期二

阴,凉。

晨四时醒,五时五十分起。在床听新闻广播,且看黄绍竑所撰《我与蒋介石和桂系的关系》(载《文史资料选辑》第七辑中)。于当时军阀互哄及处心反共之情形颇阐真相,亦近代史之一段珍闻也。

宜孙送入园,其负责者令再休息,仍领回。元孙则一早由校中组织去日坛劳动云。十一时归,闻在日坛扫除坛场也。

九时许日出,十时后转晴。十时半,挈宜孙出散步,不久即返。以日出故渐感回热。接政协通知,明日上午九时将参观京剧院四团,询去否,即复电话参加之。本定往阜外医院复诊,将延下一日矣。午饭后,思念圣陶,遂于二时后乘三轮往访之。遇门者老葛,云甫与司机老田同往东四北大街松竹园澡堂。予乃追踪往,遇之,因同浴。予遂顺便擦背修脚,竟有刮垢磨光脱然一轻之感。五时许始同出,予南走至东四始获一三轮,乘以归。到家已五时四十分。七时晚饭,润儿归侍。饭已,伊仍入馆加班。接业熊信,并附致垍、基信属转。

八时半就寝。有顷,湜儿归,盖秋凉腹疾返城就医也。农地食粗受寒,宜其有此,为锻炼自己、为支援农业,亦应得此经验耳。十时后,润、琴始先后归。

9 月 28 日（八月初八日　己未）星期三

阴雨竟日,凉意陡增,午后竟御棉衣。

晨四时醒,五时半起。七时濬儿来陪予往复诊,以须延期,遂作罢。八时一刻,与濬偕出,濬过访章家,予则乘十路北去,转一路无轨到北池子下,走往中国京剧院参观去年才成立之第四团。九时,在院中会议厅集合,由政协副秘书长徐迈进说明参观来意,请院长马少波及副院长于光先后介绍该团成立经过及措施概况,并导引参观生活情形。有练功、写字、绘画等等活动。宿舍亦整洁敞朗。在场晤熟人甚多,云彬、研因等皆会。十时半,在礼堂中特为演出两折子戏。先为杨秋玲、夏永泉之《齐双会·写状》;后为毕英琦、冯志孝、艾美君、张长海之《柴桑口·卧龙吊孝》,精当细腻,后起不患无人矣。十二时毕,欢送出院。予雨中走至沙滩,乃得乘九路无轨东行。在站曾遇赵斐云,未及多讲话也。到北小街欲转十路,乃人多车稀,连等两辆未得上,只索走还家中,已将一时,遂草草煮汤面充饥。食时知湜儿已就医回,断系痢疾,休息两天。大约后天未必能去农场耳。

饭后小睡，三时半起。看毕平伯所选宋词。

夜饭后，雨不止，予开看电视，遑早睡。润十时许归。十时半看完就寝。雨声甚大，而琴尚未归。未几入睡，究不知琴何时才归也。

9 月 29 日（八月初九日　庚申）星期四

乍阴乍晴，时有雨意，气凉于昨。

晨四时半醒，五时半起。七时，濬儿至，遂同出，十路挤不上，走至文化部前候一路无轨，连候五辆，始得上，而新章止到阜成门内，不出城，只得再走出城，然后往阜外医院就诊。到时已八时半，可见路上耽搁之久。挂号后，仍由高大夫接诊。听察及量血压后，据云都有好转，作心电图予要求改后，伊亦同意。药尚未用完，约仍旧服用，俟用毕再往复诊云。在院遇灿然，见其甚瘦，据云甲状腺肿，颇严重也。立谈片晌而别。予偕濬儿离院，走入阜成门，乘一路无轨回朝内大街，濬在朝内市场购物，予乃独转十路南归。到家未及十一时也。湜儿又往建国门医院复诊，痢已稍止，仍注射一针，约明日再往化验粪便。知平伯又有电话见约，予即去电，与洽，约下午二时往看之。届时步诣一访，适有曲友在馆，乃饱聆雅奏，至三时半乃行。仍步以返家。向晚，雨作，绵历宵夜。

夜饭后，看电视。润晚归，八时往东单儿童剧场看电影。九时三刻琴归。十时半，电视毕，就寝。润何时归竟未之闻。

9 月 30 日（八月初十日　辛酉）星期五

晴，凉。

晨五时廿分起。湜儿往院复诊，痢疾大见好。午后即前往右安门外生产队报到。傍晚归来,谓国庆放假三天。仍得归休也。润、琴亦早归。遂共进晚餐。欢然乐叙。夜饭后,潏、权来省,同看电视。十时许,潏、权去。十时半,电视完毕,始各就寝。

今日下午藏云见过,长谈至五时许,所中绍基、劳洪两同志来访,藏云乃去。绍基等以糖果、牛肉见饷。盖所中备以慰问度节者。甚感之,握谈至六时去。

10 月 1 日 (八月十一日　壬戌　国庆节) 星期六

晴,和。

晨五时廿分起。七时四十分出,走往裱褙胡同访其芳。偕乘汽车赴天安门观礼。予所经之路一般行人车辆已不能随便通行。予以佩带观礼证章,始得通过。八时许,到何宅,与其芳晤。有顷,贾芝至,谈至八时四十分行。会路坎共载车经南小街、朝内大街、猪市大街、沙滩、景山前大街、北长街、西华门等处,折入中山公园,停车于西门内指定之第六区。然后步出公园大门,径上西二台,在场晤熟人不少,尤以觉明、作铭、循正、云彬、阜西、从文、圣陶、叔湘、至善、绚伯、寰澄、研因、青士、之介等,聚谈为多。十时庆典开始,十二时礼毕。仍乘原车返。车中增加唐弢,谈甚适。一时半到家,遂与家人共饭,外孙升埆在。

午后小睡,三时半起,以兴奋过甚,颇感倦赖,有此午睡少休耳。今年庆典外宾来者特多,遍及五大洲七十馀国。开会后,由外交部长陈毅讲话(往例由国防部长或解放军总司令作),不举行阅兵,而以万六千民兵参加各界游行行列(凡分十个大方阵),庄严肃穆,和平气象大增,令人沐浴休光,别饶奋兴矣。

夜饭后,潏儿来,与湜、埆、元、宜出看焰火。予则在家看电视。九时后,瀋等归。堉归校,权亦至。至十时半瀋、权亦去。近十一时,电视始毕。予乃就寝。

10 月 2 日（八月十二日　癸亥）星期

晴,和。

晨五时廿分起。九时半,偕湜儿挈元、宜两孙出大雅宝城豁口,往看瀋家。文权、昌硕俱在。谈至十时三刻回。顺林奉其母夫人正在,盖来已数日,乘今日休假,乃得陪同前来耳。因与谈震渊身后情形及苏州诸戚近况。午饭后仍回顺林家(长辛店)。予约其来城小住,俾伴伊游览云。

下午未睡,五时半即晚餐。六时独出,乘十路到方巾巷南口,换新辟十一路无轨,往护国寺。车中挤甚,几为人推堕,为支撑计,双手俱为车门铁枢上机油所涴,殊不快。到护国寺下车后,径诣人民剧场,入坐于四排十三号。戏适开始,为中国京剧院四团演出之《满江红》。(马少波等新编之历史剧,演岳飞风波亭冤狱事。)此剧七时开,十时半完,全剧情节紧凑,演员各尽所能,热烈悲壮兼而有之。观之令人兴感忘倦。休息时,招待入休息室,待茶,因遇熟人不少。研因、云彬、迈进、初民、培基诸人晤谈焉。(今日之票为四团所赠,招待政协文教组,转由政协分致。日前曾往参观者,予得与焉。)十时四十分,走至护国寺街西口,仍候十一路无轨乘以行。十一时到米市大街,度十路车已过末班,遂由干面胡同、禄米仓等处步归于家。时润、湜俱未睡。润适在灯下写文件,湜则偕硕孙往政协礼堂参加晚会,亦甫到家也。(硕孙已归去。)予急取水洗手,少坐便各就寝。

10 月 3 日（八月十三日　甲子）星期一

晴,和。

晨五时廿分起。待滋儿电话不至,两次去电三里屯公用电话,皆不通。午间属湜儿电询人民文学出版社,知佩华归饭,社中则已上班云。午后予小睡,三时半起。潘、权来,又电话与佩华,接通乃悉滋儿未归也。权、潘留家晚饭。饭后得章家电话,知清儿刚归,并知滋儿亦已归家云。权、潘挈元、宜往天安门观夜景,湜则去三里屯看滋儿。八时后,清挈建昌、建新来省,谈悉近况。有顷,潘等归来,复谈九时三刻,湜亦归,又匆匆叙谈。十时,潘、清等皆去。予等亦各就寝。

竟日未出,看毕张诗舲(祥河)《关陇舆中偶忆编》。

10 月 4 日（八月十四日　乙丑）星期二

晴,和。

晨四时即醒,五时廿分起。湜儿五时半行,径赴右安门外生产队。天犹未十分亮也。李妈假回,本约昨晚到来,迄今未至。燕孙乃大成问题。只得由琴媳带去暂托哺儿室。九时写信两封,分复澄、潄。

九时半,潘儿来,匆匆即行,拟为予购食物。十一时归,谓补助肉票取不到,须医院开数量乃复往阜外医院加签。复往,仍未得要领,不肯给。废然而归。予等已饭过矣。饭后重往中心商店乃得之。盖误向派出所接洽反多周折耳。午后二时半,李妈来,即属往人教社接小燕。三时许,滋儿挈铿孙来省,小燕亦归。清儿来省,未几归去料理。滋、铿未晚即归去。潘儿亦购物归,满意也。傍晚汉儿至。今日亦自工地请假归京。湜儿仍归。遂同夜饭。饭后清儿复来与姊妹行共叙。九时许各归去。鉴孙饭后来接汉儿,因同去。

十时许就寝。

10 月 5 日（八月十五日　丙寅　中秋节）星期三

晴,和,略有云翳。

晨五时廿分起。湜儿拂晓即行。七时,潏儿至,清儿亦有电至,约在禄米仓口车站相候。予遂与潏出,会清同乘十路北行,转一路无轨西发,径达动物园,换乘卅二路,直赴颐和园。入园适八时四十分。桂花初绽,芳馨透鼻,又值中秋,在北地真难得之境也。迤逦由长廊抵鱼藻轩,临流瀹茗,以待汉、滋。有顷,汉至,又有顷,滋至。已将十时矣。食堂无可吃,乃购饼饵代餐。十二时起行,由画中游翻至香岩宗印之阁,南下智慧海、佛香阁旁出转轮藏,乃循排云殿左翼阶廊下至排云门。五人即在门外左侧铜狮旁摄影留念。然后走玉澜堂前,赁小艇荡桨为乐。滋载清、汉划至十七孔桥,予及潏则步往廓如亭会之。清、汉起岸,予与潏入船划回玉澜堂,清、汉亦到。遂同出园,乘卅二路回动物园,转三路无轨到灯市口下走至森隆,已四时半,登楼未久,即获坐。五时即饭。饭已,五人联步东归。潏、汉同过清家。予与滋径归于家正七时廿分。湜已在厂中聚餐返。予以疲累先卧。潏、清、汉复来家,与湜长谈。有顷,润、琴皆归。共谈至十一时许始罢。潏、滋九时许归去。汉则往宿清家。

10 月 6 日（八月十六日　丁卯）星期四

晴,和。

晨四时醒，五时半起。湜儿即出，仍赴右安门外生产队。七时五十分，接介泉夫人电话，谓介泉欲与予晤谈，约九时会于北海公园，予诺之。八时十分出，乘十路转一路无轨，直抵北海。先度桥入永安寺看大丽花展览，姹紫嫣红各竭其态，洵可观也。谛阅一周出，而介泉夫妇适来，乃偕同返入复观之。旋同至漪澜堂等处，略眺，在分凉阁外遇陆庆贻，与立谈有顷，遂别去。偕介泉夫妇共茶双虹榭，至十时十分行。同乘五路到珠市口，走甘井胡同，往丰泽园饭庄时，未及十一时，掣得号次已为一百四十四，须臾一百五十号发完。后之来者，只得向隅矣。予等候至近十二时乃得坐。此店与森隆、仿膳等同例，亦为配定份菜，质不高，而烹调尚过得去耳。十二时半毕，乘四路无轨北行，予先在王府井南口下，转十路归。到家已一时矣。小睡至三点半起。

四时，潇、汉来，即出购物。六时，元孙接宜孙同归。七时，湜儿归同饭。饭后，潇、汉始返，重具餐。清儿有电话，告知明晨拂晓回楼台村云。卢漱玉来看汉儿，琴亦赶归。九时，予就寝。十时后，漱玉去，汉偕潇行，宿其家。

10 月 7 日（八月十七日　戊辰）星期五

四时醒，五时廿分起。湜五时半出。润亦于六时前出，盖临时赴南苑大红门义务劳动也。天气多云而凉，近午转晴。午后回暖。八时许，汉儿自潇家来，请予同出参观历史博物馆。在禄米仓口乘十路到天安门。九时许，走至馆门，适值启门，遂凭证偕入，遇从文，立谈有顷，匆匆循览，殆同走马看花耳。十时半出，乘十路到六部口下，相将诣绒线胡同四川食堂午饭。虽亦与各家份菜大旨相仿，而烹调犹保川味特色，故满意而行。离食堂为十二时半，乃鼓兴乘二路无轨赴动物园一游，仍茶于牡丹亭北。三时起行，过鸣禽室一赏珍鸟，所见犀鸟为最奇，凭栏久之。遂出园，乘三路无轨到景山下，汉儿返家取物，予在景山略逛，亦出东门，由景山东街行，遇计剑华，立谈有顷。东至沙滩候车。少焉，汉儿踵至，遂偕乘一路无轨，东抵南小街，再转十路南返禄米仓，徐步以归。

到家潜儿在。薄暮，润儿亦归，遂共晚饭。饭后，雪英来，谈至九时，与潜、汉同时辞去。予亦就寝。琴媳十时后归。湜儿留队宿未归。

10 月 8 日（八月十八日　己巳）星期六

晴，和。

晨四时醒，五时廿分起。润儿今日仍去大红门劳动，往返车运书架，六时即到馆集合，五时四十分出门。小燕又感冒，琴媳抱往赵家楼医院诊视，尚无大妨云。近日政协送件往往送寄文学所，及转递前来，每失时效，因书告秘书处，属以后送件仍以径送寓所为便。写毕自出寄之。接平伯寄近作小文（每有所作辄写示），甚佩从容兼感关怀。目眊有加，看书写字倍见费力。若多翻书帙，则更增头眩，心绪恶劣，奈何！奈何！十时许，接政协通知急件，今日下午三时在礼堂三楼举行报告会，请中国科学院数学研究所所长华罗庚讲《运筹学在国民经济中的运用》，属届时参加云。午饭后，二时出，乘十路北行，在文化部前转一路无轨到白塔下，走赴政协礼堂听报告。晤云彬、至善，因同坐，并遇研因、芝轩、大琨、秉文、半丁等。三时开始，四时半休息。予与云彬先行，一因时晏，恐车挤，二因数学基础太差，颇听不懂也。出礼堂后，与云彬同乘七路到麟阁路转十路归。云彬在外交部街先下，予则至禄米仓下。

到家汉儿在。六时半共进夜饭。七时后,湜儿亦归饭。饭后,濬、权、镇、堉皆至。九时许,予不任坐,即就卧。十时许,濬等皆去。汉明晨去通县矣。润儿为馆拉书架,直至深夜十一时半乃返家。予未之闻也。

10 月 9 日 (八月十九日　庚午) 星期

晴,和,间多云。

四时醒,五时廿分起。湜儿六时出门。八时,润出就浴,兼为予购物。十一时半始还。到处皆挤,不得不排队候之也。元孙牙痛,自往锡拉胡同齿科医院就诊,独往独来,已无须人陪送矣。宜孙在膝下闲缠,颇解岑寂。午饭后,顺林之妇周慰华奉其姑至,因即属元孙往唤濬儿来共谈。四时许,慰华还长辛店,杏芬留宿予家。傍晚,湜儿仍返,遂共夜饭。夜饭后,文权来,入晚雷雨大作,九时后乃止。九时半,濬、权归去。予等各就卧。十一时后,琴媳始归。盖竟日加班耳。时天晴月朗矣。

10 月 10 日 (八月二十日　辛未) 星期一

晴,回暖。

晨五时半起。湜儿五时四十分出。濬儿八时廿分来,即偕同陪杏芬乘十路到天安门下,由午门入,游览故宫。历内外六殿及西路养心殿、长春宫等处。十时五十分出神武门,再附一路无轨到北海,径诣漪澜堂仿膳就食。坐待至十二时,始得传餐。及毕,已将一时,乃拾级上白塔,茶于揽翠轩。三时许下山,参观承露盘及北山诸胜,复过永安寺看菊展,登团城瞻玉佛。近五时出,乘一路无轨回北小街,转十路南行走归于家。夜饭后,濬归去。予偕杏芬看电视,十时廿分乃完,各就寝。十时半,润归。十一时,湜归。十一时半,琴归。

10 月 11 日（八月廿一日　壬申）星期二

晴阴间作,气较凉。

晨四时醒,六时乃起。湜五时四十分出,赴生产队。予竟日未出。午前与杏芬闲谈。午后二时,濬儿来陪杏芬出游,予则小睡。三时半,顺林来,因起与谈,五时许去。六时许,杏芬、顺林归,知复游北海北路及景山全部云。

夜饭后,看电视,顺林复来省母,八时去。濬儿亦旋去。九时半,电视完,乃各就寝。湜儿七时半归饭。润、琴皆于十时后始归。予已入睡,未之闻。

10 月 12 日（八月廿二日　癸酉）星期三

阴晴乍忽,气稍回暖。

晨三时醒如厕,回床不寐,四时后始渐朦胧,五时突醒,听广播新闻。湜儿五时三刻出赴队。予五十分起。八时半,濬儿来,陪杏芬复游故宫。乃乾电话,借沿革图三种。有顷,潘达人派赵同志来取去。盖中华编所所需也。中秋日与濬、清、汉、滋在颐和园排云门外所摄合影昨晚寄到。又澄儿复予上月廿四日去信亦同时收到。

十二时许,濬偕杏芬归,遂同饭。饭后,濬儿归去。予小睡,四时半乃起。看明末董若雨《西游补》,至晚七时始毕。晚饭以饺子代。湜儿七时半归,及饭焉。

饭后看电视,十时毕,润始归。予即寝。琴媳十一时后乃返。

连宵未之闻,如此辛勤,予惧其不胜也。奈何!

10 月 13 日（八月廿三日　甲戌）星期四

晨阴,六时四十分雷雨。予六时起。湜儿五时半出。润、琴六时半皆出,幸免值雨。元孙过队日,预带雨具。宜孙入学则值雨矣。李妈急送到门返,乃沾衣。天甚不作美哉!雷雨之后,竟转秋霖,闷头不停,入夜犹滴沥未止也。上午写信复澄儿贵阳,阻雨未及出付邮。下午本须赴政协礼堂听屈武报告访问非洲的经过和感想,亦以雨阻未克行,只索小睡。三时许,湜儿归,以天雨不能农作,遂得假返暂休耳。予即起坐对愁雨而已。潚儿本约杏芬过饭其家,饭后陪伊游中山公园及劳动人民文化宫,亦以雨故,废不行。

今晨五时听新闻广播,知日本社会党委员长浅治稻次郎昨日下午在日比谷公园公会堂作竞选演说时被法西斯凶徒山口矢二用短刀刺入左胁,不治逝世。是日本反动势力之猖獗,殊堪震怒!真凶主犯实为美帝与池田内阁也。夜饭后,看电视。九时半就寝。

10 月 14 日（八月廿四日　乙亥）星期五

二时半醒起溲便,遂未入睡。五时一刻湜起。五时四十五分湜出。予延至六时亦起。上午阴,时有微雨,下午阴,气陡转冷,须御棉裤矣。九时许,电告顺林,嘱为其母送衣。午饭后来,杏芬乃得御寒具。下午二时半,偕杏芬出,过潚家,少坐同出,走至朝外大街乘九路无轨到东四下,转四路环行至中山公园一游。经唐花坞、社稷坛、来今雨轩等处,涉历一番即出,已四时一刻,亟在人民大会堂前乘十路东归。已渐挤,等待两辆乃上,仍挤极,到家已五时廿分。

有顷,润儿归。予讶其早,伊乃云,今日下午即往协和医院割去左侧肩背小疣,恐予耽心,未敢先告。今已安然归来,医嘱休息两天,再往拆线云云。予察其面色,稍苍白,知非休养不可也。伊能体予之心,不先禀白,予心实已先痛矣。七时晚饭,湜儿赶到。饭后稍坐,九时许即各就寝。

澄儿托任凯工程师带到便信一件,予未之晤。

10 月 15 日 (八月廿五日　丙子) 星期六

一时半起溲,复睡至四时半醒,五时听广播新闻,五时半起。湜儿亦于是时出门。今日本拟偕杏芬同游颐和园,约潏儿七时来同去。乃六时半,即见雨,近十时始止,有风,较冷,此行只得作罢。七时十分,潏冒雨来。八时半,雨中陪杏芬去东安市场、百货大楼等处闲逛。予得其间闭目息养。润儿在家休息,因得时与接谈。十二时许,杏芬、潏儿同归,遂同饭。饭后风作,却有晴意,潏乃陪杏芬往游动物园及天文馆。予则惮风未出,就榻小睡,三时半电话局来修话机乃起。风益大,气益冷矣。六时许,杏芬、潏儿偕返,谓室外殆如初冬云。七时晚饭,湜儿及赶归同饭(明日休假)。饭后,潏归去。予与杏芬及两孙看电视,湜则出就浴及理发。十时,电视毕,琴、湜先后归来。遂各就寝。

10 月 16 日 (八月廿六日　丁丑) 星期

晴,初寒,类冬令矣。

晨六时半始起。日来破例之事也。八时属湜往看潏,良久同来,遂由潏、湜陪杏芬往游农业展览馆,顺访三里屯滋家。予以星期车挤异常,惮于排轧,仅与润儿挈两孙在近旁散步,亦曾至朝内市场一巡而返。午后又偕润出散步,徐行至隆福寺一看,顺购日用酒扫用具。还至禄米仓口遇平凡,联行且谈至礼拜寺胡同口始别。五时后,湜偕杏芬归,谓此游甚畅,潘则径归矣。琴媳六时归,即晚餐。餐后琴往蟾宫看电影,予等在家看电视,专播话剧《万水千山》,十时犹未毕,而倦眼交睫,遂闭机各归卧。琴媳归来竟未之闻。

10 月 17 日(八月廿七日　戊寅)星期一

晴,和。

晨五时半起。湜儿五时四十分出,径赴工地。六时半早餐。七时许,潘儿来,少坐便偕杏芬、潘儿同出,乘十路南行,排队等候至第六辆车始得挤上。予虽获人让坐,而芬等立过天安门乃得坐,到西单换二路无轨到动物园,再转卅二路往万寿山。八时三刻即入颐和园。循长廊至鱼藻轩茶憩。芬、潘四出闲逛,十时三刻,同至石丈亭食堂排队求食。仁至十一时始开门,挨次入门,交粮票预付款讫乃得觅坐,凭证自取就食。(除此之外,竟无法在园中果腹。)时间虽延长,好在只有素菜四色,下咽亦速,十馀分钟即已毕事。离石丈亭东返,入排云门径登佛香阁,复就东翼之廊角茶。十二时半,芬、潘往智慧海、铜亭等处游览。予为守物,独坐以待之。不敢负喘再上矣。凭栏闲眺全湖,在目一堤界之六桥历历如绘,西望玉泉诸山,环拱如屏,波光山翠融为一片。忆鱼藻轩后有一楼,颜曰山色湖光共一楼,若移额于此,更较贴切也。一时半,芬、潘至,遂起行,由左首转轮藏抄下排云殿,直出排云门,循廊东迈,经宜芸馆、玉澜堂至知春亭,坐石上小憩。三时出园,遇愈之陪同外宾游园,立谈半晌而别。仍乘卅二路回动物园,转三路无轨到王府井下,已四时四十分,步入东安市场,登和平餐厅谋晚餐。五时始开业,一汤两菜,面包两片,罐头杨梅一碟,红茶一杯,每客五元,葡萄酒一小杯,却须四角六分,难得啖到,亦惟有听之而已。六时半,食毕离馆,走东长安街乘十路东归。到家已七时馀。润、元、宜等正在晚饭。有顷,湜儿亦归饭。又有顷,清儿来省,盖自工地返家,并知滋儿亦同归云。谈至九时,予洗足就寝。潏、清等归去。锴孙来省未晤,留条禀告。琴媳仍于十一时许乃归。

10 月 18 日（八月廿八日　己卯）星期二

晴,和。

晨五时四十分湜儿出门。六时许,予起床。九时许,潏儿来,为整理冬衣。午饭后二时,偕杏芬、潏儿往游天坛。乘十路转二十路,由天坛西门入,径诣皇穹宇西侧茶棚。予坐憩,芬、潏则游回音壁及圜丘。三时半同诣祈年殿,迤逦出坛北门,已四时。乘七路电车到蒜市口,转八路,车小人挤,几不容喘,至东单再换十路回禄米仓。抵家适五时。有顷,顺林来接其母,杏芬遂同伊返长辛店寓次。

七时晚饭,饭后湜儿归饭,清儿来省,因共谈。清、滋明日上午九时偕返楼台村工地矣。九时后,潏、清皆辞归。适琴媳亦已归。予等乃各就寝。润儿施手术后约今日去拆线,乃以创口未结,固延期至廿六日始可拆。予又为此担心,不识有无变化也。昨晚政协总务科宁静同志寄来予等在北戴河所摄相片,该费五角,属径寄汤敬书同志收。因于今晨作函照寄之。

10 月 19 日（八月廿九日　庚辰）星期三

早雾,近午始开。午后多云,气仍如昨。

晨五时半起。湜儿四十分出。润儿今日休息在家,因得与闲
谈。午饭后,润儿小卧,予则独出散闷,在禄米仓口乘十路到东直
门,转六路无轨往天桥,略巡一隅,以无可驻足,仍回站候车。适五
路无轨来,遂附以往西直门,再转十一路无轨回方巾巷,复换十路
返禄米仓。一时半出,四时半归。凡历三小时,自笑痴骀。然而闷
绪却为之一扫,不为无益也。

六时三刻夜饭。雪村见过。有顷,湜儿归饭。予与雪村谈,湜
儿饭毕,送村归去。

九时就寝。接澄儿十五日来信。

10 月 20 日(九月大　建丙戌　辛巳朔)星期四

晨浓雾,午前昙,午后略晴,颇冷。

五时廿分起。湜儿四十分行。九时,潆儿来。十时许与偕出,
乘十路到王府井下,走至普兰德修补秋大衣。又至盛锡福购得呢
帽一顶。遂乘四路无轨北行,至安定门,(此车为区间,只到安定
门。)再换四路直达和平里下车,略一徘徊,见新建筑甚多,道路修
广,又一新境矣。予居京十年,此为初到也。有顷,八路无轨开往
新车站,乃附以行至方巾巷南口,换十路北行。到家已十二时
廿分。

午饭后,潆归去。予于一时半出,乘十路至佟麟阁路换七路到
政协礼堂,径诣第二会议室参加座谈会。听科学院副院长吴有训
报告参加英国皇家学会三百周年庆祝会的情况。晤祖荫、研因、从
文、振羽、力子、学文诸人。吴闽人,说话有风趣,反映情况亦详切,
惜语音稍有隔阂,不无听之不真之憾耳。五时半散。仍循原路归。

七时晚饭,湜亦赶归。八时半,听联播新闻。九时就寝。

10 月 21 日（九月初二日　壬午）星期五

雾转晴,较昨前回暖。

晨三时起溲,朦胧恍惚,未再醋睡。五时听广播新闻,四十分,
湜儿出门。五十分,予起床。八时,濬儿至,即偕同出门,乘十路至
朝内大街转一路无轨到阜成门下,步往阜外医院复诊。遂预先挂
号,以时较晏,就诊者多,予候至九时半始由高丽丽大夫接诊。据
云脉搏已增至每分七十跳,血压亦仍旧。谓恐再高,换服萝芙木片
（代替利血平）。又上二楼作心电图,约下星期看结果。并再空腹
抽血检查及验小便,以定糖尿病近况云。十时一刻取药离院。即
于附近乘十九路到南樱桃园,转十路返禄米仓,走归家中正十一时
半。午饭后濬归去。予小睡,四时许起。润儿今日扶病上班,午饭
后曾归视。当夜学习,因此不归饭,须深夜乃返云。

五时接慧珠电话,明日上午九时开全所大会,询参加否。予复
准时参加。六时三刻晚饭。七时湜儿归。七时半看电视转播越剧
《王老虎抢亲》,九时三刻毕。即寝。

润儿九时半归。琴媳十一时始归,未之知矣。

10 月 22 日（九月初三日　癸未）星期六

雾散转晴。气温如昨。

晨三时起溲即未好睡。五时听新闻广播。卅五分湜儿出门。
六时予起。八时廿分出,徐步走往建国门文学所,久不前往,颇感
生疏矣。九时开会,全体出席。平凡主席。即由其芳作报告,先说
整风初步总结,继说精简意义,希望同人踊跃响应党的号召。最后
由平凡讲学习《毛选》四卷的重要性,并宣布学习阶段方法及纪

律。十二时五分散。一时觅不到三轮,只得仍循原路走还。葛涛同行至东总布胡同宝珠子胡同口而别。到家午饭,元孙已食过,正待上学矣。接漱儿信,知事忙或有下放可能也。

午后二时半独出散闷,乘十路到九条东口下,走访圣陶,晤之。谈至四时三刻,圣陶偕予及满子乘六路无轨到总布胡同下,走帅府园全聚德谋晚餐。甫过五时,应门者以售完对。废然而出,过东安市场和平餐厅则首批已登楼,遂取号坐等(取得廿四至廿六号),逾半时,被召上楼,菜单已较日前大变,用鱼及猪排者需七元一客矣。五元者一汤外,只一盆炒面,一盆牛肉饭而已。满子叫五元者,予与圣陶各叫七元者,量固加多,而猪排甚不酥,填腹则嫌太饱,下咽则无法胜任,乃捡取三大片猪排属满子携归。七时毕,同走东长安街,拟同乘十路归家,乃连等三辆挤不得上,只得另挤四路环行车。予在金鱼胡同口下走归。到家知润、琴及元、宜二孙皆出看电影,湜儿则尚未归。贵阳汇款到,明日当取出付与埩、基两外孙。

八时半,听全国联播新闻。九时后,润等一行归。湜儿未归,想在生产队值班矣。九时半就寝。

10 月 23 日 (九月初四日　甲申　霜降) 星期

阴,转冷。

晨三时起溲,五时听新闻广播,六时起。八时看《人民日报》所载赫鲁晓夫在莫斯科群众大会上的讲话,关于苏联出席联合国第十五届大会代表团的工作文。凡两大版,至十时始看完。目瞀矣,而心头却亮也。

润、琴仍上班。午间润归饭,饭后予偕润同出散步。顺向总布胡同邮局取筑澄汇款,以一时已过未果取。乃相将循方巾巷而南,至南口乘九路到前门下,走西河沿入劝业场一巡。人多气浊,赶快出前门,由廊房头条穿门框胡同至大栅栏,竟热汗淋漓,恐致雨,即与润走往蒋家胡同口,附四路无轨至王府井南口,换十路而归。知农祥曾来访,以不及待,行矣。至以为歉。四时许,润挈元、宜出散步,微雨作,未几即返。邮汇款带回。

四时三刻农祥复来,谈至五时半辞去。留之便饭坚不肯。故人情长而又体贴入微,诚可感佩也。琴媳五时半归。六时三刻夜饭。七时半,湜儿归,明日可休息云。看电视,至九时后即闭机就寝。夜雨连宵。

10月24日(九月初五日　乙酉)**星期一**

阴雨,十时风起雨止。气凉如洗矣。

晨三时醒,六时起,洗足擦腿。八时写信,分寄澄、漱及堉、基。九时五十分看《毛选》四卷第二篇。十时许,濬儿来。午饭后,濬儿去中医院诊病。润儿去协和医院拆线。二时许,滋儿来,谓奉召入城开会,下午抽空来省也。三时,予偕滋、湜同出,滋骑车,予与湜则乘十路到王府井下。相期会于北京茶馆。坐定,滋儿至。有顷,润儿亦至,盖约定在彼候之者。润云拆线良好,化验结果亦无它耳。四时,父子四人走至森隆谋食。须五时开始,而候吃者已满座矣。予等拈得第七号,四时三刻即入席,五时开发,父子各得饱餐。六时半起行。滋于六时先行赶赴社中开会矣。予偕润、湜由金鱼胡同、无量大人胡同等处缓步归。到家正七时,濬及元、宜正在晚饭也。饭后少坐,濬即归去。

九时就寝。琴媳仍于十一时许乃返云。

10 月 25 日（九月初六日　丙戌）星期二

阴寒类冬。

晨四时起溲，五时半湜儿出赴农场。六时半予起。八时后，写信复越特金，以日前接其寄来贺我建国十一周年国庆彩片也。本当早复，无如觅不得书写俄文之人，直至前日，润儿同事始为予写成信封两个，遂先用其一耳。下午阴寒益甚，予惮于脱着，竟未就榻，而倦眼至涩，精神颓然，种种不如意事悉奔心头，满拟俟潜儿来时同出散闷，乃抵暮竟不见来，亦无可奈何也。傍晚同时接到芷芬两信，一致予，一属转汉儿及拆阅，予信中乃致汉者，另一信反不便拆，只索皆转汉发落。明晨当作函寄通州耳。

七时晚饭，元孙尚未归。七时半，湜儿归饭。八时十分，润儿归，始往寻元孙，在校门前遇之同归。校方措施亦太不近情矣。

看电视至九时半就寝。

10 月 26 日（九月初七日　丁亥）星期三

阴转晴，气寒。

晨三时醒。五时半湜出门。六时予起床。八时后写信与汉儿，转芷芬信去。十时后，潜儿来。十二时许，接滋儿青年出版社电话，谓日前入城开会，连日讨论未回乡，今日下午三时当离京返社队，将于午后一时来省予。饭后，久迟不至，而乃乾见过，久不晤谈，把臂自多话也。二时许，滋至，略告日来情形，即辞去，径赴东直门搭车返楼台村矣。三时后，潜始出为予购食物。四时许，予偕乃乾同出，先乘十路到王府井下，走至稻香春，恰遇潜儿，遂约同饭于萃华楼。潜排队待购，予与乃乾先往八面槽，时为四时三刻，列队于铁门外候之。五时开门,挨次得卅二号,坐大门穿堂听唤焉。有顷,潘儿踵至,同俟至六时,乃得依次入餐室。六时三刻即毕,同走至灯市西口,乃乾乘三路无轨行,予与潘儿乘八路无轨到方巾巷南口,换十路返禄米仓,步以归于家。元孙等已饭过,润、琴皆上班未归。湜亦未归宿。八时许,潘归去。九时前,予即就寝。

10 月 27 日（九月初八日　戊子）星期四

晴,寒。早呈冬象矣。

晨二时半起溲,复睡。五时醒,在床连听两度广播新闻,至六时卅五分乃起,亦近日晏起之创例也。询知琴媳昨晚十时许归,润儿以为馆完成拉回萝卜任务直至十一时后乃返家云。予正入睡,故未之知。为凭证购买白薯,元孙早八时即往干面胡同排队,十一时尚未归,许妈往换之。元孙乃属伊填挡身,又往遂安伯五号缴款领号再往立等。李妈抱小燕往替元孙,遂得归饭,入学。十二时午饭,十二时半,润儿归视,又往替回李妈、许妈,匆匆饭已,李又去,润得上班。二时许,许又去接李,良久乃得携白薯四十斤归。(费粮票十斤,每斤易四斤。)徨徨大半日,冒风立待如此,真啖饭大不易矣。我只有干笑对之耳。

下午二时半,觉闷损难任,即披衣信步出外,走至金鱼胡同东口,见十一路无轨,随步登之,径至北海北门下,过画舫斋,一看北京市美术品国画之部展览会。嗣即出园南门,乘九路无轨到北小街,转十路南归。到家正四时半。六时许,潘儿、锴孙先后至,潘为予换乘车月票及购食物,锴则甫自通县看母归报平安也,因共夜饭。饭已,湜儿归,遂再具餐。八时,潘、锴俱去。予亦倦而就寝。十二时许起溲,复睡至三时醒。润、琴之归则未之知。

10 月 28 日^①（庚子岁　九月　大建丙戌辛巳朔　初九日　己丑　重阳节）星期五

霜,晓转晴,薄寒回暖。

晨五时听新闻广播。湜儿五时半出行。七时,潧儿来,遂偕出,乘十路转一路无轨,到阜外医院,抽血检验,并查小便。八时半,高丽丽大夫接诊。据听断心脏跳动已恢复至每分钟八十跳左右。血压亦已平降,(最高一百五十,最低八十矣。)嘱仍续服萝芙木。上周所作心电图反应心房左侧略见肥大云。最后属将预配药量用完后再诊。及看今日血糖等检验结果,大约再过四五天,即当复诊也。九时许离院。初拟往陶然亭登高,因十九路车只开至西便门而止,遂易计诣景山,仍乘一路行。到景山后,东循观妙、周赏二亭,直登其巅万春亭,饱览北京全城景物。惜雾气尚未退尽,仍有若干处看不清耳。有顷,向西坡下,历富览、辑芳二亭,下及平地。在山时,每历一亭,必坐息片时,惟辑芳亭未歇脚耳。游人除少先队过队日者有若干起外,多老人,殆亦与予有同感,趁此腰脚尚能勉强,争取应时点缀焉。十时三刻,出北上门,仍乘一路转十路归于家。

午饭后,元孙以下午无课,请求予及潧儿带伊出游,遂复诣北海。乘十路转九路无轨以往。入园后,径登揽翠轩茶憩。其地亦多老人作登高会。北向台上见李培基等,轩内见何松云等。各与其曹偶畅谈为乐,且有自携饼饵酌酒相劳者。又闻其中一人兴最高,倡议不见灯不作归计云。予以熟人无多,不欲相扰,竟遥相对

①底本为:“一九六〇年十月廿八日至十二月十七日日记”。原注:“十二月十八日清晨止止居巽老人自署。”

坐,均未招呼也。四时十分下山,过陟山桥,历濠濮间等处,出北海北门,乘七路无轨到东直门北小街,换十路南抵禄米仓口,徐步以归。

六时三刻,湜儿归,已饭过。予等乃进餐。湜儿告予,近又将下放至顺义农村劳动,今日下午放半日,后日星期六放一天,好预备行装。为期若何,未之知。想不会很短耳。夜饭后,潗儿陪湜前往王府井,为伊添置必需日用品及棉毛衫裤等。八时五十分湜归,知物已办齐,潗则径自归去矣。

九时,润儿归,予即寝。琴媳于十时后归。朦胧间,似听到门响也。

10 月 29 日(九月初十 庚寅)星期六

晴,较昨稍暖。

晨有霜。

五时半,湜儿出,赴生产队,大约措办移交事项。后日便须赴顺义农村云。

六时起。九时出,先过储蓄所取款,旋乘十路到南小街北口,本拟乘九或一路无轨西行,乃连候四五辆,俱拥挤不得上。只索缓步至东四,乘六路无轨,至珠市口,欲往丰泽园谋午餐。出视时,计已十时半,恐发号已完,徒遭闭门羹,遂折回,乘四路无轨到东长安街,转十路归家。坐定正十一时。所中适寄到《文学遗产》三三五期,载有西谛遗作《玄览堂藏书题跋八则》,因一气读之,恍见故人在燕谈中肆其情趣也。西谛遇难已逾两年(十月十七日是殉难之辰),回思昔游,凄然欲泪矣。

午后,润儿未归视,潗儿亦不来,寂寞已极,乃独出散步。先乘十路南行,径到南樱桃园,转五路东去,至陶然亭,自北门入,一望荒寂,便转出东门,步往太平街,仍登五路北行,达于中山公园,步入社稷坛,出坛西门,过唐花坞,循廊而出,在人民大会堂前乘十路东返。此行十路甚挤,竟立到禄米仓乃下,走归家门适五时。

坐定。濬儿亦至。五时三刻,润儿归。六时三刻夜饭。琴亦归。饭已,湜儿归,复具餐。夜饭后,文权、清儿皆至。昌预亦来。而濬、润挈宜孙出外,为湜调换棉毛裤。盖昨晚误购女式也。

清儿例假返城。因挈新新、小逸同来。知滋儿亦已归三里屯云。

九时许,濬、润、宜归。少坐,权、濬、清、预、逸、新等都去。予即就寝。

10 月 30 日(九月十一日　辛卯)星期

晴,下午起风,昼暖夜寒。

晨四时醒,五时听新闻广播。六时五分,听新闻及报纸摘要。六时四十分起。七时五十分,润儿挈宜孙往福田公墓展拜珏人茔地。予与湜儿电询滋儿,约前往看之。八时出门,步行由日坛芳草地大桥等处,走至三里屯滋家。十时一刻,偕滋、湜、佩在三里屯北首新建之服务大楼食堂进饭。居然吃到鱼、鸭。主食虽需粮票,而价甚廉。比诸和平餐厅、森隆等处仅抵四之一。以此,颇为满意。正将食毕,濬儿至,谓适与权、预在农业展览馆食堂来,到滋家,知予等在服务楼进膳,故踵访而来。遂与同返滋家。权、预皆在,谈至一时半,预先行返校。予等谈至三时,乃离滋家。权骑车入城。予与濬、湜同乘六路转十路回小雅宝。润、宜三时归家。权、濬同过雪村家,傍晚归来,因共夜饭。琴媳、元孙夜出。琴仍加班,元则校中唤去开会者。滋儿亦来夜饭,饭后八时归去。明晨将与清儿同返楼台村矣。潘儿为湜儿下乡帮同修补衣裳,九时后,与权同归去。

九时半就寝。元孙近十时归。琴媳十时后归。

10 月 31 日（九月十二日　壬辰）星期一

晴,有风沙。夜月色甚姣。冷。

晨二时起溲。四时三刻醒,五时半起。湜儿亦已准备出发。予再三叮咛,力争锻炼。今日如即随队赴顺义,固不必说,即尚需推迟几天,亦属在场候发,不必定要归家过宿也。六时十分,辞予出门。独坐思忖,颇伤离别。适滋儿电话至,告即刻返楼台村,请一切宽慰云云。予终坐不住,只索起行。九时一刻出门,乘十路到西单,换五路无轨到珠市口,再换六路无轨回东直门北小街,复换十路归家。到门适十一时。似此蚁旋殊堪哂叹。顾不尔又将何如?心波起伏,难乎平度矣。恐影响身体,必不浅鲜耳。奈何!奈何!

午饭后,既不欲睡,又不甘坐,仍独出,乘十路北行,欲往故宫一游。及转乘一路无轨,售票员谓可径开动物园,遂信行到西郊。入园,涉猴楼、狮虎山、鸣禽室而出,复乘二路无轨到西单,再转十路回禄米仓,走到家门,适四时三刻。

五时后,潘儿来,谓在家候购白薯,竟日未排上也。六时半晚饭。润儿归视,仍去加班。七时后,湜儿归,谓今日竟日开会,搬行李,将集中在厂中出发。明日只索再准休息一天云。即命具餐。八时,潘归去,约明晨来同游香山。

予看电视,至九时半毕,即寝。时润儿亦归。惟琴媳之归则仍未之闻耳。

11 月 1 日（九月十三日　癸巳）星期二

晴，和。夜月甚好，微寒。

晨五时半起。七时半瀋儿来，予乃与瀋、湜偕出，乘十路至西单，转二路无轨往动物园。乃车只到木樨地，盖专为载送参观军事博物馆者。予等不得已下，再候他辆二路无轨，然后抵动物园，复换卅二路往万寿山。立待半小时，再乘卅三路前往香山。入静宜园已十时矣。车中遇上海来游旅客，蒋姓夫妇，攀谈后约同游，遂同上玉华山庄看红叶，以霜醉未透，未逮往年色鲜耳。坐至十一时半下，在香山饭店餐厅午饭，虽收粮票，而菜肴廉美，较三里屯食堂更满意。食已，北行，过琉璃大昭庙见心斋小憩。度眼镜湖，出北便门，即碧云寺山门矣。入门拾级而登，在菩萨殿前啜茗。予独坐憩息，瀋、湜及蒋君夫妇则四出漫游，待至三时，乃复聚。遂下山，走至车站，又等半小时许，车乃来，乘以东发，到颐和园，转三十二路回动物园，始与蒋君别，伊等回东安旅社。予等仍乘二路无轨返西单，再换十路归家。

到门已六时许。少坐即夜饭。饭后看电视。瀋归去。予九时半看毕，十时就寝。

接汉儿信，又接芷芬属转汉儿信。明晨将复转汉儿也。

11 月 2 日（九月十四日　甲午）星期三

晴和如昨，夜月仍好。

晨三时醒，五时听新闻广播。六时，湜儿辞予赴厂。想可出发矣。湜出，予即起。

八时写信,寄通县汉儿,并转芷信及颐和园所摄景片。九时出,乘十路到中山公园,转五路往西华门访乃乾。伊夫人今日起,往四季青公社参加农业劳动,将去一个月云。十时半同出,走至北海仿膳午饭。菜品益劣,饼、饭皆冷,已堕至不可想象地步矣。草草食已,复往双虹榭啜茗,既而至庆霄楼看菊展。二时出园,送乃乾抵其家门。予乃乘五路到天安门广场,转四路到南河沿下,走往政协文化俱乐部,参加民进中央小组组织生活。到葛志成、陈慧、陈青士、董守义、余之介、吴研因、林汉达及予。漫谈国际问题,及学习《毛选》第四卷诸问题。五时三刻散,乘十路归。到家即夜饭。饭次,湜儿亦归,谓今日竟日讨论学习,明日休息,当晚俱住入厂中。后日拂晓在新车站乘火车前往顺义县云。八时,清儿来省,谓入城学习,将有数日句留云。九时,同看电视故事影片《今天我休息》。九时三刻,润儿归。十时,电视完,清归去。琴亦归。予乃就寝。

11月3日(九月十五日　乙未)星期四

阴转晴兼多云。较冷。

晨四时醒,六时半起。九时,湜儿往耀明取回所修收音机。途遇铁活匠,唤以归,嘱令修北屋炉子,并装好,索价两元。照付之。而手艺甚劣,直至近午乃了,仍未能称心也。技术较强者皆组织集中,临时叫唤竟无处可雇耳。十时许,潜儿至。午饭,润儿归视,二时前上班去。二时半,予与潜、湜两儿出散闷,先乘十路至东直门北小街口,转七路无轨,往北海公园。入园后,沿北岸行,至铁影壁前又遇前日香山相遇之蒋君夫妇,缘会其适,倍见亲密,立谈良久乃别。予三人即循海子西岸南出阳泽门,在科学院门前乘三路无轨出阜成门,到甘家口,又换二路无轨,南抵三里河,遂游玉渊潭。循柳岸一行,折还闸旁长桥,由河西岸徐步至木樨地。适二路无轨自动物园来,乃登之,驶行到西单下,换十路东行,径返禄米仓,走归于家。

六时后,润儿、琴媳皆归。六时半夜饭。饭后七时半,琴媳再去上班。十时后,乃能言归(今后将以此为例云)。有顷,润儿出购物。(今夜免加班,明晨六时将往东郊拉菜。)八时,潜儿归去。八时十分,湜儿赴厂,明晨即结队赴顺义矣。九时,润儿归。予乃就寝。琴媳十一时归,予未之闻。据预告,今后赶编期内将长此为例云。夜月烂如银铺地。

11 月 4 日(九月十六日　丙申)星期五

晴,冷。

晨五时即早醒(三时起如厕),逾一刻,南屋有灯光,知润儿已起,润今日须赴东郊,故六时前赶在建国门集队同行也。予因亦起。俟润儿出,只索挑灯看政协近编《文史资料选辑》第八辑,其中黄元彬所撰述蒋帮发行金圆券经过,极为详析。我辈身受此惨酷剥夺者尤觉切齿难忘耳。十一时许,接友琴电话,谓中华书局借全唐诗选目事,已与其芳洽过,该局将诣予借取云云。旋得书局电话,即告下午来取,予约局方下午二时后来也。

十一时半,潜儿来,为予排队购到茶叶及食物等。十二时廿分午饭。只予及潜、元三人,顾盼之际,未免又涉遐想,怅然久之。

午后二时,中华书局赵诚来,持函件借取《全唐诗》即付去。

三时十分,汉儿来,盖请假来城领粮票,且为芷芬事将向人教社党组织询问也。夜饭后,文权、清儿先后来,谈至九时,文权及潘、清皆归去。润归晚饭。琴亦归。各就寝。汉留宿西屋。

　　月色姣。

11 月 5 日（九月十七日　丁酉）星期六

　　晴，较昨略暖。

　　晨六时半起。七时半，汉儿归去。八时半，予独出，步往建国门文学所。盖昨晚接电话，谓今晨九时在二楼会议室开会，讨论日前其芳所作报告也。及登楼，会议室中已有人在开会，遇肖梅，询之，亦不知。引予到学术秘书室少坐，伊为我打听之。因晤积贤、靖云、若端，略谈有顷，肖梅来告，系民盟小组召集之各民主党派联合会，讨论神仙会后诸问题，并云会议室已腾出，余、俞二老已在彼矣。予乃走往。则冠英、平伯、晓铃、季康、叔平、健吾、可嘉、彦生皆在。有顷，蔚林、芸生诸人都至。漫谈思想改造问题，至十二时散。予仍循原路步归。

　　潘儿在，元孙正出门上学也。少坐，午饭。啖包子六枚，稀粥一碗云。下午闲翻《骈字类编》，稍稍集中精神，便尔合眼打盹，体力不济如是乎？

　　三时半，锴孙来，告其母以在家候其弟妹，今天不来矣。并送到被单一件，即托李妈及潘赶制被窝云。锴仍赶归其家。五时，予亲往小方家胡同幼儿园接宜孙。途遇元孙放学，因与同往候宜。晚饭后，挈之归。六时半，润儿、琴媳先后归。居然各免夜班。近日难遇之事也。因共进晚饭。

　　晚饭后，文权及汉儿、锴孙皆来。八时许，汉、锴俱去，新制被窝亦携去。云彬见过，长谈至八时半去。予等看电视转播苏联技术团表演，十时许毕。权、潘去。予乃就寝。

月明如昼。

11 月 6 日（九月十八日　戊戌）星期

晴，较和。

晨四时醒，六时起。天犹未大亮也。九时许，刚主电话见约，谓即去绒线胡同四川食堂取号牌，如取到，再电话见招，同往会餐。一小时后，又接电话，告号牌竟已发完，只得改日再约云云。其盛情实可感也。

午饭后，润儿挈元、宜两孙往蟾宫看电影，清儿挈昌、新两外孙来。适琴媳上午加班，下午免去。遂得与清周旋。予心绪不宁，只索打五关牌以遣之。三时许，清等归去。四时许，锴孙来，即去。五时三刻，润等归。未久即晚饭。饭后，看电视，为首都各界庆祝苏联十月社会主义革命四十三周年大会实况。振甫来访。因同观。九时半休息，振甫去。休息后，接映文娱表演，多昨宵所见者。十时半犹未毕，予闭机就寝。

月色仍姣好。

11 月 7 日（九月十九日　己亥　立冬）星期一

晨四时半起溲，月色满窗，六时起，曙色犹初启也。洗足而后着衣。七时三刻，韵启来访，盖昨晚始由沪抵京，来赶开轻工业系统各省市厅局长会议者。暂住东四南大街招待所。漱石托带炒米粉及灰汤粽，谈至九时许去。天已开霁，未几，复阴，不免有恻恻之感。

十时许，平伯见过，即以代购香烟一条付之，因约同出午饭。先乘十路，至方巾巷，转十一路无轨至灯市西口下，走至椿树胡同西口里康乐酒家,尚未及十一时,号头已发完,只得退出,再乘三路无轨到百货大楼,复走至南河沿文化俱乐部食堂,亦已将满,遇林汉达及赵平生。遂与合桌。又遇耀华、绗伯、马可、唐兰等。予与平伯各进番茄鱼、罐焖鸭及奶油菜花汤,并面包三片。(予尽其二,一并于俞。)味美而熟,极可口。十二时半毕。先与平伯离俱乐部,俞乘车北去,予仍在南河沿南口附十路归。家中方用午饭过也。

一时许,润儿归取罩衫。盖方自郎家园为公家拉酒糟一车回,下午仍续拉,故取衣罩棉袄耳。

午后阴森加重,薄暮大有雪意。三时后,介泉伉俪来访。四时后,潞儿来省,遂与介泉等共谈。五时,介泉伉俪去。六时一刻夜饭。润儿以拉糟疲累,夜班免去。琴媳六时三刻归饭。七时廿分,再去上班。

接漱儿五日来信,告托韵启带物(今晨已带到)。饭后,与潞闲谈,八时,潞去。九时,予就寝。琴何时归,未之闻。

深宵一时许,起如厕,庭中月光如烂银,似无雪意。返寝入睡。

11 月 8 日 (九月二十日　庚子) 星期二

阴,寒。

晨六时半起。加御棉裤。七时,润仍去东郊拉饲料。元孙八时前亦往劳动。十一时半始归。

九时写信两通,一寄贵阳澄儿,复告埒、基情形。一寄上海漱儿,复告韵启带到食物。十时半,佩媳来,谈至十一时半去。即以两信属投邮。

有顷,清儿来,又有顷,潞儿来。潞为我买到食物若干。清则以展开新的学习,又留城两天,故来看我也。

十二时,元孙亦劳动归来,遂共进午饭。今日为湜儿生辰,予午间独以面为饭。饭后,清儿赴出版社参加学习,元孙上学。润儿仍拉糟,午后曾回家一看,欲为南屋装火炉,一以材料不齐,一以时间局促,竟未及配置,即出门,仍去拖糟矣。时天气虽阴森寒恻,而无风,因偕潘儿随步散闷。先乘十路北行,在文化部前换九路,西南出宣武门到菜市口,适十七路西来,又乘以达天桥。予闻东郊九龙山一带新建设事业极盛,工厂林立,欲一觇此盛,乃十七路系去宋家庄者,不得不转车返前门,于是搭六路无轨至前门,再转九路到方巾巷,又转十一路东出建国门,直达终点站大郊亭。果见沿途厂房如林,化工厂、机床厂、玻璃厂等,一时难数,而润儿前往取糟之酿酒厂亦见之。既抵大郊亭,并无歇脚处,只得乘原十一路西还方巾巷,与潘徐步走归。到家已五时矣。

有一事足记者:行驶近郊之公共汽车,如十一路、六路等车,皆于车顶装设大气囊,满贮煤气,用管通往发动机,藉以推行。一方节省汽油,一方技术革新,皆足称道。惟每行驶往返一次,必须重灌一次,是则不无周折耳。

六时一刻夜饭。润儿亦归及焉。饭后,润儿装好火炉。七时半,出就浴,否则遍体沾污矣。潘儿七时廿分归去。八时,看电视转播京剧《打金枝》、《断桥》两折。十时毕,即寝。

琴媳及润儿亦先后归来。

11 月 9 日（九月廿一日　辛丑）星期三

阴,寒。午后转霁放晴,气亦较和。夜有冻。

晨四时起溲,复睡。六时半乃披衣起。上午翻架理书,顺看

《故宫周刊》所载画幅，杂念（无非思逝忆远之念）于焉少遣。潏儿
十时来。午饭后，与同出，乘十路至南樱桃园，转五路赴陶然亭公
园，径登慈悲院台上西轩啜茗。遇一宜兴人，任姓，世居苏州，盖任
小沇（道镕）之后人。与予攀谈，漫与周旋。四时，予与潏起行出
园乘五路北至蒋家胡同下，见上海老正兴迁至路东鲜鱼口之南，
门面加宽，鬈饰一新，以为当得改善供应，或可恢复初来面貌矣。
好奇驱我，遂入览之。时方四时半，座已挤满，而菜牌上只有两色，
一为炒白菜，一为白菜咸鸭块。后者且已售完擦去矣。亦惟有捧
腹而出耳。复步至前门，原北京车站前，乘四路无轨抵王府井南
口，再换十路返禄米仓，步归于家，已五时廿分。

　　夜饭时，润、琴都归来，旋皆返工作岗位加班。七时后，潏归
去。予乃启电视机看之。有话剧《安家落户》及影片《渡江侦察
记》。十时半始毕。润、琴俱归矣。予遂就寝。衾冷如铁也。于
是，益念远人。

11 月 10 日（九月廿二日　壬寅）星期四

　　晴，寒。浓霜重雾，向午开朗。

　　晨四时起便，旋复睡至六时半起。接湜儿七日写十日寄信，
详告工作及生活情况，并言彼处根本不用油，故将带去油票八两
寄回云云。但油票却无见，或忘未封入乎？九时后，潏儿来，伊
昨往看铿孙，在三里屯服务楼食堂门内见有预告菜牌，居然有清
蒸鲫鱼、红烧大虾等肴品，予好奇心发，乃于十时许，偕潏挈元孙
同往。先乘十路至九条口，复转以赴之，至则局势大变，菜牌已
擦了预告之菜，只有炒海带、咸鸭块等数味，只得勉强坐下，徒耗
粮票七两，匆匆便行。仍循原路归家。十二时半，元孙入学。予

乃写信复浞儿，信尾告以油票丢失事。及封发，移动坐椅，油票乃在椅脚下。盖当时信笺抽出带坠于地，未之觉，及看完此信，竟觉丢失耳。于是，重写末一笺，说明此一可笑事。亦足见老耄无用之一斑矣。

下午三时半，予与浞儿出，伊乘十路往朝内市场。予则往储蓄所，治记薪金登折事。出所，见十路车由南来，遂信步登之，到朝内大街换一路无轨到北海。略上琼岛东麓，即由永安寺西侧下，仍出园南门，复乘九路无轨往西单，转十路东返禄米仓，徐步以归。到家正五时半，浞亦适于其时抵家门，仍同归也。

夜饭后，文权来，因同看电视《战上海》影片。十时始毕。以炉无煤，尚未升火，越坐越冷矣。权、浞看毕即归去。而里中适来唤买越冬白菜，不买将不得续供也。乃由许妈、李妈、元孙三人立寒风中，分别排队、掣票、付款及看守，始得由智化寺前陆续抱持以归。至十一时许，琴媳夜班归，替予守门，予遂就寝。有顷，润儿亦归，赶往帮搬，才得了事云。是夜始用暖水瓶纳被窝中。

11 月 11 日（九月廿三日　癸卯）星期五

晴兼多云，仍寒。

晨五时醒，六时半起。八时后，看《图书集成·山川典》。十一时半，浞儿来，为予购到食物两事。午饭后，浞归去。予以接乃乾电话，知其夫人已由四季青归来，遂于一时半出门，往访之。先乘十路至中山公园，转五路到西华门下，径诣陈家。晤其伉俪。因长谈。有顷，中华书局朱树春来洽事，移时去。予四时许起行，仍循原路归家。到家雪英在，谈至暮乃去。

夜饭时,润归视,仍去开会。予独看电视,播送北京市京剧团谭富英主演之《失空斩》,十时毕。琴、润皆归。予乃就寝。

11 月 12 日（九月廿四日　甲辰）星期六

多云转晴。气较回暖。

晨三时半醒,四时起便,旋复睡。六时三刻起。

八时后,随手拾架书《集成·人事典》看之。十时半,潜儿来。今日买到鲜肉半斤（凭证所得）,遂裹馄饨作餐。亦快朵颐矣。午后,潜儿小睡。予独坐打五关。三时许,偕潜同出,乘十路至朝内大街,换乘一路无轨,直达朝阳门外十里堡。十里堡为朝外新兴市集,附近新建工厂林立,予往岁往通县省视滋儿（割肺）经行其地,不下十次,从未停车一访之,今日有潜儿作陪,遂往一视之。在另售店巡柜一转,匮乏亦不亚于它处也。索然而行,仍乘原一路返城,至王府大街北口,转三路无轨到百货大楼下,即大楼购得粗茶叶一元二角（予与潜每人各六角,不及二两也）。又过市场糖摊,购得照例配给糖果各二两,挟以南行。乘三路无轨到王府井南口,转十路车归。今日为周末,托儿所儿童多接回者,因之诸车皆挤。徼幸得上,已为难得矣。

五时到家。六时许元孙放学归。润儿下班接宜孙归。琴媳亦归。遂与潜等同进晚餐。夜饭后,潜归去。琴仍上班去。润儿则受工会组织往大华看电影,苏联片《海军少尉巴宁》。予率两孙于七时后在家看电视。先为儿童节目及国际新闻电视报道等。八时后,亦为苏联《海军少尉》耳。九时半,润归。予等尚未看毕也。有顷,琴媳亦归。十时许,各就寝。

11 月 13 日 (九月廿五日　乙巳)星期

晴,寒。

晨四时醒起溲,复睡至六时三刻乃起。

八时后,取严氏《通鉴补正》点阅之,竟日未出,点毕所有序文及序例、目录皆竟,且点读卷一《周纪》十六页。今后将每日为之,藉资寄托,不识能否坚持耳。

今日星期,琴媳仍照常上班,惟晚饭后,免再往为贪。润儿上午挈元、宜两孙往郊外捡树叶,响应政府号召也。居然捡得六斤,并家中亦可应付矣。下午又腌菜,又躬自借车运回煤球三百斤。两妈反坐视而已。惟夜饭后不须加班,为难得耳。

升基下午来,旋偕建昌往三里屯。

晚七时许,潽儿来。有顷,文权来。又有顷,昌硕来。共谈至九时许,皆去。予晚来忽感神经痛,右颊牙床先起,牵动太阳穴及右额角,蔓延半个头颅。服索密通一片后,即寝。室内虽未升火,而被拥暖瓶,亦得祛寒矣。

11 月 14 日 (九月廿六日　丙午)星期一

晴,寒。

晨四时起溲复睡,六时半起。许妈见予寒冷,怂恿生炉升火。予以昨甫由润儿拉来煤球三百斤,殊不经燃,万一寒冻不继火,又将奈何?踌躇再三,始决定姑求取暖,不能过于深长思考,遂笼火于炉。烟气弥漫,不得不大开门窗,以放散之。历一小时后始得逐一关闭。是亦冬令一重大为麻烦之事耳。

神经痛殆为昨日停药而起,今晨仍照常服用。八时半,续点

《通鉴补正》，上午毕《周纪》。煤铺续送煤球四百斤至，心为大慰。一时不致断火矣。阅报知何其芳为参加托尔斯泰逝世五十周年活动，已于十二日乘飞机前往苏联矣。我所参加国际活动（正式用文学所名义参与），此其朔乎往昔，西谛之频频出国，皆非文学所名义也。

下午三时，中国书店裴孝先来访，予即以所欲之书，托渠代觅之。谈移时去。

四时，颉刚见过。畅谈别后状况，知在匡庐住月馀，又饱游南昌、吉安、井冈山等处，复返沪转苏，近始归京。到京后，参加文联学习十六天，昨才返家耳。观其气色甚好，深为引慰也。谈至五时许去。

潘儿五时十分来。润、琴亦归，因共夜饭。今晚六时半，本区各组联开选民大会，故机关干部得请假参加之。以此，润、琴乃亦归饭也。饭后，予与润、琴、许李二妈同诣礼拜寺胡同小学参与选民会。屋小，人挤，几无隙地，直至九时半，始领得选民证回家，湜儿一份代领之。

归后小坐，十时乃就寝。

是日下午读毕《通鉴补正》周纪二。

11 月 15 日（九月廿七日　丁未）星期二

晴，寒。

晨五时起溲，复睡至六时起。润儿今日须往东直门外新中街，为图书馆拉制架木板，亦六时即出。予起，伊已匆匆食毕启行矣。

八时续读《通鉴补正》周纪三。接滋儿电话，告昨晚回城，今午为铿孙周岁志庆，约予与潘，十一时许同到森隆午饭。九时半，潆儿来,十时十分,予即偕之同出,乘十路到王府井南口,转四路无轨至东安市场下,径往森隆,登楼,休息牌未除而客已盈座待食,号头已发完矣。滋儿却未见,正彷徨,闻滋儿翩然至,经再三交涉,据云一人用至四人用者俱已发完,只五人用者尚有一张,滋挈得之,见为八十八号,知须长久等待也,遂属潆儿往遂安伯胡同接章师母。予呆坐以待之。良久,佩媳抱铿孙至。又有顷,潆儿接得章师母亦到。时已十二时廿分,而呼号尚为廿七,直等至下午一时四十分,乃得入坐。惟菜肴尚丰腴鲜美,虽等至三小时之久,仍未致失望耳。二时半食毕。唤三轮送章师母归。予等五人过大明照相馆摄影,铿孙独照一帧,滋、佩、铿三人合照一帧。摄完即行。滋等归三里屯,予与潆过新华书店询问今年人民手册(昨始见报),据答,尚未到。予问能预定否?云不能。察其词色,纸少,印无多,恐难应付而设辞对客耳。予颔而去之。走至东长安街乘十路东归。到家正四时。

今天午饭一顿,实费时前后六小时,吁难矣哉!

夜饭后,晓先见过,谈至九时许去。潆儿九时去。润、琴皆于晚饭后出,分别开会及加班。八时半,街道来叫买菜,即由元孙、许妈、李妈三人应召往站队写票付款,又分批看守,抱运,近十时乃毕。杂堆庭中(约百卅斤),须明日清理收晾。据闻连批分配之菜,须用四个月,不再发给云。是不可以不宝用珍藏之耳。

十时,洗身濯足,易衷衣就寝。

11 月 16 日 (九月廿八日　戊申) 星期三

晴迟开,气冷与昨同。

晨四时起便,复睡至六时半起。拂拭整治,及看报、听广播新闻等。九时乃复展卷,仍读《通鉴补正》周纪三,垂午毕之。

潧儿十时许来共饭。饭后一时半,偕潧同出,乘十路到朝内大街,转九路无轨到景山门前下,入故宫神武门,径诣外东路皇极殿、宁寿宫,参观宋、元、明、清法书展览。饱看名迹,甚适也。遇王复初,与略谈。故宫开放时促,不得不即偕潧儿由养性殿等处(今为珍宝馆)穿过珍妃井旁,绕出神武门,已四时。遂乘九路无轨还朝内北小街,复转十路南行,在禄米仓口走归于家。

少坐,潧出,诣浴室就浴。元孙适归,天亦垂垂黑矣。

接颉孙天津来信,知予减粮,特省下粮票一斤济予。物微意诚,极嘉之。六时,潧归,因共夜饭。炉子为许妈贪多加煤,遏熄。七时重升火,室内又腾烟,良久始散。八时,潧归去。予独看电视,故事影片《向海洋》,十时毕。润、琴皆归。予亦就寝。

11 月 17 日(九月廿九日　己酉)星期四

晴,气温如昨。

晨三时半起溲,复睡不能成寐,挨至六时半披衣起。神思懒倦,勉事打扫拂拭以振之,而烟又失灵,不免增懊也。

八时后,检取收到外面寄来之旧信封九枚,拆翻重糊,以资应用。市上竟无较固之信封出售也。十时,写信复颉孙,嘉之,并望元旦假时赶来一面。电话与阜外医院,属预挂号,明晨八时后往复诊,顺询内科高丽丽大夫,则云已调走矣。然则,明日又须易一生手矣。我总觉不如一手经历之为愈也。

午饭后,佩媳本约来取物,予以须往西城政协礼堂听报告,待至一时四十分,未见来,遂留字交许妈转致之,即行。乘十路到佟麟阁路北口,转七路至丰盛胡同口下,正二时廿分。乃走往政协,径诣第二会议室，则人已挤满，且多女同志在场。晤元善、颉刚、叔湘、力子、俊龙诸人。馀人不及招呼者尚夥。二时半开会。张明养主席，介绍数语后即由邵宗汉作报告，题为访问南美的印象。据谈先后访问智利、玻利维亚、乌拉圭、巴西四国，各有特色，而当权者多属右派云云。四时休息，予以迟恐车挤，先退。仍乘七路转十路而归。到家已五时矣。知佩华未来。

夜饭后，润、琴俱复往办公。濬陪稍看电视，即归去。予却看毕转播天桥剧场演出瑞典皇家歌舞团之芭蕾舞。十时乃就寝。

11 月 18 日（九月三十日　庚戌）星期五

晴，暖。迥异前数日矣。

晨四时即醒，六时乃起。

七时，濬儿来，遂与偕出，乘十路转一路无轨，径赴阜外医院。以预先挂号，到即就诊。接诊者为女大夫郭敏文（知高丽丽调往病房矣）。当然又需重报病由。经查阅病历及量血压、掀听肺部等，据告血压平稳无变，肝功能亦好。上月所查血糖为一百四十五点二，亦未见加重云云。仍主照旧服药，因处方再配二十天量而出，仅八时四十分。即走入阜成门略等一路无轨，开往西四下，濬有旧存折，实公债未领，因在西四人民银行一问之。九时开门，居然领到。走至丁字街，乘九路无轨到北海，再转五路至西华门往访乃乾。谈至十时许，其友吕贞白（上海中华书局编辑）至，谓正要访我，欲取予前撰《李白年谱》为出版云。予以此作未纯熟，不愿出版却之。而伊坚约晚上见过再谈。十一时，吕去。予与乃乾、濬儿走北海就仿膳午饭。菜未加善，而价又加高矣。且大都不甚熟，颇不满意，然亦不得不迁就之，否则，此时竟无处唦饭耳。饭已，乘渡船至北岸，由铁影壁转至九龙壁下，徘徊久之。盖多时未至其地矣。旋循东岸过濠濮间小憩，坐西轩栏楯上负暄闲谈，至得也。三时许，始出园。乃乾归去。予偕潗儿仍乘一路无轨还朝内大街，再换十路，归家已四时矣。适雪英来，潗与周旋，薄暮，雪英去。润、琴皆归，遂共进晚饭。

六时三刻，贞白来访，予以须征得所中同意后，始能奉教为词。未即将李谱稿交伊也。七时，辞去。潗接晓先电话，邀去。润、琴皆返本单位加班。接慧珠电话，明晨八时半开全所大会，布置学习毛选，邀往参加。允行。

佩媳午间来取去昨所预备之物，未之晓，而予所需之本年人民手册居然为予买到，可见，新华柜友仍须托熟始克购求耳。在今日，似不当尔也。然而，奈之何哉！九时后就寝。

11 月 19 日（十月　小建丁亥　辛亥朔）星期六

晴暖如春。

晨四时半起溲，复睡，六时一刻起。八时独出，步往建国门文学所。晤冠英、大冈、晓铃、友琴诸人参加全所大会。王平凡主席布置学习《毛选》第四卷第三单元事项。十时毕，休息十分钟。休息后，张书铭传达《中共中央关于农村人民公社紧急指示信》。内容十二条，皆针对目前缺点，大力扭转之事项，及时措施真如日月之明也。十一时半散，仍徐步以归。

下午本须继续讨论，予以竟日挺坐不能任，请假焉。十二时，潗儿来共饭。饭后，润儿归。俟予饭毕，潗、润合词见告，昨晚晓先召潗去转达满子通知，谓芷芬已于十三日病故，教育部昨始接电转下人教社。圣陶恐触予悲，不敢径告，属满子往丁家告雪英，俾先告濬等耳。濬当夜赶往出版图书馆告润儿,润归,予已就寝。不敢遽禀,瞒隐未谈,今与濬商,不得不禀,遂吐实。予骤闻此信,周身震动,出外锻炼竟致客死,亦大酷矣哉!濬、润见予不舒,陪予出外散闷。乘十路到王府井下,走百货大楼、市场等处,欲买点心杂物,到处人山人海,排队成龙,迄无所得。折至北京茶馆小坐,乃炉坏,不售开水,又废然而行,复入市场,在南部棚下沏到茶一壶,续水当然自为之矣。坐至四时,走东长安街,复乘十路回家。六时许,接元镇电话,告其母已由通县返,到家方知噩耗云。盖新华书店通知有急事召还也。元锴今晨得濬儿知照,下午即往通县接母,竟相左矣。予因令濬、润草草晚饭,即赶往卢家慰藉汉华母子。濬等出门未久,晓先、雪英偕来慰问,九时半乃去。

十时就寝。反复不能成寐。十一时许,润归,知濬已径返,汉儿情绪当然激动,一时恐不易镇定云。予转侧至十二时后,乃朦胧入睡。

11 月 20 日（十月初二日　壬子）星期

多云转晴。气温仍如前昨。夜阴发风。

晨四时即醒,延捱至六时三刻起。炉子失灵,加柴引火,又致烟涨漫室,久乃吹散(开窗辟户,等于白生),患甚!八时,续点《通鉴补正》周纪四。九时,濬儿来。十时后,汉儿及锴、镇两孙来。汉尚镇静,予强颜劝慰之。有顷,升埒亦来,遂同午饭。饭后三时许,汉等皆去。于其去也,予别有滋味在心头耳。十分难过,咽下而已。

四时许,刚主见过,正谈顷,农祥来,同谈至五时许,农祥先行,刚主亦告辞。予弥感空虚,只索打五关以禳焉。濬儿五时前归去。

夜饭后，润儿、许妈、李妈皆应召开选民小组会。予以目力不健，惮于夜出，即属润代为发言。琴媳则以三孩须待照料，皆留家未参加。予因以其间读毕《通鉴补正》周纪四。又在灯下作书寄湜儿，复告家中近况，并属凑休假，争取于十二月四日来城投票选举。顺以芷芬噩耗告之，必当引起悲伤，然亦不能不宣露也。

九时半，润等归。予亦就寝。

11 月 21 日（十月初三日　癸丑）星期一

风，霾，近午渐开，气温较昨略降。

晨六时三刻起。元孙以上午有课，七时即出赴校。八时，续点《通鉴补正》周纪五，抵午点毕。接佩媳电话，告我昨得滋儿乡来电话，知已调赴农村与农民同住，不与清儿在一起矣。然则，两周假归见省之讯又成泡影耳。

潜儿十时来，即往汉儿家省视之。

午后一时三刻出，乘十路到中山公园，应颉刚之约，径往西偏茶点部，则颉刚、元善已先在。有顷，硕甫至。八十四高龄，犹健步，不搘杖。四人皆吴县籍，用乡音畅话，乡邦故实大为松快。四时散。元善先行。予等三人同乘十路东归。硕甫在外交部街东口下，颉刚与予皆在禄米仓西口下。予归家已将五时。知汉儿曾有电话来，今日风大，不来矣。潜在其家晚饭，亦径归云。

夜饭后，清儿来省，盖接得潜信，知汉家不幸事而请假归唁者。甫到家，即来耳。因知滋尚未离队，将于日内与亦秀等同放本村，实行贯彻四同也。谈至九时三刻去。予亦就寝。时润亦工毕归。琴媳则今晚未去上班云。

11 月 22 日（十月初四日　甲寅　小雪）星期二

阴霾，午前后显日，气转冷。

晨五时醒，六时三刻起。八时续点《通鉴补正》列国纪。九时半，雪村见过，承慰问予及汉儿，谈移时去。十时后，潏、清、汉儿先后至，锴、鉴两孙亦至。十二时，润、琴皆归。盖今日为润儿生辰，遂共进汤饼也。饭后，润、琴仍上班去。清儿辞返楼台村，建昌送之。佩媳来，二时许亦上班去。三时许，潏偕锴、鉴归去，为其家装火炉。汉留待，与长谈。六时，琴媳归，与予及汉儿、元孙等共饭。饭后，琴媳仍去加班。

云彬见过。亦承慰问予及汉。汉以家中乏人，七时归去。七时半，锴、鉴来饭，知火炉装置甫毕。因其母已归，草草夜饭已，即赶归。云彬八时去。时已飘雪，气陡寒。夜渐深积渐厚。九时半，润归。十时，琴归。庭阶雪已盈寸矣。予就寝，适十时。

11 月 23 日（十月初五日　乙卯）星期三

晨六时三刻起，推窗一望，积雪二寸许，气却渐暖，不甚寒。

七时接镇孙体育学院电话，询其家中安否？并问虎饶有续信否？足见其关心。予告之，伊云即上课矣。八时半，接锴孙电话，询下雪能偕出否？予答以且偕母同来。有顷，中华书局陈向平、吕贞白见访，谈至十时许，辞去。明日即联袂返沪云。十时后，汉儿、锴孙来。潏儿亦至。即属锴孙骑车往森隆探取午餐号头，未几即还，谓号头早已发完矣。今日既非星期，又值雪后，乃十时甫过，便已发完，足见吃饭之难。但予家炉火失灵，又兼供应甚困，不得不出谋食。遂偕潏、汉、锴、元同出，拟往三里屯服务楼一试探之。及乘十路转六路以赴之。居然尚能吃到。十一时三刻完毕。送元孙上六路，属先归上学去。潴径归去，顺为予购点心。予等三人则过滋家一视铿孙。适佩媳归省其子，在门前相遇。铿孙甚好，因坐谈至二时许行。仍乘六路，复换十路归家。知元孙回家时在车门口受挤，左手两指轧破，甚以为恨，何一脱手，便尔出事耶？交通困难，益以食致有此耳。午前，接湜儿廿一日信，附一诗来，情绪尚好，惟二十日复信尚未收到也。五时廿分，元孙放学归，亟视其指，尚无大碍，心略放。六时许，潴来，购得点心一斤、熟肉半斤，排队且一小时半云。夜饭时，润归，共进菜粥。饭后，潴归去。润返馆开会。予独自开看电视，有北京杂技及故事影片《前哨》。十时半始毕。其时，润、琴皆归。予乃就寝。

农祥电话，属将湜儿粮票、油票备齐，明日外文印刷厂有人来取云。晚接滋儿电话，知假归。

11 月 24 日（十月初六日　丙辰）星期四

多云兼晴，较寒。

晨六时起。七时写信，复湜儿，并告农祥洽取粮票事，特嘱最好勿作旧体诗。九时，潴、滋先后至。接锴孙电话，谓顷往四川食堂排队取号，竟已发完，询悉清晨七时即发午票，发完续发晚票。盖时方九时，昼午夜晚之餐号俱已完讫云。今来森隆排队如何？予复允改森隆。即属在彼取号相候。既而汉至，乃偕同予及潴、滋踵往森隆，寄湜信即于出门时付邮。觅见锴孙，告已掣得五十一号。等候至十二时，号头及予等，遂上三楼一室中午餐。菜品已见逊，而价又见昂矣。吾恐过不多时，并此局面亦难维持耳。

一时半食毕。出馆子，潴同汉、锴往汉家，将为伊家翻装旧丝棉。予则与滋徐步往隆福寺人民市场闲逛。由钱粮胡同抄至东四北大街,乘六路无轨到灯市口下,走内务部街,径诣结核病防疗所,滋为复查入内。予则先归。一路雪融泥泞,棉鞋尽湿。到家烘烤,颓然斜躺,不能起行矣。傍晚,滋儿自防治所来,居然透视正常,甚以为慰。有顷,琴媳亦归(夜班以目疾告假),遂共饭。

七时许,潞、汉两儿及鉴孙至,亦与焉。饭后看电视,故事影片《三个母亲》及转播体育馆乒乓赛(为匈牙利选手与我国选手比赛)。八时半,滋儿归去。九时许,农祥来访,即以湜儿名下粮票交托带去。同看电视。有顷,即辞去。

十时许潞归去。十时半,润儿归。汉、鉴归去。电视至十一时而毕。乒乓赛犹未终局也。予熄灯就寝。

11 月 25 日(十月初七日　丁巳)星期五

晴,有风,寒威振矣。

晨六时三刻起。七时半,手录滋儿所记中共中央关于农村人民公社紧急指示十二条。九时始完。仍仅得摘要耳。旋写信两通,一复澄儿,一告漱儿,言家中近况,并以芷芬噩耗报之。十时半,潞儿来。有顷,汉儿来。以家中凌乱,三人出外午餐。仍乘十路转六路,到三里屯服务楼解决之。匆匆食已,即循原路归。以风狂不胜寒冻也,汉径归去。潞到家后,亦旋去。予独坐,只得拥炉耳。接湜儿廿四来信,启视惟有一诗、两词,意境尚佳,劳动中得此,亦复可嘉已,惟眼前处境,殊未宜耽此也。二时后,展读《通鉴补正》列国纪,三时半毕之。

四时半,潞儿来。五时半,接汉儿电话,以风大,今晚不来矣。夜饭琴珠未归,有电话知照,须赶出工作再回,即在外面求餐云。

润儿晚饭曾归视,即在家学习。濬儿饭后归去。予看电视转播河南许昌越调剧团《掉印》,十时毕,即寝。琴亦归矣。

11 月 26 日(十月初八　戊午)星期六

晴,寒,风稍杀。

晨六时三刻起洗足。

八时写信与湜儿,指示不再作旧诗,并催询究否回城选举?盖本选区干部屡来询问也。十时后,濬儿来。十二时半午饭,琴媳归,告知已奉派调往内蒙古自治区,为支边工作。有顷,润儿亦归,谓得琴珠电话,即洽询组织,得复将令与琴偕去云云。然则,夫妇偕往,诸孙必将挈去,是小雅宝局面终不可维持也。在儿辈服从组织响应号召,无论南朔,宜力攸同,予虽老耄,何敢少异。顾骨肉四散,骊歌竞唱,人独何心能不创然心痛耶!下午一时三刻,与濬偕出,乘十路到王府井南口下,车挤特甚,盖周末例如此也。濬为予赴市场购食饵,予则走往南河沿政协文化俱乐部,径诣第六会议室,参加民进中央小组组织生活。在大门前遇研因,遂偕入。入则却尘、颉刚已先在。既而之介、青士至;有顷,汉达、楚波至;又有顷,志成、守义至。乃展开漫谈,先谈国际形势,继谈关于公社紧急指示十二条。四时许陈慧至,又半时,纯甫至。谈至五时散。亟走御河桥,乘十路东归。挤甚,几不得上,勉强挨到禄米仓,然后徐步而返。坐定,见案上留条,知汉儿曾来,因家有戚至,已归去矣。六时许,濬儿来,知空排多时,无所得。挤车至南小街,只得走返。有顷,润儿、琴媳亦归。遂共进夜饭。清儿自乡返城,有电话告我,惟滋儿则未来云云。予嘱即来,于是,饭后便至。正长谈间,锴、镇、鉴三孙亦至,均为润、琴远调事来慰予。予持静应之。文权亦来。

十时,权、濬、清去。又有顷,锴等亦去。予乃就寝。

11 月 27 日（十月初九日　己未）星期

晴,寒。

晨三时半起便,旋复睡,即入梦竟哭。醒则五时廿分矣。亟开收音机,听广播新闻以攘之。六时三刻起,默坐至八时,续点《通鉴补正》秦纪上,抵午毕之。濬、汉、璐、锴、镇、鉴皆来共饭。饭后,清及昌、新来。晓先二时来访,三时去。其夫人雪英继来,傍晚乃去。璐、鉴四时许去。清、昌、新近五时亦去。独濬、汉、锴、镇为润家整治行装,竟日未休,掌灯时始将被窝翻好。予谓此等天伦之爱,虽万金不易也。佩媳傍晚至,盖濬以润家将远行告之,故来省问也。夜饭后,文权亦至,共谈至八时半,濬、权、佩、汉、锴、镇皆去。予即寝。

农祥下午见过,告粮票等事为顺义派人来汇取,大概近日未必能假返投票选举云。予托其打听,见复俾再处理此事。大约明后日会有复音至也。

11 月 28 日（十月初十日　庚申）星期一

晴,寒。时见阴翳。

晨三时半醒起便,复睡至五时醒。听广播新闻,挨至六时三刻,乃披衣起。

润儿感冒,仍去上班,与琴媳先后出门。予独默坐,不免涉遐思,乃伸纸作二书,分告漱、湜两儿。十时半,自出付邮。还家后,续点《通鉴补正》秦纪下,至午尽七页。得汉儿电话,谓顷至新华书店接洽,欲先还通县,组织上属再休息,候信,并令往天坛医院诊病。故在医院打电话耳。予闻之,以为新华组织够人情也。甚慰。

十二时许,瀋儿来共饭。饭后同出,伊归去购粮,予则乘十路转一路无轨到北海,应颉刚之招。时为一时半,即坐入双虹榭。二时许,平伯至。二时半,颉刚乃偕硕甫至。又有顷,元善亦至。闲谈至四时起行。予与平伯乘一路东返。车中遇伯恳,因在南小街口与之偕行。

到家未久,接农祥电话,告湜华同伴一行俱在顺义投票,不复来城云。傍晚,瀋至,润、琴皆归,遂共进夜饭。饭后,予全家有选举权者都应召赴十四号北屋开选民会。留瀋在家看护三孙。

七时半散会。归则滋儿、佩媳俱在,盖今晨清儿返乡,以润等外调事告滋,故特请假归省,夫妇偕来耳。有顷,汉儿、锴孙至,共谈至九时许,瀋、滋、佩去。

十时,予就寝。汉、锴十时半乃去。

11 月 29 日 (十月十一日　辛酉) 星期二

晴兼多云,气不甚寒。

晨六时三刻起。九时许,滋儿来,同出。乘十路到王府井南口下,偕往大明眼镜公司,滋修眼镜并上楼验光,十一时始了。因走返午饭。本定同浴清华园,以时不及,步还。

午后一时半,滋去楼台村。予偕瀋、汉同往阜外医院。一路无轨又回复由朝阳门直达动物园矣。因附至礼士路下,步入医院。以未先挂号,直坐待至五时后始由郭敏文大夫接诊。以近日情绪不免震动,心跳头晕,故加配镇静药水及安眠药片。复嘱再验血糖及尿糖等。近六时乃离院,乘一路无轨,适各机关下班,车挤甚,勉到南小街,仍步行回家。

在院晤王良仲、郭宝钧。

润儿归来,谓接农祥电话,湜儿仍有可能返城投票,故选民证可暂勿转出。予接韵启电话,谓别后迁入前门饭店,朝夕开会,竟无暇来访,明日且合伴返沪,亦不及来辞云。

夜饭后,潜、汉、润聚谈,九时后,潜、汉归去。予亦就卧,以服药故,十时即入睡,翌晨四时乃醒。是夕洗足、濯身易亵衣。

11 月 30 日(十月十二日　壬戌)星期三

晴。不甚寒。

晨六时三刻起。七时三刻潜来,八时偕出,乘十路转一路无轨赴动物园,在四十七路车站候车。有顷,汉至,九时半始得乘上四十七路,十时一刻即到射击场下。三人走向福田公墓,径诣珏人长眠地展拜。今日展墓,心情特殊,不自知其因何难受至此也。心痛忍泪,不愿久驻,即掉头行,顺过墨林墓一展之。回至射击场候车,半小时乃得西行,抵四平台径走灵光寺午饭,并啜茶,虽收粮票,且只有素菜,却暖而适口,较城内高级馆转胜多多也。茶憩至一时后,即下山,顺巡参新建佛牙塔院一周。在四平台候至三时许,乘四十七路回动物园,再转二路无轨到西单,再换十路回禄米仓。徐步到家,已将五时矣。

润归夜饭,琴媳亦于饭后归视。但七时许,伊二人皆仍上班,分别学习及讨论。

八时许,潜归去,汉留宿焉。共看电视,故事片《智取华山》。十时许就寝。神经痛如故。

12 月 1 日（十月十三日　癸亥）星期四

晴，回暖，以前冰雪渐见融化矣。

晨三时起溲，即未能好睡。挨至六时，披衣起。有顷，汉儿亦起。七时同出，挤十路转一路无轨，到阜外礼士路下走往阜外医院。一面挂号看内外，一面往化验室验血糖及尿糖。抽血后，先进食，旋由郭大夫接诊。嘱转牙科问讯。遇默存亦在治牙，等待许久始及予，亦并无他说，仅为予用小砂轮略磋下牙底托，并开单取索密通数粒而已。十时半，始得离院。仍乘一路无轨转十路，归家已十一时多矣。

坐定后，潘儿方来。十二时润归共饭。饭后，润仍去上班。予头左侧抽痛依然。下午枯坐，头益痛。傍晚草草夜饭。锴、鉴皆来。

七时半，湜儿自顺义归，赶进夜饭。据闻，四日投票经组织批准，五日才回乡社云。因属润走与选举干部洽，注销转去，仍在城一同投票。夜饭后，湜出就浴，九时即归。汉等皆归去。琴始归，重感冒矣。

十时前就寝，与湜同榻。以西屋未升火，且满储配给之白菜也。

12 月 2 日（十月十四日　甲子）星期五

浓雾，近午开雾。气较暖。

晨四时，予起小溲，寒噤连连，头痛增剧，盖神经痛又益以感冒也。在被静卧至八时半，强起，硬坐于炉旁取暖，终不出汗，仅进牛乳一盂，幸未呕吐。

　　九时许,濬儿来。九时四十分,湜出觅食,一月来未见油面,终望煞煞馋念耳。但究能如愿否,恐须碰造化矣。

　　十时半,汉儿来,有顷,濬、汉出就浴。予独坐,越感幽忧,乃强自展日记,奋笔记之。十二时,濬、汉浴后归,为予煮面条食之,尚甘芳。知胃口未倒也。琴媳亦以重感冒发烧,未上班。

　　午后,润请假料理家事,因与湜儿、错孙躬自车煤,(煤铺明明规定日期送煤,屡屡爽约,呼之不应,只得自车,且不肯借筐。乃用小孩坐车围以硬纸免漏。)往返两次,只运得二百斤煤球。三数日后便又竭蹶矣。下午三四时许,濬、汉为予持证往朝内市场购到配给物品。

　　夜饭后,鉴孙来。九时许,濬、汉、错、鉴俱去。予服羚翘解毒片二枚,就寝即入睡,大约有汗,翌日五时乃醒,难得之至。

12 月 3 日(十月十五日　乙丑)星期六

　　晴,寒。

　　晨五时醒,头痛稍解。六时三刻起,精神亦稍复。

　　七时半后,润、琴照常上班去。湜儿亦赴厂参加开会。八时,接漱儿上月三十日信,复予廿八去信。已知润等皆须远行,为建议三点。(昨已有来信,复廿五去信。惟尚未及知润等事。)予终感难以解决,只索点阅《通鉴补正》秦纪二,至十时毕之。汉儿亦至矣。午饭后,与濬、汉、湜闲谈。四时许,汉归去。

　　午前乃乾见过。与长谈,备承慰问,至下午二时许始去。夜饭后,文权来。润、湜以今日为错孙生日,偕往汉家一省视之,偶与濬提及昨日持证购物事,发觉遗失此证在家,四处寻觅竟无所得。琴媳乃赶往汉家询润、湜。十时许,偕归。汉、润、湜皆未之见,匆忙回来,大家不安,潘、权亦归去。只得明日往市场一寻之,有无下落,则不可知矣。予就寝,为此竟致失寐。

12 月 4 日(十月十六日　丙寅)星期

阴,雪。不甚寒。

晨六时半起。七时许,湜儿冒雪出,径往森隆排队取号,盖今日星期,又值选举投票,诸儿都为此聚于城中,润等将有远行,故设法聚餐,聊资欢叙耳。乃湜儿越时归报,毫无希望。据云未明前即有人排队,后至休想。旁看萃华楼、东来顺皆然。只得废然而返。适接汉、滋电话,遂分告作罢。值此紧急关头(主副食俱紧),亦惟有徒望而已。有顷,潘、权、汉、滋先后至,因谈润、琴远离,家中作何安排问题。十二时午饭。饭已续谈,不得要领。予因偕滋、湜出,先过礼拜寺胡同小学投选票。旋乘十路到中山公园,在唐花坞一转,即往西首茶点部觅坐,讵到处人满,只得在外廊瀹茗小坐。究以寒天露处,未久便起。预料公共汽车必挤不上,三轮又稀如星凤,且风中呆坐,亦受不了,只索三人徒步由阙右门、阙左门、东华门大街、金鱼胡同、无量大人胡同等处踏雪而归。到家已五时馀,人虽感累,体却增暖矣。夜饭前后,乘诸儿尚集,仍续谈安排问题。最后作初步决定,先由潘回家照料主持,如有困难,再设法由滋家搬回。不得已,只有暂时决定耳。

九时,清儿先归(清今日下午四时方赶回投票)。九时半,滋儿归去。

十时,予就寝。潘、权已先于九时一刻归去矣。汉儿与润、湜谈至十一时始歇。锴孙奉其母归去(锴孙于夜饭后来)。

12 月 5 日（十月十七日　丁卯）星期一

晴,寒。

晨四时起溲,复睡。六时三刻起。湜儿七时出,径赴厂开会。友琴有电话询予,上午出席开会否,予以未接通知对伊云。然则,下午三时左右,来小雅宝访我云。

九时后,续点《通鉴补正·汉纪一》。接佩媳电话,知滋儿昨夜归去,患腹疾,伊一早起赶往东直门公路车站晤见亦秀、清华,转托向公社请假云云。旋接汉儿电话,予即以此事告之。汉即往三里屯省视。越半小时,即来电话,谓滋病情尚不严重,已为向朝内医院挂号,俟午饭后再来小雅宝详告。

十一时半,潗儿来,谓方自清儿家来,知新新确定出痧子,其母晚间仍归家云。十二时半午饭,润、琴俱归。湜亦归。据告今日之会只数分钟,嘱今日休息,明晨八时仍在厂中集合,是否即赴乡,抑另有任务,届时再说云云。午后二时,润、琴仍去上班。三时前,湜往大栅栏大观楼看新设宽银幕立体电影。

三时许,友琴见过,告上午在文联大楼开会,由沫若主持,梓年作报告,是哲学社会科学学部大会,周扬亦有讲话。会期且不止一天,其芳亦将作一次报告也。听者甚多,且多老人。所中因予身体恐不能久坐,故未通知云云。旋言,前编《不怕鬼故事》,中央极重视,将改用文学所名义出版,以此注文方面须更加琢磨。顺提出问题十数则,同予商量。于是且谈且看,至四时半,粗得解决之。旋辞去。

三时后,汉儿未见来,而锴孙来迎其母,未之遇,因电话去三里屯询之,滋儿亲来接话,谓汉陪伊往医院诊治,知为肠胃炎,并不严重,出证休息三天云。至汉本人,因与锴约,已径归去矣。予遂嘱锴即归去。

五时许,湜儿归,顺为购得预先登记之火炉铁管两节。今年铁烟筒极难得,尤其是四寸口径者,今竟购到四寸之管,甚以为幸。惟价格大增,两节之费竟近十元耳。汉儿竟未来,不知接洽情形如何。夜饭后,潘辞去。予与两孙看电视,为影片《五月红花满地开》,九时半完,即寝。湜儿明晨仍须七时即出也。

12 月 6 日 (十月十八日　戊辰) 星期二

晴,寒威较杀。

晨四时起便,仍入睡。五时半听广播新闻,六时一刻又听广播各国共产党和工人党代表会议声明摘要。边起边听,历时一小时有一刻。八十一国人民团结一致,帝国主义毒焰其将杀势乎?真人类福音也。九时后,滋儿来,知腹疾已好转。有顷,潘儿来。又有顷,汉儿来,谓甫自新华来,其领导嘱即往通县取铺盖,调回原处工作,后日即上班云。又有顷,湜儿归,谓今晨之会亦嘱伊等明日返顺义取铺盖回厂,另候分配云。是此两讯均属堪慰老怀者。小燕有痧子嫌疑,今日上午琴媳留家候医,医至断为非痧子,且热亦退。于是午后琴仍赴出版社上班。午饭后,汉归去料理且往师范学院看锴孙。予与潘、滋、湜三儿乘十路南去。潘等于王府井下,予则径到中山公园。平伯适在前行,同入茶水部。颉刚、元善已先在。同谈至四时起行。元善步归。予等出南门,颉刚亦步归,独予与平伯仍附十路东行。到家已将五时。

潘、湜六时许归。润亦归。乃共晚饭。知滋已径返三里屯矣。夜饭后,润挈元、宜两孙出购物,越时归。潘乃去。九时就寝。晚接澄儿二日复信,附慰唁汉儿信。

12 月 7 日（十月十九日　己巳　大雪）星期三

晴,寒如昨。

晨四时起溲,五时叫醒湜儿。五时五十分,湜出,径往车站集合赴顺义北府村提取行李。大约明日下午可以回城。八时后,写信两封,分复筑澄及沪漱。告近日家中情况。十时半交元孙出投邮。

十一时许,潗儿来。午刻接慧珠电话,谓院中今日下午二时在北京剧场召开大会,作十二条精神报告。予本有政协潘梓年关于自然辩证法问题之报告可听,得所中电话,遂决改往北京剧场。

滋儿十一时半来共饭。饭后,佩媳亦至。下午一时后,予即偕滋儿出,步行由东西石槽、椿树胡同、八面槽等处转入东安门大街,径抵北京剧场。适为一时五十分,楼下已坐满。遇吴赓舜、刘建邦诸人。吴、刘诸人皆自曲阜下放归来。乃挨坐于西侧柱后。二时开会,主持人介绍:请经济所某君报告(主持人不相识,被介绍者之姓名亦未听清),就生产关系所有制、劳动力支配及产品分配诸问题贯串十二条阐述之,尚能听取大略。至五时半方散。予在人丛中挤行,又适上灯时候,颇感困难。走至东安市场北门,遇一熟三轮,乃乘之以归。

到家潗儿亦甫自市场为予购得点心归来也。润儿归饭,琴媳则以晚有学习未归饭。饭后,润儿仍入馆学习。潗归去。

予开电视看之,九时半毕。就寝后,润、琴始归。在予床前谈十馀分钟,令去就卧。

晚接汉电话,知已由通县返城,锴孙陪同往还,入暮乃归云。

12月8日（十月二十日　庚午）星期四

阴,寒。

晨五时三刻起,自调炉火。八时后寂静,因出颉刚所予纸为老同学赵孟韬《挈剑图》。孟韬自甪直一别后,不谋面者将五十年。颉刚于公园茶叙时告予,孟韬与予同庚,今仍住苏州,曾绘《挈剑图》自壮。去年七十时绘示朋侪,属予一题之。六日茶叙,即以此纸交予。颉刚、元善、圣陶、平伯俱已题就,惟余楮首留予题。今日沉寂,即漫制四言十韵塞责,并即书讫,录其稿于次:

　　草桥聚首,甫里随肩。每抱清标,辄思齐贤。南朔流转,
　　会面时鲜。一弹指顷,各已华颠。缅想当日,垂五十年。颉刚
　　告我,君健且坚。恬酣弥铛,时抚龙泉。期颐足征,气王神全。
　　君我同甲,闻之羡涎。愿附山寿,共乐尧天。

元孙今日上午自往锡拉胡同牙科医院补牙,九时前去,十一时半归。居然独往独来,宜可放心矣。午与润、元共饭。饭后即出,挤十路车至佟麟阁路北口,转七路车到丰盛胡同西口下,走往政协礼堂。本定在楼下第二会议室听报告,以听众不少,入门后即通知改在三楼大厅举行。予与图南、老舍乘电梯直上,在场遇熟人甚多,与守义、汉达同席,其间又晤及力子、云彬、至善、祖荫诸人。二时开始,图南主席说明,今日之会为本会国际问题组所召集,参加者有本会在京委员、国务院参事室、各民主党派中央人员及部分社会学院学员(女同志甚多)。旋请国际关系研究所所长孟用潜报告美国经济危机问题,追溯原因,剖析局势,归结到直将影响整个资本主义国家云。五时一刻始毕。主席又加以例述语,五时四十分乃散。时值各机关下班,车挤欲裂,予循原路转车,各等候多时,

及到家已七时矣。

润儿已归。有顷,汉儿来,谓今日已正式回原岗位上班云。又有顷,琴媳亦归。乃与元、宜诸〈孙〉共进夜饭。盖日来大力提倡劳逸结合,一张一弛,为毛主席所指示,于是,各机关干部均需,适时休息耳。

饭后,润儿挈宜孙出浴。予与汉、元等看电视,故事影片《昆仑铁骑》,九时半毕。润挈宜归。汉亦归去。候湜儿之归至十时半,未见动静,则今日不会来矣。乃就寝。

12 月 9 日(十月廿一日　辛未)星期五

晴,寒。

晨六时三刻起,自添炉火。

八时后,续点《通鉴补正·汉纪一》,十时半毕之。十一时许,潞儿乃来,在东单居然买到水发海参二元也。

接平伯片,谓傍晚车挤,建议下星二之会改于中午举行。予深谓然。午后,与颉刚通电话告之,伊云已函约圣陶,不改为宜。

电话向阜外医院挂号约明日上午九时往就诊。盖药已用完矣。

二时,续点《汉纪二》,四时许点毕。五时即与潞儿进晚餐。以琴媳约七时前在护国寺人民剧场门前持戏票候同入看戏也,五时四十分偕出,挤上十路,在方巾巷转十一无轨,到护国寺已六时半,走至人民剧场,琴媳适已在,乃同入。予坐楼下八排廿二号,潞、琴并坐廿排西偏末上座。七时开场,为中国京剧院二团演出之《猎虎记》,主要演员为张云溪、张春华、高玉倩、苏维明。八时半休息,予等即起行,一以夜寒,一以迟恐挤不上车,只得早归。仍循原路东归。潞则在沙滩下,转九路无轨径归其家。予与琴则到方巾巷转十路而回。到家,润儿已归。惟湜儿一去三日竟无归期,未识何故,颇萦念也。

十时就寝。

12 月 10 日(十月廿二日　壬申)星期六

拦朝大雾,禺中开晴,气回暖,前雪见融。

晨六时三刻起。七时四十分潜来,八时与偕出,乘十路至朝内大街,转一路无轨到阜外礼士路下,走往阜外医院就诊。坐候至十时,始由郭敏文大夫接诊。据云血糖已减少,血压亦无变化,仍用前药,略减二种。十时半即离院。在院内遇颉刚、淑明,稍稍谈。离院仍乘一路转十路,十一时四十分始归家。

午饭后,写信复平伯,即以颉刚意告之,并约是日下午二时前,予往其家,同去赵登禹路云。

接清儿电话,谓一早赶回楼台村,其场长知新新痧子未痊愈,仍属归家照管云。予电话询农祥,湜等顺义之行有无消息?据答,厂中人事科亦未悉,但知去取行囊一行人众都未见回,大约在彼交割工事,明日当可归来云。

续点《通鉴补正·汉纪三》,至五时完十五页。傍晚润、琴皆归,遂同饭。

饭后,云彬见过。未几,邻人朱君振明来为我家修电视,增装变压机一具(计费八十五元)。有顷,文权、预孙来。八时,云彬、振明先后去。予等遂同看电视。以重演故事影片《铁窗烈火》,未及完,予即先就寝。

越半时,电视毕,潜等归去。

12 月 11 日（十月廿三日　癸酉）星期

雾，旋开，气较昨寒。

晨六时三刻起。

八时后看政协《文史资料选辑》第九辑陈铭枢《宁粤合作亲历记》。又阅报载《各国共产党和工人党代表会议告世界人民书》，至十时皆毕之。十一时，民进中央送入场券至，盖中朝友好协会举办中国军事友好代表团访朝报告会，请团长贺龙元帅作报告也。

十二时午饭，饭后电话约颉刚，于一时半过其寓，同往人民大会堂。时已有风起，勉强挤上四路环行车到天安门，即挤下，盖不胜其气闷矣。相将走入会堂东门。听者已甚多，时正二时半。直入坐中间第三排。予坐四号，颉刚坐六号。有顷，元善至，坐二号。共谈甚乐。前后左右多稔者。本定三时开始，乃过时四十分始宣布开会。主席台上到周总理、陈毅副总理、罗瑞卿大将，及彭真、陈叔通、老舍、吴晗诸人。贺元帅临时感冒发烧，即由罗大将代读报告书。历一小时毕，即宣布散会。如此爽利，真近来罕见之事也。快然兴出。风大作，但车挤，恐不得上，即偕元善、颉刚步由天安门入，出阙左门，循筒子河到东华门，扬长而东。元善归锡拉胡同寓所。予复与颉刚走金鱼胡同，送其回干面胡同，乃独冒风东行，六时许始抵家。湜儿已于午后归。据告当地留作水库工程须再去三四星期。明晨到厂开会，十四日再往顺义北府云。

六时半，与润、琴、湜、元、宜共饭。饭后风益大，吼声如虎。遂开电视看之，适为北京京剧团所演《状元媒》。

潘儿午后曾来，夜七时许在清所打电话来，清亦顺通话焉。汉儿早有电话，谓夜间或来省，惟风大，恐不果来。

九时半,电视完毕,予即偕湜儿就寝。

12 月 12 日（十月廿四日　甲戌）星期一

晴,寒,风稍止。

晨六时三刻起。七时,湜儿赴厂开会。七时四十分,润、琴俱上班去。润且顺道送宜孙入幼儿园也。

八时后,续点毕《通鉴补正·汉纪三》。遂接读《汉纪四》,至十一时半亦点毕此半日甚快也。午后先点《汉纪五》至三时完十四页。继思前年所得粤本《四库提要》,字大可读,拟再发愿,复点一过。遂取头本施朱,至五时点完。明日为始,拟上午点《补正》,下午点《提要》,俾资调节,藉托烦心。惟不识身体能相应否耳?

五时许,湜儿归,谓厂中并无决定任何工作,且等待良久,亦未开会。下午通知各归,明日只索赴厂向总务处上班干杂作云。五时三刻,润儿归,匆匆先饭。饭已即赴馆参加学习。有顷,琴媳归,遂与湜、元、宜共进夜饭。

饭后,汉儿来取电报,(晨自虎饶来,盖敫闻芷耗慰汉者。)适清儿有电话至,谓士信已由东北归,同去者皆归云。是敫亦有可能归来也。七时半,汉往清家,即宿彼云。

八时看电视,九时半即了。为故事影片《江山多娇》。电视毕即就寝。

12 月 13 日（十月廿五日　乙亥）星期二

凌晨大风,晴,寒。

晨二时起溲,即未好睡。五时三刻,湜起,六时予亦起。

六时半,湜赴厂上班。七时半后,润、琴亦上班去。八时,续点

《通鉴补正·汉纪五》，至九时半毕之。又续点《事类统编》职官部翰林院，十时半亦毕。

接清儿电话，知昨夜接士敦虎饶电报，即转哈尔滨返京工作，已分配在山西云。十时许，潏儿来，亦述此事。据云士信为第一批在彼者。经中央考察团决定，全部放回重派工作，芷芬之死，仅差一月，否则必可偕同归京。呜呼！其命也。夫复又何言。

潏儿仍往清所叙谈。

午饭后一时半，予出，步往老君堂过访平伯，同赴颉刚政协礼堂茶叙之约。先在朝阳门乘一路无轨到沟沿，在人民医院前乘三轮诣礼堂，径附电梯上三楼。则颉刚、元善已先在。予即以所题孟韬《挈剑图》诗交颉刚，俾转寄。有顷，勖成、圣陶先后至，六人共阅元善携来先人藏晋人墨迹及清荣亲王写木笺帖谈艺话旧，致足乐也。至四时半，即诣小卖部凭证排队，约于五时就食，出粮票三两，各得饱焉。宜乎持有证件者之趋之若鹜耳。未及五时半，向隅者纷纷矣。食后，复茶长谈，至七时一刻乃行。勖成返其宿舍。予及元善、颉刚、平伯俱附圣陶车行，先后送归。予在禄米仓西口下，徐步返家。时润、湜俱已归。

知雪村今日宣布摘去右派帽子，士敦亦且赋归，恐触汉儿之怆伤，润已往汉家接汉归来也。有顷，润、鉴先返，汉亦继至。遂启电视看北昆所演《春香闹学》《游园惊梦》，聊期散忧。

十时，各就寝。予洗足、拭身易衷衣而后入睡。润儿为写思想总结，在予书案上作，竟夕未眠。

12 月 14 日（十月廿六日　丙子）星期三

阴，寒，旋晴。

晨四时起溲,六时一刻披衣起,亟呼润儿就予衾睡。六时五十分,湜赴厂。七时,汉上班去,鉴上学去。天犹未大明。予挑灯记日记,萧然而冷,凄然而思,正不知己身将何所措之也。

八时,强坐点《通鉴补正·汉纪六》,抵午竟。九时后,友琴见过,还书,谈移时去。

十一时,潜儿来,为予买到灌装熟肉。午后,介泉伉俪见过。二时三刻,予与潜儿偕同出,四人乘十路往九条东口下,走访圣陶。闲谈至四时半,辞归。仍在北小街九条口乘十路行。介泉等在朝内大街下,予父女则径至禄米仓下。

六时半晚饭,锴孙、湜儿先后到,与焉。饭后,汉儿来,有顷文权来,共谈至九时,文权、潜儿归去。十时,汉儿、锴孙归去。予亦就寝。

润儿仍乘夜写总结,翌晨三时,予起溲,始呼令就卧。

12 月 15 日(十月廿七日　丁丑)星期四

晴,寒。

晨五时三刻与湜儿同起。六时三刻,湜赴厂。据云今日厂中派人往顺义北府村汇取行李,此一行人候通盘决定后再分配。现在仍在总务处打杂作。

八时后,点阅《事类统编》职官部。午后且点阅同书地舆部陕西省,毕之。

二时后,打一小盹,醒后点阅《四库提要·凡例》及《经部》总序,垂暮逮及《易类》数种矣。

六时许,汉、滋皆归来。琴亦归。润下午出购物,时亦返。遂与潜、汉、润、湜、琴、元、宜团坐夜饭。饭后,即与汉偕出,乘十路至

民族饭店转乘七路诣政协礼堂,时为七时半。电梯直上三楼大厅,
应邀参加本会联络委员会举办之文娱晚会。晤力子,略谈。八时
开始,由铁路文工团演出曲艺,有相声、西河大鼓、快书、魔术、擂
弦、拉戏六种节目,俱轻松快利,甚惬适。九时半即告结束,尤便老
人。予即偕汉循原路归家。

　　到家十时甫过也。潩已归去。润、湜、琴尚在小屋闲谈。遂小
坐片时,然后就寝。汉儿留宿南屋,与元孙同榻。

12 月 16 日 (十月廿八日　戊寅) 星期五

　　晴,寒,有风。

　　晨六时三刻起。

　　七时汉、湜并出。未几,润、琴亦上班去。

　　八时后,点阅《四库提要》,十一时毕《经部》易类二,接点《通
鉴补正·汉纪七》。至下午三时毕之。

　　潩儿往看清家。予又续点《提要·经部》易类三,至五时
毕之。

　　夜饭后,看电视,九时半就寝。

12 月 17 日 (十月廿九日　己卯) 星期六

　　晴,风,严寒。玻窗冰封。

　　晨六时廿分起。五十分,湜儿冲寒赴厂。七时半后,润、琴亦
上班去。八时廿分,冲寒东出,往步文学所参加讨论会。盖昨接电
话,谓九时在二楼会议室举行。至则二楼已为别组所占,乃改在楼
下阅览室。有顷,占二楼者散会,予等复移就之。到冠英、叔平、大
冈、彦生、劳洪、贯之、芸生、若端诸人。讨论李维汉报告《改造思想

问题》,十一时十分散。予走归,对风而行,寒甚。下午本有民进小组之约,因电话颇刚,属为告假,竟不敢出门也。

十二时十分,与潗、润、元午饭。饭后,润上班,元入学。予乃续点《提要》,至三时毕易类四、易类五两卷。

湜儿二时半,在车站取得顺义捎来之行李走归厂中。因令下午休息。三时后,续点《通鉴补正》汉纪八,得十六页。又点《提要》易类六,得十一页。时已入暮矣。

湜儿早进晚饭,即过偕建昌往政协礼堂看电影《白痴》,在彼相候者有大璐、元锴、元鉴、小同。予遂与潗、润、琴、元、宜共饭。饭后,汉儿、文权先后来电,询清儿,则士敫仍未归,不识何以在哈埠逗久也。

八时,看电视转播影片《老兵新传》,九时半完。潗、权、汉各归去。湜亦旋返。予乃就寝。

12 月 18 日[①](庚子岁十一月　大建戊子　庚辰朔)星期

晴,严寒。

晨六时三刻起。八时后,续点《通鉴补正·汉纪八》,至十时点毕。接点《提要》易类六,至午后二时亦毕之。

近日大倡劳逸结合,润、湜等遂得如例休假,乘休假在家,乃得使用馀力为家庭服务。上午,两儿往贤孝牌煤铺(指定供应站)排队借车登记付款,始得车回煤球二百斤,煤饼二百枚(仅敷短期之用)。下午利用煤球散末团作大球,藉资添火。本约定期挨户车送,乃今排队恳购辄多向隅,如无两儿自出不将停炉忍冻乎。

---

① 底本为:"一九六〇年十二月十八日至一九六一年二月廿一日日记"。原注:"二月廿二日午前止此居叟自署,时年七十二。"

下午三时半,滋儿、佩媳挈铿孙来省,盖滋亦沐劳逸结合之惠,昨从楼台村农家假返者也。五时许,润、湜往车站候士敦,越时归报,仍未见到。怅甚。滋等雇车归去,未与晚饭,乃车来迟迟,直至八时始成行。

夜饭后,潜、权来。晓先、雪英亦至。同看电视话剧《悭吝人》,九时半毕。晓等先去。潜等旋行。予亦拂枕就寝。湜儿仍与予同榻。

午后,振甫夫妇见访,而汉儿未来。盖为芷芬事而来致慰者。

看电视前并就灯下点阅《提要》易类存目一之二十一页。

12 月 19 日(十一月初二日　辛巳)星期一

晴,寒。

晨三时起溲,遂未入睡,挨至六时三刻起。湜儿旋出。七时半后,润、琴皆行。八时后,予仍枯坐点书,续阅易类存目,直至午后三时,点毕易存目一、二两卷。四时后,点读《通鉴补正·汉纪九》,垂暮点完八页。

六时许,得清儿电话,知士敦刚从车站回家。盖乘牡丹江来通车误点致六七小时也。时潜儿已来家,润儿亦归饭。正欲赶饭后往车站探候,知此遂罢。饭已,潜即往章家看士敦,而润仍入馆开会。

七时后,潜、清、敦俱来省,汉、湜亦归,相与聚谈,各有说不出之滋味在心头也。有顷,文权来,润亦散会归。道阔至十时许,各散归。汉乃留宿家中。

有顷,予偕湜儿就寝。

12月20日（十一月初三日　壬午）星期二

晴，寒。

晨四时醒，六时三刻起。湜、汉先后出，分赴厂、店。七时半，润、琴亦各出就社、馆。予仍孤坐而已。迩来例给口粮日紧一日，不得不数米为炊。今日起，属家下三餐皆粥。九时后，续点《补正·汉纪九》，至十一时点读毕。

潜儿十一时后来。盖为予往永定门先农坛根自由集市买得中鸡一只，据云物少而贵，久立始逢，亦不容选择，亦不讲衡量，揣而得之，若获至宝，以此论价，惟凭物主，稍一论减，他人愿添价攘之矣。是鸡大仅如饭碗，而价为九元也。

十二时，润归，遂与潜、润、元同饭。啜粥夹盐蔬下之耳。后日冬至，明晚俗称冬至夜，将惟此一鸡是赖孙辈宜得一沾唇矣。

下午一时廿分出，乘十路到中山公园，茶于西侧茶水部。二时许，元善至，又有顷，颉刚至。共谈甚快。为政协《文史资料选辑》谈出许多专题，不为无益矣。平伯、圣陶、勴成皆未至。四时许，钱琢如（宝琮）至，再坐下长谈，越半小时起行。元善、颉刚步行东归。予与琢如（伊住前拐棒胡同十二号）仍在人民大会堂北门乘十路行。到家已五时半。

薄暮，润、湜、元、宜皆归，琴亦旋返，乃共进晚餐。潜亦与焉。晚餐后文权来。润、湜往看士敏。八时许，潜、权归去。九时半，润、湜偕汉从清儿归。遂各就寝。予在灯下独坐时点阅《四库提要·经部》易类存目三之十九页。

12月21日（十一月初四日　癸未）星期三

晴，寒。

晨三时起溲,复就床,睡不好。五时许,湜儿即起看书。予延至六时亦披衣起。未几,汉儿亦起。六时半,湜即出赴厂。七时,汉亦去上班。又有顷,润送宜入学,顺上班。琴亦赴出版社上班矣。八时展《四库提要》续点易存目四,至十时毕之。因独出散步,顺过储蓄部取款。

十二时许,潗儿始来,盖在排队购物,遂尔浪费时间也。润归午饭。予与潗、元共之。午后,点阅《通鉴补正·汉纪十》。又抽闲写一信复中华书局上海编辑所陈向平、吕贞白,说予撰李白年谱乃草创未竟之稿,不能送正云云。四时,点完《汉纪十》之九页。又续点《提要》易存目,抵暮完之。并及易存目四之十一页。

六时半夜饭,润、琴、潗、汉、湜、元、宜皆与,杀鸡作黍,依然欢度冬至。夜饭后,文权、清儿皆来共看电视,故事影片《海魂》。予别就灯下续点易存目四之十二页。九时许,潗、权去。电视完后,予与清、汉、润谈芷芬身后安排及锴、镇、鉴上学问题,近十一时,清乃归去。予等亦各就寝。

宜孙感冒,夜发烧,体温在三十九上,明日当令辍学休疗也。

12 月 22 日 (十一月初五日　甲申　冬至) 星期四

晴,寒。

晨六时与湜俱起。六时四十分,湜赴厂。七时半,汉儿出,径赴天坛医院复诊,诊后顺上班。润儿以感冒未入馆。八时后就院求诊。宜孙热虽未退尽,然精神尚佳,恐出外冒风,姑令在家休息。琴媳因稍迟入馆云。

八时,点《提要》易存目。接乃乾电话,谓其夫人七时排队,已在森隆取得号头第六号,属予于十时半前赶到,先到先等,以期共会午餐云云。予乃于九时三刻出,乘十路至王府井南口下,步往金鱼胡同西口,正十时廿分,走上森隆二楼。坐不久,而乃乾伉俪来。十时半,即被延入坐,与一单身客同桌。菜品较前又券薄而价则又抬至十七元矣。十一时五十分,即食毕。偕过百货大楼一转。予即在帅府园西口雇得一三轮,乃乘之东归。到家仅一时耳。

少坐后,续点易存目,至三时全卷毕。通前计凡四十三页。又接点书类一,至六时许,阅毕。

六时半,湜、琴皆归。惟汉儿未来,俟至七时乃与澨、润、湜、琴、元、宜同进晚餐。餐后,汉来。有顷,士敫来、文权来,顺林来,共看电视,故事片《战火中的青春》,九时半完。顺林、士敫、文权、澨儿都归去。汉以元鉴在家,亦归去。予乃偕湜儿就寝。

12月23日(十一月初六　乙酉)星期五

多云,近午晴,仍寒。

晨三时半起溲。五时湜即起。予亦六时起。湜旋赴厂,予亦挑灯独坐。七时半,续点《提要》经部书类二,及书存目一、二,至午皆毕之。以字大而爽心,目力尚能勉逮之,故顺而快耳。

接漱儿二十日来信,详询家中情况。澨儿十一时后来,十二时半润儿归,乃共饭。饭后,润儿上班去。宜孙仍在家休息。

下午一时后点阅《事类统编》职官部,至五时,仅完十二页。湜儿今日早归,四时五十分即到家。盖下午运木劳累,领导上令得早休耳。

六时后,润、琴皆归。又得汉儿电话,知已饭过,在清儿家,少停便来云。予等遂进晚餐。七时,开看电视。有顷,汉儿、文权皆来。同看北京市戏曲学校学生演出《奇双会》写状及《樊江关》姑嫂争斗两折。九时许即完。权、潏归去。汉则留。

　　九时半就寝。

12 月 24 日（十一月初七日　丙戌）星期六

　　阴,近午转晴,有风,仍寒。

　　晨四时醒,六时起。灯下着衣。六时三刻,湜赴厂。七时半,汉亦往店。润、琴亦皆各赴所事。宜孙今日复入幼儿园。

　　八时后,续点《通鉴补正·汉纪十》,至十一时半毕之。

　　近午,接政协秘书处急件,谓今日下午二时半在政协礼堂请全国人民代表大会常务委员会副委员长西藏自治区筹备委员会代理主任班禅额尔德尼却吉坚赞作报告,属参加。午饭后,又得张慧珠电话,谓院部党委有通知到所,属予往政协听报告,并言通知送达甫到,已令人专送前来,请即准备云云。待至二时许,所中派人送到通知,则与予直接收到者为同一事,乃持柬出门,乘十路转七路径诣政协礼堂,时已二时三刻,楼下已坐满,只得登楼坐中间第六排,遇研因、云彬、翰笙等。正开始由班禅讲话,(是日主席团为李维汉、李四光、陈叔通、包尔汉、徐冰等,而由李维汉执行。)说一段翻译一段,凡两小时而毕,中间休息十五分,四时半即散。人皆争取在食堂用膳。眈眈而视,跃跃欲动者殆不下百许人,而所发号头仅为六十客,何必向隅兴嗟,只索扬长赋归。遂仍走至丰盛胡同口,乘七路至民族饭店前,转十路东回。今日为星六,下午托儿在外者多于此时接回,又值下班相近之时,车中乃挤不堪言。五时一刻到家。湜已归。

　　六时三刻,与潏、润、琴、汉、湜、元、宜共进夜饭。盖星六各人皆以劳逸结合,故得早赋归来耳。

七时半看电视,清儿、文权来。八时三刻,电视即完,(近日多如此,大约亦为劳逸相结合之故。)而士觩来,乃共谈至近十时,始各归休。汉仍留宿,湜则往宣武门内天主教南堂听弥撒夜音乐。据云须通夜乃罢云。其爱好音乐之笃如此,殆涉于痴矣。

十时后,予等皆就寝。

12 月 25 日（十一月初八日　丁亥）星期

晴,寒,有风。

晨五时卅五分醒,见东壁有反射灯光,知湜已归,在西屋独坐矣。乃亟起启门纳之,(以西屋今年未置炉,为煤供应奇缺,不得不硬省之。)询悉今年教堂奏乐深夜二时即止,且减省乐章至夥云。既离堂走至方巾巷,知家中皆睡,不欲惊动,遂往车站待车室倚坐至明,乃乘十路头班车返家也。

八时,汉儿归去看顾其子女(锴等皆约今晨各自校中归省)。润、琴、湜、元仍借车往城关煤场报价自运煤球一千斤,自八时半至十一时半,往返两次,始得集事。亦可谓自出劳力无预于向例送煤矣。冲寒疲力供应仅乃及春节耳。今后又不知将作何状也。

润等出运煤球时,予展卷点阅《四库提要·经部》诗类一,及煤球运竟,予点阅亦完。午饭后,属湜儿就床偃息,而予为续点诗类二,至三时许。刚主见过,长谈至五时许乃去。

锴、镇、鉴、堉四外孙四时许来省,未几,即辞去。予又续点《提要》,至五时半,读毕诗类二。夜饭后,文权、潜儿、硕孙来,共看电视转播话剧《一仆二主》,六时半始,八时三刻完。九时就卧。十时入睡。

12 月 26 日（十一月初九日　戊子）星期一

晴，寒。

晨三时醒，即未再睡，挨至六时三刻，始与湜儿同起。湜儿厂中今日起改为九时上班，以是得稍晏出门。

八时半，续点《提要》，十一时点毕诗类存目一、二两卷。于是，《易》、《书》、《诗》三类皆毕。

潚儿十一时来。

午饭后，点阅《事类统编》职官部知州、县令、县佐、学博，至三时毕之。少休，接点《提要》，至五时，毕礼类一。

夜饭后，看电视，播送苏联影片《最后的一步》，八时即完。亦劳逸结合之一征也。文权来接潚儿，八时一刻去。

润儿夜饭后仍赴馆开会，琴媳以手头有事未归晚饭。汉儿以访问东北同归之友，亦未早返，至九时左右，润等乃先后归。湜则因临时又调赴农场工作，晚七时乃返。明日起，又须起早改赴农场云。

九时半就寝。

12 月 27 日（十一月初十日　己丑）星期二

晴，寒，晨有雾。

早三时醒，五时三刻起。湜儿六时廿分出，仍赴右安门外农场。（昨日改迟上班，又变去矣。）七时半，润、琴先后出。潚来，汉又出。予乃与潚于八时出，乘十路转一路无轨，到阜外礼士路走往阜外医院复诊。今日大巧（昨日预先挂号），走到即遇郭大夫，遂同入诊室。据云尚无大变化，仍用前药，加咳嗽药水而已。出院后循原路遄返,十时即到家矣。

坐定,点阅《事类统编》仕进部,抵午尽十一页。

午饭后,本有颉刚之约,以未得电话,遂不果出。而滋儿来,谓社中调回休息,可有多日假期云。谈至四时许,潴先出购物,滋亦继去。接所中办公室电话,属明日下午一时半,前往首都剧场听周扬报告录音。

傍晚,潴返,润、琴、湜亦归,乃共进夜饭。饭后,潴归去。予启电视观之,乃河北梆子《平贵算粮》,八时半即完。以汉儿尚未来,坐待之。九时许,汉归来,谓往看滋家,晤及滋,并知铿孙等皆好云。

十时许就寝。

12 月 28 日(十一月十一日　庚寅)星期三

晴,寒。

晨六时起。湜六时半出,汉、润、琴皆七时半后出。予八时展卷续点《提要·经部》礼类二,至九时半毕之。接点礼类三,抵午又毕之。潴儿十一时,由先农坛集市来,买得蒜姜各一元。蒜十个,姜两小枚而已。可诧亦复可叹也。

午饭后独出,乘十路到方巾巷南口,转十一路无轨,到灯市西口下,走往首都剧场,参加科学院哲学社会科学学部全体干部大会。由学部党委刘多奎主席,一时半开始,先放周扬报告录音(在最近学部扩大会议上所作),继由刘导生作报告。一、此次扩大会议经过情形;二、会议中解决诸问题;三、六一年度安排工作大概,最后宣布国务院通知:一、保证研究时间;二、劳逸结合云云。五时半散,蜂拥而出,几为人挤倒。出门后,路灯初上,又值下班,公共交通万挤不上，只得走归。眼又不便，择清静胡同摸索而行耳。

六时许到家，窘极。坐定，湜儿、琴媳皆归。而润儿则又为馆中往郎家园拉酒糟，七时乃回，予等夜饭已过矣，复具餐。八时许，汉儿归。潜儿去。予独就灯下点阅《提要》，十时就寝，完礼类四之十一页。

12 月 29 日（十一月十二日　辛卯）星期四

晴，寒加剧，以昨夜有风，今晨严冻故。

晨六时起。七时半，汉、琴偕出，各赴工作。八时，润出，仍往酒厂拉猪饲料。八时半，湜出，又负行囊赴右安门外农场，即日起，指定暂住彼处也。湜出后，续点《提要·经部》礼类四，至九时即毕。接点礼类存目一，至午完廿七页。

午饭后，即出，冒风走禄米仓西口，乘十路，候至第三辆始得上，行至民族饭店门前下，复走至麟阁路转七路到丰盛胡同下，走往政协礼堂，径诣第一会议室，出席本会文史资料研究委员会第五次全体大会。二时半开始，由杨东莼主席。继由申伯纯报告六〇年工作概况及六一年工作计划。休息后，东莼作补充报告，并由各委员发言讨论。顾颉刚、阎宝航、李培基、吕振羽、翁独健、邵循正等先后提意见。五时许散。在场晤觉明、伯钧、灿然、祖荫、陈达、修和、公培、东莼等，都略谈。出门时与颉刚偕，同走至白塔寺前乘一路无轨东归。颉刚陪予同在南小街口下，偕行至禄米仓口而别。

到家将六时，即与润、琴、潜、元、宜共进夜饭。饭后，润复入馆开会，予等在家看电视。七时许，文权来，同看《海上神鹰》影片，八时半即完。潜、权去。汉儿归，九时后，润儿归。予亦就寝。

上午曾写一信，复漱儿。饭后出门时，亲自投邮。

12 月 30 日（十一月十三日　壬辰）星期五

晴，寒。

晨三时起溲，复睡未稳，六时即起。八时续点礼类存目一，至九时毕之。接点礼类存目二，至午亦毕之。午后大风，又续点《提要》，抵暮毕礼类存目三。其间，三时至四时，邓绍基来访，与谈移时，承慰问，良感。

接张慧珠电话，谓明日上午九时所中开全体大会，属在家稍候，所中派车来接也。

潍儿因事，竟日未来。汉仍于傍晚来。润、琴亦归，遂共夜饭。饭后，润挈元孙往蟾宫看电影，予与汉、宜等看电视，有京剧晚会《陈碧娘》，九时即完。坐待润、元之归，至十时后乃候得，然后各就寝。

12 月 31 日（十一月十四日　癸巳）星期六

晴，寒。

晨六时起。七时半，汉、润、琴先后赴工作处所。八时四十分，老赵接平伯后，车来接予，同乘入文学所，径上三楼会议室，出席本所全体大会。王平凡主席，由毛星作报告，结合学习《毛选》第四卷所得，对当前国际形势及国内情形详析剖陈，颇为深切。尤于未来远景剀切说明，有信心克服困难云云。十一时半散，仍由老赵送归。健吾且附乘焉。

午饭后，展《提要》点之，至四时，点毕《经部》春秋类一。润儿、琴媳、汉儿俱以除夕大扫除下午得早归。六时半夜饭。惟湜儿至八时尚未归，则被派值日，须三日始能归来矣。夜饭后，文权、潍儿、昌预、昌硕、士敫、清儿、建昌、建新皆来,共看电视。八时后,滋儿亦来。九时半,滋儿先归去。濬、权等,清、汉及建新皆归去。惟士敫、建昌留看电视迎新晚会,至十二时完毕,敫父子辞归。予与润乃各就寝,已翌日一时矣。迎新乎? 真迎得新年也。乃取汤洗足拭身易亵衣焉。